KB134525

게임 오버
GAME OVER

GAME OVER

게임 오버

소수만 누리는 번영, 누구도 원치 않는 민주주의,

모두가 바라는 민족주의, 그다음은?

한스 페터 마르틴 지음 | 이지윤 옮김

HB 한빛비즈
Hanbit Biz, Inc.

※ 일러두기
●, ●●로 표기된 본문 하단의 각주는 '옮긴이'가 독자 이해를 돕기 위해 붙인 주석입니다.

게임오버

초판 1쇄 발행 2020년 8월 20일

지은이 한스 페터 마르틴 / **옮긴이** 이지윤

펴낸이 조기흠
편집이사 이홍 / **책임편집** 임지선 / **기획편집** 유소영, 송병규, 정선영, 박단비
마케팅 정재훈, 박태규, 김선영, 홍태형, 배태욱
디자인 표지 지노디자인, 본문 박보희 / **교정** 김현경 / **제작** 박성우, 김정우

펴낸곳 한빛비즈(주) / **주소** 서울시 서대문구 연희로2길 62 4층
전화 02-325-5506 / **팩스** 02-326-1566
등록 2008년 1월 14일 제25100-2017-000062호

ISBN 979-11-5784-435-7 (03320)

이 책에 대한 의견이나 오탈자 및 잘못된 내용에 대한 수정 정보는 한빛비즈의 홈페이지나
이메일(hanbitbiz@hanbit.co.kr)로 알려주십시오. 잘못된 책은 구입하신 서점에서 교환해드립니다.

책값은 뒤표지에 표시되어 있습니다.

⌂ hanbitbiz.com ■ facebook.com/hanbitbiz ■ post.naver.com/hanbit_biz
■ youtube.com/한빛비즈 ⓘ instagram.com/hanbitbiz

Game Over : Wohlstand für wenige, Demokratie für niemand, Nationalismus für alle – und dann? by
Hans-Peter Martin
Graphics by Manuel Martin
Copyright © 2018 by Penguin Verlag, a division of Verlagsgruppe Random House GmbH, München,
Germany.

All rights reserved. No part of this book may be used or reproduced in any manner whatever without
written permission except in the case of brief quotations embodied in critical articles or reviews.

Korean Translation Copyright © 2020 by Hanbit Biz, Inc.
Korean edition is published by arrangement with Verlagsgruppe Random House GmbH through BC
Agency, Seoul.
이 책의 한국어판 저작권은 BC 에이전시를 통해 저작권자와 독점 계약한 한빛비즈(주)에 있습니다.
저작권법에 의해 국내에서 보호를 받는 저작물이므로 무단 전재와 복제를 금합니다.

지금 하지 않으면 할 수 없는 일이 있습니다.
책으로 펴내고 싶은 아이디어나 원고를 메일(hanbitbiz@hanbit.co.kr)로 보내주세요.
한빛비즈는 여러분의 소중한 경험과 지식을 기다리고 있습니다.

나의 아내 하이케에게,
그리고 '새로운 게임'에 참여하는 모두에게

한국의 독자들에게

친애하는 한국의 독자 여러분, 전 세계가 한국에 희망을 걸었습니다. 중국의 통치자들은 코로나 19 바이러스와 싸우는 데 무지막지한 완력을 동원했지만, 한국은 그렇게 하지 않고서도 대성공을 거둔 것처럼 보였습니다. 당신이 이 글을 읽는 지금은 어떻습니까?

내가 이 글을 쓰는 바로 이 순간, 우리는 전 지구적 혁명의 한가운데 있습니다. 코로나 19는 그저 직접적인 도화선일 뿐입니다. '한 방울 한 방울이 통을 채운다'는 서양 속담에서 마침내 통을 넘치게 하는 그 마지막 한 방울에 대해 당신도 이미 알고 있으리라 생각합니다. 내 아들 마누엘은 런던의 임페리얼칼리지에서 의학을 공부하고 지금은 국제원조기구인 국경없는의사회 제네바 본부에서 일하고 있습니다. 백신과 의약품에 대한 접근권이 그의 전문 분야입니다. 《게임 오버》를 쓰기 위해 사전조사를 할 때부터 아들은 내게 팬데믹이 전 세계의 시스템 붕괴를 낳을 수 있다고 여러 차례 힌트를 주었습니다. 하지만 아비가 아들의 말을 귀 기울여 듣지 않은 탓에 그가 준 힌트는 첫 번째 장에 꼭꼭 숨겨져 포함되는 데 그쳤습니다. 하지만 이 책과 이 책의 주요 논제에서 통을 넘치게 하는 마지막 한 방울이 무엇이 될 것인지는 부차적 문제입니다. 어쨌건 통은 흘러넘치게 돼 있었습니다.

세계화의 힘은 지속가능한 궤도를 이탈한 지 아주 오래되었으며, 글로벌 금융시장이 합리적으로 규제되지 않은 지도 아주 오래되었습니다. 독재자와 방위산업 투기꾼, 헤지펀드 매니저와, 공동의 복지에는 아랑곳없는 수많은 부자들까지, 옳지 않은 권력자들은 차고 넘쳤으나 그에 대항할 만한 세력은 아주 오랫동안 이 땅에 나타나지 않았으며 지금도 존재하지 않습니다.

이 책의 제목을 '충돌의 소용돌이'라고 지었더라면 이해하고 받아들이기 좀 더 쉬웠을지 모릅니다. 그랬다면 책의 내용을 분명하게 전달하는 제목이 되었을 것입니다. 그래도 결론에 좀 더 들어맞는 제목은 '게임 오버'라고 생각했습니다.

독일에서 이 책이 출판된 2018년 이후로도 세계 상황은 좀 더 첨예해졌습니다. 트럼프 없이도 계속될 트럼프주의 때문에, 중화인민공화국의 끊임없는 권력 확장 때문에, 미국과 중국의 정보 문어발 기업들 때문에, 2020년 세계 각국이 겪는 유동성 위기와 주거문제 때문에 그리고 기후변화 해결을 위해 책임져야 할 할당량을 줄이려고 각국이 벌이는 투쟁 때문에. 지금은 이 책 본문이 다루는 모든 주제 영역에서 빨간불이 켜졌습니다.

그렇습니다. 그리고 앞으로도 상황은 점점 더 첨예해질 것입니다. 그 사이 일부 쇼비니즘chauvinism(광신적 애국주의 혹은 국수적인 이기주의)적인 민족주의 극우파들이 어설픈 딜레탕티슴Dilettatismus(향락적인 예술이나 학문 애호)을 보인 덕에 우리에게 여지가 생긴 것도 사실입니다. 이탈리아의 마테오 살비니는 전략적으로 정부권력을 내려놓았습니다. 하지만 조만간 다시 돌아오지 않을까요? 내 고향인 오스트리아에서는 비밀리에 녹화된 동영상 한 건으로 극우민족주의자인 하인츠 크리스티안 슈트라헤Heinz-Christian Strache와 급진적인 내무부 장관 헤르베르트 키클Herbert Kickl이 정부구성에 참여할 수 없게 되었습니다. 일단 그들이 코로나 시대를 틈타 민주주의를 더 심각하게 훼손할 여지는 차단되었죠.

하지만 아주 많은 이들이 계속해서 전쟁의 소용돌이 쪽으로 전진하고 있습니다. 도널드 트럼프 미국 대통령은 인종차별 시위를 정치적 충돌의 장으로 만들었고, 이는 내전으로 치달을 수도 있습니다. 미니애폴리스의 경찰 데릭 쇼빈Derek Chauvin이 아프리카계 미국 시민 조지 플로이드George Floyd의 무릎을 꿇렸듯이, 중국의 위정자들은 홍콩의 자유를 무릎 꿇게 했습니다. 빈곤은 전 세계적 규모로 다시 증가할 것이며 실업률도 마찬가지일 것입니다.

그리고 최근 들어서는 코로나 바이러스와 연관해 '전쟁'이라는 단어가 점점 더 자주 사람들의 입에 오르내립니다. 영어에서는 제1·2차 세계대전을 약어로 'WW1', 'WW2'라고 씁니다. 그렇다면 지금 우리는 코로나 바이러스로 인한 'WWC'를 치르는 중이 아닐까요? 어디서나 터지는 폭탄 대신, 보이지 않는 바이러스의 습격을 받는 제3차 세계대전 말입니다.

무엇보다 지금 상황을 전쟁에 비유하는 것을 합리화할 만한 메커니즘이 보입니다. 극단주의가 심화되었습니다. 무자비함은 눈에 띄게 더 무자비해졌고 탐욕은 더 탐욕스러워졌습니다. 앞으로는 많은 경제 영역에서 덩치가 큰 시장 참여자들만이 살아남을 것입니다. 그들 중 일부는 정부 융자의 도움을 받을 것이고 또 어떤 일부는 다른 참여자들을 밀어내고 그 자리를 차지할 것입니다. 동시에 인정이 많은 사람들은 더 많은 인정을 베풀고 다른 사람들을 도우려 기꺼이 나설 것입니다. 이전에는 크게 신뢰받지 못하던 사람들 중에도 그 일에 동참하는 이들이 나타날 것입니다.

그런데 눈에 띄는 현상이 하나 더 있습니다. 정말 많은 사람들이 이 불편한 맥락과 복잡한 내용을 처리하고 이해하며 새로운 견해를 바탕으로 실제 개인의 행동을 바꾸는 것을 매우 어려워하고 있습니다. 개인의 자유를 잘못 이해하고 거기에 집착하는 태도를 지닌 많은 시민들이 다른 사람과의 물리적 거리두기를 경솔히 여기거나 마스크를 쓰지 않습니다. 그들이 그렇게 하는 데는 '가짜뉴스'도 한몫합니다.

현재 우리는 'WW2' 이후 애써 쟁취해온 정치적, 사회적, 경제적 성과들을 기록적인 속도로 잃어가는 중입니다. 반성 없이 성행해온 '미국식 라이프스타일'이 제 발등을 찍는 동안, 중국의 자본주의적 감시공산주의 대표자들은 고개를 돌린 채 웃고 있습니다. 도처에서 민주주의 정치가 셧다운Shutdown되고 있습니다.

그간 유럽과 미국에서 열린 많은 행사와 토론회에서 나는 이 책을 읽으면 '의기소침해진다'는 얘기를 들었습니다. 맞는 말입니다. 오늘날의 현실이 그렇습니다. 하지만 바뀔 수도 있습니다. 현 상황의 결론이 전쟁이 될지 아니면 평화적 혁명이 될지는 지구촌 시민들에게 달렸습니다. 하지만 참여가 없으면 '새로운 게임'도 없을 것입니다. 모든 역사적 망각에도 불구하고 희망은 살아있습니다. 우리는 그것을 압니다.

2020년 7월 6일 베네치아에서

한스 페터 마르틴

친애하는 독자들에게

독일과 국경을 맞대고 있는 오스트리아의 브레겐츠라는 소도시에 살고 있는 덕분에, 나는 독일에서 벌어지는 정치적 사건에 많은 관심을 갖게 되었습니다. 1972년 독일의 두 정치인 라이너 바르첼Rainer Barzel과 빌리 브란트Willy Brandt 간에 벌어진 공방전● 역시 마찬가지였죠. 이 공방전을 비롯한 여러 우여곡절을 거쳤지만 독일은 다시금 민주주의로 나아가겠다는 다짐을 굳건히 했습니다. 1976년 치러진 총선에서 프란츠 요제프 슈트라우스Franz Josef Strauß는 "자유인가, 사회주의인가"라며 선택을 강요했지만, 지금 독일 시민들은 자유와 사회주의 모두를 갖고 있습니다. 독일의 사회적 시장경제는 굳건해 보였고, 전망도 밝아서 앞으로도 계속해서 더 나아질 수밖에 없을 것으로 보

● 빌리 브란트 내각이 전임 콘라트 아데나워Konrad Adenauer 정권과는 달리 동구권에 적극적인 화해 정책을 펼치자 라이너 바르첼을 수장으로 하는 기독민주연합이 이에 거세게 반발했고, 1972년 4월 내각에 대한 불신임 결의안을 발의했다. 의회 표결 결과 단 두 표 차이로 부결됐지만 정국은 혼란에 빠졌고, 빌리 브란트는 내각에 대한 신임을 묻기 위해 이례적인 의회 해산을 선언했다. 그리고 앞당겨 치른 선거에서 사회민주당은 압도적 승리를 거두었고, 이를 바탕으로 빌리 브란트는 동서화해 정책을 지속적으로 펼칠 수 있었다.

였습니다. 그런데 그다음은 어떻게 되었을까요?

20년 전 하랄트 슈만Harald Schumann과 나는 《세계화의 덫Die globalisi-erungsfalle》이라는 책에서 '민주주의와 삶의 질에 대한 공격'을 경고한 바 있습니다. 그런데 이는 내 바람과는 달리 경고로 끝나지 않고 예언이 되어버렸지요. 이제 나는 서구 세계와 그들이 쌓아온 문명화 모델을 향해 "게임 오버!"라고 외치고자 합니다. 자유와 민주주의가 부재한 곳에서도 자본주의는 작동합니다. 중국은 그 특유의 사회적 자본주의를 통해 냉전시대 종식 이후 진정한 승자로 올라섰고, 앞으로는 자유를 저격하는 가장 큰 위협이 될 것입니다.

어떻게 이토록 처참히 실패하게 되었을까요? 초세계화와 디지털화, 주식시장의 붕괴와 기후변화 그리고 대규모 이민은 지금까지 민주주의를 떠받치고 있던 네 개의 기둥, 즉 입법과 사법, 행정 그리고 '제4의 권력'이라 불리는 언론을 산산조각 냈습니다. 안정된 사회적 기반이 없는 자유민주주의는 위태로워졌고, 극심한 경제적 불평등과 사회적 불안은 민족적 쇼비니즘을 이끌어냈습니다. 전쟁의 시작을 알리는 타이머는 이미 카운트를 시작했습니다.

이것은 미래의 시나리오가 아닙니다. 우리는 이미 세계적인 격동 속에서 이러한 상황들을 목도하고 있습니다. ('트럼프' 없는, 즉 필승카드 없는) 트럼프주의는 눈앞의 현실이 되었고, 집값도 이미 너무 비쌉니다. 많은 유럽연합EU 국가에서 우파민족주의 정권의 선출은 예고가 아니라 현실이 되었습니다.

이 책은 도널드 트럼프Donald Trump가 미국 대통령으로 선출되던 날 밤 뉴욕에서 구상되었습니다. 나는 트럼프 대통령의 당선을 심각하게 생각해야 한다고, 브렉시트Brexit는 물론이고 오스트리아와 이탈리아의 우경화 또한 심각하게 여겨야 한다고 출판사에 보내는 이메일에 썼습니다.

근본적 변화가 불가피하다는 것을 우리 모두가 신속하게 받아들이는 것만이 상황을 나아지게 할 수 있습니다. 정치계의 핵심 진영에서 급진성을 발휘하고, 사람들의 참여가 대대적으로 진정성 있게 이루어질 때 문제가 해결될 수 있습니다. 사회적·경제적·정치적·디지털적 참여가 일어나야 합니다. 그것도 지금 당장! 그런데 어떻게 그것이 가능할까요? 이 책은 그 방법론 또한 다루고 있습니다.

사실 나는 다양한 정치적 스펙트럼에 익숙한 편입니다. 지금보다 더욱 좌파 쪽에 가까웠던 〈슈피겔Spiegel〉 잡지사에서 일한 적이 있고, 수많은 장외토론의 장에서 정치인이자 언론인으로서 다양한 주장을 접할 수 있었지요. 이 책을 쓰면서 나는 스스로 분석한 사실들에 함몰되지 않고 냉철함을 유지하고자 했고, 공포를 유발할 수 있는 예측은 삼가려고 노력했습니다. 또한 신민족주의 정당에 투표하는 독자들의 심기를 거스르지 않으면서도 민주주의를 신봉하는 사람들의 마음도 상하지 않게끔 쓰려 노력했습니다.

이 책을 쓰기 위해 자료를 조사하면서 나는 문득 개별 사건들이 하나의 흐름으로 정리되면서 어떤 맥락이 이해되는 경험을 했습니다. 이 책을 읽는 독자 여러분도 나와 같은 경험을 할 수 있다면 좋겠습니다.

한스 페터 마르틴

차례

제 1 장

침몰하는 세계와
민주주의의 몰락

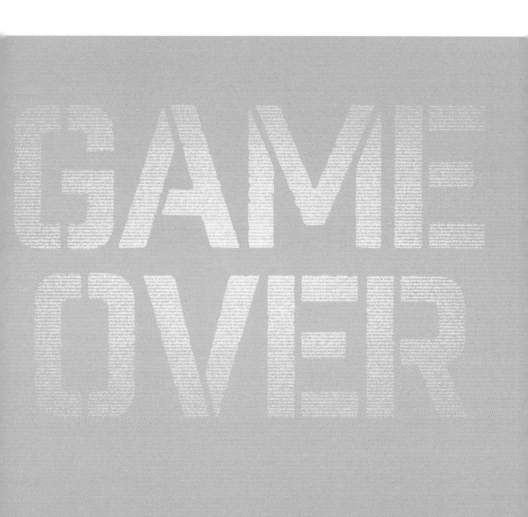

—

냄비 안의 개구리는 물이 서서히 데워지면
자기가 삶아지는 중이라는 걸 알아채지 못한다고들 말한다.
인간 세계에서도 종종 그런 일이 일어나곤 한다.

GAME OVER

런던브리지에 인접한 대담한 구조의 건축물 '원런던브리지One London Bridge'에는 세계 최고의 탐욕가들이 모여 산다. 이들은 과거 역사에 대한 이해에서 비롯된 냉철한 분석력과 미래에 대한 선견지명을 바탕으로 세계 무대에서도 성공을 이룬 사람들이다.

템스강을 가로지르는 런던브리지는 오랜 시간 복잡다단한 시대의 변화들과 함께했다. 목재로 건설되었던 원래의 다리는 1014년 덴마크 군대로부터 런던을 지키기 위해 애설레드Aethelred 왕이 불태워버렸다. 중세에 석조로 새로 지어진 다리 위에는 6층 높이의 건축물들이 세워졌다. 혼잡을 피하기 위해 런던 시내로 들어가려는 수레는 다리의 서편을, 시내에서 나가려는 수레는 동편을 쓰도록 했는데, 이는 영국 좌측통행 역사의 기원이 되기도 했다. 14세기 농민반란의 시대에도 런던브리지는 두 번의 화재를 겪는 등 온갖 참사를 함께 겪었다. 존 모티머John Mortimer라는 이름으로도 불렸던 반란의 주모자 잭

케이드Jack Cade는 효수되었고, 그의 머리는 300년 넘게 다리의 남쪽 기둥에 내걸린 채 다리 위를 오가는 통행자들을 기함하게 만들었다.

어쩌면 윌리엄 셰익스피어William Shakespeare는 1606년 가톨릭 탄압에 맞서 영국 의회당을 폭파하려다 실패한 가이 포크스Guy Fawkes가 처형당하는 현장을 지켜보았을지도 모른다. 수백 년이 지난 2011년 "월스트리트를 점령하라!Occupy Wall Street!"는 구호와 함께 펼쳐진 시위에서 사람들은 '저항의 상징'으로 가이 포크스 가면을 쓰고 나타났다. 가이 포크스를 비롯해 수많은 사형수들이 런던타워에 갇히기 전 반드시 통과해야 했던 '반역자의 문'은 이슬람 근본주의를 표방하는 세력이 등장한 오늘날까지도 끊임없이 반향을 일으키는 역사적 지형물이 됐다.

산업혁명이 시작된 무렵인 1831년, 영국 국왕 부부는 강을 몇 미터 거슬러 올라간 지점에 대리석으로 새 다리를 놓았다. 이전 다리의 잔해물은 프랑스 학생혁명이 일어난 1968년에 미국의 기업가 로버트 맥컬로치Robert McCulloch에게 팔렸다. 맥컬로치는 세계 최대 규모의 유물을 미국 애리조나로 가져가 재건해 놓았다. 맥컬로치는 원래 전기톱을 팔아 재산을 모은 사람이었다.

정확히 '반역자의 문'이 있던 자리에 세워진 원런던브리지는 템스 강의 남쪽 강변을 끼고 불쑥 솟아 있다. 이 건물의 외벽을 감싸고 있는 전면 유리에는 유서 깊은 세인트폴성당뿐 아니라, 브렉시트 결의에도 불구하고 여전히 세계에서 가장 중요한 금융가로 남아 있는 시티오브런던의 최신식 마천루들까지 비친다. 장밋빛 대리석으로 꾸며진 무려 4층 높이의 로비 덕분에 마치 대성당처럼 장엄함이 느껴지기도 하는 이 초현대식 빌딩의 세입자로는 국제적 로펌인 하워드 케네디Howard Kennedy와 미국 종합금융회사 푸르덴셜파이낸셜Prudential Financial의 자회사인 프리코아캐피털그룹Pricoa Capital Group이 있다. 프리코아는 개인자산을 관리하는 금융회사들 가운데 전 세계에서 규모가 가장 큰 편에 속한다. 이 회사의 소개서에는 "우리 회사는 후순위 채권과 우선주에 투자하는 위험자본 선호 성향이 뚜렷합니다."라고 당당하게 쓰여 있다. 언제나 최대의 수익률을 추구하는 이 회사가 관리하는 자산은 820억 달러에 달하는데,[1] 이는 오스트리아 정부의 2018년 한 해 예산과 맞먹는다.

이 빌딩의 최고층에 입주한 자산운용사 GMO의 스타급 매니저들은 간혹 그보다 더 많은 금액의 돈을 주무르고 있다. GMO는 제러미 그랜섬Jeremy Grantham이 설립한 개인회사로, 본사는 보스턴에 있다. 이 회사의 목표는 분명하다. "우리가 맡은 단 한 가지 업무는 평균을 상회하는 수익률을 목표로 투자금을 관리하고 고객을 상담하는 것입니다." 수십억 달러를 어디에, 어떻게 투자하는지는 오직 투자자에게만 알려준다. 개인은 최소 500만 달러, 기관은 1,000만 달러를 투자해야 이들의 고객이 될 수 있다. 신규 고객이 된 다음에 할 일은 그저 이익을 거두는 것이다. 왜냐하면 GMO 매니저들은 "전 세계 초일류 고객들을 투자자로 모시고 그들의 가장 까다로운 요구에 부응하게 된 것에 자부심을 느끼는"[2] 사람들이기 때문이다.

제임스 몬티어James Montier는 GMO에서 손꼽히는 스타플레이어이다. 그러나 2017년 6월 3일 이후 그는 더 이상 12층 사무실 책상 앞에 앉아 있을 수 없게 됐다. 그날 밤 10시가 조금 지난 무렵 세 명의 테러리스트가 흰색 승합차를 몰고 런던브리지 보도로 돌진해 시민 세 명을 죽이고 원런던브리지 맞은편의 가로등을 들이박았다. 그는 창가에 서서 테러리스트들이 무작위로 사람들을 칼로 찌르며 달아나는 모습을 목격했다. 다섯 명이 더 죽었고 마흔여덟 명이 중경상을 입었다. 이슬람 테러리스트들은 영국의 중심부로 전쟁을 끌어들였다.

몬티어는 그 순간 근본적인 사회 변화를 알리는 경고음을 들었다. 눈앞에서 벌어지는 테러 사건은 오히려 비현실적으로 느껴질 정도였다. 이 명망 높은 금융전문가는 그의 고객은 물론 자신까지 부유하게 해주었던 어떤 경제 모델 하나를 작금의 거대한 정치적 혼돈의 원인으로 지목했다. 몬티어는 몇 겹의 보안장치를 풀고 컴퓨터를 켠 다음 투자자들을 위해 다른 동료와 공동으로 작성 중이던 문서의 초고를 불러왔다. 그리고 한 치의 망설임도 없이 이렇게 적어 넣었다. "신자유주의라는 프로젝트는 이제 대재앙이라고 불러야 한다." 그리고 대.재.앙 D.I.S.A.S.T.E.R을 굵은 서체로 표시했다.[3]

전 세계 수많은 나라의 시민들이 차츰 그 사실을 깨닫고 저항하고 있다는 데에 새삼스레 놀랄 사람은 없을 것이고, 몬티어 또한 마찬가지였다. 그는 "사람들이 시스템 전반에 대한 불만을 표현하기 위해 이민 문제에 집중하는 것"에 충분히 공감할 수 있다고 했다. 하지만 그들이 불만을 터뜨리는 진짜 원인은 경제적 기본값이 된 신자유주의 시스템이 망가진 데에 있었다. 신자유주의는 "1970년대 중반부터 두각을 나타냈으며, 다음 네 가지 확실한 경제 전략을 그 상징으로 삼는다. 첫째는 완전고용을 바람직한 정치적 목표에서 제외하는 대신 물가를 조정하는 것이고, 둘째는 사람과 재화의 이동성 증가와 무역 증대로 세계화를 강화하는 것이며, 셋째는 새로운 투자나 성장 대신 주주이익 실현을 극대화하는 것이고, 마지막으로 유연한 노동시장을 추구하고 노동조합을 약화하는 것이다."

미국에서는 로널드 레이건Ronald Reagan 대통령 이래, 다른 많은 나라에서는 '철의 장막'이 무너진 이래 이 경제적 흐름이 처음에는 학계, 나중에는 정계를 장악했다. 그런데 그 결산서를 받아든 성공한 금융 분석가는 엄청난 충격에 빠졌다. "신자유주의는 정치적 문제이면서 경제적 문제이기도 하다. 문자 그대로 정치와 경제를 위해서 이보다 더 나쁜 것은 없다. 신자유주의가 쓴 요리법은 인기도 없고 실용적이지도 않다. 경제 전반이 불안과 침체에 빠지는 동안 시민들은 일자리와 적당한 월급을 잃고 절망에 빠졌다."

몬티어는 마치 영국 노동당 당수이자 좌파 정치인인 제러미 코빈Jeremy Corbyn이 썼을 법한 글을 계속 써내려갔다. "신자유주의는 또한 다수가 치른 대가를 소수가 누리는 프로젝트이다. 그것은 그저 소득이 높고 예의가 부족한 개인들로 이루어진 다소 동떨어진 느낌의 사회 계층 그리고 과학적 지식이나 전문적 기술을 갖고 있다는 점 때문에 사회 전반의 중요한 의사결정에 참여하는 테크노크라트technocrat 그룹을 탄생시켰다. 그들은 현실과는 정반대의 지점을 가리키는 경제학 이론에 기대 어처구니없는 원칙을 계속 추구하면서 경제를 혼란에 빠뜨렸다."

투자 분야에서 수차례 수상 경력까지 있는 몬티어는 자기 고객들의 생생한 현실을 직접적으로 언급한다. 그는 "기득권층이라 할 만

한 사람들이 뒤통수를 긁적이며 우리가 뭘 그렇게 잘못했는가?"라고 묻는다면 그 대답은 분명하다고 했다. "그건 불평등이 늘어나는 이유가 그들과 같은 특정 개인들이 주가 상승으로 얻는 이익과 관련이 있기 때문이다. 미국에서는 인구 최상위층 1퍼센트가 개인이 보유 가능한 전체 주식의 40퍼센트가량을 소유하고 있으며, 상위 10퍼센트가 전체 주식의 80퍼센트를 소유하고 있다. 그들이야말로 주주이익 극대화의 최대 수혜자이다."

영국의 유수 대학에서 학생을 가르치기도 하는 몬티어는 그로 인해 "정의正義의 의미가 조롱당하고 있다."라는 한탄과 더불어 또 다른 문제를 이렇게 지적했다. "상위 10퍼센트보다 나머지 90퍼센트의 구매 욕구가 훨씬 크지만 현실적으로 그들은 저축을 할 수 없다. 이런 상황에서 소득과 재산이 점점 더 소수의 주머니로만 들어가면 경제 성장은 심각하게 둔화될 것이다. 최상위 1퍼센트는 소득의 40퍼센트를 쓰지 않고 모으기 때문이다."

이러한 독특한 메커니즘은 정치에도 영향을 미친다. 포퓰리즘은 신자유주의에 대한 화답이다. 신자유주의의 효과가 가시적으로 나타나기까지 40년이 걸렸다. 이제는 가시화되었고 동시에 절정에 이르렀다. 대다수 산업화 국가의 경제는 속이 비어서 빈껍데기만 남았다. 그들 국가는 막대한 무역적자를 기록하고 있으며, 사람들이 필요로 하는 물건의 생산은 갈수록 줄어들고 있다. 그들 국가에서 생산되는 것은 일자리 잃은 노동자들과 불만에 가득 찬 시민들뿐이다.

몬티어는 현재의 침체된 상황을 1982년 사망한 소련의 지도자 레오니트 일리치 브레즈네프Leonid Ilyich Brezhnev의 말년에 비교했다. 그는 우리가 '병든 브레즈네프 시대'를 살아가고 있다며 "하루빨리 정신 차리지 않으면 브레즈네프 시대에 소련이 그랬던 것처럼 우리도 모든 시스템이 붕괴될 때까지 계속 전진할 것이다."라고 말했다.

아무리 자본주의에 비판적인 경제학자라 해도 이보다 더 극적으로 상황을 묘사하기는 어려울 것이다. 그런데 스위스 경제전문지 〈금융과 경제 *Finanz Und Wirtschaft*〉로부터 '이 시대 가장 존경받는 가치투자자'라는 칭송을 받은 금융전문가의 호소는 그가 속한 집단의 담장 너머로는 들리지 않았던 것일까?

진짜 부자들이 마련해 둔 '노아의 방주'

—

샌프란시스코 남부 실리콘밸리에 사는 메타데이터의 창시자들 사이에서도 비슷한 이야기가 흘러나온다. 메타데이터는 '신종 노다지'라 할 수 있는데, 그들이 하는 일이란 '생각을 끝까지 밀어붙이는 것'이다. 그들은 철도왕 코넬리어스 밴더빌트Cornelius Vanderbilt, 철강왕 앤드루 카네기Andrew Carnegie, 석유왕 존 록펠러John Rockefeller 이래로 지금처럼 많은 부가 소수의 주머니에 집중된 적이 없었다는 사실을 알고 있다.[4] 그리고 경제지 〈포브스Forbes〉가 꼽은 전 세계 억만장자가 2,075명밖에 되지 않는다는 것도 알고 있다.[5]

인터넷업계의 새로운 군주들 가운데 몇몇은 이미 여기에 포함됐거나, 적어도 그들과 함께 사업하고 있다. 그들은 미국의 헤지펀드 분야에서 일하는 금융전문가 25명의 연봉이 미국 전체 유치원 교사들의 월급을 합한 것만큼이나 많다는 사실도 알고 있다.

페이스북Facebook 광고팀에서 일했던 안토니오 가르시아 마르티네스Antonio García Martínez는 "우리는 지금 아주 얇은 얼음 위를 걷고 있다."라며 우려를 표시했다. 그러고는 미국 북서부 어느 섬에 숲으로 뒤덮인 땅을 사들였다. 그곳에는 전기를 만들어내는 발전기와 태양광 패널이 설치되어 있고, 수천 발의 탄약도 구비되어 있다. 그는 머잖아 혼란과 분열이 일어나면 금괴를 비축해 둔 그곳으로 대피해 사설경호를 받으며 지낼 계획이라고 밝혔다. 마르티네스는 페이스북에서 연결된 사적인 모임에서 비슷한 생각을 가진 사람들과 정보를 교환하고 있는데, 그중 투자회사 사장인 어떤 멤버는 헬리콥터 한 대를 항시 대기시켜 놓고 비밀 벙커도 마련해 두었다고 한다.

스티브 허프먼Steve Huffman은 소셜 뉴스 사이트인 '레딧Reddit'의 공동창업자이다. 2017년에 치러진 독일 총선에서 사회민주당은 레딧의 독일 사이트를 여론전에 적극 활용한 바 있다. 허프먼 역시 샌프란시스코의 베이 에리어에 오토바이 몇 대와 총기 여러 점을 준비해 두었다. "언젠가는 정부가 붕괴할 게 분명하니"[6] 스스로 살길을 찾아놓은 셈이다. 그는 언제 대규모의 불안이 닥쳐올지 그 정확한 시점도 예측 가능하다고 믿는다. 레딧이라는 가상의 공간에서 벌어지는 수많은 토론과 공방을 관찰하다 보면 그것들을 관통하는 확실한 경고를 감지할 수 있다는 것이다. 마치 언론매체들의 헤드라인을 통해 2007년 금융위기를 짐작할 수 있었던 것처럼 말이다. 미국 로스앤젤레스 동쪽을 지나 샌프란시스코 북쪽을 거쳐 태평양으로 이어지는 샌안드레아스 단층지대에 살고 있는 이 남자는 자신의 인터넷

망을 사회적 붕괴를 감지하는 지진계로 활용한다.

지난 몇 년간 전용기를 보유한 수많은 대부호들은 미국에서 비행기로 열세 시간 떨어진 뉴질랜드에 '노아의 방주'를 지었다. 그들이 뉴질랜드를 선택한 이유는 서구 국가들에서 점점 더 희귀해지는 어떤 것이 이 나라에는 아직까지 남아 있기 때문이다. 바로 '사회적 안정'이다. 또한 이 나라에는 헬리콥터 이착륙이 가능한 드넓은 대지가 많다.

외국인이 뉴질랜드 시민권을 취득하려면 최소 100만 달러를 투자하고, 5년간 적어도 1,350일을 거주해야 한다. 이러한 조건을 충족시켜 뉴질랜드 시민권을 얻은 외국인의 숫자가 지금까지 1,000명을 넘어섰다. 그런데 페이스북 초기 투자자이자 페이팔 PayPal의 공동창업자인 피터 틸 Peter Thiel은 뉴질랜드에 단 12일만 머물고도 시민권을 받았다. 증명서를 제출하기 위해 오클랜드로 날아간 적도 없었다. 그는 2011년 캘리포니아 산타 모니카에서 열린 어떤 행사에서 뉴질랜드 시민권을 획득했다. 당시 뉴질랜드 내무장관이었던 네이션 가이 Nathan Guy는 "피터 틸은 뉴질랜드의 위대한 외교사절이자 위대한 사업가"[7]이기 때문에 시민권을 부여한다고 설명했다. 틸은 진작에 뉴질랜드의 요지에 고급주택과 부지를 사두었는데, 2017년 뉴질랜드의 한 지역매체가 그의 시민권 획득 사실을 보도하기 전까지 대중은 그 사실을 모르고 있었다. 미국 도널드 트럼프 대통령의 최측근 조언자이기도 한 틸이 그의 헤지펀드 투자자 동료들이 그런 것처럼 절저한 대비책을 마련해 둔 것이다.

로스앤젤레스의 유명한 멤버십 클럽인 '소호 하우스'에서 모임을 가질 때, 뉴욕 월스트리트 레스토랑에서 비싼 와인을 시음할 때, 혹은 롱아일랜드 이스트햄프턴의 유명 베이커리 카페 '카리사'에서 빵과 샐러드를 곁들인 고급스러운 점심식사를 할 때, 가장 빈번하게 사람들의 입에 오르내린 주제는 바로 사회가 붕괴했을 때 적절한 타이밍을 잡아 도피할 준비에 관한 것이었다.[8] 그 자리에 앉아 대화를 이끄는 것은 백인이 북미 대륙을 점령한 이래 수백 년간 걸핏하면 나타나 사람들을 선동했던 비현실적 예언자나 사이비 교주가 아니었다. 물론 롤랜드 에머리히Roland Emmerich 감독의 〈투모로우The Day After Tomorrow〉나 〈2012〉 같은 재난영화가 그들의 상상력을 자극했을 수는 있다.

IT업계 부호들, 투자자들은 사회 전체가 붕괴할 가능성에 대해 진지하게 저울질하고 있다. 2001년 9월 11일, 세계무역센터 쌍둥이빌딩이 무너진 이후 사람들은 사회 전체의 붕괴 가능성에 대해 진지하게 고민하기 시작했다. 지금 그 가능성은 기후변화, 북한의 위협과 같은 요인들이 더해지면서 더욱 커졌다. 사회적 긴장의 증가도 커다란 불안 요소인데, 끊임없이 가시화되는 인종 갈등 역시 사회적 긴장을 불러일으키는 대표적인 사안이다. 더욱 고도화되는 인터넷기술이 실현해 내는 놀라운 결과물들이 쏟아지는 가운데, 한편에는 사회안전망과 의료보험 혜택을 받지 못하고 있는 수백만 미국인들이 있다. 이러한 불균형과 이에 대한 소외계층의 반응도 우리를 긴장시키는 중요한 요인이다.

세계 최대 인터넷 구인구직 사이트인 링크드인LinkedIn의 공동창업자인 리드 호프만Reid Hoffman은 실리콘밸리의 억만장자 친구들 중 절반 이상이 북미 대륙 오지에 피난처를 마련하거나 아예 해외로 도피하는 등 붕괴에 대한 '대비책'을 이미 마련했을 것이라고 추정했다. 유럽의 복지국가에서도 점점 더 많은 재산가들이 도피처를 구축하고 있다. 예전에는 주로 스위스나 오스트리아 알프스 지대에 피난처를 만들었지만, 요즘은 지중해나 카리브 해안에 담장을 높이 세우고 사설 경비업체에 보안을 맡기고 있다. 시내 한복판에서 벌어지는 군중시위에 휘말릴 가능성이 낮은 변두리 지역의 초호화 별장 가격이 폭등한 것 또한 같은 맥락에서 볼 수 있다.

옛 귀족들의 궁궐을 전문으로 거래했던 오스트리아 최대 부동산 회사 시그나홀딩Signa Holding의 르네 벤코René Benko는 최근 독일 함부르크에 랜드마크가 될 만한 고층빌딩을 올렸다. 또 그는 드레스덴의 카를슈타트Karstadt, 베를린의 카데베KaDeWe와 같은 화려하기로 유명한 백화점들을 관리하기도 했다. 그런 그가 오스트리아의 알프스로 불리는 알베르크에 '샬레 엔Chalet N' 호텔을 지었다. 이 호텔을 위해 그는 오래된 펜션을 부지 포함해서 약 1,000만 유로에 사들였다. 그 곳에 건물을 새로 짓고 6성급 호텔로 인테리어를 새로 하고 우드패널로 성곽을 에워싸는 데에 4,300만 유로가 들었다고 한다. 오스트리아 부동산업계에서는 미국의 도널드 트럼프에 뒤지지 않는 이 사업가에게 그 정도는 큰돈이 아니었다. 이 사업은 벤코 개인의 대비책이기도 했다. 방탄유리로 창문을 한 이 고급 숙박업소의 객실 22개는 공식적으로 '예약 완료'된 상태이다. 언젠가 날아들지 모르는 총알로부터 가장 안전한 산꼭대기 쪽에는 벤코가 종종 사업 파트너들을 초대하는 방이 있다.

그곳에서 위쪽으로 100미터 더 들어가면 프란체스코 라몬Francesco Ramon을 만날 수 있다. 그의 친가와 외가는 모두 유럽의 유서 깊은 귀족 가문이다. 그의 조부는 전 세계가 경탄해 마지않는 와인을 만들었다. 부유한 상속자로서는 드물게 라몬은 자신이 누리는 특권을 비판적으로 성찰할 줄 아는 사람이다. 그는 알베르크에서 가장 전통적인 호텔인 알름호프 슈나이더Almhof Schneider에서 인터뷰를 하던 중 자신의 인생에 주어진 기회를 미국 풋볼에 비유해 "나는 한참 유리한 지점에서 인생을 시작했습니다. 당신이 이제 막 발을 뗐을 때 나는 이미 터치다운 지점에 가 있었습니다."라고 말했다. 그리고 이어서 "우리는 담장 너머로 대기업의 노예들을 봅니다. 그들은 자녀의 대학등록금을 내지 못하고 월세를 내기에도 빠듯하며 연금은 거의 받지 못하지요. 반면 우리는 최고의 변호사를 고용하고, 사실상 모든 규칙을 우리에게 유리하게 정하며, 세법에도 막대한 영향을 끼칠 수 있습니다. 우리에게는 유능한 로비스트와 언론을 매수할 엄청난 자금이 있습니다."라고 하면서, 한마디로 '상황이 지나치게 위협적'이라고 결론을 내렸다.

그의 주변 사람들은 마치 지금이 벨 에포크belle époque 시대, 즉 '좋은 시절'인 것처럼 살아간다. 별다른 걱정 없이 문화적 향취에 흠뻑 젖어 살던 제1차 세계대전 이전의 평화로운 파리지앵들처럼 말이다. 라몬은 '모든 것을 가진' 사람들의 행태에 진심으로 분노하며 "좋은 학벌, 탁월한 기반, 높은 수익, 이 모든 것을 가진 사람들이 세금을 더 적게 내려고 호주나 뉴질랜드로 간다."라고 비판했다. 부유한 집안 배경을 가졌음에도 자신을 자수성가형으로 여기는 그는 와인농장을 운영하며 최소 열아홉 가구를 부양하고 그들 자녀의 학비를 댄다. 그리고 어느 날 저녁 모임에서 이렇게 털어놓았다. "외부에서는 우리가 실제로 어떻게 사는지, 우리가 얼마나 잘 사는지를 거의 알지 못한다. 알았다면 혁명이 일어났을 것이다."[9]

실제로 전체 부호들의 공개된 재산은 과소평가된 경우가 많다. 공개 내역이 모두 그들의 자발적인 재산 신고에 근거하기 때문이다. '상위 1만 명'이라는 관용구는 이제 옛말이 됐다. 독일경제연구소DIW가 2018년 1월에 공개한 조사결과에 따르면, 독일 최상위층 45가구의 평균 재산은 48억 유로였다. 이들이 소유한 재산의 총합은 독일 인구의 절반에 해당하는 소득하위층의 재산을 다 합친 금액인 2,140억 유로와 비슷했다. 상위 10퍼센트가 소유한 재산의 총합은 6조 유로로, 소득하위층 재산을 다 합친 것의 30배였다. 독일에 사는 820만 명이 역시 독일에 사는 다른 4,100만 명보다 30배나 부유하다는 의미이다. 반면에 프랑스와 스페인에서는 그 차이가 훨씬 적었다.[10]

상속세와 재산세를 폐지한 오스트리아에서는 이러한 '불평등'이 유럽의 다른 국가들에 비해 훨씬 도드라진다. 오스트리아에서 가장 부유한 열 가구의 재산 총합은 1,700억 유로에 달한다. 그중 선두는 포르쉐-피에히Porsche-Piëch 일가로, 재산이 377억 유로로 알려졌다.[11] 그다음은 에너지음료회사인 레드불Redbull의 디트리히 마테쉬츠Dietrich Mateschitz인데, 〈포브스〉는 주식거래소의 거래일마다 달라지는 그의 실시간 재산 현황을 246억 유로로 추정했다.[12] 2017년 한 해에만 전 세계 억만장자들의 재산이 17퍼센트 가까이 늘어났다.[13] 최근 미국 투자가 워런 버핏Warren Buffet에게 위탁된 현금자산은 1,000억 달러에 육박한다. 하지만 버핏은 가치 있는 투자처를 찾지 못하고 있다.[14] 수많은 슈퍼리치들과 여러 기금들이 비슷한 상황을 겪고 있다. 그들은 돈이 너무 많아서 그 돈이 어디에 어떻게 쓰이는지에 대해 큰 관심이 없다.

세계 최대 자산운용사인 블랙록Blackrock의 최고경영자이며 '래리 Larry'라는 애칭으로 불리는 로런스 핑크Laurence Fink 회장도 최근 불안을 감지했다. 그는 무려 6조 달러를 관리하고 있는데, 이는 독일 국내총생산(이하 'GDP'), 즉 한 해 동안 생산되는 모든 상품과 서비스의 가격을 모두 합친 것의 두 배에 해당하는 액수이다.[15] 블랙록은 수많은 상장기업의 대주주이다. 2018년 1월 16일, 핑크 회장은 이 기업들의 책임자 앞으로 솔직한 심경을 담은 의외의 이메일 한 통을 보냈다. 그는 이메일 앞부분에 '금융위기 이래 지난 10년'의 상황을 언급하면서 이렇게 썼다. "자본을 가진 누군가는 막대한 수익을 거두었다. 동시에 전 세계 수많은 개인들은 낮은 이자율과 임금상승률에 허술한 연금체계까지 더해진 복합적인 상황에 직면해 있다. 많은 사람들이 저축할 재정적 여력도 수단도 없는 상황에 처해 있으며, 안정된 연금생활을 전혀 기대할 수 없는 사람들도 수백만 명에 이른다. 나는 이러한 경향이 오늘날 우리가 전 세계에서 목격하고 있는 '긴장'과 '양극화'의 중요한 원인 중 하나라고 생각한다."[16]

피터 틸이 차린 투자회사 틸캐피털Thiel Capital의 대표이사 에릭 바인슈타인Eric Weinstein도 최근 비슷한 목소리를 냈다. "나는 진짜 부자들, 즉 재산이 억 단위를 넘는 사람들이 매우 위험하다고 생각한다. 그들은 자신들이 속하지 않은 계층의 사람들, 즉 여전히 시급으로 생계를 유지하는 사람들이 어떻게 살고 있는지 전혀 모르고 관심도 없다. 이러한 무관심의 대가로 우리는 혁명의 발발을 경험하게 될 것이다."[17]

지금 세상은 바인슈타인이 말한 그대로이다. 희생자들이 격렬하게 저항을 시작하면 정작 엄청난 균열을 만든 주범과 균열의 수혜자들은 안전지대로 피신할 계획을 세워두고 있고, 실제로 그렇게 될 것이다. 무엇보다 희생자는 아프리카 독재국가에 살거나 그곳에서 탈출한 사람들이 아니라 오히려 서방국가에 사는 사람들이 될 것이다. 부자들이 가장 경계하는 것은 '자신과 같은 나라에 사는 사람들'이 접근해 오는 것이고, 이를 막기 위해 많은 돈을 쓰기도 한다.

오늘날 '난민'은 매우 심각한 문제인데, 그중에서도 가장 골칫거리는 '돈 많은 세금 난민들'이다. 이들은 단지 세금을 회피하기 위해 세계를 유랑하는 사람들이다. 이 책은 아프가니스탄이나 중동국가 혹은 아프리카에서 유럽으로 밀려오는 난민 문제를 집중적으로 다루지는 않을 것이다. 대신 다른 종류의 난민들에 대해 많이 논할 것이다.

경제불평등과 무역전쟁 그리고 혁명
—

이 책에서 말하고자 하는 문제들은 '앞으로 닥쳐올 위험'에 대한 것이 아니다. 그 문제들은 이미 시작된 현재가 됐으며, 충분히 예측 가능한 미래의 현실이기도 하다. 21세기를 10년쯤 남겨놓은 시점이 되면 자동화와 금융시장, 기후변화와 시민감시, 인구학적 피라미드와 전염병과 같은 문제들에 대해 비관론이냐 낙관론이냐를 두고 논쟁하는 것은 더 이상 아무런 의미가 없게 될 것이다. 미래는 현실이 되어 이미 여기에 와 있기 때문이다. 이제 우리는 "그럴 수도 있어."라거나 "그렇게 될 거야."라는 말들 대신 "더 나빠졌어."와 같은 말들을 더 많이 하게 될 것이다.

20세기 유럽에서 시민민주주의는 제1차 세계대전으로 모든 것이 무너진 이후 당시 귀족과 같은 엘리트층이 저항하는 노동자와 시민들의 압력에 의해 물러나면서 성립됐다. 그들은 또한 볼세비즘bolshevism을 차단하는 방어막 역할도 했다. 오늘날 엘리트들은 새삼스레 다시 거부당하고 있다. 이번에는 '제국주의'나 '식민지주의' 엘리트가 아니라 샌프란시스코부터 헬싱키까지의 '민주주의' 엘리트들이다. 2018년 여름 독일의 연합여당인 기독민주연합(이하 '기민련')과 기독사회연합(이하 '기사련') 사이에서 벌어진 자체적 정치 논쟁, 혹은 그로부터 몇 년 전 오스트리아에서 대연정을 맺은 당수들 간에 벌어진 다툼은 민주주의 세력을 분열시키는 작용을 했다. 1989년 '철의 장막'이 무너진 이래로 초세계화와 무조건 이윤을 추구하는 자유무역이 점점 더 빠른 속도로 확대됐다. 그 과정에서 작금의 정당민주주의와 언론민주주의는 오히려 걸리적거리는 존재로 취급당하고 있다. 점점 더 많은 분노한 시민들이 신민족주의와 봉쇄 정책에서 구원을 얻으려 하고, 이는 국경을 초월해 더 많은 이윤을 추구하려는 금융계와 경제계의 리더들에게 난관으로 작용하고 있다. 정치적·경제적·문화적 불안이 만연해 있다. 이제 사회적 몰락은 현실이 될 것이다. 사람들은 승자들의 교만과 좌파들의 탁상공론에 싫증이 났다.

그나마 의지가 되는 건 지금까지의 삶의 방식, 혹은 지나간 시대에 대한 기억뿐이다. 변화를 받아들이라는 계속된 요구는 두려움이 됐는데, 사실 그 두려움이 옳을 때도 많다.

지금까지의 경제적·사회적 불평등만으로도 이미 정치계를 통째로 날려버릴 폭탄은 완성됐다. 그리고 다가올 미래에는 그 폭발력이 배가될 것이다.

오늘날의 디지털혁명을 200년 전 산업혁명과 평행선에 놓으면 한결 이해하기 쉽다. 자동화된 컨베이어벨트와 산업로봇은 직조기와 증기기관에 비교할 수 있고, 인터넷은 전기의 기술적 사용과 같은 작용을 한다. 스마트폰이 소통과 현실인식에 일으킨 변화는 전보와 카메라가 처음 소개된 19세기 상황과 겹쳐진다. 당시 철로가 놓이던 산업화 국가에는 이제 고성능 광케이블이 깔려서 사람과 상품 대신 데이터를 전송한다.

자율주행 화물차와 무인주행 승용차는 산업화로 상품의 대량생산이 가능해졌을 때와 마찬가지로 우리 삶을 크게 바꿔놓을 것이다. 사물인터넷과 인공지능의 광범위한 활용은 세계 사회를 이전에 경험하지 못한 영역으로 확장시킬 것이다.

지금 당장은 디지털기술이 그 혁명적 발전을 시작하는 단계에 불과하며, 신기술은 일단 수억 인구의 일상으로 돌진하기 위한 도움닫기를 하는 중이다. 지난 수 세기 동안 현대적 기술과 지식은 다양한 분야에서 알게 모르게 사람들의 생활수준을 끌어올리는 데 많은 역할을 했다. 다만 그 혜택을 누리는 것은 '모두'가 아니라 '다수'일 뿐이다.

옥스퍼드대학교에서 연구 중인 스웨덴 출신 경제학자 칼 베네딕트 프레이Carl Benedikt Frey와 정보분석가 마이클 오즈본Michael Osborne은 2013년에 발표한 논문에서 "향후 10년 혹은 20년 안에 미국의 일자리 중 47퍼센트가 자동화될 수도 있다."라고 밝혔다.[18] 무대를 독일로 옮길 경우 자동화될 것으로 추정되는 일자리는 전체의 42퍼센트이다. 민간은행 아이엔지디바ING-DiBa의 경제학자는 그 비율이 59퍼센트까지 될 것으로 내다봤다.[19] 여기서 일자리를 직업으로 그리고 더욱 구체적인 업무로 치환해 보면 한 직장 내에서도 현격한 차이가 나타날 수 있다. 독일 만하임에 소재한 유럽경제연구센터ZEW는 "미국에서는 9퍼센트, 독일에서는 12퍼센트의 일자리가 고도의 자동화 대체 가능성에 직면해 있다."라고 발표했다.[20]

뉘른부르크에 있는 독일 연방고용공단 산하 고용연구소IAB에서는 한발 더 나아가 독일에서 사회보장보험 가입이 의무인 일자리 중 15퍼센트에 해당하는 업무를 지금 당장 컴퓨터로 대체할 수 있다고 주장했다. 그리고 경제협력개발기구(이하 'OECD') 가입 국가의 일자리, 즉 전 세계 35개 선진국의 일자리 9퍼센트가 자동화될 수 있다고 밝혔다.[21]

계산해 보면, 독일에서만 최대 2,000만 명의 일자리가, 오스트리아와 스위스에서는 각각 200만 명의 일자리가 사라질 위험에 처해 있다. 자동화에 자리를 내어준 사람들 가운데 과연 몇 명이나 새로운 일자리를 찾을 수 있을는지 예상할 수 있는 사람은 아무도 없다. 지금까지 제법 수입이 좋았던 보험회사, 은행, 로펌, 세무사 사무실 혹은 미디어 기업의 직원들도 마찬가지로 한꺼번에 '과잉 인력'이 될 것이다. 이미 한 유럽의 대형은행이 인도의 IT 전문기업 인포시스Infosys에 행정직 직원 5만 명을 500명으로 감축할 방안을 모색해달라고 의뢰한 바 있다. 고작 500명으로 말이다.[22] 디지털화로 인해 가장 먼저 '룸펜 프롤레타리아lumpen proletarian'●로 전락할 사람들은 건설 노동자, 화물차 운전사, 슈퍼마켓 계산원 등이다. 새로운 직업 능력을 습득한다면 상황은 달라지겠지만, 그들 중 새로운 직업 능력을 이미 갖춘 사람이 몇 명이나 되겠으며, 재정적으로 직업 교육을 다시 받을 형편이 되는 사람은 또한 몇 명이나 되겠는가?

과거에도 거의 '붕괴'라고 표현할 만큼 커다란 사회적 변화가 도래한 상황은 있었으며, 그러한 상황에서 우리는 매우 시급하면서도 중요한 질문들을 새롭게 제기해야 했다. 지금 우리는 사회 전반을 뒤흔들고 있는 '신기술'이 던지는 새로운 질문들과 마주하고 있다. 새로운 기술과 함께 기후변화는 점점 더 센 힘을 발휘할 것이다. 기후변화가 사회에 미치는 영향은 중립적이지 않고 특정 계층에 매우 불평등하게 작용한다. 열기를 막아주는 냉방장치에는 값비싼 전기가 들어가고, 홍수를 예방하는 댐을 건설하고 도로를 산사태 위험에서 보호하기 위한 안전장치를 마련하는 데에는 막대한 예산이 소모된다. 한 국가 안에서도 경제력이 우세한 지역은 낙후된 외곽지역보다 훨씬 더 확실하게 보호될 것이다.

동시에 인류의 염원인 무병장수 또한 새로운 치료법과 의약품 덕

●상대적 과잉 인력 중에서도 가장 하위에 속하는 극빈층으로, 생산 수단이 없는 무산계급이면서 노동 의욕마저 상실한 실직자군을 일컫는다.

에 점점 더 현실에 가까워지고 있지만, 그 비용을 감당할 수 있는 일부 계층의 사람들에 한해서만 그렇다. 이미 현재도 미국 최상위소득자들은 가난한 미국인들보다 평균 15년 더 길어진 기대수명을 기꺼이 누리고 있다. 그리고 가난한 미국인들조차 수단이나 파키스탄 국민의 평균치보다는 기대수명이 길다.[23]

오늘날과 같은 초세계화 사회에서는 '에볼라'처럼 단일한 전염병이 6주 안에 지구 전체에 퍼질 수도 있다. 그리고 세계보건기구WHO는 "항생제 내성의 증가가 인류의 거대한 위협이 될 것"이라고 오래 전부터 경고했다. 효과가 탁월한 신약이 개발되더라도 가격이 너무 비싸서 기존 선진국의 의료보험 시스템에서도 재정적으로 감당하기 어려운 경우가 많다. 그래서 중부유럽에서조차 기존의 이원적 의료체계●에서 '행복한 소수', 즉 선택받은 일부 계층에게 더 많은 의료 혜택이 돌아가도록 하는 방향으로 의료보험이 바뀌어갈 것이다.

영국의 비정부기구NGO인 보건재단Health Foundation이 조사한 바에 따르면, 밀레니엄 세대로 일컬어지는 1980년 이후 출생자는 그들의 부모 세대에 비해 '덜 건강'한 것으로 나타났다. 그들은 열악한 취업 환경에서 상대적으로 적은 임금을 받으며 일하고 있고, 자신의 경제적 수준에서 감당할 수 있는 집을 구해야 하는 문제로 엄청난 스트레스를 받고 있다. 더불어 그들은 만성적인 고독감에 힘들어하고 있으며, 앞으로도 그러할 것이다. 이는 이후에 암이나 당뇨 혹은 심

● 법정 의료보험 가입을 의무로 하되, 경제적 여력에 따라 높은 보험료를 지불하고 많은 혜택을 받는 민간 의료보험 가입을 허용하는 독일의 의료보험 시스템을 가리킨다.

장질환에 걸릴 위험이 증가하는 문제로 이어진다. 그들은 부모 세대가 젊었을 때 경험한 것보다 더 낮은 삶의 질을 경험하고 있다. 경제는 전반적으로 성장했음에도 밀레니엄 세대가 손에 쥐는 소득은 거의 모든 계층에서 자기 부모 혹은 조부모보다 적었다.[24] 어느 특정 국가만이 아니라 미국을 비롯한 서구 국가 대부분의 청년들이 비슷한 상황을 겪고 있다.

이 모든 것은 10년 전의 대규모 금융위기로 인해 취약해진 세계 금융 구조 내에서 벌어진 일이다. 미국의 투자은행 리먼브라더스Lehman Brothers가 파산한 지 10년이 지났지만 유로화는 여전히 불안정하고 국가와 기업, 개인의 부채는 계속 늘고 있다. 이탈리아의 재정 상태와 비트코인을 위시한 가상화폐의 전망은 이미 심지에 불이 댕겨진 화약통처럼 위기감을 고조시키고 있다.

2018년 8월 현재, 세계 경제를 선도하는 국가들은 악의적인 무역전쟁에 돌입했다. 도널드 트럼프 미국 대통령과 장클로드 융커Jean-Claude Juncker 유럽연합 위원장이 워싱턴에서 새로운 협상을 체결하기는 했으나, 미국과 중국 그리고 유럽 국가들은 이미 되돌릴 수 없는 불행한 메커니즘 안으로 들어섰다. 이는 암세포가 확산되는 과정과도 비슷하다. 일단 관세 하나를 올리면 곧장 그에 대한 대응이 따라온다. 세계화된 경제에서는 여기에 그저 단일한 생산품이 아니라 생산 과정 전체가 연관된다. 수입품 가격이 인상되면 투자가 유보된다. 그 결과는 일자리 삭감으로 이어신다. 남아도는 생산품은 가격이 대폭 인하되어 세계 시장에 나온다. 암세포가 전이되는 것처럼 관세 인상도 쉽게 통화전쟁으로 번진다. 그 여파가 관련된 전 세계 소비자에게 영향을 미치는 건 종종 몇 달 후 혹은 몇 년 후일 때가 많다. 그리고 그 여파를 잠재우기가 점점 더 어려워지고 있다. (제9장 '무역전쟁이 위험천만한 이유' 참조)

동시에 트럼프 대통령은 이란 정부를 향해 점점 더 심각한 언어적 공격을 퍼붓고 있다. 이란은 혼란에 빠질 것이다. 하지만 언제나 그랬듯 여기서도 관건은 군사적 우위가 아니라 석유와 미국 달러의 힘이다. 피 튀는 전쟁은 그렇게 점화된다.

중국과 인도는 계속 전진하고 있다. 이 두 나라는 향후 10년 동안에도 생산과 서비스 부문 모두에서 높은 성장률을 기록할 것이며, 1820년에 이미 한 번 그랬던 것처럼 세계 시장의 50퍼센트를 점유하게 될 것이다. 1970년대에 두 나라의 시장점유율은 5퍼센트에 불과했다.

19세기 대영제국이 물러난 자리를 20세기에는 미국의 제국주의가 차지했다. 우리가 살아가는 21세기에는 머지않아 중국이 그 자리를 차지할 것으로 보인다.

기업가이자 공산주의자였던 프리드리히 엥겔스Friedrich Engels는 1845년 중국과 인도를 세계 무대에서 물러나게 했던 제1차 산업혁명에 대해 다음과 같이 썼다. "세계 역사상 한 세대에 불과한 짧은 기간 동안 이토록 비정상적인 변화를 이끌어내고 이토록 폭력적으로 교양 있는 민중들의 운명에 개입한 사건은 없었으며 개입은 앞으로도 계속될 것이다."[25]

지금 우리는 비슷한 사건을 경험하고 있다. 카를 마르크스Karl Marx와 프리드리히 엥겔스는 당시 세계 혁명이 일어날 것이라고 맹세했으며, 프롤레타리아 독재 이후 모두에게 엄청난 자유가 열릴 것이라고 했다. 그들의 예언은 실현되지 않았다. 그런데 지금 글로벌 혁명이 일어나고 있다. 경제적·사회적·생태적·문화적·정치적 혁명이다. 그것은 시민민주주의의 업적을 정면으로 공격하면서 사상적 기반을 닦는 한편, 호의적인 자금줄을 마련하고 있다.

그들이 본보기로 삼은 역사에서도 런던브리지는 중요한 상징이 됐다. 처형당한 반역자들의 머리를 내거는 대신 아마도 영구적인 공포를 불러일으키는 또 다른 위협의 형식이 나타날 것이다.

신민족주의에 자리를 내준 민주주의

—

최근 들어 예기치 못한 폭발사고에 대한 충격적인 뉴스를 듣지 않고 지나가는 주가 단 한 주도 없었다. 한편으로 이는 미디어 환경이 단발성 뉴스 위주로 변화한 탓이기도 하다. 온라인에서 가능한 한 많은 사람의 눈길을 사로잡기 위해서 끊임없이 새로운 헤드라인을 생산해야 하는 구조가 정착된 것이다.

그렇지만 대부분의 뉴스가 내포하고 있는 위협은 단지 '잠재적'인 경우가 많다. 우리는 정치적으로도 경제적으로도 '위기 모드'에서 살아가고 있다. 중부유럽에서는 이민과 국가부채 문제가, 영국에서는 유럽연합 탈퇴가 온갖 논쟁을 이끌어냈고, 현재에 대한 불만과 불안한 미래에 대한 염려가 맞물려 논쟁은 점점 더 격화됐다.

남태평양의 주민들은 해수면 상승으로 '땅이 사라질 가능성'에 대비하고 있다. 러시아에서는 새로운 리슐리외Richelieu●가 권력을 잡았다. 블라디미르 푸틴Vladimir Putin 치하에서는 결과가 수단을 정당화한다. 중동에서 벌어지고 있는 대리전은 끝날 기미가 보이지 않는다. 신종 총기가 제작되면서 총기 사용은 더욱 간편해졌다.

도널드 트럼프는 지난 한 세기에 걸쳐 전 세계 많은 사람들이 노력을 기울여 성사시킨 수많은 협상들을 단 몇 주 만에 깔아뭉개듯이 치워버렸다. 다른 한편으로는 수백만 유권자들이 묵은 체증이라고 여기던 의제를 불쑥 끄집어내서 환영받기도 했다. 트럼프의 추종자들은 이런 방식이 성공방정식이라도 되는 것처럼 여긴다.

이 모든 것들이 경제적 지진과 정치적 화산 폭발이 예상되는 지점이다. 위험은 눈덩이처럼 커져간다. 결코 천재지변이 아닌 사람이 만들어낸 이 위험들이야말로 진정한 재앙일지도 모른다. 수많은 분쟁이 동시에 여러 곳에서 진행 중이고, 셀 수 없이 많은 문제와 딜레마가 이토록 다양한 영역에서 벌어지고 있다. 하지만 언제, 어떤 문제가, 정확하게 어떤 거대한 재앙을 일으킬지 정확하게 아는 사람은 없다. 아주 강력한 폭발이 임박한 가운데 도주로를 찾지 못하는 형국이다. 분명한 것은 '폭발한다'는 사실뿐이다. 너무 많은 분야에 너무 많은 폭탄이 체계적으로 장착돼 있다 보니 손쓸 도리가 없다.

대다수 사람을 움직이는 것은 '인정욕구'다. 타인의 인정을 받은 사람은 전 세계에서 가장 견고한 자산을 손에 넣은 셈이다. 하지만 새로운 세계의 무질서 안에서는 더 이상 사회적 평등이나 평화를 이

● 17세기 프랑스 절대왕정의 기틀을 다진 재상이자 추기경.

루기 위한 노력이 그 가치를 인정받지 못한다. 오히려 적개심이 잇따라 개가를 올리는 중이다. 특히 무의식에 숨은 반감은 편견과 우월감이 자라도록 양분을 공급한다. 이 가정과 저 가정에, 이 정당과 저 정당에, 이 나라와 저 나라에 그러한 감정이 스며들고 있다. 탐욕스러운 혐오주의자들은 서로에게 응원의 박수를 보낸다. 타인을 향한 적개심이 그들을 하나로 묶는다. 엘리트층은 대중 시민을, 다수 시민들은 '기득권층'을 적대시한다. 박수갈채가 쏟아진다. 혐오사회를 경험하는 사람들이 점점 늘어난다. 그 사회는 불공평하고 불공정하며 배타적이다. 공정함에 관한 그들의 개인적 견해는 너무 주관적이고 다른 사람들을 평가절하하려는 경향이 강하다.

문제는 티모스thymos이다. 티모스는 존중받고 싶고 자긍심을 느끼기를 원하는 욕구에서 비롯된 분노의 감정을 말한다. 자유주의자들은 이 감정의 위력을 지나치게 과소평가한다. 그러나 '시장', 무엇보다 금융시장은 그리 합리적으로 반응하지 않을 때가 너무 많다. 또한 경제적 인간인 호모 에코노미쿠스Homo Oeconomicus나 정치적 인간인 호모 폴리티쿠스Homo Politicus는 '이성적'으로는 설명되지 않는 행동을 할 때가 아주 많다.

대형 정치 무대에서는 '공명심'이 어떤 행동의 동기로 작용하는 경우가 늘어간다. 급진 이슬람주의자들은 자신의 행위를 '명예'와 연결시키며, 고향을 떠난 무슬림들에게 접근해 자랑스러운 정체성과 명예로운 감정을 심어준다. 어떤 경우는 그보다 더 복잡하다. 오랜 산업화 국가에서 대를 이어 살아온 많은 시민들이 불평등과 사회적 혐오의 증가로 고통을 겪고 있는데, 그들 중 일부는 급진 이슬람주의자들과 같은 길에 들어서기도 한다. 그들은 자기 나라에서 타인이 된 것처럼 느끼고, 이슬람 정치 세력에 격렬히 저항한다. 자기 나라에 대한 책임은 새로운 헝가리를, 폴란드를, 체코를, 미국을, 오스트리아를 혹은 이탈리아를 주창하는 민족주의자들에게 진즉 넘겨버렸다. 신민족주의자들은 네덜란드와 독일에서도 활동 범위를 계속 넓혀나가는 중이다. 쇼비니즘적 스웨덴 민주당은 2014년 전국선거에서 11퍼센트의 득표율을 기록했으나, 2018년 여름에 실시된 여론조사에서는 지지율이 23퍼센트까지 뛰어올라 집권여당인 사회민주당과 엇비슷해졌다.[26] 브라질에서도 군부의 감시가 삼엄한 가운데 우파민족주의자들이 정권을 잡았다. 또한 유럽에서는 카탈루냐에서부터 스코틀랜드에 이르기까지 분리주의자segregationist*의 기세가 얼마나 등등해졌는가?

공통의 '문화적 정체성'을 강조하는 요란한 행사들이 끊임없이 열리고 있다. 명예와 명예의 대결, 자부심과 자부심의 대결은 축구장을 넘어 도시 곳곳에서 펼쳐진다. 대결의 스케일도 점점 커진다. 남유럽의 시각에서 보자면, 자존심 상한 이탈리아인의 대표인 마테오 살비니Matteo Salvini가 오만한 독일인에 맞서 싸우고 있다. 유럽 북부의 관점에서 보자면, 알렉산더 가울란트Alexander Gauland와 그의 동료들이 성실한 독일인을 대신해 빚쟁이 이탈리아인을 배격하고 있다. 심지어 대결을 위해서라면 달갑지 않은 동료선수와 한 팀이 돼야 하는

• 분리주의는 지배 세력으로부터 벗어나 자신들의 문화적 정체성 혹은 정치적, 사회적 권리를 지켜내려는 소수 집단의 이념 및 목표를 의미한다.

상황도 기꺼이 받아들인다. 블라디미르 푸틴은 이미 오래전부터 자기 추종자들과 똘똘 뭉치는 전략을 취해왔다. 냉전 이후 실의에 빠진 러시아는 북대서양조약기구(NATO,이하 '나토')가 점령한 유럽연합에 맞서며 일어섰다. 기존의 민주주의는 지금 이미 궁지에 몰려 있다.

점점 더 오른쪽으로 가고 있는 유럽 정치

—

자동조종장치를 장착한 굴착기에 의해 터널이 뚫리듯 자유주의 사회는 단번에 몰락했다. 뚫린 터널 앞에는 권위주의가 전조등을 밝히고 서 있다.

2017년 독일에서는 1972년 이래 처음으로 투표율이 확연하게 상승했다. 1972년 늘어난 유권자들은 독일 사회민주당(이하 '사민당') 당수였던 빌리 브란트에게 예상 밖의 승리를 안겨주었다. 그리고 최근 선거에서 누구보다 득을 본 정당은 독일을 위한 대안(이하 '대안당')이었다.

2017년 10월 설문조사에서 '정치에 대한 신뢰가 매우 낮거나 아예 없다.'라고 응답한 오스트리아인은 전체 87퍼센트에 달했다. 2014년 조사에서는 70퍼센트 정도였다. 정치인에 대해서는 '거의 혹은 아예 신뢰하지 않는다.'라는 응답이 93퍼센트였고, 그중 절반은 '완전한 신뢰 상실'이라고 답했다.[27] 이러한 상징적 설문조사 결과가 공표되고 며칠 후 오스트리아에서는 새로운 의회가 선출됐다. 우파 성향의 오스트리아 국민당과 명실상부한 우파인 자유당이 총유효표의 57.5퍼센트를 가져갔다. 직전 선거와 비교해 투표율이 그렇게 급격하게 증가한 것은 1945년 이래 처음이었다.[28] 도널드 트럼프가 집권한 2016년 미국 대선의 경우에도 2012년 버락 오바마Barack Obama를 선출한 선거보다 더 많은 사람이 투표했다.[29] 2018년 빅토르 오르반Viktor Orban 헝가리 총리는 유례없이 많은 유권자를 투표장으로 불러 모았다. 투표율이 전반적으로 상승한 가운데 특히 작은 마을 단위에서 상승 추세가 도드라졌다.[30]

사회학자, 정치학자 그리고 생각 많은 출판인들이 오랫동안 고민했던 바가 투표장에서 명확하게 드러난 것이다. 분노한 시민들은 적극적인 유권자로 변신했다. 기존의 정당 구도를 두고 벌어질 다음 결투는 2019년 5월에 있을 유럽의회EP 선거가 될 것이다.•

시험대에 올려진 유럽연합의 내구성

—

지금까지 서구 국가의 그 어떤 책임 있는 정치인이나 언론인도 신극우주의 진영의 조롱과 입장 표명에 대해 자주적이고 설득력 있게 접근하여 성공을 거두지 못했다. 그들의 도발과 규범 파괴는 뉴스 헤드라인을 생산하고 관심을 집중시킨다. "그래도 계속 말할 수 있게

• 2019년 제9대 유럽의회 선거에서는 수십 년간 유럽연합의 정치를 주도했던 중도우파 유럽국민당EPP과 중도좌파 사회민주진보동맹S&D이 세력을 잃고, 대신 보수자유주의를 지향하는 유럽자유민주동맹ALDE과 좌파연합인 녹색당−유럽자유동맹Greens-EFA의 의석수가 크게 증가한 것으로 나타났다.

해야 한다."라는 말은 동네 단골술집 테이블에서도, 페이스북 가상 공간 안에서도 더 이상 아무런 호응을 얻지 못한다. 그토록 오랫동안 소중하게 여겨졌던 '정치적 올바름'이라는 것 역시 공허한 말이 됐다. 이를 통해 그간 간과되었거나 금기시되었던 어떤 주제가 공동의 정치 토론장에 복귀한다면 이는 무조건 나쁜 일만은 아닐지도 모른다. 혹여나 실망했던 유권자들이 전통과 지역, 고향과 민족국가 그리고 그보다 더 확실하게는 종교에 귀착할 수 있다면, 그것은 오히려 사회적으로 더 유익한 일이 아닐까?

우파민족주의는 젊은이들의 상상력에 날개를 달아주고 나이 든 시민들의 영혼을 뜨겁게 고무시키는 이야기를 늘어놓지만, 그 이야기는 허풍 섞인 영웅담일 때가 많다. 그런 이야기는 '우리'라는 공동체 감정을, 혹은 타자에 대한 날카로운 '선 긋기'를 부추길 때가 많다.

그러다 보니 유럽의 통합 프로젝트가 딜레마에 빠졌다. 끊임없이 제기되는 이민 문제가 매우 중요한 사안인 것은 맞다. 하지만 그 문제는 유럽연합 내부의 불일치와 미비점을 드러내면서 끊임없이 유럽연합의 내구성을 시험대에 올려놓는다. 이제 와서 성을 쌓아 난민 유입을 막는다 한들 내부적 평화를 되찾을 수는 없을 것이다.

굳이 회원국 전반이 짊어진 은행 부채나 유럽연합 예산의 막대한 증가를 거론할 필요는 없다. 당장 프랑스 한 곳만 보더라도 경제 전반이 매우 위태로운 상황에 처해 있다. 프랑스의 극우파 정치인 장마리 르 펜Jean-Marie Le Pen이 성공한 것은 그러한 경제 상황 덕분이었다. 이탈리아도 계속해서 부채 기록을 경신하고 있다. 유로화 위기가 한 번 더 재연된다면 그것은 곧 '공동통화'의 종말로 이어질 것이다. 앙겔라 메르켈Angela Merkel 독일 총리는 2010년에 "유로화의 실패는 유럽의 실패"라고 말했다.[31] 독일 정부가 국가부채와 금융위기의 수렁에 빠지자 대안당은 원래 관심사이던 이민을 잠시 후순위로 미뤄두고 유로화에 대한 유럽 전체의 불신과 유럽연합의 현황에 각별한 관심을 쏟고 있다. 이미 대안당은 점점 더 많은 노동조합 가입자들의 지지를 받고 있다. 타이밍을 잘 맞춰 등장한 이 우파 대안 운동은 잘하면 독일 전체 유권자의 3분의 1을 가져갈 수도 있을 것 같다. (제5장 '새로운 독일, 새로운 민족운동' 참조)

서구사회에 만연한 민주주의 피로감

—

민주주의에 대한 피로감이 이른바 엘리트층을 포함해 사회 모든 계층에 만연해 있다. 미국과 유럽, 싱가포르와 중국에서 나눈 수많은 비공개 대담에서 미국의 억만장자와 유럽의 은행가 그리고 서구 상장기업의 임원들과 현 민주주의를 대표하는 성공한 중산층들은 민주주의를 향해 통렬한 비판을 쏟아냈다. 하지만 그들과 나눈 대화가 이 책에 구체적으로 인용되는 일은 (거의) 없을 것이다.

그들의 주장은 비슷비슷했다. 미국에서든 유럽이나 호주에서든 "정부는 태만하고 비효율적이며 쓸데없이 권위적이고 문제를 해결하는 데에 집중하지 않으며 무엇보다 목표가 없다."라고 말했다. 또한 "문제가 분명한데도 못 본 척 넘어가고, 결함이 많거나 혹은 심각하게 무능력한 인사를 지도자 자리에 앉히며, 무조건 자기 당에 유리한 쪽으로만 일을 밀어붙인다."라고 했다. 그리고 지금은 도처에서 약진하는 신민족주의자들을 진압하는 일에서도 무능함을 드러낸다고 했다.

유럽연합의 정치 중심지인 브뤼셀에서, 브렉시트를 해결하는 과정에서, 연정 파트너를 찾는 끝없는 모색에서, 기민련과 기사련이 베를린에서 벌인 내부 다툼에서, 이탈리아의 신생 정당인 '오성운동' 정권 내에서 그리고 초국가적 협정이 파기되는 과정에서 민주주의는 실패하고 좌초했다.

뉴욕에 사는 건설업자인 이고르 거쉬친스키Igor Goshchinsky는 부유하고 명망 높은 유대계 이민자들의 태도 변화에 대해 이렇게 언급했다. "20년 전까지는 거의 모두가 매우 민주적이었으나, 지금은 권위주의적 강경 조치를 옹호하거나 적어도 도널드 트럼프 같은 사람에게 의존하려 한다."[32] 뉴욕의 일류 대학으로 꼽히는 바너드대학 졸업생이자 변호사인 디애나 발레스테로스Deanna Ballesteros는 로스앤젤레스에서 비슷한 변화를 경험했다. 이 거대한 메트로폴리탄에 거주하는 이란계 주민은 50만 명에 육박한다. 이란을 제외한 그 어느 곳보다 이란인이 많이 사는 지역이다. "이란계 엘리트는 권위주의 정권에 익숙하다. 그들은 다른 누군가가 사람들에게 무엇을 해야 할지 명령하는 것을 당연하게 생각한다."[33] 원래 그들은 미국에 이민 온 사람들로서 당연하게 자유롭고 개방적인 민주국가를 높이 평가하는 것처럼 보였으나 어느새 분위기가 바뀌었다고 했다.

1990년대 서구에서는 소득상위층 20퍼센트가 비민주적 정부의 가장 큰 적이었던 반면, 소득하위층 50퍼센트는 위압적인 군부를 지지했었다. 하지만 이는 시간이 지나면서 역전됐다. 하버드대학의 야샤 뭉크Yascha Mounk와 멜버른에서 온 그의 호주 동료 로베르토 스테판 포아Roberto Stefan Foa에 따르면 "현재 거의 모든 지역에서 군부가 정권을 잡는 것에 더 많이 찬성하는 경향을 보이는 것은 빈곤층이 아니라 부유층이다."[34] 미국에서 부유층의 찬성률은 5퍼센트에서 16퍼센트로 상승했고, 라틴아메리카에서는 21퍼센트에서 33퍼센트로 뛰었다. 미국 상위층 가운데 3분의 1이 "선거나 의회를 신경 쓰지 않는 강력한 지도자를 갖는 것"에 '좋다' 혹은 '아주 좋다'라고 응답했다. 몇 년 전의 19퍼센트에서 크게 높아진 수치이다. 도널드 트럼프의 성공을 그저 중서부 주민이나 나이 든 백인 유권자들이 현혹당한 결과라고 해석하는 것은 오판이다.

비민주적 대안을 선호하는 경향은 특히 젊고 부유한 미국 시민들 사이에서 강하게 나타난다. 1995년 젊은 부자들 중에서 군부의 집권에 동의한 비율은 6퍼센트에 불과했으나 오늘날은 35퍼센트나 된다. 미국만의 특이한 현상은 아니다. 유럽 국가들에서도 젊고 부유한 유럽인 17퍼센트가 군부 통치 가능성에 우호적인 태도를 보였다. 뭉크와 포아는 이 수치를 두고 '충격적인 결과'라고 강조하면서 "반자유적 정치는 청년, 부자, 특권층으로부터 점점 더 많은 지지를 받고 있다."라고 설명했다.[35]

하지만 이 연구자들의 해석에 따르면 "20세기 후반의 짧은 시기를 제외하면 민주주의는 빈곤층의 재분배 요구와 밀접한 관계에 있었고, 그 때문에 민주주의에 대한 엘리트층의 회의주의는 오히려 당연한 것일 수 있다. 서구 국가의 부유한 시민들 사이에서 새로이 발견되는 민주주의 제도에 대한 반감은 역사적 표준으로 회귀하는 것에 불과하다."

그렇다. 세계화가 절정에 이르면서 새로운 사회 정의의 구축이 불가피해 보인다. 점점 더 많은 세계화의 수혜자들이 민주주의 철폐에 힘을 쏟고 있다. 그리고 그들은 분노에 차 봉기하던 중 권위주의에서 해결의 실마리를 찾은 가난한 사람들과 접점을 갖게 된다. 기존의 민주주의로는 이 두 세력이 맞물려 만든 'X자 집게'를 결코 분해할 수 없을 것이다.

경제 성장은 민주주의를 필요로 하지 않는다
—

키쇼어 마부바니Kishore Mahbubani는 동서양의 지도층에 사상적 자양분을 공급하는 인사이다. 2000년대 초반까지도 이 싱가포르 출신 정치학 교수는 아웃사이더로 여겨졌으나, 2010년대 들어 특히 영국 일간지 〈파이낸셜 타임스Fanancial Times〉의 지원에 힘입어 선도적인 미래학자로 인정받기 시작했다. 그는 외교관 출신이지만 다음과 같은 그의 말은 비외교적이다. "많은 서구 지식인들이 마음속에 키운 가장 큰 망상은 현대화 과정에서 다른 사회들도 서구의 지성적, 도덕적 복제품이 될 수밖에 없다는 믿음이다."36

그의 칼럼 모음집 《아시아인들이 사고할 수 있는가?Can Asians Think?》는 마치 중국과 인도 그리고 다른 아시아 국가들이 눈부신 경제 발전을 이뤄낸 것과 비슷한 기세로 베스트셀러 반열에 올랐다. 개정판을 낼 때마다 마부바니는 점점 더 확신에 찬 어조로 새로운 서문을 썼다. 그는 "전 세계를 장악한 서구의 벨트안샤웅-weltanschauung●"과 거리를 두고자 한다고 명시적으로 밝히며, 영어로 쓴 책에서 의도적으로 독일어 표현을 사용했다. '웨스턴western 벨트안샤웅'이 '저먼 앙스트german Angst'●● 의 자리를 꿰찼다. 그리고 그는 "아시아가 과거 수천 년 동안 차지했던 세계 무대를 다시금 접수할 것"이라고 강조했다.

이 선견지명의 학자는 "서구가 제3세계를 상대로 민주주의와 인권 그리고 언론의 자유를 위압적으로 강요했고 지금도 강요하는 것은 크나큰 실수"라고 주장한다.[37] 그는 나라마다 저마다의 형편이 있고, 사형이든 고문이든 저마다의 환경에 따른 결과라고 말한다. 그러니 결국 서구는 인내심과 '다른 사회를 수용하는 것'을 배워야만 할 것이라고, 그보다 더 중요한 것은 경제적 생활수준의 향상이라고 말한다. 또한 최고의 '지정학적 토론'이 열리는 것은 미국의 수도인 워싱턴일 수도 있지만, 최고의 '지정학적 성과'를 거두는 것은 중국이 될 것이라고 주장한다.

1980년대 이후 중국은 깜짝 놀랄 만한 경제 성장을 일구었고 무려 8억 5,300만 인구가 극빈층에서 벗어났다.[38] 마부바니의 모국인

● '세계관'으로 번역된다. 'view of the world'라는 영어 단어가 존재하지만, 독일 철학자 임마누엘 칸트Immanuel Kant가 《판단력 비판Kritik der Urteilskraft》에서 개념화한 이후 독일 철학 전통에서 자주 등장하는 '벨트안샤웅'이 외래어로 영어에 흡수됐다.

●● 불안 혹은 근심이 기본이 된 사회적, 정치적, 집단적 태도를 가리킨다. 독일인이 염려가 많다는 선입견을 고스란히 전달하기 위해 영어 단어 anxiety 대신 같은 뜻의 독일어 단어 angst가 그대로 차용된 것으로 보인다. '벨트안샤웅'과 더불어 독일어가 영어에 흡수된 현상의 대표 사례이다.

작은 도시국가 싱가포르에서나 가능한 줄 알았던 경제 도약이 대국에서도 일어난 것이다. 독일의 글로벌기업 임원인 페터 볼프Peter Wolf는 수많은 기업인들이 경험한 중국의 긍정적인 면과 그에 대한 입장을 솔직하게 털어놓았다. "중국은 매력적이다. 그곳에서는 사람들이 장황한 토론 없이도 변화를 먼저 일으키는 데 익숙해서 많은 것들이 역동적으로 움직이기 때문이다."[39] 그곳에서는 결정 과정이 불투명하긴 하지만 한번 결정된 사안은 지체되지 않고 빠른 속도로 실행에 옮겨진다. 신도시와 신공항, 새로운 기차역과 철로 등 모든 것이 소모적인 절차나 시민들의 저항 없이 기록적인 속도로 건설된다. 민주주의 없이 자본주의만 번성한 것이다. 더 정확히 말하자면, 민주주의가 없는 덕에 자본주의가 번성한 것이다.

민주주의가 없다면 이른바 합법성이란 것도 큰 문제가 되지 않는다. 번영한 경제는, 설령 그것이 고도로 발달했을 때조차 민주주의를 필요로 하지 않는다. 그리고 어느 정도 부를 갖춘 교양 있는 시민의 절대다수 또한 결코 민주주의가 필수라고 생각하지 않는다.

대부분의 혁신 또한 보편적 의사표현의 자유를 요구하지 않는다. 현대의 기본 규칙으로 여겨왔던 것은 그저 고정관념에 불과했음이 증명됐다. 인간의 '평등'은 하나의 가치이지, 경제 성장을 위한 필수 전제조건은 아니다.

성공한 자본주의가 대의민주주의representative democracy를 반드시 필요로 하는 것은 아니다. 다수의 생활수준을 획기적으로 끌어올린 역사적 성장이 정부 주도의 경제체제나 반민주적 체제에서 일어나기도 한다. 기술력에 좌우되는 능력주의 사회 혹은 개인의 성과나 소득에 의해 좌우되는 지배질서가 오히려 우월하게 여겨질 수도 있다. 민주주의와 진보, 경제 성장과 대중의 복지는 절대 자동으로 연결되지 않는다. 싱가포르와 홍콩 그리고 중국의 점점 더 많은 분야에서 그 증거들이 속출하고 있다.

그리고 민주주의가 곧 자본주의는 아니다. 그것은 낡은 고정관념이며 잘못된 고정관념이다.[40] 자, 그렇다면 역사라는 커다란 시간표에 작은 칸 하나를 채운 자유민주주의는 이것으로 끝일까? 사실 그래 보이기도 한다.

분노하지 않는 혐오사회의 낙오자들
—

21세기를 앞둔 마지막 10년간 세계 사회는 경제적으로는 점점 더 부유해졌으나 정치적으로는 점점 더 부자유해졌다. 1995년 샌프란시스코에서 열린 한 열띤 토론에서 세계 정치와 경제 지도자들은 철의 장막이 붕괴한 이후에 그랬던 것처럼 새롭고 다른 문명이 등장하리라 기대했으나[41] 정작 나타난 것은 '권위가 통치하는 사회'였다. '세계화의 덫'에 걸린 것이다.

거기에는 어떤 자연의 힘도, 악마의 계략도 작동하지 않았다. 오히려 법과 다른 법, 규칙과 다른 규칙, 조약과 다른 조약 등 정치적 결정이 범람한 결과로 만들어진 역학이 작동했다. 녹색당 소속 독일 전 외무장관이자 현재 BMW와 지멘스Siemens의 고문을 맡고 있는 요슈카 피셔Joschka Fischer는 '서구의 몰락'을 말한 바 있다. 하지만 세계화의 덫에 걸린 결과는 몰락이 아니라 '서구의 해산'이었다.

대중 전반이 풍족함을 누리는 복지국가에는 '자신의 마음을 열고 타자를 관용할 만한 더 많은 여력'이 분명히 존재한다는 사실이 많은 연구결과를 통해 입증됐다. 이러한 국가들에서는 현존하는 세계화의 경제적 성과물을 사회적으로 공정하게 분배하고 모든 인구집단과 계층이 정치적 의사결정 과정에 적극적으로 참여하는 해법을 실현하는 것이 가능하다. 이는 서구에서 매우 바람직하게 여겨온 방식이다. 사람들이 자기가 설교하는 대로 살았더라면 얼마나 좋았으랴.

하지만 그런 방식은 정재계 수많은 주주들의 얽히고설킨 이해관계와 충돌한다. 재계 사람들에게는 이윤이 중요한 반면에, 정계 사람들에게는 정부나 관료 세계에서 잇속을 차릴 만한 자리를 얻는 것이 중요하다. 로널드 레이건이나 마거릿 대처Margaret Thatcher 때부터 그들은 꾸준히 불경한 동맹을 맺어왔다.

불평등은 점점 더 커져간다. 그런데 거기에 맞서 세계 사회가 널리 참여하는 강력한 저항이 한 번이라도 있었던가? 프랑스의 인권운동가였던 스테판 에셀Stephane Hessel이 2010년 출간해 베스트셀러가 된 책의 제목은 《분노하라Indignez-vous》였다. 하지만 이러한 호소가 만들어낸 정치적 파장마저도 소소하게 잦아들었다. 흑백의 마스크 안에서 도전적인 미소를 날리던 가이 포크스도 거리에서 사라졌다. "월스트리트를 점령하라!"고 외치던 사람들은 지금 어디에 있는가? 과연 민주주의가 무너지고 있다는 사실에서 위기감을 느끼는 사람들이 있는가? 불타오르던 전후 시기의 민주주의자들은 혐오사회에서 낙오자가 됐다. 혼란에 빠진 온건보수주의자와 자유주의자, 녹색당과 좌익 정당 지지자도 거기에 포함된다. 포스트모더니즘 시대의 비더마이어biedermeier●는 한적한 전원생활과 사생활의 세계로 피신했다.

좌파 성향 미국 대통령 후보였던 버니 샌더스Bernie Sanders가 펴낸 신간의 제목은《우리의 혁명Our Revolution》이다. 하지만 혁명은 정치학 이론상으로도 어려운 문제가 됐다. 21세기의 초입에서 누가 혁명의 주체가 될 것인가? 어떤 운동이 주축이 될 것인가? 더 이상 노동자계급은 아닐 것이다. 산업혁명에 인간성을 덧입힌 것이 사회민주주의였다면, 다원적이고 세계적인 디지털혁명의 시대에는 어떤 세력이 그 역할을 맡을 수 있을까? 그리고 누가 누구를 움직이며 어떻게 움직일 것인가?

경제불평등의 선두주자, 미국과 영국

—

지금 이 순간에도 권위주의 세력과 우파민족주의는 후퇴는커녕 영향력과 정권을 늘려가고 있다. 2012년 프린스턴대학의 앨런 크루거Alan Kreuger 교수는 '위대한 개츠비 곡선'이라고 이름 붙인 그래프를 선보였다. 소설《위대한 개츠비The Great Gatsby》에서 신분 상승의 꿈을 이룬 주인공 이름을 따온 것이다.[42] 크루거는 당시 버락 오바마 미국 대통령의 '경제자문단 회의' 의장을 맡고 있었다. 이 경제학자는

● 루드비히 아이히로트Ludwig Eichrodt가 1850년에 발표한 시에 등장하는 인물, 우직하고 소박한 소시민의 표상으로 여겨진다.

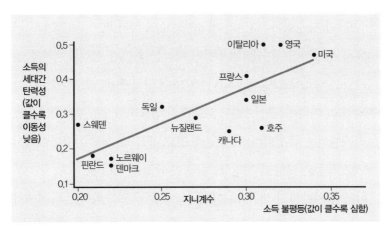

출처: 마일스 코락Miles Corak, 소득 불평등, 기회와 세대 간 탄력성의 평등Income Inequality, Equality of Opportunity, and Intergenerational Mobility, 2013. 그래픽-MKM.

국가별 경제불평등과 세대 간 소득탄력성에 관한 통계를 엮어 유효한 숫자를 만들어냈다(위 도표 참조). 소득탄력성이란 한 세대의 경제적 상승 혹은 하강이 다음 세대로 이어지는 현상을 뜻한다. 가령 경제적으로 어려운 환경에서 자란 아이가 자기 부모보다 훨씬 많은 소득을 벌어들일 수 있다면 그 나라는 도표의 아랫부분을 차지한다. 한 국가 내 소득격차가 전반적으로 그리 크지 않다면 왼쪽에 이름을 올린다. 산업화 역사가 긴 나라들 중 부정적인 의미에서 선두주자는 영국과 미국이었다.

영국인들은 엄청난 불평등 속에 살면서도 국민 대다수가 다음 세대에 더 나은 경제적 기회를 제공할 가능성이 매우 낮았다. 미국은 오랫동안 영국과 다른 길을 걸어왔지만, 그동안 신분 상승을 꿈꾸었던 많은 이들의 아메리칸드림은 허망하게 사라졌다.

이 책을 위해 그래프를 최근 정보로 수정하는 과정에서 내게 새로운 해석이 떠올랐다. 기존의 자유민주주의 국가들, 특히 개츠비 곡선에서 부정적인 점수를 기록했던 나라들이 그간 신민족주의를 선택했다는 사실을 발견한 것이다. 2016년 영국에서는 브렉시트가 가결되었고, 미국에서는 도널드 트럼프가 선출되었으며, 2017년 오스트리아에서는 극우 정당이 정권을 잡고, 2018년 5월 이탈리아에서는 오성운동과 포퓰리즘 정당 '동맹'이 연정을 꾸렸다.

이러한 시간적 순서를 되짚는 과정에서 계속 드와이트 아이젠하워Dwight D. Eisenhower 미국 전 대통령이 주창한 도미노 이론이 떠올랐다. 그는 1954년 "'넘어지는 도미노 골패'라 부를 수 있을 법한 법칙에 대해 폭넓은 고찰을 해야만 한다. 도미노 골패를 한 줄로 세워놓고 첫 골패를 쓰러뜨리면 나머지는 무조건 쓰러지게 돼 있다."라고 말했다. 당시는 프랑스가 베트남전쟁에서 패배한 시점이었다.[43]

당시 아이젠하워가 염려한 것은 인도차이나 국가들이 공산당 손에 들어가는 것이었다. 반면 오늘날 염려해야 할 대상은 '열린 사회open society'●가 신민족주의자들에 의해 비민주적으로 통치되는 것이다. 다음으로 넘어질 도미노 골패는 어디일까? 장마리 르 펜의 손녀이자 마리엔 르 펜Marien Le Pen의 조카인 젊고 치명적인 매력의 마리옹 마레샬Marion Maréchal이 2022년 프랑스 대통령 선거에서 승리를 거

● 프랑스 철학자 앙리 베르그송Henri Bergson이 처음으로 사용한 용어이며, 합리주의에 기반하여 사회 계층에 상관없이 누구나 정치, 사회, 경제적 정보 열람이 가능한 개방 사회를 의미한다. 이 개념은 영국의 철학자인 칼 포퍼Karl Popper가 계승하여 발전시켰는데, 그는 인간이 끝없이 사회문제를 자각하고 그 문제를 자유롭게 열거하여 끊임없이 발전하는 사회를 '열린 사회'라고 표현했다. 그에 따르면, 정치적 자유와 언론의 자유, 그리고 민주주의 사회가 열린 사회가 제대로 실현되기 위한 전제조건이다.

둘 것인가? 혹은 그 전에 새로운 민족주의 세력이 스페인을 먼저 접수할 것인가? 이런 나라들이 줄줄이 넘어지는 가운데 독일이라고 그 흐름을 멈출 수는 없을 것이다. 그러면 유럽연합도 끝이다.

유럽연합이 맞닥뜨린 7개의 진퇴양난

—

다음은 전 세계가 위기를 맞은 가운데, 그중에서도 유럽대륙이 맞닥뜨린 7개의 진퇴양난에 관한 설명이다.

1. 자동화와 수출의 딜레마

디지털화와 자동화가 인터 곳곳에 침투하면서 수백만 명의 노동자가 실직할 위험에 처해 있다. 특히 독일에서는 내수를 활성화하고 수출의존도를 낮추기 위해 임금이 인상돼야만 한다. 하지만 그 결과는 다시금 수출 품목의 가격 상승으로 이어질 것이다.

2. 마크롱과 메르켈의 딜레마

프랑스와 다른 유럽연합 국가들에는 유럽연합 공동의 경제 정책과 금융동맹이 절대적으로 필요하다. 그렇지 않으면 2022년 차기 프랑스 대선에서 우파민족주의자들이 권력을 거머쥘 절호의 기회를 맞을 것이다. 하지만 독일의 '기사련'과 '사민당'의 연정이 그 요구를 수용할 경우 독일에서는 대안당이 잇속을 차릴 것이다. 재정이 많이 소요되는 난민수용 정책이나 이탈리아의 부채경감에도 마찬가지의 딜레마가 작용한다. 예상대로 독일의 경기후퇴가 시작될 경우 신민족주의자들은 터보엔진을 단 채 활개를 칠 것이다.

3. 달러와 유로 딜레마

세계적으로 중요한 준비통화인 유로 없이 유럽연합은 미국의 달러와 경제 제재 권력에 대응하는 지위를 유지할 수 없으며, 러시아나 심지어는 이란에 맞서기도 힘들다. 하지만 통화의 평가절하가 불가능하기 때문에 부채를 더는 감당할 수 없는 이탈리아를 비롯한 여러 나라들에서 유로화에 대한 고민이 점점 더 깊어지고 있다.

4. 중국과 미국 딜레마

중국은 자유무역 깃발 아래 거의 배타적으로 자신의 이익을 추구하고 있다. 미국 정부는 이 제국과의 무역 갈등에서 유럽연합 국가들이 자기편에 서주기를 기대하고 있다. 브뤼셀이 워싱턴이 채근하는 대로 움직인다면 베이징은 다양한 형식의 공격적 반응을 보일 것이며, 더불어 유럽의 기업과 투자자들에게도 압박을 가할 것이다. 유럽연합이 머뭇거린다면 미국 정부는 유럽이 수출하는 물품에 대한 수입관세를 더 높게 책정할 것이다.

5. 중국에 대한 예/아니오 딜레마

무역 행태나 인권 침해 문제로 인해 중국이 고립되거나 혹은 경제적 어려움에 처할 경우 독일은 최대 무역상대국을 잃게 될 것이다. 세계적으로도 심각한 증시 변동과 경기침체, 정치적 변화가 일어날 것이다. 하지만 베이징의 '자본주의적 감시공산주의자들'이 계속해서 전 세계를 무대로 정치경제적 확대 전략을 펼쳐나가도록 내버려 둔다면, 전 세계 어디에서나 민주주의와 자유의 기초가 흔들리는 결과를 보게 될 것이다.

6. 유럽과 나머지 세계의 딜레마

유럽의 정치인들은 연합하기를 원하지만 그 방식을 두고서는 모호한 태도를 취한다. 유럽연방국의 형태는 절대 아니다. 연합을 에워싼 경계를 확실히 하려 하면서도 공동의 외교 정책을 진지하게 펼쳐나가지는 않으려 한다. 나라마다 자국 국민들의 자유로운 이동권이 보장되기를 원하면서도 사회복지가 다른 나라로 이전되는 것에는 질색한다. 안전한 은행이 필수라면서도 금융동맹은 기피한다. 그러는 동안 나머지 세계에서 구대륙의 의미는 점점 사라지고 있다. 경제적이나 인구학직으로 혹은 징치적으로도 유럽이 연합할 때만 원래의 지위를 회복할 수 있다.

7. 안전과 감시의 딜레마

테러공격으로부터 안전을 확보하기 위해서 더 많은 감시를 허용하다 보면 비민주적 정치인과 관료들이 시민 개인의 삶에 더 큰 통제력을 행사하도록 허락하게 된다.

유럽은 이처럼 엄청난 골칫거리를 내포한 일곱 가지 딜레마에 봉착해 있다. 거기에 공교롭게도 무한한 정보에 대한 접근이 가능해진

것과 인터넷기술 및 통신기술의 발달이 맞물렸다. 근대 초기 인쇄술
이 계몽주의적 인류 해방의 도구가 되었던 것처럼, 새로운 정보기술
은 새로운 정치가 시작되는 시대에 부메랑 역할을 할 것이다.

정보민주화를 포기해서는 안 된다

문제는 증오로 가득한 비방과 거짓 정보가 소셜미디어를 통해 손
쉽고 폭넓게 확산되는 것에서 그치지 않는다. 인터넷은 또한 망각을
모른다. 인터넷에 한번 털어놓은 속마음은 그대로 저장된다. 그리고
최악의 경우 마음을 털어놓은 주체에 불리하게 활용된다. 이메일과
인스턴트메시지, 트위터에 남긴 소식과 문자메시지 하나하나가 개
인에 대한 정보를 누설한다. 비영리단체 '인터넷 아카이브web.archive.
org'는 자체개발한 '웨이백 머신Wayback Machine'을 통해 인터넷사이트
3,100억 페이지에 대한 열람을 제공한다. 전 세계 인구 1인당 41페
이지 정도인 셈이다. 오래전에 삭제했거나 수정했더라도 원본을 불
러올 수 있다. 누구라도, 언제라도. 물론 아이들도.

많은 사람들이 '내겐 숨길 게 없다.'라는 막연한 짐작에서 비롯된
안정감을 누리고 살지만, 오히려 그런 태도가 치명적인 결과를 낳
을 수도 있다. 한번 정보로 저장된 것은 언제라도 달리 평가받을 수
있기 때문이다.

크게 잘못된 행동을 하지 않았다고 해서 예외가 될 수는 없다. 현
존하는 정보를 필요에 따라 이리저리 굴리다 보면 누구에게나 적어

도 처벌 가능성이 있는 잘못된 행동이나 그렇게 추정해볼 만한 과거 행적 하나쯤은 찾아낼 수 있다. 그러니 시민운동에 참여하거나 새로운 정치운동에 관여하려는 사람은 자신의 지난 기록들을 샅샅이 점검해야만 한다. 하물며 스마트폰을 살 여력이 없는 사람조차도 열외가 아니다.

투명한 국가가 아니라 수십억 명의 투명한 인간이 존재하는 것이다. 이 정보에 접근 가능한 자가 권력을 갖는다. 경제적으로든, 정치적으로든.

테러방지를 위한 조치들이 곧 시민감시로 이어지고 있다. "언젠가 모든 것이 기술적으로 가능해지면 안전을 만들어내라는 압박이 가해질 것이지만, 안전이야말로 생산이 불가능한 것이다." 오랫동안 독일의 내무장관을 지냈던 게르하르트 바움Gerhard Baum이 수년 전에 한 경고이다.[44] 이 경고는 아무런 성과도 내지 못했다.

국가가 체제에 저항하는 시민을 제압하려는 목적으로 기업의 중앙서버에 접근해 정보를 활용하는 사태가 벌어지는 것은 이제 시간문제일 뿐이다. 상황이 첨예해지면 별 볼 일 없던 관음증 환자가 정치적 밀고자로 돌변할 수도 있다. 그나마 민주주의에서는 어떤 식으로든 방어가 가능하겠지만, 권위주의 정권에서는 그마저도 불가능할 것이다.

이른바 '빅 4'라 불리는 IT 기업, 즉 아마존Amazon, 애플Apple, 페이스북, 구글Google은 오래전부터 중국 통치자들과 손을 잡았다. 2011년 '아랍의 봄'을 있게 한 데에는 트위터Twitter의 메시지와 페이스북의 게시글이 중요한 역할을 했다. 인터넷기술로는 중세시대를 살고 있던 튀니지와 이집트에서도 소셜미디어가 혁명을 부채질했다. 반면에 베이징과 여타 지역에서는 입맛에 맞지 않는 뉴스를 차단하는 동시에, 정권에 비우호적인 비평가들의 신원을 손쉽게 파악할 수 있는 장치가 점점 더 세밀하게 고안되고 있다. 정치·경제의 모든 차원에서 결정을 내리는 사람들은 이 장치를 통해 압박을 가할 수 있다. 데이터베이스는 지금 당장이라도 따가운 눈총을 받는 자유로운 영혼들뿐 아니라 대중 전체를 조준하는 무기로 사용될 준비가 돼 있다.

역사학자들은 제2차 세계대전 말미에 독일 나치 국방군이 마지막으로 내던질 수도 있었던 투하 가능한 핵폭탄 한 개를 연합군이 어떻게 처리했는지를 기록으로 남겼다. 그것이 완벽하게 투하 가능한 정보 무기였다면 어땠을까? 아돌프 히틀러Adolf Hitler의 나치 정권이 오늘날과 같은 정보 기술을 갖고 있었더라면 세계는 결코 20세기 전체주의에서 벗어날 수 없었을 것이다.

그리고 가장 중요한 질문이 남았다. 정보를 통제하는 자는 누구인가? 조지 오웰George Orwell의 고전《1984》에 등장하는 감시 행태는 이제 애들 장난이 돼버렸다. 카메라 몇 대와 녹음기라니, 그걸로 뭘 하겠다는 건가? 현재의 감시는 부지불식간에 이루어지며, 소설 속 상황과는 비교할 수 없이 효율적이다. 수많은 유권자들이 감시당한다는 사실조차 의식하지 못한다. 또한 당장 어떤 고통이 뒤따라 대응을 취하게 만들지도 않는다. 그렇다고 아무 일도 없다고 할 수 있을까? 어쩌면 우리 모두 서서히 데워지는 냄비 속 개구리처럼 가만히 앉아 있는 중일지도 모른다.

정보주권과 정보보호를 둘러싼 투쟁은 단지 개인 영역의 탈환을 위한 다툼일 뿐 아니라 민주주의를 지키기 위한 싸움이기도 하다. 하지만 그 싸움이 심각해지기도 전에 독재자들은 손에 쥔 올가미를 더욱 바투 잡아 쥘 것이다. 도대체 이 싸움을 계속해 나갈 수 있는 사람이 있기나 할까?

모종의 권력이 개인정보마저 좌지우지할 수 있는 가능성을 사전에 차단하고 제어하는 것은 정치계에서 해결해야 할 중점과제 중 하나이다. 유럽연합이 제정한 정보보호기본법은 시작에 불과하다. 구식 개념이지만 그래도 자유주의적 기본권이 논의의 중심이 돼야 한다. 실리콘밸리 기업들의 소수독점 구조가 깨져야만 하고, 중국식 감시 자본주의의 확산 또한 저지돼야 한다. 동시에 유럽은 그들이 처한 다양한 진퇴양난의 궁지에서 벗어날 길을 찾아야만 한다.

하지만 권력 중심부에서 이 문제가 제대로 논의된 적은 없다. 유럽 연합의 주요 책임자들은 물론 개별 정부에서도 논의하지 않는다. 왜 일까? 그래도 아직까지는 문제를 제기할 능력이 있지 않은가? 어째서 과반수를 점한 정당들마저 그저 묵묵부답으로 일관하는가? 그러다간 광범위한 정보에 대한 접근권이 통치권 확보를 위한 도구가 되어 신민족주의자들과 독재자들의 손에 넘어가고 말 것이다. 그러면 정보는 올가미가 되어 사람들의 목을 점점 더 옥쥘 것이다. 끊임없는 불균형과 위협적인 권력남용이 줄줄이 이어지고, 그 선봉에 중국이 서 있을 것이다. 어느 날 더 이상 정보민주화로 돌아갈 수 없는 길에 들어서면, 그 끝은 전쟁으로 가는 나선계단이 될 것이다.

세계화의 덫에 걸렸다. 게임은 끝났다. 다음 게임이 있을지는 아무도 모른다.

제 2 장

이미 시작된 세계 사회의
위기와 균열

—

독재자가 하나 있으면 사람들은 누가 적인지를 분명히 안다.
그런데 지금 사람들은 누가 어느 쪽인지를 확실히 알지 못하는 것 같다.
지금 이 세상에는 우스꽝스러운 공포가 존재한다.
그 공포가 우리를 어디로 이끌지 아무도 모른다.
경제적으로도 환경적으로도 모른다.

- 2017년 여름, 독일 오페라 감독 안드레아 브레스Andrea Breth [45]

GAME OVER

현재 독일과 오스트리아에서 일어나는 사건들은 엄청난 변화를 낳고 있다. 하지만 정치적 '혁명'이라고 하기에는 아직 미흡하다. 통치체제의 근본적 붕괴는 아직까지 일어나지 않고 있다. 최근 이탈리아와 프랑스, 헝가리, 폴란드, 스웨덴, 네덜란드 그리고 미국에서 일어난 일들도 '붕괴'라고 하기에는 아직 그 정도가 미미한 수준이다.

정치적 혁명은 단기간에 모든 면에서 체감할 수 있는 새로운 정치 시스템을 낳거나, 최소한 급작스러운 권력 교체로 이어진다. 반면에 기술적·경제적·사회적 혁명은 대개 그 급진적 효과를 발휘하기까지 오랜 시간을 필요로 한다. 한 세기에 걸쳐 진행된 19세기의 산업혁명이 그러했으며, 디지털혁명 또한 1980년대까지 거슬러 올라가야 시작점을 찾을 수 있다. 미국의 물리학자이자 컴퓨터공학자이며, 매사추세스공과대학(이하 'MIT') 산하의 '비트와 원자 연구소BIT&Atoms Fab Lab' 닐 거센펠드Neil Gershenfeld 소장이 처음으로 '제3차 디지털혁명'

을 말했을 때만 해도 당시보다 한 단계 더 나아간 것을 의미하는 정도였다. 자동화 문제에 천착해온 저술가 마틴 포드Martin Ford가 여러 가지를 수치로 보여준 다음에야 우리는 이미 '제4차 산업혁명'[46]에 와 있음을 깨달았다. 그런데 2차, 3차를 지나온 혁명이 혹시 10차까지 계속 일어날까? 만약 그렇다면 그건 언제이고, 우리는 얼마나 빨리 그것과 맞닥뜨리게 될까?

근본적인 지각변동이 일어나기까지 얼마나 오랜 시간이 걸릴지는 아무도 예측하지 못한다. 하지만 메가트렌드는 읽을 수 있다. 거대한 시대적 조류는 기술과 의학 분야에서는 물론 세계 환경과 지정학에서도 읽을 수 있다.

정보문어발들과 디지털 세계의 헤게모니

—

인터넷 검색 사이트인 구글은 '우리는 식료품을 사랑해요'라는 구호 아래 독일의 슈퍼마켓 체인인 레베REWE, 에데카Edeka와 손을 잡았다. 그들의 공동관심사는 '진공청소기'라고 한다. 2000년대 초반 세계에서 가장 비싼 주식회사로 등극한 캘리포니아의 무선통신회사 시스코Cisco는 전구 생산과는 아무 상관이 없다. 그런데도 이 회사가 조명 전문회사인 오스람Osram을 집요하게 탐구하는 까닭을 아는가?[47] 그것은 함부르크 시내나 항구에 가로등을 설치하는 것과 연관이 있다. 유럽 최대 보험회사인 알리안츠Allianz가 교통사고 경위를 두고 차량 소유자뿐 아니라 자동차 생산자들과도 다툼을 벌이는 이유를 아는가? 그건 바로 알리안츠 스스로도 확실한 보장을 원하기 때문이다.

이 모두가 정보 수집에 관한 이야기이다. 기업들은 동작감지기와 녹화카메라를 포함한 모든 채널에서 정보를 끌어모으려 한다. 그렇다면 누가, 어떤 정보를, 언제 그리고 얼마나 자주 수집할까? 정보가 21세기의 석유가 되리라는 전망이 나왔고, 세계적으로 이름이 알려진 기업들은 모두 그 전망에 따라 움직이고 있다. 사실 구글조차 정보의 진정한 가치를 깨달은 지 얼마 되지 않았다. 그들은 수집한 정보를 그저 사용자 맞춤형 광고를 제공하는 데 활용했을 뿐이다. 하지만 인공지능이 자율학습을 시작하면서 모든 것이 달라졌다. 인공지능은 디지털 시대의 내연기관이 됐다.

구글, 페이스북, 아마존, 애플은 우리가 상상하기 어려운 정도의 많은 정보를 처리할 수 있는 기술과 능력을 갖고 있다. 75억 개의 무선이동통신 연결망과 36억 개의 인터넷 연결선과 22억 개의 페이스북 계정은 전 세계 사람들의 행동패턴과 소비욕구에 관한 신빙성 높은 귀납적 추론을 하고 있지만, 대다수 사람들은 그것이 무엇을 의미하는지 신경 쓰지 않는다. 물론 호모 사피엔스의 생활 공간에는 여전히 까발려지지 않은 곳들이 남아 있다.[48] 이제 구글을 비롯한 정보문어발들은 미개척지로 남아 있는 개인 공간까지 샅샅이 뒤지려 하고, 그것이 진공청소기에 관심을 갖는 이유이다. 그들에게 진공청소기는 정보를 전송하는 로봇이다. 청소기는 본래 청결을 위해 고안된 정확성을 바탕으로 이제는 집의 아주 작은 틈새까지 측정하고 어디에 어떤 가구들과 어떤 물건들이 있는지 탐색하는 일까지 하고 있다. 예를 들어 청소기는 어떤 집에 어떤 브랜드의 와인이 얼마나 오랫동안 보관되어 있었는지에 대한 정보를 수집할 수 있는 것이다.

소노스Sonos의 스마트 스피커 시스템이나 음성인식 인공지능 비서 알렉사Alexa는 이미 정보문어발들이 수백만 가구의 내부 공간을 파악하는 데에 지대한 기여를 했다. 컴퓨터로 조종되는 가로등은 야간 이동 정보를 역방향으로 송출하며, 인터넷으로 네트워킹이 된 자동차는 사고가 났을 때 누구에게 사고 책임이 있는지에 관한 객관적인 정보를 줄 수 있다.[49]

애플리케이션만 설치하면 보일러와 조명, 스피커와 청소기까지 원격으로 조종할 수 있는 스마트 하우스는 휴대전화와 자동차 내비게이션의 GPS 위치 정보를 포함해 수많은 데이터들을 저장하는 허브 역할을 한다. 그 데이터에 접근할 수 있는 요리사들은 얼마든지 자신들의 입맛대로 요리를 할 수 있다. '사물인터넷'의 축복은 또한 엄청난 저주가 될 수도 있다. 그 기술을 통해 수집된 데이터 조각들을 한데 모으면 한 개인의 신상이 고스란히 드러난다. 사생활 보호가 어쩌고 하는 말은 이제 옛말이 됐다. 해커들은 요리조리 디지털 자물쇠를 풀 구멍을 발견할 수 있을 것이다. '우리 가족 매니저'로 선전되는 스마트 냉장고가 의료보험공단의 정보원으로 변신해 주인도 모르는 사이에 지방이나 당분 함유량이 높은 식료품이 소비되는 것을 신고할 수 있다. 관련 정보들이 IT기업의 서버에 저장되는 피트니스용 손목시계도 마찬가지이다. 누가 언제 어디서 어떤 인터넷 사이트를 열어보았고, 누가 청소년기에 어떤 일탈을 저질렀으며, 누가 언제 어디서 무엇을 온라인상에서 찾거나 구매했으며, 누가 언제 어디로 갔는지 등의 세세한 정보가 모두 기록될 것이며 이미 기록됐다. 컴퓨터 서버와 운영 시설을 한곳에 모아놓은 서버팜server farm의 알고리즘은 이미 아마존의 에코Echo 같은 인터넷 연결 스피커로부터 입력된 음성값을 분석하고 있다. 런던시에서는 일반 관광객들을 3,000회 이상 촬영해 그 동영상을 저장하고 있다. 그것도 하루도 빠짐없이 매일.

2018년 5월 기준으로 인터넷에서는 매초 6만 기가바이트의 데이터가 공유되고 있다.[50] 초침 하나가 움직일 때마다 웹사이트 6,000만 개가 열린다. 2025년까지 그 용량은 열 배가 될 것이다. 네트워크를 이용하는 일반 사람들은 인터넷 연결이 된 기기들을 통해 날마다 4,800번씩 상호작용을 하게 될 것이다. 그 형식은 여러 가지일 테지만 그중에서도 '사물인터넷'의 활용도가 가장 높을 것이다.[51] 빅데이터 역시 그렇게 만들어진다. 지난 몇 년간 인터넷 사용자의 권리는 노파심 많은 정보보호론자들의 관심사에 불과했다. 하지만 가장 최근 사건이자 대중적으로 널리 알려진 페이스북의 정보 오용 사례는 2018년 5월에 발효된 유럽연합의 정보보호기본법에도 모종의 변화를 가져왔다. 그 플랫폼 사업자는 부적절한 게시물이 퍼져나가는 것을 방관하고, 정보분석회사인 케임브리지 애널리티카Cambridge Analytica에서 제공받은 정보를 정치 조작에 활용했다는 스캔들로 이마에 주름살이 생겼다고 한다. 한편으로는 그러한 사업모델에도 세간의 관심이 집중됐다. 앞으로도 정보자원의 가치는 더욱 높아질 것이고, 지금처럼 데이터를 수집하는 것이 어렵지 않다면 누구라도 수단과 방법을 가리지 않고 데이터를 끌어모으려고 할 것이다.

독일의 아헨공과대학 정보처리학과 교수이자 유럽인공지능협회 EURAI 회장인 게르하르트 라케마이어Gerhard Lakemeyer는 "구글 같은 기업은 정보처리 능력을 넘어서는, 우리가 결코 가질 수 없는 엄청난 정보들을 많이 갖고 있다."라고 말했다.[52]

구글은 고객정보에 형체를 부여함으로써 상표권처럼 무형의 자산으로 만드는 일을 한다. 디지털 시대에는 그런 것들이 공장이나 기계보다 더 높은 가치를 인정받는다. 자동차 생산자가 보험사와 갈등을 빚는 것도 정보 때문이다. 인터넷기술과 무관했던 회사들이 정보화 세상에서 비즈니스를 지속할 방법을 찾지 못해 좌절하는 것도 같은 이유이다. 정보화 관련 기술과 경쟁력 있는 정보가 부족한 중소기업들은 위기를 맞이했다. 디지털 세계에 기반시설을 제공한 건 통신회사들이지만 정작 돈을 벌어들이는 건 구글과 페이스북이다.

돈벌이에 끼고 싶은 통신회사들은 정보를 팔기 시작했다. 2009년 오스트리아 최대 통신회사가 470만 개의 SIM카드를 통해 얻은 가입자들의 활동 정보를 마케팅 목적으로 팔아넘겼다.[53] 정보를 익명으로 제공했다는 변명은 상황을 무마하는 데에 별 도움이 되지 않았다. 통신가입자가 작성한 개인정보로 자료 기반 검색을 하면 충분히 인물 특정이 가능했다. 도이체텔레콤Deutsche Telekom과 스페인 통신회사 텔레포니카Telefónica 역시 고객의 이동에 관한 정보를 돈으로 바꾸는 데 거리낌이 없었다.[54] 공유자전거 이용자의 경우도 마찬가지였다. (550쪽 도표 17 '통제받는 시민' 참조) 독일 우편 및 물류회사인 도이체포스트Detsche Post도 2005년부터 정보를 정당에 팔아넘겼다.[55] 제공된 정보는 소비 능력과 재정 상태, 성별, 나이, 학력, 주거 형태, 가족

관계, 주거 환경, 자가용 소유 등에 관한 것이었다.[56] 미국에서는 에이티앤티AT&T, 스프린트Sprint, 티모바일T-Mobile 등의 거대기업들이 실시간 위치정보를 다른 회사에 판매했다. 시큐러스Securus 같은 보안 회사가 그 정보를 산 다음 곧장 경찰에 협조하면 경찰은 판사로부터 감청 허가를 얻느라 시간을 들이지 않아도 된다.[57]

구글은 검색시장에서 거의 독점적인 위치를 차지했고, 페이스북이나 아마존 또한 그들의 영역에서 독보적 위치를 점하고 있다. 지금과 같은 환경에서 그들과 경쟁하는 회사를 설립하는 것은 벤처캐피털에서도 꺼리는 모험이다. 오히려 페이스북이 왓츠앱WhatsApp을 인수한 것처럼 경쟁이 될 만한 작은 회사들이 나타나면 거대 인터넷 기업에서 큰돈을 주고 매입하는 상황이다. 구글의 모회사인 알파벳Alphabet과 아마존의 시가총액을 합치면 프랑크푸르트 증권거래소FWB에 상장된 주식 중 30대 기업의 시가총액을 모두 합친 것보다 많다.[58]

IT기업 '빅 4' 중 페이스북과 구글, 아마존은 전체 시장에서 지분을 두고 싸우는 시장참여자였던 적이 단 한 번도 없다. 그들은 시장 그 자체이다. '플랫폼'이라 부르는 기반시설의 큰 부분을 디지털 경제가 활용할 수 있도록 제공하는 것이 그들의 역할이다. 그리고 그들의 시가총액이 높은 것은 새로운 10년 동안 그들의 몸집이 적어도 두 배로 불어나리라는 주주들의 기대가 반영된 결과이다.[59]

이들의 성장은 19세기 휘황찬란했던 '도금시대The Gilded Age'•에 비

• 1865년 남북전쟁이 끝난 뒤부터 1893년 불황이 시작되기 전까지 미국 자본주의가 급속하게 발전한 28년간의 시기를 가리킨다.

견된다. 앤드루 카네기, 존 록펠러, 코넬리어스 밴더빌트, 존 피어폰 트 모건John Pierpont Morgan이 미합중국 경제계의 실력자로 부상하던 무 렵이다. 그들 각자의 독점구조가 깨지기까지 10년이 걸렸다. 마크 저커버그Mark Zuckerberg, 제프 베이조스Jeff Bezos, 래리 페이지Larry Page, 그리고 빌 게이츠Bill Gates는 그들의 역사를 공부했을 것이다. 그리고 최선을 다해 자신들의 입장을 대변할 최고의 로비스트들을 워싱턴 에 보냈다.[60]

유럽의 인터넷 기업들은 미국의 IT 공룡기업들에 완전히 뒤처져 있다. 미국과 격차를 줄여나가는 건 검색회사 바이두Baidu, 온라인 유 통업체 알리바바Alibaba, IT업계 선두주자 텐센트Tencent 등의 중국 대 기업들이다. 하지만 여전히 디지털 세계의 헤게모니와 세계적 주도 권은 미국 손에 있다. 그리고 워싱턴의 책략가들은 미국 달러가 가진 강한 힘에 은행 정보에 접근할 수 있는 기술을 합쳐 조용하지만 전투 력만큼은 막강한 지정학적 무기를 만들어내는 데 성공했다.

정보가 권력과 손을 잡으면 무기가 된다

─────

공격은 서명으로 시작됐다. 2014년 3월 17일, 버락 오바마 당시 미국 대통령은 '행정명령 13661호'에 서명했다. 미국 헌법은 대통 령이 의회 승인 없이도 강력한 명령권을 발동할 수 있도록 가능성 을 열어놓았다. 행정명령의 표면적 목표는 "러시아 정부가 우크라 이나와 관련해 벌이는 활동과 조치"에 반대하는 데 있었다. 하지만 이미 서명 당시부터 "앞으로 러시아를 경제적으로 제재하기 위한 중요한 법적 기초를 마련한 것"이라는 해석이 뒤따랐다. 그로부터 며칠 지나지 않아 에너지, 금속, 광산 부문에서의 후속명령이 뒤따랐다.[61] 그리고 4년 후, 전직 러시아 첩보요원이었던 세르게이 스크리팔Sergei Skripal이 영국에서 가스테러를 당한 직후인 2018년 4월 6일에 미국 재무부는 행정명령 13661호에 근거해 러시아의 올리가르히Oligarch● 중 한 명인 올레크 데리파스카Oleg Deripaska를 정면으로 공격했다.[62] 데리파스카는 게르하르트 슈뢰더Gerhard Schröder 전 독일 총리만큼이나 푸틴 러시아 대통령과 가까운 사이다. 그런 그를 미국이 제재대상 리스트에 올렸다. 그는 투자회사인 바소보이 엘리먼트Basowoi Element는 물론 세계 2위 알루미늄 제조업체인 루살Rusal도 정리해야 했다. 사실 루살은 미국에서 큰 사업을 벌인 적이 없고 홍콩과 모스크바 주식시장에만 상장돼 있었다. 덕분에 미국의 보이콧이 몇 년간 이어졌지만 데리파스카와 그의 알루미늄 제조사는 여유만만하게 버텨낼 수 있었다.

하지만 이번 제재무기는 목표물을 정확하게 조준했다. 미국 정부가 스스로 부여한 접근 권한을 토대로 전 세계 은행 정보를 체계적으로 망라한 결과였다. 벨기에에서 시작돼 200개국 이상에서 금전거래를 처리하는 은행조합 스위프트SWIFT가 그 무기의 핵심부품이었다. 그 무기를 사용하기 위해 미국은 테러 관련 정보에 대한 미국

● 국영산업이 민영화되는 과정에서 부를 축적한 신흥재벌을 가리킨다. 그들은 경제를 장악했을 뿐 아니라 정권과 결탁하여 러시아 전반을 과두지배하는 세력이기도 하다.

의 접근을 제한하는 여러 가지 협정을 요령껏 우회했고 국가안전보장국NSA의 힘도 빌렸다. 이는 전직 미국 정보요원 에드워드 스노든Edward Snowden이 폭로한 것이기도 하다.[63] 미국 재무부는 데리파스카 혹은 루살과 계속 사업을 진행하는 모든 시장참여자들을 데리파스카 본인과 마찬가지로 처벌한다고 발표했다. 무시무시한 위협이었다. 국제 투자자들은 '울며 겨자 먹기'로 루살의 지분을 매각했고, 부채를 더 이상 감당할 수 없게 된 회사는 위기로 내몰렸다. 최대 고객이었던 스위스의 자원유통업체 글렌코어Glencore마저도 '위협이 점점 커질 것'을 이유로 주문을 철회했다. 세계 최대 해운회사인 머스크Maersk는 루살 컨테이너를 더 이상 싣지 않겠다고 결정했다. 한때 알루미늄업계 거인으로 대접받던 회사의 주가가 56퍼센트 수준으로 떨어졌다. 하룻밤 사이에 올레크 데리파스카는 마치 전염병 환자 취급을 받게 됐다. 재산이 30억 달러 이상 줄어들었고, 그의 전용기 세 대가 시장에 나왔다. 전용기 여러 대를 굴릴 필요가 없어졌던 것이다.[64]

영국의 경제지 〈이코노미스트Economist〉는 '금융 정보'라는 무기가 "처음으로 거대 주요 기업을 상대로 투입됐다."라며 "그 결과는 파괴적이고 경각심을 불러일으킨다."라고 총평했다. "슉슉! 미국 공무원들은 비디오 게임 속 작은 괴물 그렘린을 깨부수듯 외국 회사들을 파괴할 수 있다."[65]

이에 러시아의 총리 드미트리 메드베데프Dmitry Medvedev는 2018년 8월 '경제전쟁'을 경고했다. 스탈린그라드와 블라디보스토크 인근 섬에 황급히 세금천국을 마련한 것은 일종의 방어조치였다. 이제 이란에 대한 새로운 제재가 발동됐다. 수천 개의 서구 기업들은 유럽 연합으로 들어오지 않는 한 또다시 미국 대통령의 행정명령에 의해 좌지우지될 것이다. 미국은 '정보를 가진 자가 곧 권력을 잡는다.'라는 것을 확실하게 보여주었다.

정보를 수집하는 회사, 감시당하는 노동자들

—

회사의 사장들은 그 누구보다 정보의 소중함에 대해 잘 알고 있다. 신기술을 탑재한 상품들은 그들에게 획기적으로 직원을 관리할 수 있는 방법을 제시한다. 독일 연방노동법원은 업무용 컴퓨터에 직원 감시용 소프트웨어를 설치해서는 안 된다고 판결한 적이 있다. 이른바 '키로거keylogger'를 금지한 것이다. 이 프로그램은 설치된 컴퓨터의 모든 키보드 입력을 은밀하게 기록하고 화면을 캡처한다. 프로그램이 예외를 허용하는 법은 거의 없다.[66]

하지만 법원의 판결을 기억하는 사람은 아무도 없다. 고용주들은 택배, 화물 그리고 택시 운전기사들의 차량에 30초마다 현 위치를 중앙에 전송하는 블랙박스를 은밀히 장착했다. 기사들은 그 부작용을 경험으로 알게 됐다.[67] 세계적인 온라인 쇼핑업체 아마존은 물류 창고 직원들의 손동작을 정확하게 기록해 직원들이 게으름을 피우면 심하게 진동이 울리는 팔찌를 개발하고 특허를 신청했다. 보스턴의 소프트웨어회사인 휴머나이즈Humanyze는 '직원 분석People Analytics' 프로그램을 개발했다. 그들은 신용카드 크기의 스마트 사원증을 개발했는데, 사무실 내의 모든 움직임이 그 사원증에 기록된다. 누가 어떤 동료와 얼마나 오랫동안 말하고 들었는지도 마이크로 녹음된다. 이메일, 달력과도 연결되어 사원 개개인의 행적을 유리처럼 투명하게 보여준다. 이렇게 수집된 정보를 통해 사장은 어떤 임원이 어떤 부서와 우호적으로 소통하고 어떤 부서에는 비우호적인가 하는 부분까지 걸러낼 수 있다.[68]

미국 메신저 서비스인 슬랙Slack은 직원들이 특정 업무를 얼마나 빨리 처리하는지를 체계적으로 평가하여 직원 관리가 수월하도록 돕는다. 세계 500대 기업 중 하나인 중국의 징둥닷컴JD.com은 근무자들의 생산성을 측정할 뿐 아니라 어떤 업무가 불필요한 시간을 잡아먹는 소모적인 업무인지도 알려주는 알고리즘을 시험가동 중이다. 캘리포니아의 소프트웨어회사 워크데이Workday는 60가지 요인을 측정해 어떤 직원이 머지않아 사표를 낼 것인지를 예측한다. 회사는 또한 누가 일하다 말고 조는지, 누가 회사 자금을 빼돌리는지도 훨씬 잘 파악할 수 있게 됐다. 정확한 컴퓨터 프로그램을 사용하면 수동으로 회계장부를 작성할 때보다 훨씬 빨리 부적절한 영수증을 골라낼 수 있다.

피고용인들, 특히 저임금 직종에서 일하는 사람들은 자신이 로봇 취급을 받지는 않을지, 혹은 로봇으로 대체되지는 않을지를 고민해야 할 때가 왔다.

또한 알고리즘을 통해 직원들은 성별에 따른 임금차별이나 성추행의 증거를 확인할 수도 있다. 혹은 이미 코기토Cogito에서 개발한 소프트웨어가 직원의 공감 능력, 불만처리 능력 및 속도 등에 따라 고객문의에 대한 전화응대 능력을 평가하는 것처럼, 인공지능 알고리즘이 직원들의 능력을 증명하는 도구가 될 수도 있다.[69]

미국과 달리 독일어권 국가에는 아직 신기술이 노동 현장의 일상으로 스며들지는 않았다. 물론 얼마나 오래갈지는 모르겠지만.

개인정보 유출이 일으킬 엄청난 문제들
—

링크드인의 공동창업자 리드 호프만은 자신이 가진 인터넷 장비를 동원해 정치적 개입을 시도하는 중이다. 미국 국경일인 2017년 7월 4일, 그는 동료 기업가인 마크 핑커스Mark Pincus와 함께 '미래를 쟁취하자Win the Future, WTF'라는 이름의 온라인 플랫폼을 만들었다. 이 플랫폼은 '구성원들이 의제를 결정하는 최초의 국민 로비 단체'를 자처한다. 혹시 독일에서 한때 돌풍을 일으켰던 해적정당의 이상이 미국에서 되살아난 것일까? 그건 아니다. 그들이 자체적으로 정의한 바에 따르면 그들은 '가상의 정당'이다.[70] 누가 함께할 수 있는지에 관한 결정은 플랫폼 경영자들이 내린다. "실리콘밸리의 기업가들은 정치적 프로세스를 더욱 '민주적으로' 만드는 것보다 좀 더 '프로그램화'하는 데에 관심이 있다. 그 프로그램을 한번 간파하고 나면 정치라는 디스크 위에 자신들의 내용을 덮어쓰기가 한결 수월할 것이다." 인터넷 전문가인 아드리안 로브Adrian Lobe는 그들의 동기를 이렇게 판단했다.[71] 2016년 마이크로소프트Microsoft에 매각되기 전 링크드인이 그들에게 위탁된 정보를 신중하게 다루지 못했다는 사실은 이미 널리 알려졌다. 그중에서도 가장 유명한 사건은 회원들은 알지도 못하는 이해관계자들에게 개인정보를 통째로 넘겨준 것이었다.

만약 그 정보가 사용자의 구체적인 정치적 태도를 드러내는 것이라면, 그걸 입수한 사람은 정보의 주인에게 영향력을 끼칠 수 있는 더 정교한 방법들을 고안해 낼 것이다.

호프만과 핑커스가 새로운 정치적 참여에 관심을 유도하는 이유도 여기에 있다. '미래를 쟁취하자'에 기부금이 들어오면 그 두 사람도 그만큼의 돈을 기부한다. 그런데 이 단체의 우선순위는 '친지구적'이고 '친사회적'인 데에 있지 않다. 오히려 그들은 '친비즈니스적'이고 '친경제적'인 것을 추구한다. 핑커스는 "민주주의 정당들이 너무 왼쪽으로 치우쳐 움직이는 것이 걱정스럽다."라고 말한다.[72] 2017년 구글이 워싱턴에서 1,460만 유로를 지출하며 그 어떤 다른 기업들보다 로비에 많은 돈을 쓰기 시작한 것도 비슷한 맥락으로 이해된다. 페이스북, 아마존, 애플 역시 로비에 엄청난 돈을 쏟아부었고, 심지어 전 세계의 실력 있는 인재들이 미국에서 계속 일할 수 있도록 이민 문제를 해결하기 위한 로비도 이루어졌다. 하지만 그들이 가장 집중한 문제는 '세제개혁'과 '담합금지법'이었다.[73]

핑커스는 미국의 IT 전문 온라인매체인 리코드Recode와의 인터뷰에서 미국의 입법 시스템을 '불필요하게 복잡한 비디오 게임'에 비유했다. 2007년 게임회사 징가Zynga를 창업한 그가 팜 빌Fam Ville, 마피아 워스Mafia Wars, 시티 빌City Ville 등의 게임을 들고 게임시장을 장악했을 때, 그는 워싱턴의 입법 시스템이 게임시장보다는 훨씬 생산적일 것으로 기대했다고 한다. 그리고 그렇지 않은 현실에 실망한 그는 '몇 명의 선수들이 조이스틱을 잡고 전체를 조종하게 한다면 어떨까?'라는 생각을 떠올렸다고 한다.

테크노크라트 모델에 대한 매력이 점점 증가하면서 핑커스와 같은 구상을 하는 사람들도 크게 늘고 있다. 미국 CNN 방송 소속의 지정학 전문가인 파라그 카나Parag Khanna는 기술적 혁신을 토대로 그 위에 극도로 간소한 형태의 '정보 국가Info-State'를 설립해야 한다고 주장한다. 카나는 "정부가 이데올로기의 지배에 희생당해서는 안 된다."라며 "테크노크라트 또한 시민이기에 자기 나라를 위해 최선을 다할 수밖에 없다."라고 말한다. 그는 싱가포르를 "사람들이 생각하는 것보다 훨씬 더 민주적인" 나라라고 평가했다. 그는 전문가들이 심사숙고를 거쳐 결정을 내린 다음 국민의 동의를 구하는 '테크노크라트의 직접 통치'를 시대의 새로운 대안으로 제시한다.[74]

정보는 홍수처럼 밀려들지만, 동시에 많은 사람들이 진지한 정보를 접할 기회는 줄어들었다. 수준 높은 신문들은 폐간 위기에 몰렸고 근본적인 연구는 사치가 됐다. '뉴스는 넘쳐나는데 정보는 희박한' 현상이 점점 더 심화되고 있다. 그 결과에 대한 진지한 이해 없이 스마트폰 사용자들은 온갖 불법 복사본을 다운로드해서 저장하고 있다. 사실 그건 제 발등을 찍는 것이나 마찬가지이다. 그들은 그 어떤 정보에도 돈을 내지 않고, 돈을 내지 않는 만큼 배우는 것도 없다. 그리고 그것이 얼마나 큰 문제인지를 인식하지 못하고 있다.

시카고의 독립 탐사보도 온라인매체인 '프로퍼블리카 일리노이ProPublica Illinois'는 상업용지의 가격평가에 대한 4,000단어짜리 기사 하나에 291개의 사실관계가 포함돼 있으며, 그 모든 사실관계를 두 번씩 확인하고 있다는 점을 공개해서 구독자들을 놀라게 했다. 이 기사의 끝은 후원금을 보내달라는 호소로 마무리되었지만, 결국 아주 약간의 달러를 모으는 데 그쳤다.[75]

한편 디지털 대기업들이 처한 상황은 전혀 다르다. 그들은 정보의 대가로 수십억 달러에 달하는 이윤을 챙긴다. 2000년에서 2009년까지 그들 사업은 정보를 수집하는 것만으로도 점점 더 나아졌다. 시간이 지나면서 그들은 가능한 한 대량으로 그리고 광범위하게 축적한 정보들이 돈이 될 수 있음을, 즉 엄청난 '환전성'이 있음을 깨달았다. 인공지능의 활용 범위가 넓어지면서 정보는 천연자원이 됐다.

더 많은 사진, 더 많은 동영상, 더 많은 게시물과 연결될수록 자율주행 자동차를 운행하기가 쉬워진다. 안면인식 기계가 얼굴을 판별하는 것도, 의료기기가 질병을 조기에 진단하는 것도 그렇다. 하지만 인터넷 사용자들 가운데 극소수를 제외하고는 자신이 제공한 정보에 대한 접근권과 그것을 활용한 서비스가 매우 비싼 가격에 팔리고 있다는 사실을 인식하지 못한다.

실리콘밸리 실세들은 마치 자기가 불러놓은 유령에게서 벗어나지 못하는 꼬마 마법사와 같은 신세가 됐다. 마크 저커버그는 자기 컴퓨터 웹캠에 스티커를 붙이고 페이스북 계정도 폐쇄했다. 다른 핵심 임원들 중에서도 일반 가입자처럼 페이스북 활동을 하는 사람은 없다. 그들은 '자동 친구추천' 버튼을 활성화하지 않았고, 공개 게시물을 거의 올리지 않으며, 공개가 기본설정으로 돼 있는 '친구 숫자'도 비공개로 돌려놓았다. 트위터의 주요 임원 아홉 명 중 하루에 한 번이라도 트윗을 날리는 사람은 네 명뿐이다. 공동창업자인 잭 도시Jack

Dorsey는 모르는 사람에게는 절대 응답하지 않고, 트위터에서는 그 어떤 토론도 하지 않는다.

페이스북의 초대 대표였던 숀 파커Sean Parker는 2017년 10월 자신이 소셜미디어계의 '참전 거부자'가 되겠다면서 페이스북이 의도적으로 중독을 유발하려 한 양상을 공개했다.[76] 애플의 CEO인 팀 쿡Tim Cook은 2018년 1월 영국의 할로우대학에서 이렇게 말했다. "나는 아이가 없지만 조카가 하나 있다. 내가 그 아이에게 하지 못하게 하는 것들이 몇 가지 있는데, 그중 하나가 SNS이다."[77]

물론 인터넷업계의 주요 인사들도 자신의 제품과 서비스가 사회관계 형성에 미치는 영향을 진지하게 염려한다. 하지만 독일에서 통신회사를 운영하는 에밀 콘라트Emil Konrad는 그보다 훨씬 더 크고 복잡한 문제를 겪었고, 그 경험으로 개인정보 문제를 매우 심각하게 생각하기 시작했다. 그가 운영하던 뮌헨의 중소기업은 2000년에 더 이상 사용되지 않는 전신전화국의 시설을 단계적으로 해체하는 제법 큰 용역을 맡았다. 다만 정해진 작업 기한을 하루 넘길 때마다 벌금으로 6만 8,000유로를 지불하는 조건이었다. 그런데 알 수 없는 이유로 어떤 방 하나가 열리지 않았다. 기한이 다가오자 그는 방을 열어달라고 담당자에게 채근하지 않을 수 없었다. 그러자 담당자는 이렇게 말했다. "내가 당신에 대해 어떤 소문을 낼 수 있는지 안다면 이렇게 건방지게 굴 수 없을 텐데?"

그는 결국 도이체텔레콤 혹은 보더폰Vodafone이 비즈니스 경쟁자로서가 아니라 정보 그 자체에 대한 흥미 때문에 자신을 관찰했다는 것을 알게 됐다. 이런 가능성 때문에 다임러Daimler 같은 대기업에서는 외부 사무실과 본사를 연결할 때 유리섬유케이블 대신 훨씬 비싼 내선케이블을 새로 설치한다. 비용 때문에 다임러처럼 할 수는 없지만 콘라더도 나름의 보안책을 고안했다. 사업제안서는 절대 전자적 방식으로 전달하지 않으며, 이메일 소통도 되도록 피하는 편이다. "그런 것들은 모두 전송 즉시 다른 사람들에게 노출될 수 있다."[78]

알프스나 미국의 동계 스포츠 시설에서는 리프트를 탈 때마다 탑승자 개인의 이용권 정보를 수집하고 그 내용을 해당 시즌이 끝날 때까지 보관한다.[79] 혹시 그가 스키장 매점에서 알코올이 함유된 음료를 사고 신용카드로 결제했다면 사후에라도 음주 스키 여부를 매우 간단하게 판별할 수 있다. 오스트리아의 언론인 쿠르트 쿠흐Kurt Kuch는 알프스 스키장에 한 번 등록된 신용카드로 20년 후에도 결제가 가능하다는 사실을 확인했다. 그렇게 하는 데에는 이름과 카드 번호가 필요했을 뿐 카드 뒷면의 보안코드를 불러줄 필요도 없었다.

감시사회는 질서와 안전을 약속할 수 있는가

—

숨길 게 없다면 두려워할 것도 없다.

- 튀빙겐의 서점 주인, 한스 페터 빌리Hans Peter Willi[80]

내 정보로 무얼 하든 아무 상관없다. 나는 숨길 게 없다.

- 부르겐란트의 작은 마을 출신이자 포도주저장고 관리인, 미케 무프Mike Muff[81]

이제 어떻게 되는 건가?

– 프랑크푸르트의 재무컨설턴트, 페터 클로버Peter Klober[82]

감시사회는 더 이상 유령으로 존재하지 않는다. 이제 감시사회는 정보의 홍수가 공급하는 넉넉한 영양분을 게걸스럽게 먹어치우는 우리의 생활 방식이 됐다. 감시사회는 중앙에서 보유한 막대한 용량의 정보를 저장할 수 있고 빠른 속도로 실시간 처리가 가능한 기반시설의 급성장에 힘입어 번성했다. 그리고 불확실한 환경에서 좀 더 안전한 것을 추구하는 전 세계 시민들의 열망이 감시사회를 키우는 밑거름이 됐다. 낯선 자들과 낯선 것들, 범죄와 테러 등 위협이 너무 많은 세상 아닌가.

여기에는 모순이 있다. 정치인, 관료주의, 엘리트 지식인 등에 대한 전반적인 신뢰는 줄어들었지만, 새로운 보안이나 감시 정책에 관한 법은 대중에게 인기가 좋다. 하지만 이 법안을 결정하고 수정하는 사람은 바로 대중이 (많은 경우 정당한 이유에서) 불신하는, 바로 그 정치인과 관료 들이다. 지금까지 자유민주주의를 주창해온 정치인들이 이제는 과격한 정부 주도 통제를 주장하면서 지지를 이끌어내고 있다. 물론 그들은 감시가 늘수록 시민들의 삶이 점점 더 속속들이 조종당할 거라는 사실도 알고 있다. 결국 수백만 유권자들은 자기 발로 수렁에 빠져들고 있는 셈이다. 그들을 수렁으로 이끄는 것은 초세계화 사회에서 더 많은 질서와 안전을 약속하는 목소리이다.

확실성과 신뢰를 원하는 사람들의 마음은 충분히 이해할 만하다. 하지만 그러한 소망에는 대부분 통치자들이 민주주의의 기본원칙에서 벗어나는 순간 '법과 질서'의 국가가 무고한 사람들의 생활에 얼마나 파괴적으로 개입할 수 있는지에 관한 역사적 이해가 결여되어 있다. 그 결과 점점 더 새로운 감시권한이 생겨나면서 감시국가로 가는 탄탄대로가 펼쳐지고 있다. "신뢰는 좋다. 통제는 더 좋다."라는 관용구가 이러한 상황을 대변한다.[83] 이제는 권력자들을 올바르게 통제하는 대신 올바름을 통제하는 권력자들을 신뢰하는 세상이 됐다.

독일 내무장관을 지냈고 지금은 인권 변호사로 활동 중인 게르하르트 바움은 새로 제정된 바이에른주의 경찰권한법이 "안전에 대한 광신에 젖어 있다."라고 경고한다.[84] "이 법에서 가장 눈여겨봐야 할 대목은 절박한 위험의 전초 단계에서도 경찰의 예방적 권한이 행사될 수 있도록 수정한 점이다. 구체적 사실 토대 없이 가능성만으로도 경찰의 권한 행사가 가능하다는 의미이다. 지금까지는 대테러전에만 이런 방식이 허용됐지만, 이제는 일반 범죄에까지 적용됐다. 이는 전과가 없는 시민도 경찰 감시를 받을 수 있다는 의미이기도 하다."[85]

'절박한 위험' 단계에서는 경찰들이 이메일이나 편지를 가로채고 클라우드에 저장된 개인정보를 삭제하는 것도 허용한다. 경찰관 몸에 부착된 작은 카메라들은 법원의 사후승인 없이도 가택수색 현장을 직접 촬영할 수 있게 했으며, 꼭 테러용의자 진압 작전이 아니더라도 드론 촬영으로 화질이 선명한 사진을 얻는 것이 가능해졌다.[86] 시민들의 저항이 만만치 않았지만 기사련 의원들의 압도적 다수가 이 모든 결정에 찬성했다. 그들은 2018년 10월 선거를 앞두고 경쟁

정당인 대안당에 타격을 입힐 수 있으리라는 희망으로 이런 결정을 내렸다. 그들의 계산대로라면 기사련 정치인들은 그들의 권력을 공고히 할 것이고, 계산이 틀렸다면 국가의 권력이 확고히 다져질 것이다.[*]

2017년 10월 총선 직전 오스트리아에서도 사생활에 대한 전반적 침해가 예상되는 '안전 관련 법안'이 화두에 올랐다. 하지만 토론의 분위기는 전혀 달아오르지 않았다. 유권자의 16퍼센트만이 '국가에 의한 감시'에 대해 '매우 자주 토론한다'고 답했으며, 우파 정당인 자유당 지지자들은 11퍼센트만이 그 주제에 관심을 보였다.[87] 자유당 지지자들은 난민과 융합(88퍼센트), 안보(69퍼센트), 사회복지(60퍼센트) 등의 주제에 관해서는 전혀 다른 태도를 보였다.[88]

그리고 새로 선출된 극우 정권은 임기를 시작하기도 전에 이른바 '연방 트로이목마Bundestrojaner'를 시행하기로 결정했다. 트로이목마란 왓츠앱, 시그널Signal, 스카이프Skype 등을 비롯한 여타 암호화된 메신저의 통신 내용에 바로 접근해 감시하는 스파이웨어이다. 현행 법상 최고형량 10년 이상의 범죄에 연루된 용의자에게 이 프로그램을 사용하는 것이 허용됐고, 테러용의자의 경우 5년 이상만 돼도 가능하다.[89]

독일 헤센주 경찰들도 무장을 준비 중이다. 2018년 초 헤센주 경

• 선거 결과 기사련은 5년 만에 과반수 확보에 또다시 실패함은 물론 득표율이 사상 처음으로 40퍼센트 아래로 내려가는 참패를 겪었다. 사민당은 제5당으로 추락한 반면, 녹색당이 처음으로 제2당에 올라섰고, 대안당은 10.2퍼센트 지지를 얻어 제4당으로 원내 진출에 성공했다.

찰청 대변인은 "이슬람 테러리스트와 조직화된 중범죄의 효과적 척결을 위한 분석 플랫폼의 신설"을 자신만만하게 예고했다. 용역을 맡은 건 미국 회사인 팔란티어Palantir이다. 미국의 여러 비밀요원들과 밀접하게 교류하는 이 회사 창립자들 중에는 독일의 대형 투자자인 피터 틸Peter Thiel도 포함된다. 프랑크푸르트 경찰들은 배치된 소프트웨어에 '고담Gotham'이라는 이름을 붙였다. 미국의 우파 성향 TV채널 폭스Fox에서 방영된 범죄수사 드라마 제목과 같은 이름을 붙였는데, 이를 우연으로만 볼 수는 없을 것 같다. 고담은 데이터 마이닝Data Mining, 즉 광범위한 정보들 속에서 일정한 패턴을 발견하고 유용한 데이터를 찾아내는 일을 수행한다. 경찰청의 IT 전문가들은 고담이 식별한 민감한 정보들이 미국으로 가게 될 것을 경고한다.[90]

고담은 접근 가능한 모든 정보망의 정보를 '초' 단위로 평가하는데, 거기에는 비단 경찰의 수사 시스템인 폴라스Polas의 정보뿐 아니라 페이스북과 같은 소셜네트워크, 휴대전화나 자동차 네비게이션으로부터 수집한 위치 정보까지 포함된다. 고담은 그 많은 정보들 중에서 특정 용의자와 관련된 정보를 빠른 속도로 취합한다. 예전에는 힘들게 찾아야 했던 것들을 이제는 검색으로 순식간에 불러올 수 있다. 목표물이 되는 개인의 범위를 확대하기도 쉬워서 모든 시민이 표적이 될 수 있다. 팔란티어는 이 논란 많은 '범죄예측 시스템'을 시험하기 위해 미국의 뉴올리언스 시장에게 경찰 수사에 무료로 협조하겠다는 제안을 했다. 2018년 2월 미국의 기술정보 사이트 '더 버지The Verge'는 이 제안으로 팔란티어가 '공공문서, 재판기록, 증명서, 주소, 전화번호, 소셜네트워크 정보' 등을 포함한 수백만 건의 정보

를 공식적으로 손에 넣었다고 보도했다.[91]

독일 교육부의 지원을 받아 여러 기관이 연합으로 추진하는 프로젝트 '엑스 소나르X-Sonar'가 추구하는 목표도 이와 비슷하다. 이 프로젝트의 대변인은 "우리는 인터넷 공간에 여러 소셜미디어를 잇는 인터페이스를 만들었다. 누군가 특정한 트윗을 날리거나 특정 페이스북 사이트를 열면 감시 대상이 된다. 거기에는 자기 감정을 표현한 내용들이 있는 사이트도 포함된다."라고 설명한다.[92] 어떤 근거로 '공격성'을 파악할 수 있는지에 관한 기준은 지금도 연구 중이지만 그들은 이렇게 합리화하고 있다. "온라인에서 표현되는 공격성과 극단적인 사이버 폭력은 형법상 처벌 대상일 뿐 아니라 범죄의 조기 발견과 적절한 예방적 조치의 발전을 도울 수 있다."[93]

이로써 입법기관 혹은 수사기관과 관련되지 않더라도 광범위한 대중을 대상으로 누가, 언제, 어떻게, 무엇을 하는지를 파악할 수 있다. 하지만 그들이 말하는 '공격성'이 도내체 무슨 뜻인가? 그 기준은 언제라도 바뀔 수 있다. 자유민주주의에서도 '공격적이다'라는 빌미로 반대파를 정조준할 수 있다.

온라인 대기업 아마존이 개발한 '아마존 레코그니션Amazon Rekognition'은 대용량 클라우드에 저장된 정보에 근거해 자세나 움직임으로 뒤에서도 사람을 식별해 내는 안면인식 시스템이다. TV채널인 스카이뉴스Sky News는 2017년 11월 윈저성에서 열린 영국 왕실 결혼식에 참여한 유명인 하객들의 위치를 실시간으로 추적하고 해설하는데에 이 기술을 사용했다.[94] 전 세계 회사와 개인이 녹음하거나 촬영한 것을 자신의 스마트폰이나 컴퓨터가 아닌 외부장치에 저장하는 네트워크는 정부기관이 범죄자를 찾도록 도와주기도 한다. 2018년 초여름 미국 플로리다의 올란도 경찰청은 아마존의 정보와 감시카메라 화면, 경찰의 바디캠과 드론 촬영분 등을 종합해 수사에 활용하는 가능성을 시험했다. 담당자인 에두아르도 버날Eduardo Bernal 경관은 이렇게 말했다. "우리는 올란도의 주민과 방문객들을 안전하게 지키는 능력을 향상시키기 위해 언제나 새로운 해결책을 모색 중이다." 키워드는 '안전'이다. 이제 감시는 안전의 다른 말이 됐다.

시민운동가들은 이런 기술로 범죄 의도가 없는 평범한 사람들, 그 중에서도 정권의 눈 밖에 난 활동가들이 손쉽게 식별될 수 있다며 저항했지만 허사였다.[95]

이런 흐름이 앞으로 어떻게 발전할지 궁금하다면, 잠시 중국으로 시선을 돌려보자.

중국의 빅브라더 시스템이 불러올 재앙
—

추측건대, 1989년 6월 4일 베이징의 천안문 광장에서는 총에 맞거나 탱크에 짓뭉개진 사람이 단 한 명도 없었을 것이다. 사건은 광장이 아니라 광장에 인접한 거리에서 일어났다. 그러므로 '천안문 대학살'이라는 용어는 틀렸다. 중국인 모두가 배운 대로 '6·4 사태'라고 부르는 것이 옳다.

이러한 공식용어 대신 나름대로 이름을 붙이려 하거나 심지어 그 배경을 설명하려 들다가는 중국 당국과 갈등을 겪게 될 것이다. 1989

년 6월 4일 베이징의 중심에서 죽음을 맞이한 것은 수많은 사람들만이 아니었다. 민주주의와 자유로운 의사표현의 앞날도 그 자리에서 함께 사라져버렸다. 처음은 중국에서만 그랬다.

덕분에 공산주의자들은 오래전부터 꿈꿔온 모범생들을 양산할 수 있었다. 그 모범생들은 점점 더 모범적으로 변해가고, 사람들은 주어진 환경에 맞춰 자신을 바꾸는 것을 선택했다.

중국은 이렇게 되기 위한 세 가지 전제조건을 모두 갖추었다. 선악의 확실한 구분, 빈틈없고 지속적인 시민감시, 효율적인 제재 시스템이다. 그러면서도 경제동력이 사그라졌던 이전 공산국가들의 전철을 밟지는 말아야 했다. 오히려 경제는 더 힘차게 굴러가야만 했다. 이 모든 것이 어우러져 태어난 것이 바로 중국의 새로운 '사회적 신용체계'이다.

지금 현재 내몽골에서 광저우에 이르는 중국 전역에서 43개의 파일럿 프로젝트가 각각 다른 수준으로 시험되고 있다.[96] 2020년부터는 14억 중국 인구의 '사회적으로 책임 있는 행동'을 평가해 점수화하는 디지털 계좌가 단계적으로 그리고 의무적으로 부여된다. 모든 행동은 점수화되어 그 계좌에 기록된다. 누가 페트병을 부주의하게 길에다 버렸는지, 누가 자기 부모를 얼마나 정성스레 돌보는지, 누가 얼마나 오랫동안 인터넷으로 비디오 게임을 했는지, 누가 언제 집세와 빚을 갚았는지 그리고 당연히 누가 어디서 정부에 대한 부적절한 불만을 표현했는지 등 모든 것이 평가된다.

현재 중국의 '룽청'이라는 곳에서는 '사회적으로 책임 있는 행동'을 측정하는 국가적 테스트가 진행 중이다. 시험 대상이 된 모든 시민은 1,000점을 기본으로 받는다. 100여 개의 정부관청이 협력해 3,000개가량의 평가기준을 만들었다. 가령 적색 신호등이 켜져 있을 때 보행자가 횡단보도를 건너는 것이 CCTV 화면에 뜨면, 즉시 안면인식 소프트웨어와 광속의 정보처리기술로 그 사람의 이름과 관청에 등록된 사진이 검색된다. 그리고 거의 동시에 그의 디지털 계좌에서 신용점수가 차감된다.

음주운전을 한 사람은 자동으로 859점 이하로 떨어진다. 그 점수로는 비행기나 기차표 구매가 어려워진다. 600점 이하는 일자리를 구하기도, 구직에 관한 정부 지원을 기대하기도 어려워진다. 딸을 둔 부모들은 예비사위의 은행대출이 얼마인지 점검하듯 신용점수를 검사하게 될 것이다. 회사들에도 점수가 매겨진다. 공공부문 용역을 따내려는 회사는 신용점수의 잔고를 증명해야 한다. 알리바바 그룹 산하의 앤트파이낸셜Ant Financial이 신용금융 거래를 위해 개발한 '즈마 크레딧Zhima Credit'은 심지어 '대인관계'까지도 평가해서 신용등급에 반영한다.

인터넷 거대기업인 알리바바와 텐센트는 은행이나 정부기관과 마찬가지로 자신들이 가진 정보를 바탕으로 나름의 평가 시스템을 관리 중이다. 그 모든 정보를 하나로 연결하는 시기는 정부가 결정할 몫이다. 캠페인 구호는 이미 정해졌다. "한 구역에서 신용을 잃은 자는 모든 곳에서 제한받는다—處失信, 處處受限."**97**

무엇을 상상하든 그 이상이 될 것이 분명한 '빅브라더big brother' 시스템이 완성되고 있음에도 저항은 거의 일어나지 않는다. 점점 더 세밀해지는 검열과 문화적 전통 탓도 있을 것이다. 하지만 그것만으로는 이 잠잠한 분위기를 제대로 설명하기 어렵다. 그보다는 많은 중국인들이 신용점수를 많이 모으면 신분 상승이나 경제적 혜택도 가능할 것이라는 기대를 하고 있기 때문일 것이다. 그들은 다른 데서 손해를 보아도 괜찮을 만큼 신용점수를 모으는 것이 중요하다고 생각한다. 실제로 사람들의 행동이 바뀌고 있음이 확인되기도 한다. 룽청에 사는 한 여성은 "그 제도가 사람들의 목줄을 잡아당겨 행동을 개선하고 있다."라고 기자에게 말했다. 현재 룽청 주민 76만 명 모두가 사회신용청의 감시 아래 있다.[98]

신용평가 시스템은 베이징의 권력자들과 멀리 떨어진 곳에서도 개인들이 각자 알아서 자기관리를 할 수 있는 기술로 개발됐다. 베를린 소재 싱크탱크인 메릭스MERICS의 정치학자이자 중국학자인 사만다 호프만Samantha Hoffman은 이러한 자동화된 통치 방식을 '자율신경계'에 비유해 설명했다.[99] 신용점수 시스템에서 각 개인의 행동은 전체의 기능과 연관이 되고, 그래서 사람들은 알아서 자신을 통제하게 된다. 여러 가지 의미에서 똑똑한 독재자가 탄생했다.

이러한 중국 모델이 정착된다면 그것이야말로 가장 두려운 미래의 모습이 될 것이다. 중국 모델은 인기 상품이 되어 국경 밖으로 수출될 것이다. 기차에서 기차로 옮겨 타고 실크로드로, 공항과 공항을 지나 아프리카로, 팔리고 팔려서 유럽에까지.

페이스북 창업자인 마크 저커버그가 "프라이버시는 더 이상 사회적 규범이 아니다."라고 말한 것은 2010년이었다.[100] 선견지명이다. 그러니 정신을 차리자.

인간에게 로봇은 축복일까, 저주일까

로봇은 축복이다. 그리고 로봇은 저주이다. 로봇의 자율학습이 가능해지고 규칙마저 스스로 정할 수 있게 된 것이 결정적 전환점이 됐다. 향후 10년간 기업들이 산업자동화에 투자할 돈이 미국 내에서만 80억 달러에 이른다.[101] 이는 2018년 사상 최고를 기록한 미군 예산의 열한 배에 해당한다.[102]

가까운 미래에 로봇을 현실에서 통제하며 활용할 수 있게 될 사람들은 마치 산업혁명 시대 때 기계를 두고 그러했던 것처럼, 그것을 수백만 명의 생활을 편리하게 만드는 데에 쓸 것인지, 아니면 새로운 지배수단으로 악용할 것인지를 결정하게 될 것이다. 사회는 로봇을 유용한 노예로 쓰는 데 성공할 것인가, 아니면 오히려 인간이 노예로 격하되도록 도울 것인가? 이는 미래 설계에 핵심이 될 질문이다. 누가 지배권을 쥐느냐에 따라서 그것이 민주주의를 강화할 수도, 혹은 정치적 독재를 지지할 수도 있기 때문이다.

똑똑한 로봇과 함께하게 될 새 시대를 상상하노라면 마음이 설레는 사람도 있을 것이다. 세탁기와 식기세척기가 빨래판과 설거지통을 밀어냈듯이 청소로봇과 스마트 온도조절 기능은 집안과 마당에서 사람의 일을 덜어줄 것이다.

우리가 읽었던 과학소설의 내용은 이미 가까운 미래가 됐다. 이른바 '감성형 로봇'은 프로그래밍된 간호사 역할을 맡아서 늙고 병든 사람들이 자기 집에서 더 오랫동안 살 수 있도록 도와줄 것이다. '그' 혹은 '그녀'에게는 이름이 붙여지고, 목욕을 돕거나 가사를 돌보는 등 주인의 생활에 문자 그대로 '손을 보탤' 것이다. 긴급하게 간호를 필요로 하는 사람들이 계속 늘어나는데도 간호 인력이 현저히 부족한 상황은 그렇게 해결될 것이다. 기술적으로 진일보한 간호로봇은 쇼핑리스트를 작성하고 투약 내역을 기록·관리하며 우편물을 받을 것이다. 그는 딱 주인이 원하는 만큼만 친절하고, 주인과 주인의 지인을 목소리로 분간하며, 주인이 원하는 만큼 대화하고, 대화하는 동안에도 끊임없이 주인을 알아나가되 결코 화를 내는 법은 없을 것이다. 완벽한 노예 같은 기계이다. 하지만 무엇보다 당신의 친구 로봇은 그 어떤 것도 잊지 않을 것이다. 비밀엄수의 의무는 생산단계에서 미리 설정되어 있을 것이다.

종합병원에서는 벌써 자동화된 운송로봇이 기나긴 창고 복도를 오가며 세탁물과 식료품, 약품을 나르고 있다. 청소로봇은 설정대로 작동하는 제조기 수준이지만, 재활병동의 기구들은 그보다는 훨씬 복잡한 기계이다. 수술실 로봇의 내시경을 잡은 손은 떨리는 법이 없으며, 숙면을 취하지 않아도 절대 피곤해하지 않는다. 아무리 숙련된 외과의라 하더라도 사람이기에 자기가 실수를 저질렀음을 깨닫고 적절한 조치를 할 때까지는 다만 몇 초라도 필요하다. 하지만 로봇이 수술 도구의 작동을 멈추는 건 그보다 훨씬 빠르다.[103] 취리히 연방공과대학교의 과학자들은 혈액에 들어가 몸을 순환하면서 지정된 약물을 해당 장기에 배치하는 나노로봇을 연구 중이다. 2020년이면 나노기술 관련 업계의 총매출이 680억 유로에 달할 것으로 예상된다.[104]

다정한 충고를 원하는 사람들은 이제 대화를 나누는 정신과 치료용 '챗봇Chatbot'을 찾으면 된다. 세븐컵스7cups 혹은 워봇Woebot 등의 회사들은 대부분 캘리포니아 벤처캐피털에서 자금을 얻어 시작했다. 그들의 상품은 "하루 24시간, 일주일에 7일 내내 당신 곁에서 귀를 기울이는 당신의 매력적인 로봇 친구"로 홍보되고 있다. 그들은 챗봇이 "치료사나 약은 아니지만 유치한 장난감도 아니"라고 말한다.[105] 정신상담 로봇은 인내심이 강하고 질문을 많이 하며 판단하지 않고 용기를 준다는 면에서 인간 전문상담사와 크게 다를 바가 없다. 하지만 상담에 드는 비용은 훨씬 적다. 여기서도 디지털화된 미래가 엿보인다. 인터넷과 스마트폰은 우리가 '소통'하는 방식을 지속적으로 변화시켰고, 사람과 직접 만나 이야기를 나누는 '대화'의 의미도 바꿔놓았다. 이제는 직접적인 접촉 없이 기계만으로 타인과 상호작용하는 것이 하나의 소통 방식으로 자리 잡았으며 오히려 당연한 일이 됐다. 인간과 자연스럽게 상호작용하는 휴먼 컴퓨터와 의견을 나누는 것이 정치적 환경을 바꿀 수도 있다. 또한 기술적 현실에 대한 색다른 논리를 발전시킬 수도 있다. 마치 자동차 운전자가 너무 많아져 출퇴근길이 꽉 막히게 되었을 때나 가정마다 TV를 갖게 됐을 때 오히려 그런 생활에서 탈피하기 위한 운동이 시작됐던 것처럼 말이다. 자가용이 필요하지 않은 삶, 공원이 가까운 시내에 살면서 현란한 TV 화면을 쉽게 포기할 수 있는 활기 넘치는 생활은 지금까지도 일종의 호사로 여겨진다.

대략 20년이 흐른 뒤에는 사람들이 그저 안락하게 사는 것을 넘어 피와 살을 가진 다른 인간에게 보살핌받기를 열망하게 될 것이다. 재정적 여력이 있다면 계속해서 사람에게 치료받을 것이고, 감당할 수 없다면 표준화된 챗봇에 기대어야 할 것이다. 혹은 그 누구에게도 보살핌받지 못할 수도 있다.

로봇과 관련해 방대한 연구를 진행해온 한 저술가는 10년 후면 독일에서도 기계인간이 직접 병원이나 양로원 혹은 개인의 집에서 환자를 돌보게 되리라 예상했다.[106] 일본의 히라카와현 소재 호호에미Hohoemi 재활센터에서는 이미 몇 년 전부터 환자들의 보행을 돕는 로봇과 심리적 안정을 위한 애착로봇이 그 진가를 입증해 보이고 있다.[107]

떠오르는 태양을 상징으로 삼은 일본은 다른 분야에서도 밝게 빛나는 중이다. 2015년 최초의 로봇경영 호텔 '사세보Sasebo'가 문을 열었다. 이 호텔에서는 이제 외국어를 잘하지 못하는 접수원이나 심술궂은 벨보이를 찾아볼 수 없게 됐다. 리셉션에서 오가던 사소한 장난이나 농담도 사라졌다. 이 호텔에서는 로봇이 창문을 닦고 음료를 제조하며, 센서가 조명과 냉난방을 조절한다. 동종업계 후발주자인 도쿄 인근 호텔 '헨나Henna'에서는 로봇 140대가 객실 100개를 관리한다. 현장에서 응급사고나 시스템 오류를 관리하는 직원은 일곱 명뿐이다. 이 호텔의 히데오 사와다澤田秀雄 사장은 '세상에서 가장 효율적인 호텔'을 목표로 지점을 100개까지 늘릴 계획이다.[108]

일본 로봇공학자 이시구로 히로시石黑浩는 "우리가 왜 기계와 사람을 구별해야만 하는가?" 묻기도 했다. 그가 직접 개발한 도플갱어 '게미노이드Geminoid'는 이미 그를 대신해 강의를 맡고 있다.[109]

다른 선진국에서도 각종 분야의 행정처리가 자동화될 것이다. 독일 최초 전자정부 분야 전문잡지인 〈코뮤네 21Kommune 21〉은 "조만간 시민들은 관청에서 챗봇이나 가상 상담원의 안내를 받을 것"이라고 전망했다.[110] 그로 인해 많은 것들이 사라질 것이다. 일상적 업무에 밀려서 오랫동안 처리되지 않고 남아 있던 서류들도, 불평불만에 아랑곳하지 않는 것으로 생계를 꾸려가던 무뚝뚝한 공무원들도 자취를 감추게 될 것이다.

공장이나 창고에서는 이미 오래전부터 로봇이 일손을 거들고 있다. 이런 분야에서는 로봇이 중노동을 대신한다. 점점 더 많은 회사들이 기계끼리 서로 네트워크로 연결되어 거의 모든 것을 알아서 생산하도록 하는 제조업의 하이테크 전략, '인더스트리 4.0Industrie 4.0'을 받아들이고 있다.

닐 거센펠드를 비롯해 매사추세츠공과대학의 연구자들은 여기서 한발 더 나아간다. 그들은 컴퓨터와 레이저커팅기, 절삭기, 3D프린터 등으로 구성된 제작실험실, 즉 '팹랩fablab'이라는 개념을 만들어냈다. 노동자들이 월급으로 자기에게 필요한 것을 사기 위해 회사에서는 자기와 아무 상관 없는 물건들을 생산하는 대신, '팹랩'에서는 자기가 원하는 것을 그 자리에서 생산할 수 있게 된다는 거센펠드의 말은 많은 사람들의 귀를 쫑긋하게 만들었다.[111] 이러한 소규모 공장의 숫자가 18개월마다 두 배씩 늘어나 현재는 1,000개가 넘었으며 그중 마흔 개가 독일에, 열 개가 오스트리아에 있다. 이러한 증가율이 그대로 유지된다면 15년 후에는 100만 개가 될 것이다. 그때쯤이면 카를 마르스크가 말한 '소외된 노동'은 현저하게 줄어들 것이다.

비단 '팹랩'만이 아니더라도 로봇에 관한 인간의 꿈은 현실에 가까이 가고 있는 중이다. 자율학습하는 로봇과 똑똑해진 공장들 덕분에 점점 더 많은 물건들이 점점 더 쉽게 생산될 것이며, 키보드 몇 번 두드리거나 혹은 말로 명령하는 것만으로도 서비스 이용이 가능해질 것이다. 점점 더 많은 사람들이 자기 삶을 스스로 결정할 수 있게 될 것이다. 노동에 대한 태도도 새롭게 정의될 것이며, 노동에 대한 질문 또한 한층 깊어질 것이다. 그럼에도 그때까지 인간의 일로 남은 것은 무엇일까? 인간이 계속 일해야 하는 이유는 무엇인가?

일자리가 빠르게 대규모로 사라지고 있다

—

이 땅에 사는 대다수 시민들의 대답은 매우 간단할 것이다. 우리 대부분은 먹고살기 위해서 일해야 하는 존재이다. 그런 점에서 인공지능 로봇과 함께할 새로운 시대에 대해 걱정하는 것이 이미 때늦은 일일지도 모른다.

인공지능과 디지털이 결합된 기계인간은 각종 분야에서 일자리를 잡아먹고 있다. 사람이 일할 기회가 분야와 지역을 가리지 않고 광범위하게 대량으로 사라지는 중이다. 산업계와 서비스업계에서는 구조조정이 일상이 되었고, 그 흐름은 급속도로 빨라지고 있다. 전 세계에서 백화점들이 위기에 처했고, 온라인쇼핑몰도 직원을 대거 줄이는 대신 컴퓨터가 그들의 업무를 처리한다. 2017년 미국에서는 이미 메이시스Macy's와 시어스Sears를 비롯한 소매상점 9,000개가 폐업했다.[112] 장난감 유통업체인 토이저러스ToysRUs는 2018년 3월 파산해 직원 3만 명이 일자리를 잃었다.[113] 영국 지점 100개도 함께 문을 닫았다. 같은 시기에 마이크로소프트의 창업자 빌 게이츠는 가장 부유한 지구인의 자리를 아마존 회장인 제프 베이조스에게 넘겨줘야 했다. 매장에 가서 직접 진열대를 뒤지는 대신 아마존닷컴에서 장난감을 주문하는 게 낫다고 여겼던 사람들은 모두 베이조스가 부자가 되는 데에 조금씩이라도 보탬이 된 셈이다.

물류와 배송 시스템이 고도로 효율화됨에 따라 이로 인해 일자리를 잃는 사람들도 늘어나고 있다. 유럽의 저가의류 회사인 씨앤에이C&A는 30년 만에 오스트리아 린츠 인근에 있던 중유럽 배송센터를 폐쇄했다. 여성이 대부분인 215명의 직원들은 일자리를 잃었다. 씨앤에이의 임원인 노베르트 쉴레Nobert Scheele는 그들의 기술이 더는 시대의 기준에 맞지 않는다고 말했다.[114] 대신 씨엔에이는 한 재력가가 슬로바키아 트르나바에 세운 디지털 물류창고를 임대할 예정이다. 폴란드와 루마니아를 포함한 동유럽 9개국의 고객이 주문한 의류는 그날 밤 트르나바의 창고에서 배송트럭으로 옮겨질 것이다.

인공지능은 어느새 최근까지도 인간의 지능을 대체할 수 없을 것으로 여겨졌던 영역에까지 진출했다. 16개국에서 3,300만 명이 가입한 세계에서 가장 오래된 보험사인 아비바Aviva는 런던의 '디지털 차고'에서 회사의 미래를 준비 중이다. 그곳에서는 컴퓨터가 계약을 체결하고, 손해배상 건을 처리하는 업무를 맡았던 거의 모든 인력을 대체할 것으로 보인다. 신설된 아비바의 온라인 보험부서가 관리하는 고객 수가 벌써 100만 명을 넘었다. 그 부서의 담당 직원은 고작 스물다섯 명이다.[115]

보험사들은 줄곧 그들이 수년간 낮은 이자율로 곤란을 겪고 있음을 강조해왔다. 하지만 대형 보험사인 알리안츠는 지난 몇 년 동안 계속해서 수십억에 달하는 이윤을 거둬왔으며 2016년 영업이익은 무려 108억 유로에 달한다.[116] 하지만 이 숫자가 공개된 직후 알리안츠에서는 2020년까지 독일에서만 정규직 700명을 해고하겠다는 계획이 흘러나왔다. 직원 중 다수가 시간제로 일하는 보험업 특성상 실제로는 더 많은 직원들이 관련될 것으로 보인다. 인터넷 신문인 〈보험경제 오늘 *Versicherungswirtschaft heute*〉은 "임금 피크제 계약에 의해 이미 570개의 일자리가 사라졌을 것"이라고 보도했다.[117] 내부 계산으로는 해고 예상 인원이 2,170명에 이를 수도 있다고 한다. 특정 상해나 승용차 사고 배상을 규정하고 처리하는 인력 중 다수가 불필요해지기 때문이다. 알리안츠 독일지사 대표인 뤼디 쿠바트Ruedi Kubat는 기업 내부 게시판에 올린 글에서 이런 결정을 내리게 된 이유를 설명했다. "우리의 자동화와 디지털화 노력은 우리 자신을 위해서가 아니라 고객의 필요를 충족시키기 위해서이다."[118] 하지만 과연 실제로도 그의 말대로 될까? 그는 진짜로 고객이 기계에게 상담받는 편을 더 선호한다고 생각할까? 혹시 외부 상황에 의해 어쩔 수 없다는 핑계를 갖다 붙이고선 실제로는 전혀 다른 목표를 추구하는 건 아닐까?

알리안츠와 마찬가지로 뮌헨에 본사를 두고 있으며 철저하게 친경제적 신문인 〈쥐트도이체 차이퉁 *Süddeutsche Zeitung*〉은 "알리안츠가 비용을 절감했다고 해서 보험비용이 내려가고 고객들이 혜택을 보는 건 아니다. 비용 절감으로 확실히 혜택을 보는 건 주주들이다. 회장인 올리버 배테Oliver Bäte는 주주들에게 높은 이윤과 배당금 증액을 약속했다."라고 평가했다.[119] 많은 다른 보험사들 역시 대량 해고를 계획하고 있다. 독일어권에서 누구나 알 만한 회사의 임원 한 명은 사무직의 30퍼센트 내지 50퍼센트가 '과잉'이라고 말했다.

2017년 11월 도이체방크Deutsche Bank 존 시란John Cyran 사장은 "우리는 9만 7,000명을 고용하고 있다. 대부분의 대형 경쟁사들은 직원 수가 우리 회사의 절반도 안 된다. 우리는 수작업이 너무 많다. 우리가 실수를 많이 하고 비효율적인 이유이다."라고 말했다.[120] 그래서 이 은행은 업무를 학습한 기계를 도입해 생산성 향상을 도모하려 한다. 최근 9,000명을 해고한 것은 시작일 뿐이다. 게다가 신무기로 무장한 핀테크 회사들과의 경쟁도 가열될 것이다. 이제 은행은 대출상환 능력을 심사하는 일을 포함해 전통적인 금융 서비스 업무 외에 크라우드인베스팅crowdinvesting이나 크라우드렌딩crowdlending에도 뛰어들어야 한다. 이 두 가지 서비스는 은행이나 대형 투자자가 아닌 개인들도 적은 금액으로 프로젝트에 투자하거나 대출을 받을 수 있게 해준다.

지난 10년간 독일 은행업계에서는 전체의 10퍼센트에 해당하는 6만 5,000개의 일자리가 사라졌다. 먼저 농촌 지역 지점들이 문을 닫기 시작했고 지금은 도심의 지점들이 하나둘 사라지고 있다. 코메르츠은행Commerzbank은 2020년까지 직원 9,600명을 줄여나갈 계획이다. 업무의 80퍼센트가 디지털화되었기 때문이다. 지점 없이 인터넷과 전화로만 연락이 가능한 아이엔지디바는 직원 수가 독일 우체국은행의 4분의 1 수준이다.[121] 영국의 유럽연합 탈퇴로 독일의 은행업이 성장하리라는 기대는 지역에서 일자리를 잃은 지점의 직원들에게는 별 도움이 되지 않을 것이다. 고전적 의미의 상담원과 사무원들은 모두 디지털화된 컴퓨터에 의해 대체될 것이기 때문이다. 다만 컴퓨터 전문가와 법 규정 준수를 판별하는 전문인력에 대한 수요만은 그 어느 때보다 높아졌다.

독일과 달리 오스트리아는 비록 언제 깨질지 모르는 상황이긴 해도 아직까지는 평안한 상태를 누리고 있다. 2017년 기준, 은행업과 보험업에 종사하는 직장인 응답자 중 92퍼센트가 향후 10년간 자신들의 일자리가 '건재'할 것이라고 믿었다.[122]

새로운 노동의 세계에서는 지적 업무도 기계적으로 이뤄질 수 있고, 그런 점에서 법조인도 일자리 위기에서 예외가 될 수 없다. 앞으로는 기계가 사안의 적법성을 가늠하고, 계약서도 컴퓨터가 알아서 작성하게 될 것이다. 적어도 변호사 업무의 5분의 1, 법무사 업무의 3분의 1을 기계가 수행할 수 있을 것으로 예상된다. 늦어도 2030년에는 은행과 보험회사, 변호사 사무실 등에서 고객이나 의뢰인이 일반적인 질문을 해결하기 위해 사람과 직접 대면해 이야기 나누는 것을 원할 경우 '추가 요금'을 내야 할 수도 있다. 마치 현재 오스트리아에서 기차를 탈 때 인터넷이나 자동판매기가 아닌 창구에서 표를 사려면 추가 요금을 내야 하는 것처럼 말이다.

IT 대기업들도 계속 구조조정을 해나가고 있다. 2018년 전 세계 IBM 직원 중 3만 명은 내부 계획에 따라 재조정 대상이 됐다. 이 가운데 3분의 1에 해당하는 1만 명은 새로운 업무를 받았지만, 나머지 3분의 1에 해당하는 사람은 일자리를 내놓아야 했고, 이 자리는 다시 충원되지 않을 예정이다. 또 다른 3분의 1은 조만간 해고통지서를 받게 될 것이다.[123] 세계 시장에서 선두기업이라 할 수 있는 이 회사가 발표한 보도자료에는 이 상황이 "디지털화는 회사의 모든 기능과 모든 업무에 연관된다."라는 간명한 표현으로 설명되어 있다.

영국의 싱크탱크인 '미래의 옹호자Future Advocacy'라는 연구소는 굉장히 놀라운 분석결과를 내놓았다. 그들에 따르면, 영국에서도 가장 번성한 도시인 런던이 자동화의 영향을 가장 많이 받고 있다. 그중에서도 런던의 서부가 가장 심각하다. 히스로공항 인근으로 수많은 창고 건물이 산을 이룬 이곳은 늘어나는 항공 교통량에도 불구하고 일자리 중 40퍼센트가 심각한 타격을 입었다.[124] 대형 공항 인근인 프랑크푸르트의 남쪽 구역 또한 비슷할 것으로 추정된다.

온라인 구인구직 플랫폼인 잡리프트Joblift는 2016년 독일에서 디지털화의 영향으로 사라진 일자리 중 얼마나 많은 숫자가 향후 10년간 인공지능과 로봇 분야에서 생겨날 새로운 일자리로 대체될 수 있을지를 조사했다. 그 숫자는 고작 5퍼센트였다. 그중 절반은 상대적으로 경제수준이 높은 남부 지역에서 생길 것이며, 소프트웨어 개발과 자동화기술에 관련된 전문인력 수요가 높아질 것으로 예상됐다.[125] 제1차 산업혁명과 제2차 산업혁명이 진행되면서 광산업과 철강업에서 새로운 생산기법이 개발된 덕분에 해당 산업의 일자리가 열 배나 많아지리라고 예측할 수 있었던 사람은 많지 않았을 것이다.

대다수 사람의 소득이, 또한 자존감의 중요한 부분이 전통적 개념의 직업에 달려 있는 한 '로봇은 인류의 적'이라는 인식은 더욱 견고해질 것이다. 19세기 들어 섬유 생산이 기계화되었을 때, 나중에 러다이트Luddite로 불리게 될 직조공들과 방적공들은 전면에 나서서 새로운 기계를 부수고 공장을 태워버렸다. 대부분의 연륜 있는 수공업자들은 그동안 누려온 삶의 기반과 사회적 지위가 무너질까 걱정하면서 전통적인 작업 방식을 지키기 위해 노력했다. 21세기의 러다이트들은 로봇이나 기계를 상대로 자신들의 분노와 좌절을 쏟아내지 못한다. 오늘날에는 공장도 교도소와 비슷한 수준으로 감시가 이루어지고 있기 때문이다. 대신 그들은 투표용지에 울분을 쏟아낼 것이다. 투표가 제기능을 하는 한에는.

인류를 위협할 인공지능의 무기화

—

로봇회사인 보스턴다이내믹스Boston Dynamics는 인간과 닮은 로봇 '아틀라스Atlas'의 개발 과정을 짧은 동영상으로 계속 기록해왔다.[126] 2015년에 아틀라스는 아직 몸을 유연하게 구부리지 못했지만, 2016년에는 어느덧 회사 주변 덤불숲의 눈 덮인 바닥 위를 부드럽게 이동할 수 있었다. 2017년에는 콘크리트 블록에서 블록으로 점프하고 공중제비 묘기를 보여주기도 했다. 같은 회사의 다른 모델인 '핸들Handle'은 인간 전령처럼 스케이트를 타고 건물 로비를 달렸으며, 45킬로그램짜리 소포도 들어올릴 수 있었다. 보스턴다이내믹스의 대표이사이자 창업자인 마크 레이버트Marc Raibert는 "인간과 동물이 하는 모든 것을 할 수 있는 로봇을 개발할 것"이라고 밝혔다.

'아틀라스'는 무거운 물건을 거뜬히 들어올리고, 전동드릴은 물론 총기도 당연히 사용할 수 있다. 그러자 인터넷 발달의 초기 단계 때와 마찬가지로 이번에도 미국 국방부가 대규모 용역으로 이 프로젝트에 끼어들었다. 경험 많은 미국의 블로거 맷 노백Matt Novak은 IT 전문매체 기즈모도닷컴Gizmodo.com을 통해 "아틀라스는 그녀가 원할 때 언제라도 미군에 입대할 수 있다."라고 경고했다. 이 기계를 '그녀'라고 지칭한 것은 무척이나 도발적이다.[127] 군사용 로봇은 지뢰를 해체하거나 인간 부상자를 전장에서 구출하는 데 그치지 않고, 아예 무장한 병사가 되어 전쟁에 참여하게 될 것이다. 드론 부대는 선발대에 불과하다. 로봇공학자들과 컴퓨터공학자들은 할리우드에서 볼 수 있던 폭력성으로 가득한 애니메이션 영화를 현실로 옮겨놓았다. 이제는 판타지가 현실을 좇아가야 할 형편이다.

인공지능이 이 게임에 더 많이 끼어들수록 상황은 더 복잡해지고 더 골치 아파질 것이다. 상대의 의도를 읽어내는 일도 한결 쉬워질 것이다. 기계는 사람의 생각을 읽게 될 것이고, 그다음 단계에서는 아예 인간이 스스로 생각하기도 전에 생각을 미리 예단하고 그에 맞춰 소통하는 수준에까지 이를 것이다.

얼마 전까지만 해도 이러한 목표는 유토피아적인 것으로만 여겨졌다. 하지만 더 이상은 아니다. 저명한 전문지들과 영국의 주간지 〈이코노미스트〉처럼 이 분야에 대한 정확한 조사를 진행해온 매체들은 이제 '한계의 극복'에 대해 이야기한다. 인공신경망이 안면과 음성, 손글씨를 식별하는 중심 역할을 맡는다. 시스템은 사전에 프로그래밍된 대로 움직이는 게 아니라 인간의 뇌처럼 받아들인 정보에 맞춰 발전한다. 컴퓨터는 현실에 맞춰 스스로 알고리즘을 써나가고, 신경망은 모든 패턴인식을 종합해 다양한 기계적 학습을 실현한다.

과학자들은 인간 뇌의 특정한 기능을 컴퓨터 모델에 복제하는 데 성공했다. 독일 프라이부르크의 과학자들은 뇌 신호로 로봇을 조종할 수 있는 소프트웨어를 개발했다. 사람은 말하거나 움직이지 않고 그저 생각만으로 기계를 조종할 수 있다. 가령 물 한 잔을 다른 테이블로 가져갔으면 하고 머릿속에서 생각하기만 하면 된다. 프라이부르크에서 개발된 로봇은 심지어 컵이 그 방 어디에 있는지도 알아서 찾는다. 아직은 매우 느린 편이지만 그럼에도 중증의 신체마비 환자나 말을 할 수 없는 사람에게는 정말 유용한 수단이 되어줄 것이다. 연구책임자인 토니오 발Tonio Ball은 몇 년 안에 이 연구가 의료계에 적용될 것이라 예상했다.[128]

이 모든 일은 정보처리 능력이 폭발적으로 성장하면서 가능해졌다. 지난 50년간 컴퓨터에 내장되는 칩은 점점 더 작아지고 저렴해지고 무엇보다 유능해졌다. 인공지능과 인간의 경쟁에서 인공지능이 승리하는 경우가 늘고 있다. 의료용 인공지능이 내린 진단이 인간 의사보다 적중률이 높다거나, 인공지능이 변호사보다 더 빠르고 정확하게 법조문을 분석한다는 연구결과가 한 달이 멀다 하고 새로이 발표된다.[129] 기계는 점점 더 정확하게 외국어를 번역한다. 인간의 신체와 유사한 모습을 갖춘 휴머노이드humanoid 로봇은 장시간 지치지 않고 축구경기를 뛰고, 프로선수들보다 더 정확하게 농구공을 골대 안에 꽂아 넣는다. 로봇이 (아직) 학습계획에 넣지 않은 건 감성지능과 사회지능 두 가지뿐이다.

천체물리학자인 스티븐 호킹Stephen Hawking은 수십 년간 자신을 위해 개발된 컴퓨터 음성합성기를 통해서만 다른 사람들이 알아듣게 말할 수 있었다. 그런 그가 2014년에 이미 인공지능이 "우리 모두를 위험에 빠뜨릴 것이고, 그리 머지않은 미래에 인류 생존에 현실적 위협이 될 수 있다."라고 경고했다.[130] 그는 인공지능을 기후변화와 유전자 변형 바이러스, 갑작스러운 핵전쟁과 함께 인류를 위협할 네 가지 거대한 위험요소 중 하나로 꼽았다. 아직 '초지능super intelligence', 즉 여러 면 혹은 모든 면에서 인간지능을 능가하는 기계는 만들어지지 않았다. 하지만 2017년 여름 기업가와 학자 116명은 '킬러 로봇'의 제작 중단을 촉구하는 호소문을 국제연합(UN, 이하 '유엔')에 보냈다. 그들은 "일단 그것이 개발되면 무력 충돌은 과거 그 어느 때보다 큰 규모로 인간의 생각보다 훨씬 빨리 진행될 것"이라고 경고했다.[131]

이 호소문에 이름을 올린 사람들의 주장이 믿을 만한 이유는, 그 개발이 자신들에게 엄청난 이득을 가져다주리란 것을 알면서도 걱정을 하고 있기 때문이다. 호소문의 명단에는 딥마인드Deepmind의 무스타파 술레이만Mustafa Suleyman도 있다. 인공지능을 전문으로 하는 딥마인드는 이미 획기적인 컴퓨터 프로그램인 알파고AlphaGo를 개발했으며, 지금은 구글처럼 알파벳그룹의 자회사가 됐다. 인공지능회사의 주주이며 테슬라Tesla의 회장으로 잘 알려진 일론 머스크Elon Musk와 독일 인공지능 전문가인 위르겐 슈미트후버Jürgen Schmidhuber도 호소문에 이름을 올렸다. 그들은 세계 사회가 이 일에 손쓸 수 있는 시간이 얼마 남지 않았다고 말한다. "이 판도라의 상자가 한번 열리면 다시 닫기가 매우 어려워진다. 그것은 테러의 무기가 될 수 있고, 독재자나 테러리스트가 무고한 사람을 향해 사용하는 무기가 될 수도 있으며, 해킹을 당해 원래의 의도와는 다른 용도와 방식으로 작동하는 무기가 될 수도 있다."

이것은 영화 시나리오에 등장하는 대사가 아니다. 이 호소문이 발표된 후로도 미국과 러시아, 중국 정부는 인공지능과 군사무기 개발에 추가적인 대규모 투자 계획을 밝혔다. 이 역시 놀라운 뉴스는 아니다.[132]

화학무기와 핵무장을 두고 그러했듯이 인공지능의 무기화에 대해서도 국가 간 구속력 있는 감시협약을 만드는 것은 세계 사회의 긴박한 과제가 됐다. 그런데 지금 그런 대화에 나설 책임감 있는 국제사회 지도자는 어디에 있는가? 최초의 로봇군대가 다른 나라를 쳐들어갔다는 소식이 들리기 전에, 그리고 그 소식에 경악하는 것 외에는 아무것도 할 수 없어지기 전에 힘을 합쳐 저항할 수 있는 사람들은 또 어디에 있는가?

생화학무기 사용을 국제법으로 금지한 '제네바협정'은 1925년에 서명됐다. 제1차 세계대진에 생화힉무기가 대량으로 투입된 지 10년이 지나서였다. 핵무기 금지조약은 1970년에야 효력을 발휘했다. 제2차 세계대전 끝자락에 히로시마와 나가사키에 핵폭탄이 투하된 지 25년 후였다. 이 흐름을 그대로 따르다간 정말 '게임 오버'를 맞게 될 것이다.

자율자동차의 승자는 누가 될 것인가

자동차에 대한 전 세계 수요는 100만 대를 넘지 않을 것이다.

그만큼만 돼도 구할 수 있는 운전사가 부족해진다.

– 독일의 기술자이자 자동차업계 선구자인 고트립 빌헬름 다임러Gottlieb Wilhelm Daimler

자동차는 지나가는 현상이다. 나는 말을 믿는다.

– 빌헬름 2세, 독일의 마지막 황제

2020년을 기점으로 인간이 이동하는 수단과 방식에도 어마어마한 변화가 일어날 것이다. 적어도 유럽의 중심 지역과 미국의 인구 밀집 지역, 중국의 대도시는 크게 달라질 것이다. 그런데도 시민들에게 이제는 최신형 자가용을 서둘러 살 필요가 없다고 알려주는 신문기사는 좀처럼 찾아보기 어렵다. 조만간 자가용이 아니라 자전거와 택시, 궤도차가 합쳐진 형태의 개인별 맞춤 자동차가 인간의 이동방식을 정하게 될 것이다. 이와 관련해 가장 촉각을 곤두세우는 건 독일과 오스트리아, 프랑스 정부로부터 높은 보조금 지원을 받고 있는 자동차업계이다. 그들의 주장은 언제나 한결같다. 폭스바겐과 다임러, BMW, 프랑스의 푸조 시트로엥PSA 등 자동차업계 대기업들은 자신들이 국가경제의 동력으로서 중요한 역할을 하고 있지만 새로운 흐름에는 뒤처질 수밖에 없으므로 정부가 계속 지원해줘야 한다고 주장한다. 이 경제동력들은 앞으로도 자신들에게 호의적인 정치인들에 의존해 어떻게든 보조금을 타내려 애쓸 것이다. 이미 자가용 소유자의 비중이 점차 감소하고 있는데도 말이다.

그러나 다른 한편으로는 자동차 생산자들이 시대정신을 정확하게 짚은 면도 있다. 그들은 디젤차의 배기가스 배출량을 조작하고, 자가용의 시내유입 통제 정책에 맞서 격렬하게 투쟁한다. 그들은 내연기관에 미쳐 있던 시대를 마감하려는 사회적 흐름에 맞서 자기방어전을 펼치는 것이다. 예전의 가난뱅이 이미지는 벗어던지고 점점 더 매력적인 도시가 되어가는 베를린 시민들 사이에서는 이미 자가용이 비싸기만 하고 더 이상 섹시하지 않다는 인식이 자리를 잡았다. 그리고 그건 비단 베를린만의 현상이 아니다. 자동차의 성지인 독일에서 자동차가 길에 우두커니 서 있는 모습은 역사의 아이러니를 보여준다. 도시의 도로는 항상 꽉 막혀 있다. 이 나라의 자동차들은 평균적으로 24시간 중 23시간을 달리지 않고 서 있다. 그뿐 아니라 자동차는 주차하는 데 돈이 많이 들어가고, 온갖 기술적 노력을 들여왔음에도 여전히 대기를 오염시키며, 값비싼 화석연료를 잡아먹는다. 자동차회사들이 엄청난 부담을 안고서라도 미래의 이동수단을 연구할 수밖에 없는 까닭이다.

그들은 일단 잠재력을 과소평가했던 이동서비스에 체계적으로 투자하기 시작했다. 뒤늦게 시장에 뛰어들었지만 인수합병 혹은 전략적 투자를 통해 추월을 시도 중이다. 교통서비스 통합비교 애플리케이션 무블Moovel, 차량공유 서비스업체 카투고Car2Go, 콜택시 애플리케이션 마이택시Mytaxi는 모두 다임러그룹 산하에 있다. BMW는 전기자전거를 위한 종합적이고 새로운 기반시설을 개발했다. 간단한 스마트폰 앱으로 운송 수단과 경로를 비교하고, 가격을 예상하고, 결제까지 할 수 있는 통합서비스를 제공하는 자가 이 경쟁의 승자가 될 것이다. 시중은행 계좌에서 바로 결제할 수 있다면 최선이겠지만 독자적 결제시스템도 대안이 될 수 있다.

2020년대 초면 독일 남부 진델핑겐에 있는 다임러의 새로운 생산 시설 '팩토리 56'에서 최초의 로봇택시가 컨베이어벨트를 떠날 것이다. '팩토리 56'은 과연 어떤 모습일까? 마르쿠스 쉐퍼Markus Schäfer이 사는 이 공장이 "이전 그 어떤 생산시설보다 더 디지털적이고, 더 유연하며, 더 환경친화적일 것"이라고 말한다.[133] "이는 전 세계에서 가장 현대적인 자동차 생산시설이 될 것이다. 자동차를 '발명'한 우리가 이제는 '생산'을 발명하고 있다."[134] 로봇택시는 인터넷 플랫폼을 통해 개인적으로 호출할 수 있는 자율주행 자동차이다. 구글의 자율주행 자동차인 웨이모Waymo는 이미 실리콘밸리의 쿠퍼티노 거리에서 시험 주행을 한 바 있으며, 제너럴모터스GM도 연구가 무르익어 2019년이면 로봇택시를 생산할 수 있을 전망이다.● 앞으로 남은 건 센서를 둘러싼 경쟁이다.

초기 단계에서 심사숙고되었던 다임러와 구글의 합작은 성사되지 않았다. 자동차회사인 다임러가 새로운 산업에서 고작 하드웨어 납품업체로 전락할 것을 우려했기 때문이다. IT업계의 선두주자였던 IBM이 개인용 컴퓨터를 개발하기로 방향을 잡고서도 막상 소프트웨어 개발에서 마이크로소프트에 밀린 것과 같은 운명을 맞지는 않을까 걱정한 것이다. 자동차산업의 미래를 둘러싼 세계적 경쟁은 결국 '구글과 애플' 대 'BMW와 다임러'의 대결로 판이 짜였다. 대결의 결과는 양쪽의 테스트용 자동차가 커다란 호수 양편에서 마주 보고

● 2020년 1월 22일 <연합뉴스> 보도에 따르면, 제너럴모터스의 자회사인 크루즈가 2020년 1월 21일 샌프란시스코에서 열린 신차 공개 행사에서 '오리진'으로 명명된 자율주행차를 공개했다.

달리도록 한 다음 어디서 만나는지를 보면 확실히 알게 될 것이다. 아직까지 그 승패가 정해지지 않은 가운데 중국 전기차회사인 바이톤Byton의 엔지니어들이 원천기술을 갖고 이 대결에 뛰어들면서 승부는 더더욱 예측 불가능한 상황이 됐다.

승부를 결정하는 것은 그 어느 때보다 효율성이 높아진 생산 과정이다. '팩토리 56'은 100퍼센트 디지털화될 계획이다. 자동차 생산 과정 전반에서 가치사슬이 디지털화되므로 오류가 생기면 찾아서 제거하기도 훨씬 수월하다. 기존 생산 과정에서 배출되던 이산화탄소의 75퍼센트가 줄어들 것이다. 디터 제체Dieter Zetsche 다임러 회장이 칭찬받아야 할 이유가 또 있다. 독일 내에서 이뤄지는 기업투자의 절반을 다임러가 책임지고 있다. 최북단 플렌스부르크에서 최남단 프리드리히스하펜까지 독일 전역에서 발생한 총매출 중 다임러가 차지하는 비율은 약 10분의 1에 이른다. 2017년 한 해 동안 이 자동차회사가 전 세계 물적 시설에 쏟아부은 돈은 67억 유로, 연구개발에 들인 돈은 87억 유로다.

이러한 액수는 2018년 2월 기민련과 사민당의 연정 협상자들이 기업의 연구지원금에 대한 세액공제에 별 저항 없이 합의한 이유를 납득할 수 있게 해준다. 그들은 이러한 정책이 유럽의 다른 국가에서는 일반적이며 중소기업을 위해서도 필요하다고 주장했다. 하지만 지원금 제도의 최대 수혜자는 자동차업계의 거물인 다임러였다. 사람들은 그로 인해 독일 내 일자리가 보장됐으니 어쨌든 잘된 일이라며 스스로를 위안했다.

하지만 그건 생각하기 나름이다. 공장의 책임자인 쉐퍼는 "팩토리 56에는 더 이상 지게차가 다니지 않을 것"이라고 말했다. 진델핑겐 공장의 직원은 2만 5,000명 정도이지만, 미래지향적인 새로운 공장이 완공된 후에는 그 수가 훨씬, 아주 현격하게 줄어들 것이다.

다시 한 번 '세계화의 덫'에 걸렸다. 초국가적 기업은 효율성을 점점 더 높이며 세계적 경쟁에 불을 붙인다. 국가에 내는 세금을 최소화하고 임금도 최소한으로 지출하면서 생산의 효율성을 높인다. 경제동력을 자처하는 기업들 모두가 이러한 상황에 원인을 제공했다. 디지털된 의사소통과 국경 없는 자유무역 그리고 경제적 현실이 반영되지 않은 터무니없이 낮은 운송요금이 초국가 기업들이 대결을 벌이기 좋은 경기장을 만들어냈다. 재계 지도자들과 원로들이 돈을 많이 받고 로비스트로 활약한다. 그 결과 원래는 규칙을 만들고 경기를 통제해야만 하는 이 땅의 선출직 대표자들이 구경꾼으로 전락했다. 마치 축구경기에서 심판이 관중석으로 쫓겨난 것과 같은 형국이다. 대신 심판석에 앉은 구단주는 상황에 맞게 즉석에서 규칙을 만들고, 자기 팀에 유리하면 반칙도 묵과한다. 이 게임에서 최대 승자는 투자자와 주주들이다. 이것이 이윤을 목표로 하는 경기의 실상이다.

어쨌든 독일과 몇몇 다른 나라에서는 노동조합이 최악을 막는 데 (아직까지는) 성공했다. 세계적 기업들의 논리에 맞서 그들은 다임러의 본거지인 운터튀르크하임 공장에서 직원 1만 명의 고용을 당분간 유지한다는 결정을 받아냈다. 그 덕분에 미세먼지 경보가 끊이지 않고 조만간 그에 따른 자동차 운행 제한이 예상되는데도 불구하고, 또한 출퇴근 교통 혼잡이 기록적 수준에 이르렀고 상대적 임금이 꽤 높은데도 불구하고, 고용은 당분간 유지될 전망이다. 진델핑겐은 슈퍼클래스 생산라인 직원들의 정확성과 전문성 덕분에 좀 더 높은 점수를 딸 수 있었다. 다임러는 물론 BMW와 아우디Audi에서도 최고급 라인인 이른바 '프리미엄 세그먼트'에서 제작된 자동차에 대한 수요가 가장 많다. 회사들은 그 덕분에 유례없이 많은 순이익을 거두게 될 것으로 보인다. 그러나 앞날은 점치기 어렵고, 그 앞날은 더 이상 아우디 공장이 있는 잉골슈타트에 달려 있지도 않다.

독일에서 자동차업계 종사자는 모두 합쳐 400만 명을 넘는다. 솔직히 말하자면 그중 절대다수가 쫄딱 망하게 생겼다.[135] 그들의 일자리 중 7분의 1이 현재 시험대에 올라 있으며, 오스트리아에서는 9분의 1이, 스위스에서도 셀 수 없이 많은 자리가 위태로운 실정이다. 한 세기가 넘도록 자동차를 생산해온 다임러와 그 자회사가 가진 능력의 가치는 바닥으로 떨어졌다. 완전히 자율적으로 운전하는 고도로 복잡한 자동차는 일단 전문가에 의해서만 제작이 가능하고 지금과는 전혀 다른 설계 구조와 운전 방식을 요구한다. 다임러 본사의 한 임원은 자신들이 맞닥뜨린 도전을 이렇게 설명한다. "우리는 핏속에 휘발유가 흐르는 엔지니어들을 가르쳐 정맥에 데이터가 흐르도록 해야만 한다." 그 계획이 성공할 수도 있다. 하지만 카메라 배열이 정리되고 정보와 알고리즘이 정확하게 맞아떨어지게 되는 순간, 누구라도 자율주행 자동차를 제작할 수 있게 된다.

조만간 운전사 없는 화물차가 일상이 되고, 도시 내 정해진 구역을 달리는 로봇택시도 흔해져서 더 이상 셀카의 배경으로도 인기가 없어질 것이다. 세계 최대의 자동차 부품회사인 보쉬Bosch는 운전자들에게 비어 있는 주차 공간을 찾아주고 자율적으로 주차하게 하는 검색 기계를 선보였다.[136] 미디어의 각별한 관심과는 별개로 개인이 완전 자율주행 자동차를 소유하기까지는 시간이 좀 더 걸릴 것이다. 아직까지 몇 가지 기술적 문제가 남아 있고, 더 중요하게는 윤리적이고 법률적인 문제들이 해결을 기다리고 있다. 최신 연구결과에 따르면, 레이저기술을 장착한 미래의 무인자동차는 사람의 눈과는 달리 도로 모퉁이 너머를 내다보고 공놀이하는 아이가 도로로 넘어오더라도 늦지 않게 반응할 수 있을 것이다. 하지만 여기에도 풀어야 할 복잡한 문제가 여전히 남아 있다.[137]

인공 감각기관이 자동차에 새로운 안전을 제공하기 전에 먼저 전기자동차가 도로를 점령할 것이며, 그렇게 되기까지는 몇 년이 채 남지 않았다. 무엇보다 전기자동차는 복잡한 내연기관 자동차와 비교가 안 될 정도로 생산이 간단하며 필요한 부품도 80퍼센트가량 적다.[138] 독일 우체국이 필요한 전기자동차를 자체 제작한 사례도 있다. 몇 년 전만 해도 배터리가 장착된 화물차량을 납품하겠다는 협력업체를 찾지 못했기 때문이다. 아헨공과대학교 교수이자 기업인인 귄터 슈흐Günther Schuh는 학생들과 함께 '가격이 저렴한 틈새시장용 자동차'를 지향하는 전기차인 이고 라이프Ego Life 시리즈를 개발했다.[139] 정형을 벗어난 청소기회사 다이슨Dyson도 이 세계적 미래 시장에 끼어들었고, 오스트리아의 튀프틀러Tüftler도 기회를 엿보고 있다.[140] 참여자는 앞으로도 계속 늘어날 것이다.

앞으로 엔진이 사라질 것이 분명해진다면 그것을 덮은 보닛 위에 세워진 벤츠나 BMW의 엠블럼에는 어떤 잉여가치가 있을까? 선망의 대상? 그럴 수도 있겠지만, 승용차의 세계에서는 그 가치가 현저하게 줄어들 것이다. 결과적으로는 운전사 없는 자동차를 떠올린 고트립 다임러의 구상이, 혹은 자동차는 지나가는 현상이라던 빌헬름 2세의 예측도 완전히 빗나가지는 않았다고 주장할 수 있다.

로봇택시 부문에서 다임러와 합작 중인 보쉬의 임원 중 한 명인 게르하르트 슈타이거Gerhard Steiger는 "2018년 우리는 독일 도시에 처음으로 작은 규모의 로봇택시 함대를 꾸릴 것이다."라고 예고했다. 2020년대 말이면 자율주행 승용차와 일반 승용차의 가격 차이가 1,000~1,700유로 정도밖에 되지 않을 것이다. 그때 대중 시장의 문이 열릴 것이고, 그러고 나면 독일의 택시운전사 25만 명[141], 오스트리아의 택시운전사 2만 명 중 대다수가 실업자로 전락할 것이다.

세계에서 가장 성공한 기업컨설팅회사 중 하나인 배인앤드컴퍼니Bain&Company는 '자동차업계 최후의 결전'을 예고했다.[142] 그들의 내부 보고서에는 자동차 생산자들의 미래 시나리오가 담겨 있다. 15년 안에 '로봇 카'와 같은 자동차가 표준화되어 완전 자동화된 생산 시스템에서 제작될 것이다. 한편 부자들에게 자동차란 입맛에 따라 개별적 구성이 가능한 작업 공간이자 생활 공간이 될 것이다. 보고서는 "생산 과정의 대부분을 인공지능이 책임진다면 고도로 개인화된 상품도 경쟁력 있는 가격에 생산이 가능하다."라고 말한다. "인공지능에는 고객의 문의와 상품 변경 요구를 실시간으로 응대하고 생산 과정에 적용시킬 능력이 있다." 이 말은 곧 시간이 많이 들어가는 개별 작업에도 인간이 거의 필요하지 않게 된다는 의미로 해석할 수 있다. 그 와중에 자리를 지킬 수 있는 몇 안 되는 전문인력은 '기계 오케스트라의 지휘자' 역할을 맡을 것이다. 바이올린, 트럼펫을 비롯한 오케스트라의 연주자들은 모두 자율학습이 가능한 기계들이다.

중국에 진출한 독일 자동차업체들은 여전히 매출 신기록을 달성 중이다. 다임러는 전체 영업이익의 절반을 중국에서 얻고 있다. 2018년 2월 초 다임러의 홍보직원이 악의 없이 유명인사의 말을 인용했다가 디터 체체 회장까지 나서서 공식적으로 사과한 유례없는 해프닝이 있었다. 다임러에 중국 시장이 어떤 의미인지를 고스란히 드러내는 사건이었다. 당시 다임러 직원은 인스타그램에 '#월요일동기부여MondayMotivation'라는 해시태그를 달아 흰색 메르세데스 쿠페 카브리오를 광고하며 "모든 각도에서 상황을 보라. 그러면 더욱 열린 사람이 될 것이다."라는 티베트 승려 달라이 라마Dalai Lama의 말을 인용했다.[143]

중국에서는 검열국에 의해 인스타그램 접속이 차단됐음에도 그 게시물에는 몇 시간 만에 다임러가 매출에 위협을 느낄 만한 비난 댓글이 달렸다. 다임러는 그 게시물을 삭제하고 중국판 트위터인 웨이보Weibo를 통해 '정중하게' 사과했다.

그리고 이튿날 체체 회장 본인이 다시 한 번 고개를 숙였다. 베를린 주재 중국 대사인 스밍더史明德에 따르면 다임러는 중국에 "어떤 식으로든 중국의 주권과 영토 보전을 문제시하거나 의심을 제기할 의도가 없었다."라고 해명했다.[144] 또한 다임러는 중국의 영토권을 "의도적으로 훼손하거나" 혹은 그럴 의도가 있는 사람에게 "그 어떤 지원이나 도움도" 제공하지 않겠다고 했으며, "다임러가 부주의하고 무신경한 실수로 중국인들에게 고통과 걱정을 끼친 것을 통렬히 반성하고 있다."라고 했다. 스밍더 대사는 다임러가 "상황을 충분히 이해하고 과소평가하지 않았으며 상황의 심각성을 깨달은 것 같다."라고 전했다.

직원 하나가 이미 2011년 망명정부 수장에서 물러난 티베트의 정신적 지주의 글을 사소하게 인용한 사건에 '독일 산업계의 아이콘으로 여겨지는 회사의 대표'가 이렇게까지 반응해야 했을까? 다임러가 보여준 반성의 목소리는 마치 중국의 문화혁명 시대에 강요되었던 '자아비판'처럼 보인다. 하지만 이것이 오늘날의 현실이며, 이런 식의 현실은 앞으로도 계속 유지될 것이다.

제체는 항복편지를 보낸 직후에 그 서광의 땅에서 대주주 한 명이 다임러의 중심으로 쳐들어올 것을 미리 알았을지도 모른다. 다시 찾아온 월요일 아침, 그러나 해시태그 캠페인은 없는 아침이었다. 중국 자동차 제조업체 지리Geely의 회장이자 스웨덴의 전통적 브랜드 볼보Volvo의 소유주인 리수푸李書福가 몇 주 만에 투자회사를 통해 다임러의 지분 9.96퍼센트를 확보했다고 밝혔다. 리 회장은 "자동차산업은 지금 어마어마한 변화의 소용돌이를 헤쳐나가는 중"이라며[145] 전통적인 자동차 생산업체 중 구글, 애플 혹은 테슬라와 같은 새로운 경쟁자와 맞붙어 살아남을 곳은 두세 곳에 불과할 것이라고 예상했다. 그리고 리 회장은 지리가 그중 하나가 되길 원했다.

이에 친재계 신문인 〈프랑크푸르터 알게마이네 차이퉁Frankfurter Allgemeine Zeitung〉은 "그것은 들려선 안 될 폭발음"이었다고 평가했다. "투자자는 3퍼센트의 의결권을 가지면 그 사실을 주식회사에 알리도록 돼 있는데 이번엔 그 누구도 아무것도 눈치채지 못했다. 하지만 누군가 그가 의결권을 늘려갈 때마다 신고되는 내역과 그 의미를 면밀하게 파악했더라면 이 사태는 쉽게 처리될 수 있다는 결론에 이르렀을 것이다."[146]

중국의 최고 정치 지도자 역시 이번 10개년 계획에서 2025년까지 전 세계 전기자동차 부문에서 선도적 지위를 확보하겠다고 선언했다. 홍콩에서는 벌써 지리자동차가 다임러 지분을 25퍼센트까지 늘릴 것이라는 예측이 파다하게 퍼졌다. 또한 중국의 GF증권GF Securities 애널리스트들은 "다임러의 전기자동차 배터리 부문 전문가들과 접촉하길 원하고 있다."라고 전했다.[147]

현재 독일 자동차업계에는 몇 가지 현상이 혼재돼 나타나고 있다. 젊은이들에게, 특히 도시의 젊은이들에게 자동차는 더 이상 욕망의 대상이 아니다. 주차비와 꽉 막힌 도로에서 허비하는 시간은 운전자들의 의욕을 앗아갔다. 60개가 넘는 독일 시내에서 대부분의 경유자동차 주행이 금지될 것이라는 예측은 그리스 신화에 등장하는 '다모클레스의 검'처럼 언제 엄습할지 모를 위협이 됐다. 이미 함부르크에서는 통제가 시작됐다. 게다가 일반 자동차에 비해 훨씬 적은 노동 시간과 기술로 제작이 가능한 전기자동차가 대중화를 앞두고 있다. 많은 나라에서 생산 과정의 디지털화도 현실로 나타나고 있다. 돈 많은 중국인 투자자 한 명이 독일 자동차업계 최고 기업을 적대적으로 공격하는 데 성공했다. 자, 이제는 자동차의 나라인 독일이 시대와 작별할 차례인가?

이러한 미래의 문제들을 두고 토론하는 정치인들은 어디에 있는가? 그들은 어떤 방식으로 변화에 대한 이해를 촉구하고, 그것을 최우선 의제로 만드는가? 정치인과 기업인들이 약속했던 '새로운 실리콘밸리'로의 시스템 개편은 과연 이루어졌는가? 모든 노력에도 독일과 오스트리아에서 수천 개의 하청업체를 거느린 독일 자동차업계의 기존 거점이 또 하나의 디트로이트로 전락한다면, 그래서 전문성이 덜한 인력에게는 아무런 전망도 줄 수 없는 지역이 돼버린다면, 과연 독일은 어떻게 될 것인가? 공업이 쇠퇴하면서 절망에 빠진 미국의 도시는 끝내 도널드 트럼프를 백악관으로 보내는 수훈을 세웠다.

기계세가 노인 빈곤 문제를 해결할 수 있을까

—

마틴 쿠머Martin Kummer는 독일 산업사회의 척추였다. 그는 47년간 철강회사에서 일했다. 견습생활을 마친 직후에는 주형 제작자로 일을 시작했고, 나중에는 주물기술자로 승진했다. 1970년대 철강업계의 위기는 노트라인베스트팔렌주의 지겐에서 일하던 그를 2개월간 실업자로 만들었다. 하지만 그는 곧 바덴뷔어템베르크주에서 새로운 일자리를 구했다. 인적이 드문 농촌 마을에서 아내와 함께 작은 집을 짓고 아이 셋을 키웠으며, 자신이 속한 사회적 계층의 다른 사람들처럼 선거 때는 언제나 사민당에 투표했다. 지금 그와 그의 아내는 한 달에 2,330유로를 연금으로 받는다. 생활은 넉넉하다. 하지만 그 넉넉함을 지키기 위해 그는 일단 고개부터 흔들고 보는 몰상식한 사람이 됐다.

그는 "회사는 늘 새로운 아이디어를 구상하고 현대적 기계와 로봇을 개발해왔다."라고 기억했다.[148] "예전에는 기계라 함은 곧 수작업 도구를 가리키는 말이었다. 요즘엔 기계가 상품 하나를 알아서 완성한다. 가령 용접로봇은 기계 전체를 용접해서 조립할 수 있다. 하지만 그건 그저 경제, 특히 자본가들에게만 도움을 줄 뿐이다. 그건 부당하고 그래선 안 된다."

생산성 향상이 노동자들의 임금에 남긴 흔적은 미미하다. 하지만 연금계좌에는 훨씬 막대한 영향을 미쳤다. 쿠머가 각별히 관심을 갖는 지점이다. "연금제도 합리화를 통해 연금 납입자 수가 줄었다. 그런데 우리 늙은 사람들은 점점 더 많아질 것이다." 그래서 손주가 넷인 이 할아버지는 수입 안에서만 지출하는 기존의 운영 방식에서 벗어나 국가 재정에서 더 많은 돈을 끌어오는 새로운 연금제도를 원한다. '기계세'를 거둬 재정을 채우길 바라는 그는 "그렇게 하면 자본에도 어느 정도 세금을 매길 수 있지 않은가?"라고 반문했다.

시누스연구소Sinus Institute의 조사 결과에 따르면, 독일에서 40~55세 인구의 3분의 1 이상이 노년에 돈이 충분치 않을 것으로 예상하고 있다.[149] 저금리 시대가 장기화되면서 특히 기업연금이 바닥을 드러내고 있다.[150] 독일에서도 점점 더 많은 사람들이 고령까지 일하는 추세이다. 지난 10년간 65~74세 인구 중 생업에 종사하는 사람의 비율이 5~11퍼센트로 두 배 이상 늘었다. 그중 3분의 1 이상은 그 일에서 주된 수입을 얻는다.[151] 정부가 점점 더 급진적인 개혁안을 내놓고 있음에도, 향후 20년간 '노인 빈곤'은 구제되지 못할 전망이다. 가장 중요한 원인은 고령화로 인한 연금의 감소에 있다.[152] 스위스에서는 국가와 기업, 개인이 서로 힘을 합쳐 이러한 현상을 완화시키고 있지만, 오스트리아의 상황은 덩치 큰 이웃인 독일과 마찬가지 흐름을 보인다.

서유럽 전역에 가난하고 무능력한 연금생활자들이 '부끄러울 만큼' 많아진다? 경제의 관점에서는 맞는 말이다. 그러나 정치적 관점에서 보면 그들은 결코 무능력하지 않다. 그들의 숫자는 계속 늘어나고 있으며 선거에도 적극적으로 참여하기 때문이다.

그간 익숙하게 보아왔던 피라미드형 인구 구조가 서구 국가에서는 이미 오래전부터 버섯 모양으로 바뀌었다. 베이비부머 세대의 출산율은 이전 세대보다 급감했지만, 그들의 기대수명은 급상승했다. 이러한 인구학적 변화를 통해 60대 이상 인구의 비율이 압도적으로 증가했다. 2017년 독일의 60대 이상 인구 비율은 36.1퍼센트로, 역사상 처음으로 최대 유권자 집단에 등극했다. 40~59세는 34.7퍼센트였고, 40대 이하는 29.3퍼센트에 불과했다.[153] 오스트리아에서도 60대 이상 인구가 3분의 1을 차지하면서 선거결정권을 쥐게 됐다.[154] 해마다 세대별로 선거권을 행사하는 정도가 달라지지만, 지금까지 확인된 바로는 나이가 많을수록 적극적으로 투표에 참여했다.

독일의 경우 노인인구의 80퍼센트가 자신에게 주어진 한 표를 행사할 기회를 허투루 흘려보내지 않는 반면에, 21~25세 유권자는 60퍼센트만 선거권을 행사했다.[155] 사민당은 최근 여론조사에서 65세 이상 유권자들에게만 20퍼센트 이상의 지지를 받았다.[156] 이유야 어찌 됐든 그랬다.

2015년부터 독일에서는 20~64세 인구 100명당 65세 이상 인구가 35명이 되었고, 오스트리아와 스위스에서는 30명이 됐다.[157] 그 이후 새로 유입된 난민의 숫자가 커지면서 '생산가능인구 100명당 부양해야 하는 고령인구'의 비율을 의미하는 '노인부양비'가 조금 낮아졌으나 선거에서 드러나는 세대 양상은 여전하다.

이탈리아에서는 노인부양비가 38퍼센트까지 치솟았으며, 2018년 봄 총선에서는 신민족주의 정당이 정치의식이 강한 노년층의 지지를 얻어 승리를 거뒀다. 그 보답으로 승자들은 연금수령 연령을 65세로 유지했고, 그 대가로 엄청난 국채의 증가를 감수했다. 오스트리아에서도 우파 정당 소속인 신임 사회장관 베아테 하르팅어 클라인Beate Hartinger Klein이 연금수령 연령을 상향 조정할 계획이 없다고 단언했다.[158]

이렇게 노년층은 자신들의 앞날에 엄청난 결과를 가져올 정치 의제를 만들어내고 있다. 디지털화가 사회적 균형을 맞춰가면서 진행되도록 제어하는 대신, 연금을 확보하고 노인돌봄을 개선하는 것이 우선되고 있다. 젊은 가정에 저렴한 주택을 제공하는 문제는 후순위로 밀려나고 있다. 최대 인구집단인 그들이 자신들의 '편안한 노년'을 먼저 고려한다고 해서 비난할 수 있을까? 손주를 사랑하는 마음만으로는 노인들에게 미래지향적 이타심을 끄집어내기 어렵지 않을까?

혹은 역으로 생각해보자. 점점 더 많은 로봇이 노동을 감당한다면, 연금 시스템에는 왜 그 점이 반영되지 않는가? 어째서 '기계세'가 정치적 토론에서 중점주제로 다뤄지지 않는가? 2008년 당시 독일 대통령이었던 로만 헤어초크Roman Herzog가 '연금생활자 민주주의'를 경고한 바 있는데,[159] 그것은 이미 현실이 되어버렸다. 그러니 이제부터 토론해야 할 것은 '로봇의 민주주의 파괴'가 아닐까?

한 세대가 다른 세대를 대하는 태도가 "나중에 어찌 되건 내 알 바가 아니다."라는 식이면 곤란하다. 적어도 '기후변화'라는 거대한 미래 담론을 지금 당장 현실로 다가오지 않았다고 해서 다음 세대로 미뤄서는 안 된다. 그렇게 되면 차후에 치러야 할 대가가 너무나도 클 것이기 때문이다.

기후변화 회의론자들이 계산하고 있는 것들

오늘날 대부분의 시민들은 계몽주의의 영향을 받았다. 그런데 정작 계몽된 시민들은 기후변화가 불러올 결과에 대한 수많은 과학적 발견을 못 본 척하고 있다. 이상한 일이다. 그들은 결말이 어떻게 될지 알면서도 억지로 현실을 외면하며 '기후변화'의 심각성을 완강히 부인한다.

대부분의 통치자들이 이 문제를 처리하는 방식은 그들이 비난해 마지않는 '포퓰리스트'의 방법론을 닮았다. 한마디로 기회주의적이다. 신민족주의자들은 지지자들에게 최대의 혜택이 돌아가게 하려고 기후변화를 전면 부인하기도 한다.

순서대로 차근차근 짚어보자. "파리 경제정상회담에서 처음으로 환경문제와 위협적인 기후재앙이 의사일정에 올랐다. 이는 서구의 주요 권력자들 사이에서 사고의 전환이 시작됐다는 신호일까? 핸들을 반대 방향으로 꺾는 데 성공하려면 국방과 방위에 들어가던 수십억 달러가 환경문제와 관련된 연구개발 프로그램으로 돌아가야 하고, 끝없는 경제 성장에 대한 집착과 광기는 세계적 재분배와 산업화 국가의 급진적 에너지 절감 정책에 대한 노력으로 대체돼야 할 것이다." 1989년 독일 시사주간지 〈슈피겔〉의 표지기사 '혹사당하는 행성'은 이렇게 첫머리를 시작했다.[160] "세계 정치는 새로운 시대에 들어섰다. 사회적 질문과 정치적 패권을 둘러싼 투쟁이 지나간 후 이 행성의 생태적 몰락에 맞선 투쟁이 최우선순위에 올랐다. 물리학자인 미하엘 오펜하이머Michael Oppenheimer는 '다가올 40년에는 지구환경 문제가 다른 모든 것을 결정하는 주제가 될 것이라고 주장해도 과장이 아니'라고 말했다."

기사처럼 되었더라면 좋았을 것을. 그로부터 넉 달이 채 못 돼 베를린장벽이 무너졌고 공산주의가 몰락하자 국가 지도자들과 수십억 시민들은 세계화에 가담하느라 바빠졌고, 그로 인해 생태계는 어마어마한 희생을 감수해야 했다.

이후로도 기후변화에 대한 연구와 분석은 대학 도서관을 가득 채웠고, 그것을 염려하긴 하지만 그것 때문에 개인적 이동의 편리함이나 세계 여행의 기회를 놓치지는 않는 시민들의 서가에도 관련 도서들이 넘쳐났다. 푸른 행성 곳곳의 하드디스크에는 그에 대한 정보와 안내사항이 충분히 저장됐다. 지금은 누구나 손만 뻗으면 혹은 마우스만 클릭하면 기후변화에 대한 정보를 얻을 수 있다. 단, 트럼프 행정부처럼 미국 환경보호청EPA의 공식 인터넷 사이트가 의도적으로 정보를 은폐하지 않는다면.[161]

기록적 폭염, 기록적 가뭄, 기록적 호우, 기록적 융빙, 기록적 허리케인 등 점점 늘어나는 극단적 기후현상이 날리는 육중한 펀치가 갈수록 세지다 보니 고집 센 당나귀 같던 세계 사회도 아예 가만히 있을 수는 없게 됐다. 2015년 12월에 파리기후협약Paris Climate Change Accord에 대한 서명이 이뤄졌다. 세계 7대 경제대국의 국가 또는 정부수반이 처음으로 모여 많은 것을 약속했던 1989년 회의로부터 거의 한 세대가 지난 후의 일이다. 그나마 파리기후협약이 발효됨으로써 다만 몇 가지에 대해서는 어느 정도 성취를 이룬 것처럼 보였다. 2018년에도 수중과 지면 그리고 공중에 장착된 초정밀 측정소에서는 기후에 대한 새로운 기록을 알려왔으며, 이러한 현상은 무기한 지속될 것이다. 그러나 시리아를 제외한 모든 국가가 서명한 기후협약에서 도널드 트럼프 대통령이 탈퇴를 예고했다.* 광산업계와 석유업계의 로비스트들이 다시 한 번 개가를 올린 것이다. 극단성이 새로운 일반성이 됐다. 자연에서도, 정치에서도. 2018년 여름, 우리가 경험한 열기와 건조함은 그 대가이다.

"우리는 상대적으로 선의를 갖고 우리 행동의 결과를 예측했던 인류 최초의 세대였지만 실제로 그리 활발하게 행동으로 옮기지는 않았다. 그로써 불행하게도 우리의 지성이 17세기 사람들과 다를 바가 없다는 점을 확인했다." 독일의 역사학자이자 작가인 필립 블롬Philip Blom이 기후의 역사를 정리해 쓴 책《지축이 흔들리는 세계Die Welt aus

---

* 미국 도널드 트럼프 행정부는 2019년 11월 4일에 파리기후협약 탈퇴 의사를 유엔에 공식 통보했다. 탈퇴 절차가 마무리되기까지는 1년 정도 걸린다.

den Angeln》의 결론이다.[162]

학자들은 정확한 사실과 절망스러운 현실을 냉정하게 지적하기를 주저한다. 포츠담기후변화연구소PIK의 연구원인 스테판 람스토프Stefan Rahmstorf는 지구적 온난화를 1.5도로 제한하자는 파리기후협약의 목표가 너무 황당무계하다며 "거의 모든 게 실패했다고 정직하게 말해야만 한다. 한때 환경보호 분야에서 기수 역할을 맡았던 독일 정부마저도 실패했다."라고 말했다.[163] 협상이 진행될 때까지만 해도 협약의 목표치가 적어도 2도는 되리라 예상됐다. 지구가 0.5도 덜 더워지면 21세기 말까지 세계 경제는 200억 달러를 아끼게 될 것이다. 2018년을 기준으로 한 계산이다.[164] 세계 인구 90퍼센트가 그 덕을 볼 것이다. 하지만 변화된 환경에 적응하기 위해서는 막대한 비용이 소모될 것이다.

1989년 〈슈피겔〉에는 "극심한 기후환경에 가장 많은 영향을 받는 지역에서부터 새로운 인구이동이 시작될 것이다. 환경난민 수백만 명이 새로운 고향을 찾아 이동할 것이다. 누가 그들을 수용하며, 누가 그들을 내치며, 내친다고 그들은 내쳐질 것인가?"라는 기사가 실렸다. 이 기사는 2017년 세계은행World Bank 발표를 통해 숫자로 구체화됐다. 세계은행은 2050년까지 고향을 떠나는 기후난민의 숫자가 1억 4,000만 명을 넘어서리라 전망했다. 기후변화의 영향으로 사하라 이남 지역에서만 8,600만 명이 피난을 희망하고 있다.[165]

이러한 진단의 정반대편에 기후변화 회의론자들이 있다. 그들은 전 세계 정치 무대에서 활약하며 도널드 트럼프의 뒤를 따른다. 영국에서 브렉시트를 주도한 선동가 나이절 패라지Nigel Farage가 대표적이다. 극우 성향 자유당 대표이자 국민당과의 연정으로 부총리가 된 오스트리아의 하인츠 크리스티안 슈트라헤 또한 문제적 인물이다. 그들이 불러온 귀결은 참혹하다. 기후변화 문제의 해결이 늦춰질수록 유럽으로 들어오려 애쓰는 난민들의 수는 늘어날 것이다. 그러면 우파민족주의자들은 경고음을 높이며 마침내 모든 피난의 경로를 봉쇄하자고 외칠 것이다.

쓸쓸하다. 철의 장막이 박수 속에 무너진 이후 유럽은 지구환경을 보호하는 데에 소홀했다. 아프리카는 점점 더 뜨거워지고 있고, 거기서 도망 나온 이민자들에 대한 유럽의 공포와 거부감은 정치인들에게 유용한 선동 수단으로 활용되고 있다. 냉소가 한껏 고조되었을 때, 그 끝에는 무엇이 기다리고 있을까?

유럽의 정치적 쟁점으로 떠오른 난민 문제

—

미국인 스티븐 스미스Stephen Smith는 12년간 프랑스 좌파자유주의 계열의 일간지 〈리베라시옹Libération〉의 아프리카 면을 담당했으며, 비슷한 좌파 성향 일간지 〈르몽드Le Monde〉에서도 5년을 일했으며, 2007년부터는 노스캐롤라이나의 듀크대학 아프리카학과에서 학생들을 가르쳤다.

그는 신작《유럽으로의 돌진; 젊은 아프리카가 늙은 대륙으로 가는 길 The Scramble for Europe ; Young Africa on its way to the Old Continent》에서 "아프리카가 뜬다."고 주장한다.[166] 그는 한 세대가 지난 2050년에는 아프리카의 인구가 10억이 더 늘어 25억이 될 것으로 전망했다.

현재 아프리카의 극빈층은 가까운 유럽 국가로 이주하는 데에 필요한 자금마저도 조달할 수 없는 상황이다. 하지만 많은 사람들의 경제적 상황이 개선되고 극심한 빈곤에서 벗어나 약간의 풍요라도 누리게 되면 본격적으로 이주 움직임에 불이 붙을 것이라는 게 스미스의 예견이다. 그런 다음에는 두 세대 혹은 세 세대에 걸쳐 유례없는 대이동과 대탈출이 일어날 것이다. 독일 태생 어머니에게서 태어난 그는 "이것이 우리의 딜레마이다. 아프리카 경제가 나아졌다는 뉴스는 유럽 입장에서는 나쁜 뉴스이다."라고 말한다. 아프리카 사람들은 재정적 상황이 나아질수록 더욱 적극적으로 불행한 환경에서 탈출하려 할 것이다.

스미스는 2050년이면 아프리카 출신 유럽인이 1억 5,000만 명에 이를 것으로 예상한다. 2018년 현재는 900만 명이다. 대학교수인 그가 2015년 집계된 정보를 바탕으로 계산한 바에 따르면, 난민의 0.37퍼센트가 바다를 건너 유럽으로 들어오려다가 지중해에서 익사한다. 이는 남수단에서 산모가 아이를 낳다가 사망할 위험보다 훨씬 높다. 자신들의 이해관계를 첨예하게 따지는 유럽연합의 개발원조로는 이런 비극을 예방하기 어렵다. 중국 정치인들은 아무것도 하지 않는다. 유럽연합의 보조금으로 아프리카 농토를 갈취하는 유럽 농식품기업들의 행태는 오히려 심해졌다. 난민들이 고향을 떠나야만 하는 원인 중 지금까지 진지하게 해결된 것은 아무것도 없다.

여기에 아시아, 특히 시리아와 이란과 아프가니스탄에서 수백만 명이 유럽으로 넘어오려고 한다. 유엔난민기구UNHCR에 따르면,

2017년 기준 전 세계에서 6,800만 명이 넘는 사람들이 피난 중이었다. 이는 2016년보다 300만 명이 늘어난 숫자다.[167] 이는 난민과 망명 신청자 그리고 자국 내에서 떠도는 국내 실향민을 합친 숫자이다. 그들 중 절반 이상이 아이들이며, 그 아이들 중 다수가 보호자 없이 혼자 이동 중이다.

추방과 피난의 주된 이유는 전쟁과 충돌이다. 내전이 발발한 시리아와 탈레반 민병대의 공포정치에 시달리는 아프가니스탄, 남수단과 미얀마 그리고 소말리아에서 떠나온 사람들이 전체 난민의 3분의 2를 차지한다. 주로 인접 국가인 터키와 파키스탄, 우간다가 그들을 받아들였다. 인구 대비로 봤을 때는 레바논이 가장 많은 망명 신청자들을 보호하는 중이다. 지중해의 이 작은 나라에서는 인구 여섯 명당 한 명이 시리아 난민이다.

그들이 이주를 희망하는 곳은 노르웨이 같은 유럽연합의 부유한 나라와 미국, 캐나다, 호주이다. 하지만 실상은 난민 6,800만 명 중 85퍼센트를 후진국과 개발도상국에서 수용하고 있다. 가난하고 추방당한 사람들이 그보다는 낫지만 그래도 여전히 가난한 나라로 옮겨가는 형국이다. 2017년 유럽으로 들어오는 길을 찾은 난민의 숫자는 260만 명이었다. 그중 19만 8,300명이 독일에, 2만 2,471명이 오스트리아에 난민 신청을 했다. 2016년 오스트리아 난민 신청자는 그 두 배였다. 2017년 말 기준 독일에서 정식으로 승인받아 살고 있는 난민은 97만 명이다. 이 계산에 그들의 입국 시기는 고려되지 않았다.[168]

대규모 이민에는 역사가 있다. 1821~1924년에 5,500만 명의 사람들이 유럽에서 바다를 넘어 이민을 갔다. 빈곤이 첫 번째 이유였지만 종교적 이유도 있었다.[169] 1940년대 말까지 동유럽에서 수백만 명의 추방자와 난민이 서유럽으로 들어왔지만 그들 역시 결코 환영받지 못했다. 동시에 1960년까지 많은 유럽 대륙 사람들이 다른 나라로 이민을 떠났다.[170] 독일은 1954년에 외국인 노동자의 고용을 추진하는 '고용촉진법'을 제정했고, 1955년에 이탈리아와 처음으로 고용협약을 체결했다. 1973년 석유파동으로 외국인 노동자의 고용이 정지됐을 때, 이미 서독 인구 6,100만 명 중 400만 명이 외국인이었다.[171]

세계적으로 이민자 수가 급증한 것은 1990년 이후이다. 철의 장막이 무너진 이후에 250만 명이 넘는 이주민들이 통일된 독일로 들어왔는데, 그중 대부분은 구소련 주민들이었다. 2000년까지 내전지역인 옛 유고연방에서 추가로 160만 명이 유럽의 최대 부국인 독일로 넘어왔다.[172] 2015년 1월부터 2018년 6월까지 독일연방이민난민청 BAMF에는 150만 건의 난민신청서가 접수되었으며, 신청자의 대부분은 시리아와 아프가니스탄 출신이었다. 신청이 수락되는 비율은 43~62퍼센트로 해마다 다르다.[173] 같은 기간 오스트리아에는 16만 2,000건이 접수됐다.[174] 2018년 기준 독일에는 8,250만 명이 살고 있으며, 그중 12.5퍼센트가 독일 시민권을 갖고 있지 않다.[175] 오스트리아의 전체 인구에서 외국인이 차지하는 비율은 15.8퍼센트로 독일에 비해 조금 더 높다.[176]

개방된 국경으로 난민들이 쏟아져 들어왔던 2015년 가을 이래 이민 문제는 유럽 전역에서 정치적 논쟁의 중심이 됐다. 입국자의 숫자도 중요한 요소지만, 해당 국가 본래의 국가적·지역적 전통과 난민들의 문화적·종교적 배경 간의 차이도 간과할 수 없는 문제이다. 그러므로 난민 유입으로 인한 영향은 사회 계층 및 주거지에 따라 다르게 나타났다. 경제적으로 안정된 상황에서 부촌에 사는 사람은 걱정을 훨씬 덜 하는 편이었다. 난민 신청을 효율적으로 처리하되 동시에 법치국가의 원칙을 세웠어야 할 수많은 책임자들은 무능함을 드러내며 무작정 난민을 추방하는 쪽을 택했다. 그로 인해 긴장은 오히려 격화됐다. 여기에 이슬람 단체의 테러와 난민 신청자들에 의한 성범죄 사건이 연달아 터지면서 상황은 기름통에 불을 붙인 것처럼 걷잡을 수 없이 격렬해졌다.

논쟁이 격렬해진 와중에 이주한 사회에 제대로 융합되지 못한 이민자들에 대한 실망감도 드러나기 시작했다. 프랑스 일부 지역에서는 이미 몇 세대 전부터 그런 이민자 집단이 존재했고, 독일과 다른 서유럽 국가들에도 마찬가지다. 서로 다른 세계관이 근본적인 문제라고 할 수 있겠지만, 그렇게 되는 동안 정치적 이해관계도 무시할 수 없는 역할을 했다.

나는 이 책을 이러한 현상의 배경과 원인을 찾기 위해 썼다. 책 전반에 걸쳐서 초세계화가 미친 영향과 엘리트가 거부당하는 현실에 대해 분석하고, 많은 사람들이 조국에서 이방인이 된 이유에 대한 대답을 찾으려 애썼다. 그중에서도 부동산 투자와 군수산업 등의 분야에서 이러한 정치적 움직임으로 득을 보는 사람들은 누구이며, 어떻게 잇속을 차리는가에 대해 알아내려 노력했다.

세계를 '하나의 중국'으로 만들겠다는 야망

―

유럽연합의 정치적 책임자들이 난민 수용 비율을 두고 골치를 앓는 동안, 중국의 권력자는 오랜 구상을 끝내고 자신만만하게 답안지를 꺼냈다. 그리고 곧장 행동으로 옮겼다.

중국은 지정학적 전략과 계획을 흔들림 없이 추진해온, 세계에서 유일한 나라이다. 베이징의 통치자들은 듣기 좋은 외교술과 경제 원조, 무자비한 거래 방식과 무역분쟁, 억압적 강권 정책과 군사적 무장 그리고 소프트파워와 샤프파워, 하드파워를 가리지 않고 자신들이 누를 수 있는 버튼을 모두 차지했다.•

중국의 정치 지도자들은 지구공학기술을 동원해 자연과 기후를 조종하고 지구 전체를 바꾸려 한다. 사막에 비가 내리도록, 벌거숭이 산이 숲이 되도록, 해양의 산성화는 더 이상 진행되지 않도록 만들려 한다. 그런데 자연에 그렇게 많이 개입해도 될까? 중국 난징의 기후변화정책연구소 스쥔史軍 소장은 중국의 지구공학에 도덕적 질문을 던진 책에서 "손해와 유익에 관한 질문이 하나로 뭉뚱그려져 제기돼선 안 된다. 궁극적으로 인간에게 유익한 쪽으로 결론 나기 마련이니까."라고 말했다.[177]

중국의 계획은 너무 거창해서 급진적일 지경이다. 그들은 '누가 지구를 구할 것인가?'라는 질문을 '지구에 사는 사람들이 누구인가?'

• 소프트파워Soft Power는 군사력, 경제력 등의 물리적인 힘을 지칭하는 하드파워Hard Power에 대응되는 개념이다. 샤프파워Sharp Power는 이후 추가된 개념으로 회유와 협박은 물론 교묘한 여론 조작 등 물리적이진 않지만 공격적인 힘을 뜻한다.

라는 질문과 동일시한다. 두 질문의 답은 모두 '중국'이다. 아주 틀린 말은 아니다.

이 거대제국이 정치와 경제를 포함해 학계까지 세계를 주도하게 될 날이 불과 몇 년 남지 않았다. 우리 모두가 자초한 일이다. 2025년이면 '메이드 인 차이나made in china'가 모든 분야의 청사진이 될 것이다. 베이징의 통치자는 옛 중국 왕조의 발자국을 따라가는 중이고, 이제 그 흐름을 되돌리는 것은 불가능하다.

중국의 지도자들이 추구하는 모델은 단호하고 독창적이며 성공적이다. 개혁개방이 이뤄진 1978년부터 중국 정부는 모든 산업의 생산 방식에 관여했고, 20세기 후반부터는 소비시장에도 개입하기 시작했다. 그 결과 역사적으로 유례없이 빠른 속도로 대규모 빈곤 탈출이 현실화됐다. 그러자 자본주의 국가의 기업들 대다수가 중국으로 옮겨가 값싼 제품을 생산하기 시작했고, 천문학적 숫자의 이윤을 챙길 수 있었다.

서구의 정치 지도자들은 중국이 세계무역기구(이하 'WTO')에 가입한 2001년부터는 통제 가능한 규칙으로 만들어진 코르셋을 중국인 파트너들에게 입힐 수 있을 것이라 기대했다.[178] 정부의 전면적 개입 없이도 시장경제는 우뚝 일어설 것이며 그 결과 중국에도 열린 사회가 도래할 것이라고 생각했다. 하지만 경솔하거나 순진한 생각이었다. 유럽과 미국의 정치인들과 기업인들은 10년 이상 세계 곳곳에서 계속된 장벽의 붕괴와 승리의 행진에 도취돼 있었다. 그래서 그들은 합작투자에 대한 중국의 강요가 부당해도 참아 넘겼고, 산업스파이가 시스템적으로 활동해도 무시했으며, 무엇보다 경제의 핵심인 은행과 보험업계가 닫혀 있고 해외 경쟁자들의 자유로운 왕래가 차단됐다는 점도 간과했다. 무엇보다 해외 신용카드사들은 스마트폰 결제가 플라스틱 신용카드를 거의 대체하게 될 즈음에야 중국 시장에 진입할 수 있었다.

하지만 중국 사회와 시장은 민주주의를 향해 난 길로 가지 않았다. 공산당 간부들은 실제로는 무제한에 가까운 권력을 휘두르면서도 겉으로는 마오쩌둥毛澤東의 세계를 향한 혁명적 야망을 이어받았다는 점을 교묘히 감췄다. 그러면서도 한편으로는 서구와 경쟁이 안되는 개발도상국이자 언더독underdog의 이미지를 유지했다. 그 사이 대제국은 다른 거대 권력들과 어깨를 나란히 하게 되었고, 성실하게 추진해온 지정학적 계획에서도 결실을 맺었다. 2018년 3월 이래 임기 제한 없는 국가주석에 오른 시진핑習近平은 헌법에 따라 운용되는 법치국가로 발전하는 바람직한 방향 대신 더 많은 억압과 통제와 대립으로 가는 길을 택한 것으로 보인다.

그런 와중에 도널드 트럼프 미국 대통령은 중국을 저격하는 최고 요원을 자처했다. 그는 임기를 시작한 지 몇 달 만에 "내가 이겼다!"라며 상대에게 강한 인상을 심어주려 애썼다. 하지만 돌아가는 상황은 "중국이 이겼다!"라고 해야 맞을 것 같다. 중국의 전략가들은 애써 유지해온 국제 조약에서 무자비하게 탈퇴하는 트럼프의 정치와 그의 졸렬한 '협상'을 능숙하게 되받아쳤고, 나르시시즘에 빠진 트럼프와 그의 맹목적 추종자들이 미처 발견하지 못한 구멍을 번번이 찾아냈다.

그러한 전술과 오류가 미국의 몰락을 앞당기고 있다. 세계는 지금

신자유주의 경제 정책의 상징인 '워싱턴 컨센서스Washington Consensus'•와 그걸 떠받치고 있던 국제통화기금(이하 'IMF'), 세계은행과 이별하는 중이지만, 어느 누구도 그걸 받아들이려 하지 않는다. 자유시장경제와 사유재산의 도그마는 약해지고 복지국가의 원칙이 해체되는 대신 '베이징 컨센서스'가 점점 그 자리를 차지하는 중이다. '베이징 컨센서스'의 골자는 목적이 분명한 국가보조금과 경쟁자로부터의 한시적 보호 그리고 대대적인 빈곤 퇴치이다.

중국 지도부가 자신들의 이해관계에 따라 불개입 원칙을 세우고, 각 나라가 그 나라만의 방식으로 행복해질 수 있다는 사실에 만족하는 것처럼 보이던 시절은 이제 지나갔다.

경제 성장을 바탕으로 기술적으로 완벽한 시민감시를 통해 권력 기반을 다진 중국의 정치 엘리트들은 점점 더 적극적으로 그들의 독재적 시스템을 서구 민주주의의 대안으로 선전하고 있다. 2017년 10월 제19차 공산당전국대표대회에서 시진핑 주석이 발표한 향후 30년의 청사진에는 중국을 (다른 모든 나라를 능가하는) 고도로 기술화된 나라로 만들겠다는 강한 의지가 담겨 있었다. 더불어 그는 중국이 다른 국가들에 새로운 선택지를 제시한다고 주장하며, 그 선택지는 "인류가 직면한 문제를 풀어가는 중국식 지혜와 중국식 접근법"이라고 말했다.[179]

여기에 왕이王毅 외교부장은 확실하게 설명을 덧붙였다. "지난 5년간 중국은 국제 의제 설정 권한을 유례없이 늘려왔으며, 국제 규칙

• 미국식 시장경제 체제에 기반한 경제 해법.

을 만드는 권한 또한 눈에 띄게 강화됐다."[180] 또한 그는 "중국적 특성이 가미된 중국식 사회주의의 길을 이해하는 나라들이 늘고 있으며, 점점 더 많은 세계 사회에서 '국가 통치'라는 중국 공산당의 구상에 동의하고 있다."라고 말했다. 그는 '중국식 지혜'에 관해서도 "전 인류를 위해 더 나은 사회 제도이자 모든 개발도상국이 현대화로 가는 새로운 길"이 될 것이라 장담했다.

중국 국가주석과 외교부장의 이 거창한 말들은 이미 오래전부터 실행에 옮겨져왔던 것이다. 중국의 투자로 아프리카 대륙의 나라들만 득을 본 게 아니다. 중국 또한 전기자동차와 스마트폰, 컴퓨터 등에 필요한 배터리를 염두에 두고 드넓은 땅과 천연자원을 확보했다. 동시에 교육수준이 높지 않은 중국의 단순노동자들은 한때 구대륙의 식민지였던 국가들로 건너가 도로와 철길을 놓는 임무를 맡았다. 유럽의 아프리카가 중국의 아프리카가 된 지 오래다. (548쪽 도표 15 '아프리카 속 중국' 참조)

아시아 대륙을 관통하는 철길과 파이프라인, 도로와 항구 그리고 발전소를 짓는 데에 중국이 투자한 돈은 제2차 세계대전 이후 미국이 '마셜 플랜Marshall Plan'이라는 이름으로 경기부양에 쏟아부은 돈보다 훨씬 많다. 중국이 아시아 대륙에 쏟아부은 막대한 돈은 부채의 올가미가 되었고, 이를 통해 중국은 절대 권력을 공고히 하게 될 것이다.[181] 처음에는 원하는 모두가 수월하게 대출을 받았고, 중국의 경쟁국인 인도와 국경을 접하고 있어서 베이징 정치인들이 각별하게 생각하는 파키스탄 역시 아주 많은 부채를 짊어지게 됐다. 그 나라가 도로와 대형 항구를 짓느라 들어간 돈을 갚지 못해 곤란해할 수록 그들의 의존도는 높아질 것이다. IMF가 아닌 중국에 대한 의존도가.

중국의 영향력이 실크로드 동편의 방글라데시까지 뻗어 나가자 인도는 사방이 포위된 듯한 형국이 됐다. 중국은 방글라데시가 서서히 침몰하는 낙원이라는 점보다는 인도와 국경을 맞대고 있다는 점을 더 중요하게 생각했다. 멀리 서쪽으로 아프리카 대륙의 뿔에 위치한 지부티에는 중국의 주도하에 대륙 최대 자유무역지구가 설립됐다. 그리고 아시아 이외의 지역으로는 최초로 중국의 군사기지도 세워졌다. 중국식 화법에 따르자면, 이른바 '해양 실크로드'에 포함되는 이 모든 프로젝트는 '파트너십', '우호관계 강화' 그리고 '조화'의 일환이다. 조지 오웰이 《1984》에서 말한 새로운 언어체계 '신어newspeech'의 중국어판이다.

베이징 주재 유럽연합 28개국 대사 중 스물일곱 명은 실크로드 계획이 "무역 자유화에 대한 유럽연합의 아젠다에 부합되지 않고, 보조금을 받는 중국 기업에 유리하게 힘의 균형을 조정했다."라며 이례적으로 분명한 어조의 공동성명을 발표했다.[182] 헝가리 대사만 서명하지 않았는데, 이는 이미 유럽연합 회원국의 정치에까지 미친 중국의 광범위한 영향력을 나타내는 명백한 증거이다. 2012년부터 중국의 지정학자들은 알바니아와 에스토니아를 비롯한 동유럽 국가들과 협력하기 위한 플랫폼 '16＋1'을 마련했다.[183] 그중에서도 헝가리는 유럽의 한복판에서 중국 정찰대로서의 역할을 늘려가고 있다. 빅토르 오르반 정부가 입으로는 신민족주의를 외치면서 실제 행태는 그와 상반되는 모습을 보이고 있는데도 유권자들은 아직 등을 돌리지 않았다. 2018년 총선에서도 여당이 압승하면서 오르반 총리는 4선에 성공했다. 이렇게 된 것은 대부분의 언론이 친정부 성향인 까닭에 유권자가 제대로 된 정보를 얻을 곳이 없기 때문이다. "서구 산업화 국가들로부터 인권과 시장경제에 대한 가르침을 받지 않으려는 나라들이 적지 않다." 이 말을 한 사람은 중국의 최고 정치 지도자가 아니라 2017년 5월 그곳을 방문한 오르반이었다.

그로부터 몇 달 후, 유럽연합의 국가와 정부 수장들의 협의회인 유럽이사회European Council는 유럽연합 내 중국 투자에 대한 제한 강도를 높여야만 한다는 취지로 공동선언문을 발표하려다 수위를 조정했다. 대규모 부채 위기 이후 소리 소문 없이 중국 투자자들의 도움을 받아들인 체코와, 2016년 이래 피레스항을 중국계 선박회사 씨스코Cisco의 선박들로 가득 채우게 된 그리스가 노골적으로 반발했기 때문이다. 심지어 그리스 정부는 중국 권력자들이 국제 무대에서 인권 문제로 공격받으면 알아서 방어벽을 쳐주기도 했다.[184]

그리스에서 북쪽으로 올라가면 발칸반도의 가난한 나라 몬테네그로가 실크로드와 맞닿아 있다. 몬테네그로는 유럽연합 가입을 위한 협상을 진행 중인데 이를 누구보다 환영한 나라는 오스트리아이다. 특히 오스트리아 북서부의 빈은 극동에서 출발한 넓은 철길이 서유럽의 좁은 철길과 만나서 짐을 옮겨 싣는 중간지점 역할을 맡기 위해 노력 중이다. 그들은 중국의 돈 많은 관광객들이 21세기의 세계적 도시에서 출발하는 최고급 열차를 타고 20세기의 세계적 도시 중 하나였던 곳으로 여행을 떠나올 날을 기대한다. 베이징 오페라하우스에서 출발한 열차는 중국인들이 특별히 사랑하는 볼프강 아마데

우스 모차르트Wolfgang Amadeus Mozart의 작품이 연주되는 빈 국립오페라 하우스에 도착할 것이다. 오스트리아인들이 그려볼 수 있는 미래 중 그보다 더 돈벌이가 짭짤한 미래는 없을 것이다. 이제 빈을 비롯해 뮌헨, 잘츠부르크, 하이델베르크와 같은 곳들이 휴식을 원하는 중국인들에게 제2의 알프스와 같은 관광지가 될 것이다.

베이징에서 부다페스트나 빈으로 가는 길목에는 이란의 수도 테헤란도 있다. 트럼프가 이란에 대한 제재를 예고한 이후부터 중국의 지도부는 무역상대국으로서 이란의 신뢰를 얻기 위해 적극적으로 덤벼들었다. 호주 로위연구소Lowy Institut가 2018년 발표한 '아시아 파워 지수API'에서 중국은 처음으로 외교 부문과 경제 부문 정상에 등극했다.[185] 일차원적인 '미국 우선주의'가 현실에서는 '중국 우선주의'를 가속화시킨 것이다. 결과적으로 모든 면에서 그러했다.

시진핑은 겉으로 으스대는 법이 없다. 하지만 독일과 오스트리아에서 방문객들이 몰려오는 상황은 흔쾌히 즐길 게 분명하다. 워싱턴이 관세로 위협하는 가운데 베이징에서도 '중국 경내에서 수집한 정보는 중국 내 서버에 저장해야 한다.'라는 법을 새로이 제정하면서 독일 기업들이 궁지로 몰렸다. 그러자 2018년 5월 앙겔라 메르켈과 그녀의 경제사절단은 마치 민원인들처럼 몰려가 중국 수도의 레드카펫을 밟았다. 그로부터 불과 한 달 전 빈에서는 알렉산더 판 데어 벨렌Alexander Van der Bellen 오스트리아 대통령이 제바스티안 쿠르츠Sebastian Kurz 총리를 비롯한 네 명의 다른 장관들을 대동하고 베이징을 방문했다. 오스트리아 최대 일간지이자 압도적 영향력을 가진 대중지인 〈크로넨차이퉁Kronenzeitung〉은 이 '전무후무한 규모의 해외 방문'

을 대서특필했다. 이 기사의 제목은 "오스트리아는 어떻게 거대한 중국을 정복하려 하는가."였다.[186] 농담이 아니다. 이런 식의 헤드라인은, 비록 어느 정도 반어적 의미를 띤다 하더라도, 수많은 일반 독자들로 하여금 현실에 대한 왜곡된 인식을 갖도록 부추긴다.

이스라엘 군대에서 복역한 후 30년간 뮌헨의 독일 국방대학에서 재직한 역사학자 미하엘 볼프존Michael Wolfsohn은 중국에 대한 그러한 반응을 '자업자득의 바보짓'이라고 비꼬았다. "보통 사람들은 경쟁자에게 자신의 노하우를 공개하지 않기" 때문이다.[187] 많은 기업 임원들은 자기 자신은 물론 주주에게 돌아가는 식탁을 넉넉하게 차리는 것을 기본전제로 여긴다. 다임러는 전 세계에서 벌어들이는 영업이익의 50퍼센트 이상을 중국에서 거둬들이고 있다. 다임러 내부에서 회사가 중국의 일방적인 요구를 받아들인다는 비판이 일자 한 고위급 임원은 이렇게 말했다. "다임러의 노조 대표들도 중국에서 거둬들이는 영업이익이 종업원들의 상여금으로 돌아갔다는 점을 알고 있다." 다임러 이사회는 결국 중국 전역의 생산시설에서 스파이 노릇을 톡톡히 할 '사이버보안법'을 무심히 받아들였다.

2016년 말 중국의 메이디그룹Midea Group이 거센 논란 속에서 아우스부르크 소재의 로봇제조사 쿠카Kuka를 인수했는데, 지멘스 회장 조 케저Joe Kaeser 역시 쿠카를 인수하는 데에 관심을 보였다가 포기했다. 독일 경제지 〈주간경제Wirtschaftswoche〉는 금융위기를 설명하는 한 기사에서 "그것이 지멘스의 중국 사업에 득이 되지 않을 것이란 눈짓 한 번에 독일인들은 고개를 끄덕이며 물러났다."라고 썼다. [188]

2010년부터 중국의 GDP는 세계 2위 자리를 지키고 있으며, 세계 경제성장률에서 차지하는 비중도 수년간 30퍼센트 이상을 유지했다.[189] 미국의 중앙은행인 연방준비제도FED의 전문가들 사이에서는 기술 발전 측면에서 중국이 미국보다 더 혁신적일 수 있다는 말까지 나오고 있다.[190]

새로운 세계 강대국이 된 공산주의 국가의 지도자들은 경제적 영향권을 넓혀가는 것과 더불어 지정학적 경계 안팎에서 사상을 통제하는 문제에도 적잖은 노력을 기울인다. 중국 전문가인 닉 프리슈Nick Frisch가 〈뉴욕타임스The New York Times〉를 통해 평가한 바에 따르면, 페이스북 임원들과 할리우드 영화제작자들은 어느새 "자기검열은 사업에 유익하다."라는 원칙을 받아들이는 중이라고 한다.[191] 그는 "요즘이라면 1997년 개봉한 〈티벳에서의 7년The Seven Years in Tibet〉과 같은 영화는 결코 나오지 못했을 것"이라고 말했다.

할리우드에서 영화를 제작하려면 워낙 여러 가지를 신경 써야 하지만, 특히 시나리오 작가들은 오래전부터 중국 시장을 각별히 염두에 둬야 한다는 요구를 받아왔다. 이는 세계적으로 성공한 재난영화 〈2012〉를 제작한 하랄드 클로저Harald Kloser도 강조한 사실이다.[192] 앞으로는 중국에서 인정받지 못한 영화는 다른 국가에서도 대규모로 개봉하기 어려워질 것이다.

중국 공산당 중앙위원회는 오래전부터 당에 가입하지 않은 주요 인물과 조직을 관리해 왔는데, 시진핑은 이 '감시' 권한을 중국 이외의 지역에 살고 있는 5,000만 중국인들에게까지 확대했다. 대부분 유학생과 기업인들인데, 1979년 이후 본토를 떠난 모든 개인이 여기에 포함된다.[193] 공산당은 그들 가운데 가능한 한 많은 사람에게 중국 역사와 정치, 사회에 대한 당의 입장을 설득시키려고 한다. 예전에는 주로 미국 대학을 배경으로 그런 일이 이루어졌는데, 지금은 런던정치경제대학이나 케임브리지대학과 같은 영국의 유수한 대학에서조차 중국 사람들은 공산당의 입장에서 보기에 '그릇된' 견해, 특히 중국을 비방하는 국제적으로 유명한 교수들에 맞서야 한다는 요구를 받고 있다.[194]

그 영향은 일개 호텔 직원에게까지 미친다. 2018년 초에 미국 메리어트호텔Marriott Hotel 계열의 한 직원이 티베트의 독립을 지지하는 메시지를 트위터에 남겼다가 해고됐다. 중국에서는 트위터 접속이 불가능한데도 말이다. 중국의 검열 당국은 본보기로 일주일간 중국에서 중국을 포함한 전 세계 메리어트호텔을 예약할 수 있는 모든 경로를 차단했다.[195]

냉전시대에는 미국과 그의 동맹들이 공산주의자들을 사냥했다. 지금은 역으로 중국이 반공주의자들을 추격한다. 세계 사회에도 새로운 질서가 세워졌다. '특정 사안에 대한 중국의 시각'을 공식적으로 대변하는 충성당원이 박수를 받는다. 인권도 그 사안 가운데 하나다.

왕이 외교부장은 2018년 2월에 출간된《중국 인권의 새로운 성과들(2012-2017)中國人權新成就(2012-2017)》이라는 책의 서문에 "중국은 여러 인권 조약을 실천하는 본보기로 꾸준한 인정을 받고 있다."라고 썼다.[196] 이것이야말로 거짓말이자 사실 호도이자 '손바닥으로 하늘 가리기' 아닌가? 그렇지만도 않다. 왕이 외교부장은 해당 글에서 경제적·사회적 및 문화적 권리에 관한 국제규약ICESCR을 비롯해 유엔아동권리협약UNCRC, 유엔장애인권리협약UNCRPD, 여성차별철폐협약CEDAW 등 구체적인 사례를 그 증거로 제시했기 때문이다.

그렇다. 중국의 통치자들이 정의하는 인권의 스펙트럼에서 보자면 거짓말이 아니다. 하지만 그 스펙트럼에는 고문 금지와 의사표현의 자유 그리고 누구나 그것을 주장할 수 있는 권리를 규정한 1948년의 '세계인권선언UDHR'의 내용은 포함되어 있지 않다.

중국에서 국가적으로 중요한 결정이 내려지는 베이징 인민대회당은 미적 감각이라고는 찾아볼 수 없는 거대한 건물이다. 2008년 이 건물의 상하이홀에서는 중국 내 개인 인권 현황이 광범위하고 구체적으로 토론됐다. 인민대회 선출직 대표들은 과한 열의를 보이며 이 토론에 참여했지만, 8월 들어 베이징 하계올림픽이 시작되자 이 사안에 대한 관심이 급격하게 줄어들었다. 그리고 2010년 전국인민대표대회에서 인권은 '조화로운 사회'라는 주제의 곁가지 중 하나로 의사일정에 포함되는 데 그쳤다. 2012년 인민대회의 새로운 공동의장은 단호한 어조로 인권에 관한 발언 신청은 일반적인 사안에 한정하겠다고 말했다. 2013년에는 마침내 인권에 관한 토론 시간이 아예 사라졌다. 조직화된 저항을 해보려던 유럽연합 동료들의 시도는 실패로 돌아갔는데, 이 역시 예상했던 대로였다.

다른 수많은 분야에 관한 토론도 이런 식이었다. 무역 문제도 예외가 아니었다. 러시아의 전제군주는 최소한 단호하게라도 전략을 밀어붙이고, 미국에서 권력을 거머쥔 정치인들은 위협적으로 이리저리 들쑤시기라도 하는 반면, 유럽연합의 대표들은 오색의 털실뭉치 같았다. 유럽연합은 이런저런 정치공학을 동원해 다양한 시도를 하지만 어느 하나 제대로 힘을 발휘하지 못하고 있다.

2018년 봄 어느 인터뷰에서 중국 전문가인 케빈 러드Kevin Rudd 전 호주 총리는 "1990년대 말에만 해도 이러다 큰 게임에서 지는 게 아니냐는 논쟁이 공산당 내부에서 은밀하고 격렬하게 일어났다."라고 폭로했다. 러드에 따르면, 당시 제기된 질문은 다음과 같았다. "우리는 프랜시스 후쿠야마Francis Fukuyama가 예언한 역사의 종말에 다다른 것인가? 언젠가 폭력적인 혁명과 맞닥뜨리기 전에 우리가 먼저 공산당에서 사회민주주의 정당으로 전환해야만 하는가?" 이에 대한 중국 지도부의 결론은 이러했다. "아니다, 우리는 우리만의 역사를 쓸 것이고, 우리 '역사의 종말'은 서구에 의해 정의되지 않을 것이다."

베이징의 권력자들은 소수만을 위한 번영, 누구도 원치 않는 민주주의, 모두가 바라는 민족주의가 광범위하게 확산되는 흐름에 대해서도 나름의 답안을 내놓았다. 그에 따라 중국은 아주 많은 사람들에게 엄청난 번영을 안겨주되 그 누구에게도 민주주의를 허락하지 않으며 국가가 모든 것을 지배하는 나라가 됐다.

수십 년 전부터 중국은 핵심 분야에서 가장 큰 발전을 이뤄낸 나라다. 중국 정부는 경제를 성장시키고, 신기술을 발전시키고, 강대국의 힘을 키우고, 시민들에 대한 완벽한 감시를 실행하는 데에 세계 그 어떤 나라보다 뛰어난 능력을 보여줬다. 그리고 자발적으로든 강제적으로든 점점 더 많은 사람들을 그들의 노선으로 끌어들였다.

당연히 이 거대 제국에도 심각하게 뒷걸음칠 날이 올 수 있다. 금융 붕괴가 가장 유력한 계기가 될 수 있고, 새로운 차원의 환경 재앙 가능성도 무시할 수 없다. 하지만 예측 가능한 시간 안에 억압받던 사람들과 부자유한 사람들이 어떤 정치적 혁명을 도모할 가능성은 매우 희박해 보인다.

유럽연합으로 묶여 있긴 하지만 실제로는 그다지 연합하지 못하고 있는 국가들은 '중국 딜레마'에 빠졌다. 중국이 실패하면 전 세계적으로 심각한 경제적 파장과 정치적 변화가 일어날 것이다. 중국이 최대 무역상대국인 독일은 어마어마한 타격을 입을 것이며, 세계 증시가 폭락할 것이다. 그렇다고 베이징의 자본주의적 감시공산주의자들이 그들의 세계 전략과 일 처리 방식을 정착시키는 데 완벽하게 성공하기를 바랄 수도 없다. 그렇게 되면 자유민주주의는 유럽 전역에서 그 누구도 미처 예상할 수 없었던 심각한 타격을 입을 것이다.

어찌 됐든 중국이라는 새로운 세계 권력은 잠재력을 마음껏 발휘할 것이다. 서구사회가 정치·경제적 이유로 보이콧하더라도 중국은 혼자서도 계속 성장할 수 있을 것이다. 게다가 중국을 제재하는 데 동참할 수 있는 나라는 많지 않을 것이다. 14억 인구는 이미 그 자체로도 거대한 시장을 형성하고 있다. 티베트는 군사·경제적으로 베이징의 수하에 있으며, 중국에 의해 '변절한 지방'으로 평가돼 국제적으로 고립된 대만도 정치전략상 통제를 받고 있다. 2018년 3월 시진핑은 "우리 땅의 단 1센티미터도 중국에서 빠져나갈 수 없을 것"이라고 강조했다.[197] 그럴 엄두를 내는 자에게는 "역사에 기록될 만한 형벌"이 기다리고 있을 것이라고 했다. 정권 초기에는 대만을 치켜세우며 추파를 던졌던 도널드 트럼프마저도 이 메시지를 받아들였다. 이제는 그 누구도 '하나의 중국'이라는 원칙에 의문을 품지 않는다.

시진핑은 "중국이 강대국으로 재부상하겠다는 '차이나드림'을 가로막을 수 있는 사람은 없다."라고 말했다. 그는 "우리에게는 세계에서 우리에게 합당한 자리를 차지할 만한 강한 능력이 있다."라며, 중국은 그가 통치하는 새 시대를 맞아 전력을 세계 수준으로 현대화하는 일에 속도를 낼 것이라고 했다. 그리고 "우리는 우리의 적에 맞서 혈전을 치르기로 결심했다."라고 밝혔다.[198]

이 발언들이 가리키는 것은 결국 하나의 새로운 미래상이다. 바로 세계를 하나의 중국으로 만들겠다는 구상이다. 외교적으로 좀 더 온건하게 표현하자면, 전 세계가 중화인민공화국이 된다는 뜻이다.

제 3 장

경제적 세계화로
우리가 잃어버린 것들

제2차 세계대전이 끝나고 전쟁터는 결코 깨끗이 치워지지 않았지만

우리는 거기서 부러진 뼈를 수습할 수 있었어.

우리는 자유로워질 수 있었지만 풍요를 좇아가는 쪽을 택했지.

우리는 아메리칸드림을 택했지. 오, 사랑했던 자유여,

우리가 얼마나 매몰차게 당신을 버렸던가.

- 로저 워터스Roger Waters의 2017년 앨범
〈이것이 우리가 정말 원했던 삶인가〉에 수록된 '부러진 뼈' 중에서

GAME OVER

제1차 세계대전 이전과 이후에 자본주의를 구원한 것은 사회민주주의였다. 초기 기독교와 공산주의의 이상은 결코 실현되지 않았다. 제2차 세계대전 이후에도 성공한 뉴딜 정책과 사회주의 시장경제는 스탈린주의, 소련과 위성국가들의 진짜 사회주의로부터 서구를 지켜냈다. 1961년까지 많은 분야에서 공산주의 권력자들은 체제 경쟁에 뒤지지 않았고, 최초로 우주에 사람을 보낸 것도 그들이었다. 하지만 서구에서는 사회적으로 잘 길들여진 자본주의가 승리를 거뒀고 스웨덴과 덴마크가 그 놀라운 모델이 됐다.

당시에는 덩샤오핑鄧小平이 족쇄를 풀고 뛰어오르리라고는 예상치 못했다. 1978년 그는 중국 농부들을 향해 "번성하라!"고 외쳤다. 제2차 세계대전 이후 경제 문제를 해결하고 국제통화질서를 안정시키기 위해 발족했던 브레튼우즈체제Bretton-Woods Stystem가 1973년 효력을 다해 폐기되자, 신자유주의가 로널드 레이건 미국 대통령과 함께 문제를 해결할 새로운 원칙으로 등극했다. 하지만 1992년 정치경제학자 프랜시스 후쿠야마가 주창한 '역사의 종말', 즉 시장경제와 민주주의가 다른 모든 국가체제와 경제체제를 물리치고 끝내 성공할 것이라는 전망은 완전히 빗나갔다.

2017년 세계적으로 유명한 경제학자들과 정치학자들은 현실이 직면한 거대한 질문에 답하기 위해 한자리에 모였다. 그 질문은 바로 '세계화에 대한 반발을 어떻게 해결할 것인가.'였다. 회의장도 상징성이 넘치는 곳으로 정해졌다. 그들이 미리 선정한 관중들을 모시고 회의를 시작한 곳은 취리히에서 가장 큰 클럽인 '카우프로이텐Kaufleuten' 건물의 회의실이었다. 상인연합회의 본거지였던 유서 깊은 이 건물은 세계 금융의 중심 도시인 스위스 취리히의 '심장부'에 위치해 있다.[199] 그 자리에서 하버드대학 교수 대니 로드릭Dani Rodrik은 자신의 유명한 학설인 '로드릭 트릴레마rodrik-trilemma', 즉 경제적 세계화와 국가의 주권, 민주주의는 동시에 달성할 수 없다는 이론을 설명했다. 이 세 가지 요소 중 동시에 가능한 것은 두 가지뿐이다. 가령 세계화를 추구하는 사람은 민족국가나 민주주의를 포기해야만 한다. 민주주의를 고수하는 사람은 민족국가와 세계 경제의 융화 중 하나를 골라야 한다. 그리고 민족국가를 지키려면 심화된 민족주의, 혹은 강화된 세계화 중 한 가지를 선택해야 한다.

이 트릴레마를 유럽연합에 대입하면 유럽연합 내수시장과 민족국가 그리고 각 국가의 의회가 팽팽하게 대립하는 양상을 보인다. 영국은 유럽연합 내수시장을 포기하기로 결정했고, 폴란드와 헝가리, 체코에서는 민주주의가 후퇴했다. 유럽경제통화동맹EMU의 각 국가들은 저마다의 독립성을 포기할 때 유로화가 제대로 기능할 수 있다는 점을 알게 됐지만, 대부분의 회원국들은 독립성을 내려놓지 않으려 격렬히 저항한다. 그 사이 공동통화의 위기는 정치적 연합의 결여 문제로 이해되기보다는 도덕적 문제로 변질됐다. 성실하고 절약정신이 강한 독일인들은 자기들만큼 성실하지도 절약정신이 강하지도 않은 남쪽 사람들과 대립했다. 신민족주의 시대가 도래하자 민족국가의 독립성을 포기해서는 안 된다고 확신하는 유권자들이 점점 늘어났다. 유럽연합은 이제 민주주의와 세계화 중 하나를 선택해야 하는 갈림길에 서 있다. 이 와중에 금융시장, 노동환경, 세금과 자유무역에 이르는 모든 상황이 극단으로 치닫고 있다.

세계 금융에 대형 화재를 일으킬 불씨들

—

2008년 9월 15일, 미국 은행 리먼브라더스Lehman Brothers가 파산한 지 10년이 흘렀다. 그리고 뉴욕에는 월스트리트의 다우존스지수Dow Jones Index를 전날 대비 22.6퍼센트 하락시킨 1929년 10월 24일의 '검은 목요일'과 비견되는 또 다른 대형 금융위기가 싹을 틔우기에 충분한 토양이 마련됐다.

2017년 겨울부터 모든 주요 금융기관에 위기를 알리는 경고장이 쌓이고 있다. 그저 의례적인 경고로만 보기에는 상황이 지나치게 심각하다. 그것은 마치 노인들에게 날아오는 동년배의 부고처럼 차곡차곡 늘어났다. 전문가들은 이러한 흐름이 얼마나 고약한 것인지를 잘 알았다. 전 세계 시장과 금융상품이 너무 밀접하게 연결돼 있으면 예기치 못한 사소한 사건 하나만으로도 지구 전체에 충격이 가해질 수 있다. 작은 불꽃 하나만 스쳐도 대형 화재로 번질 것이다. 숲 어디에 불이 붙었는지는 중요하지 않다. 부주의하게 버린 담뱃재로 인한 것인지, 덜 꺼진 성냥개비에서 시작된 불인지 혹은 의도적인 방화에 의한 것인지는 그저 부차적인 문제일 뿐이다. 중요한 것은 바람이 불면 화염이 걷잡을 수 없이 퍼져나갈 것이라는 점이다.

리먼브라더스는 파산 몇 해 전부터 무분별한 환투기로 구설에 올랐다. 예를 들면, 비전문가로부터 받은 짧은 정보 하나가 중개인에게 넘어가면 임원 둘이서 간단하게 평가한 뒤 브라질 부동산 건에 수백만 달러를 거는 식이었다.[200]

국제결제은행BIS 통화경제국장 클라우디오 보리오Claudio Borio도 이에 대해 경고한 바 있다. 국제결제은행은 '중앙은행의 중앙은행'으로 불리며 수많은 국가와 금융기관의 통화보유고를 관리하는 역할을 한다. 그러나 바로 직전 주식시장 붕괴 때도 '경기호황'이라는 점 때문에 심각한 경고가 깡그리 무시됐던 것처럼, '긴축의 역설'을 주장한 보리오의 2017년 연말보고서도 아무런 주목을 받지 못했다.[201] 그는 보고서에 중앙은행의 이자율 인상으로 돈의 가치가 올라가기는 했지만 그래도 여전히 주가는 계속 상승하고 채권수익률은 낮은 수준에서 유지되고 있다고 썼다. 그 결과 미국 연방준비은행FRB이 거듭 기준금리를 인상하는데도 '금융환경지수NFCI'는 미국 재정 환경이 지난 24년 이래 가장 완화된 상태임을 가리키고 있었다.[202] 이로써 점점 더 위험한 대출이 증가하고 빌려준 돈을 다시 받지 못할 가능성 또한 높아졌다. 2018년 여름까지도 미국 증시는 10년째 고공행진을 기록했다.

2018년 여름의 상황은 여러모로 '닷컴dotcom' 거품이 꺼지기 직전이던 2000년을, 혹은 은행이 연쇄도산하고 세계적 불황이 촉발된 금융위기 직전인 2007년의 논쟁을 상기시킨다. 금융경제학자들이 현재 진행 중인 상황을 설명하지 못하기는 그때나 지금이나 마찬가지이다. 현 상황을 설명하기에 적합한 자료들은 더 이상 교과서에서 찾을 수 없다.

무엇보다 유럽연합 내에서 지난 10년을 통산해 내린 결론은 더욱 심각하다. 《통제상실Kontrollverlust》과 《도주-국가는 어떻게 통제력을 잃었는가Flucht - Wie der Staat die Kontrol verlor》는 독일과 오스트리아에서 베스트셀러에 올랐다. 이 책들은 2015년 늦여름부터 시작된 '난민 유입'을 주제로 삼았다. 하지만 제목만 보자면 2007년 이후 금융시장과 은행을 통제하는 데에 실패한 정치권을 설명하는 데도 안성맞춤이다.

시행 중인 규제들은 다가올 대재앙에 맞설 충분한 바람막이가 되지 못한다. 대형 금융회사와 은행의 로비스트들은 암암리에 방해 공작을 벌였다. 역외 회사들의 거래, 그림자금융, 높은 리스크를 안고 있는 헤지펀드와 같이 국민경제에 막대한 비용 부담을 안겨주는 금융 사건들보다 오히려 유럽으로 유입되는 난민들에 대한 제한이 훨씬 강도 높게 이뤄지고 있다.[203]

2017년 여름 이탈리아에서는 유럽연합의 새로운 은행청산 규정이 회생능력 없는 은행들에 얼마나 무의미한지가 여실히 증명됐다.

결정권을 쥔 정치인들은 채권자들 편에 서서 국가를 다시금 끌어들였다. 불이행된 채무가 늘어날 때 충격을 흡수하기 위해 정해진 자기자본비율은 고작 자산총액의 3퍼센트로 심각한 상황을 무마하기에는 턱없이 부족했다.[204]

전 세계에서 매일같이 50억 달러가량의 돈이 몇몇 '선수들'에 의해 끊임없이 환전된다. 통계적으로 봤을 때 지구상에서 실제 물건이 거래되는 시간은 1년에 4일뿐이다. 나머지 361일 동안에는 투기성 자금이 소위 환율을 효율적으로 정한다는 명분 아래 이리저리 흘러다닌다. 은행이 소박한 자기자본으로 엄청난 위험을 감행할 수 있도록 설계한 파생상품에도 비슷한 원리가 적용된다.[205] 그 규모는 6,000억~7,000억 달러로 지구 전체의 총생산, 즉 한 해 동안 모든 대륙에서 생산되는 상품과 서비스의 가치를 모두 합친 것의 열 배가 넘는다.[206] 그러는 동안 금융경제는 점점 실물경제에서 멀어져갔다. 1980년 상품과 서비스의 생산·판매·소비 대비 금융경제의 비율은 2 대 1 수준으로 나타났다. 하지만 이제는 심하게 역전되어 그 비율이 1 대 3.5가 됐다.[207] 이 말은 곧 자본이 과잉으로 존재하며, 그로 인한 투기성 붐이 너무 쉽게 일어날 수 있다는 뜻이다.

의심스러운 금융상품들에는 특징이 있다. 새로운 공장과 사무실 혹은 새로운 기반시설을 짓는 것보다 훨씬 높은 '마법과 같은 수익률'을 약속한다는 점이다. 또한 약속이 지켜지지 않아도 아무도 책임지지 않으며 해고되는 사람도 거의 없다. "말들이 모여 무리를 이루면 아무리 위태로운 상황에서도 살길이 열린다."라는 의미의 대마불사(大馬不死, too big to fail) 원칙, 즉 "규모가 큰 실패는 구제된다."

라는 원칙이 여기에도 적용되는 것이다. 이러한 현실을 등에 업은 금융시장의 곡예사들은 정부를 자신들에게 유리한 방향으로 몰아갔고, 이를 보는 유권자들은 민주주의에 대해 강한 반감을 느낄 수밖에 없었다.

유럽중앙은행ECB 전임 총재인 장 클로드 트리셰Jean Claude Trichet는 2011년 유럽의회 경제통화위원회에서 "또 한 번 금융시장이 붕괴된다면 시민들이 용서하지 않을 것"이라고 말했다.[208] 하지만 미국과 유럽연합에서는 그 어떤 맹세도 무용지물이다. 다음 파산에 관한 프로그램이 이미 짜여 있으며, 그건 증시와 은행에 예상치 못한 결과를 가져올 것이다. 주식이나 연금계좌 혹은 생명보험에 돈을 넣어둔 사람이라면 그 누구도 이 상황과 무관하지가 않다. 그들이 이번에도 그 돈을 다 갚아달라고 요구한다면 납세자들도 가만히 있지만은 않을 것이다.

2018년 여름을 기준으로 '게임의 변수'가 될 만한 후보를 적어도 열두 가지는 꼽을 수 있다. 이 각각의 요소가 주식시장 붕괴를 일으킬 수 있으며 최악의 경우 전 세계 경제에 대형 화재로 번질 수 있다.

1. 경기

2018년 8월 기준 미국은 109개월째 경기확장을 기록했다.[209] 이와 관련한 최장기록은 120개월이다.• 독일 경제는 15년째 성장 중이다. 2008년 금융위기로 잠시 성장세가 꺾였을 뿐이다. 하지만 IMF

• 미국은 2019년 7월 121개월째 경기확장을 기록함으로써 165년 만에 기록을 다시 세웠다.

수석이코노미스트 모리스 옵스펠드Maurice Obstfeld는 2018년 워싱턴에서 열린 IMF 신년회의에서 "이제는 좋은 시절이 오래 유지되지 않을 것"이라고 경고했다.[210] OECD가 분석한 바에 따르면, 2018년 현재 서구의 모든 주요 경제가 경기과열 상태에 도달했다.[211]

2018년 4월 독일 산업계에서는 점점 늘어나던 주문량이 줄어들기 시작했고,[212] 경기가 전반적으로 악화됐다.[213] 결국 증시를 떠받치는 결정적 기반은 경기다. 2017년 말 이후로 전 세계에서 기업경기실사지수BSI와 구매관리자지수PMI가 뒷걸음치고 있다. 공식적으로는 계속 파티를 벌이는 듯 보이지만, 이미 통화공급량의 증가폭 감소, 이자율 상승, 원자재 가격 상승, 인플레이션 압박의 가중 등으로 재계 지도자들이 골머리를 앓고 있다.[214] 2018년 봄부터 점점 더 많은 전문 투자자들이 주가가, 특히 미국의 주가가 너무 높다고 경고했고, 적잖은 사람들이 주식 일부를 매각한 현금 뭉치를 집안 은밀한 곳에 보관 중이다.[215]

2. 금리 반등

중앙은행이 이른바 '기준금리'를 확실하게 인상한다면 경기후퇴가 전면화될 가능성이 크다. 이미 미국에서는 극단적이던 저금리 시대가 막을 내렸다. 인플레이션이 상승하면 이자율을 좀 더 빨리 높이라는 교과서적 압박이 중앙은행에 가해질 것이다. 하지만 유럽중앙은행은 궁지에 몰려 이러지도 저러지도 못하는 형편이다. 이미 시중에 풀린 막대한 자금이 여러 분야에서 투기성 거품을 떠받치고 있다. 그런데 이자율을 갑자기 올리면 이탈리아처럼 GDP의 131퍼센트에 해당하는 빚을 지고 있는 나라는 형편이 더 악화될 테고, 재정 상태가 건전치 못한 기업이나 은행도 마찬가지일 것이다. "갑작스러운 금리 인상은 은행권의 지급 능력을 위협할 수 있다. 그러면 채권과 유동성 자금, 부동산 가격의 급하락이 예상된다." 독일 최고의 경제전문가 중 한 명으로 꼽히는 이자벨 슈나벨Isabel Schnabel의 경고이다.[216] 유럽중앙은행의 책임자들은 세심하게 균형을 유지하기 위해 지난 몇 년간 매우 신중하게 행동했다. 주요 금융기관의 관계자들도 오랫동안 고심하며 이 문제의 심각성을 예의주시했다. 어쩌면 이 문제는 '예고된 혁명'처럼 될지 모른다. 알다시피 예고된 혁명은 종종 일어나지 않기도 한다.

3. 세계적 부채 증가

개발도상국의 부채 규모가 2008년 25조 달러에서 2018년 45조 달러로 증가했다. 2018년 2월 OECD 발표에 따르면, 이 증가치는 역사상 최고를 기록했다.[217] 2009년에서 2016년 사이 비미국계 비은행권 금융기관에 빌려준 달러 대출도 50퍼센트가량 증가한 10조 5,000억 달러였다. 그중 개발도상국이 빌린 액수는 3조 6,000억 달러로 2009년 초와 비교했을 때 두 배가 넘었다.[218] 지금 이 순간에도 미국 정부는 세제개혁과 확연히 증가한 군사예산을 비롯한 새로운 지출 프로그램을 뒷받침하느라 예전 그 어느 때보다 많은 돈을 쓰고 있다. 2017년만 해도 미국 정부가 발행한 채권의 규모가 1조 달러 선이었으나 2018년에는 1조 5,000억 달러였고, 2019년에는 2조 달러를 초과할 전망이다.[219] 보통 채권에 투자되는 돈의 절반 남짓은 해외에서 온다. 가장 많게는 중국과 일본이지만 그 외에도 영국 케이맨제도라는 '세금천국'에서도 자금이 흘러든다.[220] 하지만 이제는 누가 미국 채권을 어떤 조건으로 살 것인가? 스위스 투자은행인 롬바드 오디에Lombard Odier의 공동 출자자이자 경제사학 박사인 휴고 밴치거Hugo Bänziger는 "거품처럼 불어난 대출이 금융시장 안정성의 최대 위협"이라고 말하며 이렇게 묻는다. "빚이 우리를 계속 아래로 끌어당기는데 우리는 언제까지 절벽에 매달려 버틸 수 있을까?"[221]

4. 규제 완화

2018년 5월 미국 의회는 '도드프랭크법안Dodd-Frank Act'을 완화하는 결정을 내렸다. 이 법안은 금융위기 이후 은행의 줄도산을 막기 위해, 혹은 최소한 그 여파를 줄이기 위해 2010년 제정됐다. 그러나 법이 개정되면서 38개 주요 은행 중 25개 은행에 대한 규제가 전면적으로 완화됐다. 민주당 의원들도 개정에 찬성표를 던짐으로써 금융계의 입김에서 자유롭지 못하다는 사실을 증명했다. 그들은 법 개정이 소규모 협동조합은행에 도움이 될 수 있다는 궁색한 논리를 내세웠다.[222] 판도라의 상자는 다시 활짝 열렸다.

5. 기업부채

국가부채와 값싼 대출이 계속 늘어나는 틈을 타서 기업들, 특히 개발도상국의 기업들이 점점 더 많은 돈을 빌리고 있다. 2017년 통계에 따르면, 다국적기업의 37퍼센트가 과도한 부채를 짊어지고 있었다.[223] 그 반대급부로 은행들이 떠안은 리스크도 점점 높아지고 있다. 이들 은행의 대부분은 달러를 기축통화로 삼고 있다. 달러 가치가 올라가면 그들의 상황은 금세 곤란해질 것이며, 그건 채무자이든 채권자이든 마찬가지일 것이다.

6. 부동산 거품

세계적으로 주택대출은 은행 회계의 3분의 2를 차지한다. 주택과 토지의 가격이 폭락하면 대출을 상환하지 못할 위험도 높아진다. 부동산 가격이 눈에 띄게 떨어지는 즉시 많은 은행들이 생존을 두고 싸움을 벌여야 할 것이다.[224]

7. 비트코인 등 가상화폐

카드로 만든 집이 다 그렇듯이 가상화폐들은 분명 다 같이 무너질 것이다. 비트코인은 피라미드 게임처럼 돈을 더 내겠다는 사람이 계속 나타나야 유지될 수 있다. 미국의 투자자 워런 버핏은 비트코인을 "쥐약의 곱절만큼 치명적인 존재"라고 언급했다.[225] 명확한 가치가 정해지지 않았고, 규제받지 않는 시장에서 거래되며, 그 배경에는 허풍이 깔려 있다는 점에서 가상화폐는 거품의 전형이다. 이 화폐의 가치가 폭락하면 기존 화폐에도 타격을 미칠 것이다.

8. 새로운 미국의 개인부채

오랜 시간 과소평가된 개인부채의 위험 또한 주식시장에서 급격한 신용 상실로 이어질 수 있는 결정적 요소이다. 미국에서는 대학졸업자 4,400만 명이 학자금 대출을 갚고 있으며, 그 총액은 1조 3,000

억 달러에 달한다. 그중 원금상환이 지연되는 비율은 12퍼센트로,
2008년 금융위기의 단초가 된 주택담보대출의 지급불능비율보다
더 높다.[226] 마찬가지로 상환되지 않은 자동차 할부금은 1조 2,000억
달러에 이른다. 할부금을 갚지 못한 운전자의 수가 2010년보다 70
퍼센트 늘었고, 그 액수가 미국 전체 가계대출의 10퍼센트를 차지한
다. 이러한 사태의 이면에는 점점 더 위험한 대출을 부추기는 여러
겹의 복잡한 금융 시스템이 있다. 이는 10년 전 부동산시장 버블에
서 위험요소가 감춰져 있던 것과 놀라우리만치 유사하다.[227] 하지만
사고가 나면 에어백이 터지듯, 상환되지 않은 채 계속 불어나는 학자
금 대출과 자동차 할부금도 한 번에 크게 터져버릴 것이다.

9. 그림자금융

많은 은행들이 환율 변동이나 경기침체와 같은 외부 위기에 얼마
나 잘 대처할 수 있는지 평가하는 '스트레스 테스트'를 실시하고, 이
를 토대로 위기관리 능력을 강화한다는 명목으로 신용등급이 낮은
채권들을 소위 '그림자금융shadow banking system'●에 맡기거나 매각했다.
이 광활한 '규제 무풍' 지대에서 헤지펀드나 머니마켓펀드MMF 등의
투자신탁과 특수한 주식거래 등으로 거래되는 돈의 규모는 45조 달
러 이상이다. 그중 10퍼센트가 케이맨제도에서, 7퍼센트가 룩셈부
르크에서 흘러왔다.[228] 혹시 그곳이 위기에 처한다면 그 불길은 즉각

● 은행과 비슷한 기능을 하면서도 은행과 같은 엄격한 건전성 규제를 받지 않는 금융기관
과 그러한 금융기관들 사이의 거래, 금융상품 등을 이르는 말이다.

은행권 전체로 옮겨붙을 것이다.

10. 중국의 위험

2018년 2월 중국 정부는 대형 보험사인 안팡보험安邦保險을 규제관리 대상으로 지정했다. 그때까지 안팡보험은 뉴욕의 유서 깊은 호텔인 월도프 아스토리아Waldorf Astoria를 매입하고, 도이체방크의 최대 주주가 되는 등 전 세계 기업들을 공격적으로 쇼핑하던 중이었다. 위험성이 높은 단기투자 상품들이 금융 기반을 취약하게 만드는 상황을 두고 주식 전문가들은 '리먼브라더스의 데자뷔'라고 이름 붙였다.[229] 현재 많은 기업들이 너무 많은 부채를 안고 있다.[230] 중국의 '그림자금융'은 언제라도 대폭락을 일으킬 준비가 돼 있으며, 미국과 베이징의 무역갈등은 그 위험성을 가중시키고 있다.

11. 대규모 군사적 위기

2018년 여름 이후 군사적 위기를 일으킬 수 있는 가장 유력한 후보는 중동, 그중에서도 미국과 사우디 대 이란의 충돌이다. 또한 사이버 공간에서 고조된 갈등은 저렴하면서도 빠르고 광범위하게 그 영향력을 발휘할 것이다. (제9장 '다가오는 전쟁의 소용돌이' 참조)

12. 검은 백조의 위험

어떤 큰 위험은 우리가 눈치채거나 알아내기 어려운 어딘가에 감춰져 있을 수 있다. 지금까지 주식시장 붕괴를 일으킨 결정적 한 방은 대부분 그전까지는 거의 아무도 주목하지 않았던 사건들에서 비롯됐다. 네덜란드의 '튤립 파동'이나 미국의 '부실 주택담보대출'과 같은 위험들이 통제 가능할 것이라는 착각과 함께 보이지 않는 어디엔가 차곡차곡 쌓이는 중이다. 다음 타자는 누가 될 것인가? 석유 투자자들이 만들어놓은 '탄소연료의 거품'일까, 아니면 멕시코나 브라질의 '정권 교체'일까? 혹은 터키의 '화폐가치 급락'일까? 어떤 금융시장의 보이지 않는 위험요소가 그것들과 연관돼 있는가? 미국과의 무역갈등이 잦아지고 달러의 환율 대변동이 예상되는 가운데 그 단초가 무엇이든 개발도상국들은 점점 더 위기로 내몰릴 것이다.

그다음은? 다시 찾아올 붕괴는 2008년 경제금융위기와 별반 다르지 않을 것이다. 주원인은 '불평등'이다.[231] 그리고 유럽중앙은행의 정치는 그 불쏘시개가 될 것이다.

과도한 부채라는 덫에 걸린 유로존 국가들

—

프랑크푸르트의 금융계에서는 경이로운 사건들이 끊이지 않는다. 2018년 6월 한 은행의 고위간부가 레스토랑에서 단골메뉴를 기다리는 동안 주먹구구식 계산을 내놓았다. 그러면서 그는 마리오 드라기Mario Draghi 유럽중앙은행장이 "유럽중앙은행의 돈에 접근할 수 있는 모든 사람을 부자로 만들었다."라고 주장했다.[232] 그건 숫자 몇 개만으로 간단히 증명됐다. 유럽중앙은행에서 무이자로 돈을 빌려온 은행에서 터무니없이 싼 대출을 얻어 집을 산 사례 하나만으로도 충분했다.

10년 전 집을 저렴한 가격으로 구입했던 사람은 먼저 주택담보대출에 대한 이자를 4~5퍼센트 내야 했다. 그렇게 구입한 집을 세놓더라도 이자를 내고 나면 크게 남는 돈이 없었다. 하지만 10년 사이에 이자율이 1~2퍼센트로 떨어졌고, 동시에 집값과 월세는 올랐다. 그래서 빚을 많이 진 사람일수록 더 많은 수익을 거둘 수 있게 됐다. 아무 노력도 하지 않았는데 돈이 저절로 불어났다는 동화 같은 이야기가 유럽중앙은행의 돈에 접근할 수 있는 사람 모두에게 현실이 된 것이다.

하지만 2008년 금융위기의 여파로 강화된 대출 기준을 충족하지 못한 희생양들은 불운을 맞았다. 대출 필수요건인 20퍼센트 자기자본을 조달하지 못했거나, 너무 늦게 집을 사기로 마음먹은 탓에 이미 대출로 다 채울 수 없을 정도로 집값이 올라버린 소액대출자들도 운이 좋지 않았다. 유럽 대륙에 사는 수백만 명의 청년들이 여기에 해당한다. 그들은 단지 몇 년 늦게 태어난 탓에 '거지 같은 상황'을 맞이했다.

프랑크푸르트에서 저녁식사를 하던 유럽 은행의 임원 중 한 명이 이렇게 말했다. "지금까지 일어난 모든 일은 이성적으로 설명할 수 있었다. 하지만 여태껏 이런 적은 없었다." 중앙은행에서 시장이 잠길 정도로 많은 돈을 흘려보내고 거의 2조 유로를 국채와 회사채 매입에 투자했다면, 대출을 가로막았던 장애물들이 치워지고 투자가 수월해지고 경제 성장은 촉진돼야 마땅했다. 하지만 비장의 카드로 쓴 수조 유로가 몇 년 동안 공식 물가상승률에 아무런 영향도 미치지 못할 줄은 아무도 몰랐다. 사용 가능한 돈의 양이 늘어나면 상품 가격과 물가가 상승한다는 것은 전통적인 금융 정책의 기본 중 기본이다.

하지만 지난 10년간 유로존에서는 이 기본에 위배되는 일들이 일어났다. 소비재가 아닌 '자산'의 가격에만 명백한 인플레이션이 일어났음이 확인됐다. 부동산과 사치품을 사려는 사람들도 늘었고 재판매도 원활하게 이뤄졌다. 가격상승률이 가장 높았던 것은 '클래식카'로 이전보다 360퍼센트가 뛰었다. 소량 생산하는 희귀 와인의 가격도 230퍼센트 올랐다.[233] 그러나 이 세계의 문을 열 수 있는 사람들은 이미 그 세계에 들어가 있었다. 유럽중앙은행의 드라기가 부자로 만든 사람들은 모두 이미 부자였던 사람들이었다. 극도로 반사회적인 현상이다.

반면 유로존의 국민경제에는 전혀 다른 양상이 나타났다. 이탈리아 정부는 2002년 유로화 도입 직전에 있었던 몇 년간의 기회를 활용하지 못했다. 이탈리아가 유럽통화제도에 닻을 내리려 하자 인플레이션이 바닥을 쳤고, 국채에 대한 차입비용이 GDP의 12퍼센트에서 5퍼센트로 떨어졌다.[234] 그러니 그 이후에 따라온 불운에 전폭적으로 책임져야 할 자들은 1990년대 정치 지도자들이다. 이탈리아는 앞으로 어떻게 될까?

유엔무역개발협의회UNCTAD의 수석경제연구원과 독일 재무부 차관을 역임한 하이너 플라스벡Heiner Flassbeck과 같은 경제학자들은 이탈리아의 국가부채가 GDP의 132퍼센트라는 점을 이유로 국채에 대한 '지급의무' 조정을 지지하고 나섰다. 새로 빚을 내주어 성장을 자극해야 한다는 주장이다. 하지만 그들은 이탈리아 정부의 비효율성 그리고 기업들이 투자에 소극적이라는 점을 계산에 넣지 않았다.

다른 한편에서는 신민족주의자들이 이탈리아의 유로존 탈퇴를 염려하고 있다. 그렇게 되면 이탈리아 국채 수십억 유로를 보유 중인 독일과 프랑스 은행들마저 조롱거리가 될 것이다. 그리고 그 시나리오가 현실적이라고 주장한 사람들은 자신이 재융자를 얻을 때 치솟을 이자율까지 감수해야 한다. 이탈리아의 민족주의자들 역시 제도에 갇힌 죄수이긴 마찬가지이다. 그들이 국가부채를 문제 삼으면 금융시장은 그들을 문제 삼을 것이다. 새로운 사회프로그램의 재원을 조달하기 위해 빚을 새로 내면 그들이 갚아야 할 돈도 그만큼 늘어난다.

이 모든 것이 경제와 통화에 대한 핵심적인 질문, 즉 "신뢰가 있는가?"라는 질문으로 연결된다. 언제 어떤 식으로 상환될 것이라는 확신이 있는 한 부채는 계속 늘어날 수 있다. 유로의 미래도 이러한 '신뢰'에 달려 있다. 유로가 도산하지 않고 얼마나 오래 더 갈 수 있을까? 아마 유로에 대한 신뢰가 있는 만큼 오래일 것이다. 이런 측면에서 보면 지금까지 '유로 체계'가 기능할 수 있었던 것은 과거 통화 붕괴에 대한 집단적 기억이 사라진 덕분일지도 모른다. 지금까지의 역사가 가르쳐준 바대로 하자면 이미 한참 전에 통화 개혁이 이뤄져야 했다.

몇몇 경제학자와 금융인들은 통화개혁의 타이밍이 분명히 올 것이라 예상한다. 하룻밤 새에 현금과 통장잔고, 각종 청구서에 적힌 금액과 부채까지 포함한 모든 돈이 새로운 단위로 전환되는 확실한 시점이 올 것이라고 말이다.

그렇다면 신뢰는 어디에서 비롯되는가, 혹은 신뢰는 누구에게 달려 있는가? 지난 10년간 유로존의 정치인들은 유럽중앙은행보다는 은행, 블랙록과 같은 국제 투자자들, 여타 투자펀드와 같은 채권자들에 의해 좌지우지되는 경향이 강해졌다. 채무가 1퍼센트 증가할 때마다 의존도도 그만큼 증가했다. 유럽 은행권의 한 고위급 임원은 "나는 투자자들의 수중에 놀아나지 않을 수 있다면 무엇이든 했을 것"이라며 자신의 경험을 다음 한마디로 정리했다. "당신이 신뢰에 의존하게 되면 불신에 취약해진다." 현재 유로존 국가들은 과도한 부채라는 덫에 걸렸다. "유럽에는 본질적 문제가 아닌 신뢰의 문제가 제기될 것이다. 믿는 사람이 더 이상 아무도 없을 때 유럽은 사망선고를 받게 될 것이다."

그렇게 지난 수십 년간 유럽연합을 이끌어온 정치인들은 역사적으로 유례없을 만큼 많은 부채를 자초했다. 이것은 그야말로 난센스이다. 유럽중앙은행은 2008년부터 시작된 금융위기가 대규모 붕괴로 이어지지 않도록 하는 데에 결정적 기여를 했다. 하지만 이어진 경기에서 가장 큰 승리를 거머쥔 자들은 자신들이 일삼은 투기에 대해 책임졌어야 마땅한 투자자들과 자산관리자들이었다. 심지어 이탈리아에서는 그들이 유권자들의 '비이성적 태도'를 염려하고 있다.

유럽연합 귄터 외팅어Günther Oettinger 집행위원은 종횡무진하는 금융시장 참여자들의 소원을 들어주는 충직한 수원행 중 한 명이다. 그는 2018년 5월 이탈리아 선거에 대한 기대감을 드러내며 이렇게 말했다. "앞으로 몇 주 동안 일어날 일은 이탈리아의 시장, 채권 그리고 경제 상황에 결정적 영향을 미칠 것이며, 이는 유권자들에게 좌파건 우파건 상관없이 포퓰리스트는 뽑지 말라는 신호가 될 것이다."[235] 외팅어는 브뤼셀에서 유럽연합의 예산을 책임지는 위원회에 있으며 무엇보다 독일인이다. 이탈리아 최대 야당인 리가가 직접 시나리오를 짰다고 해도 그렇게 완벽할 수는 없었을 것이다.

브렉시트 그리고 프렉시트와 이탈렉시트

2017년 초입에 치러진 프랑스 대통령 선거는 도쿄, 뉴욕을 포함한 전 세계 증권시장 참여자들이 정치적 파국을 얼마나 간절히 기다리는지 확인시켜 주었다. 스위스연방은행UBS은 마리엔 르 펜이 승리할 가능성이 40퍼센트나 된다고 평가했다.[236]

이 급진적 프랑스 여성은 선거에서 이길 경우 유럽연합 탈퇴에 대한 국민투표를 공약으로 내걸었고, 이로 인해 브렉시트 다음에 있을지도 모를 프렉시트(프랑스의 유럽연합 탈퇴)에 대한 토론이 시작됐다.[237]

이미 2017년 초에 스위스연방은행은 르 펜이 속한 극우 정당 국민전선의 고위 관계자를 접촉해 직접 그 계획에 대한 구체적 설명을 들었다. 세계 최대 금융기업인 블랙록과 영국 금융회사인 바클레이Barclay의 분석가들도 약속을 잡았다. 미국 최대 언론매체 중 하나인 〈블룸버그Bloomberg〉는 "이러한 접촉은 르 펜의 승리가 점점 더 현실적으로 보인다는 점을 증명한다."라고 논평했다.[238]

공식적으로는 그 어떤 움직임도 포착되지 않았다. 프랑스 은행가들은 극우파와는 어떤 접촉도 시도하지 않는다고 단언했다.[239] 하지만 커튼 뒤에 숨은 금융전문가들은 이른바 '꼬리 위험tail risk'● 을 발견하고 거기에 눈독 들이고 있었다.[240]

이탈리아에서는 정권이 몇 차례 바뀌는 동안 계속해서 막대한 국채로 인한 재융자 문제로 어려움을 겪어왔다. 2018년 초 신민족주의 정권이 처음으로 발행한 국채가 오히려 끝없는 형벌에 비견되는 것도 놀랄 일은 아니었다. 목표했던 총액은 단기간 내에 소진되었기 때문에 재조정이 성사될 수밖에 없었다. 그때부터 정부 대표들은 민주적으로 선출된 국민의 대표인 자신들에게 금융시장이 우회적으로 어떤 압력을 행사하지는 않을까 두려워하게 됐다. 이른바 '보이지 않는 시장의 손'은 특히 미국 투자은행인 골드만삭스Goldman Sachs와 접촉한 적 있거나 꾸준히 접촉해온 정치인들과 은행가들로 엮인 그물로 그들을 포섭했다. 현직 유럽중앙은행장인 마리오 드라기는 물론, 수년간 유럽연합 집행위원장을 맡았고 현재는 골드만삭스의 '비상임 의장'인 조제 마누엘 바호주Jose Manuel Barroso도 그 그물에 엮여 있다.

골드만삭스는 그리스 주변에 난기류가 흐르고 유럽이 재정위기를 맞이할 때부터 이미 수상쩍은 역할을 맡아왔다. 2018년 가을부터 이탈리아의 신민족주의자들은 세금 인하와 연금수령 연령을 낮추는 문제에 대한 논의를 시작했다. 이 논의가 유럽연합 위원회 금융

● 통계학의 정규분포 개념에서 나온 말로 '거대한 일회성 사건이 자산 가치에 엄청난 영향을 줄 수 있는 리스크'를 의미한다.

시장 선수들의 격렬한 반응에 부딪힌다면 이탈렉시트(이탈리아의 유럽연합 탈퇴)를 요구하는 목소리는 더욱 커질 것이다. 워싱턴의 IMF 전문가들은 이미 이탈리아의 '파산'에 초점을 맞춘 전략보고서를 작성해 두었다.

하지만 브렉시트를 보며 얻은 구체적 교훈이 그 소리를 집어삼킬지도 모른다. 런던의 행정부가 이토록 곤욕을 치르는데 이탈리아의 누가 성공할 수 있겠는가? 오히려 그 과정에서 '저 위 높은 곳'에 대한 깊은 거부감만 확산되고 강화될지 모른다. 즉 민주주의자에서 반민주주의자가 되는 것이다.

경제적 불평등이 생산적이라는 루머

—

"경제적 불평등은 그것이 광범위하게 작용하고 있을 때조차 사회적으로 유용하다."라는 견해는 다양한 분야에서 제시되는데, 무엇보다 신자유주의 경제 추종자들 사이에서 두드러지게 나타난다. 그들은 민영화, 국가 개입의 최소화, 자본시장의 탈규제를 비롯해 '자유로운 시장의 힘'이 작용하는 모든 것을 신봉한다. 그들은 불평등이 노동 의욕을 자극하고 혁신을 추동하는 긍정적인 자극제 역할을 한다고 주장한다. 켄 피셔Ken Fisher는 "불평등한 분배는 창의력과 기업가정신의 자연스러운 결과물이며, 재산 축적에 따른 부수적 효과이다. 새로운 청년들이 어떤 새로운 것을 만들고 그것으로 사업을 시작해서 마크 저커버그나 스티브 잡스Steve Jobs 혹은 일론 머스크처럼 엄청난 부를 일군다면, 그것은 모두에게 도움이 되고 그 누구에게도 손해될 것은 없다."라고 말한다.[241] 1979년 샌프란시스코에서 피셔 인베스트먼트Fisher Investment를 설립한 그는 경제지 〈포브스〉가 선정한 세계 600대 부호 중 한 명이다.[242]

오스트리아에서 작은 회사를 운영하는 미하엘 루데셔Michael Ludescher 는 현재와 같은 분위기가 성공적으로 정착된 배경에 관해 "거대한 불평등이 유익하다는 말 외에는 다른 말을 듣지 못했기 때문에 언젠 가부터 사람들이 그 말을 믿게 됐다."라고 설명했다.[243] 이처럼 원시 적인 세계관 뒤에는 어떤 사람의 경제적 성과는 온전히 그 사람 혼 자만의 책임이라는 해석이 깔려 있다. 불평등하게 주어지는 성장 환 경이나 교육 기회는 사소한 것으로 치부된다. 접시닦이가 백만장자 로 출세했더라는 식의 오랜 아메리칸드림에 따라 여전히 누구에게 나 성공 기회가 열려 있다고 여겨진다. 오스트리아 시골 마을 슈타 이어마르크 출신 평범한 보디빌더에서 할리우드 스타로 그리고 캘 리포니아 주지사가 된 최신 버전도 있다.•

워싱턴주립대학 팀 콜러Tim Kohler 교수가 이끄는 고고학팀이 전 세 계적으로 조사한 바에 따르면 "수많은 개인이 경험하는 경제적 불 평등이 더욱 심화되면서 지난 1만 년간 유지해온 통상적 수준을 넘 어서고 있다."[244] 그들은 전 세계 64개 거점에서 주택의 크기를 비교 하고 그 결과를 통해 소득분배의 불평등 정도를 나타내는 '지니계수 Gini coefficient'를 측정했다. 이 측정법에서 0은 한 사회의 부가 모두에

• 아널드 슈워제네거Arnold Schwarzenegger에 관한 이야기다.

게 균등하게 분배되었음을 뜻하고, 1은 전체 자산이 한 사람에게 집중되었음을 의미한다.

수렵채집 사회에서는 지니계수가 0.17로 측정됐다. 당시 개별적인 숙소 같은 것이 존재했다면 그 크기가 엇비슷했을 것이라는 의미이다. 점점 더 많은 사람들이 정착 생활을 시작하면서 불평등도 차츰 커졌다. 농경사회가 성숙하면서 대농과 소작농의 구분이 생겼고, 지니계수도 0.35로 상승했다.

콜러의 연구팀은 경제적 균열이 사회 형성과도 관련이 있음을 언급하며 "민주주의 체제보다 독재권력 체제에서 불평등의 규모가 더 컸다."라고 분석했다.[245]

이 깨달음은 단순해 보이지만 새로운 방식으로 현재와 연관된다. 많은 유권자들이 사회적 불평등의 증가에 반대하면서도 독재적 해결책을 제시하는 정당이나 운동단체에 표를 던지기 때문이다. 미국에서 그리고 이탈리아와 오스트리아에서 그러한 상황이 일어났다. 역사를 돌이켜봤을 때 그들의 행동은 불평등을 더욱 심화시키고 악순환의 고리에 불을 붙일 것이다.

경제적 불균형은 전 세계에 이미 압도적으로 확대됐다. OECD가 1980년대 중반 집계한 바에 따르면, 독일 소득에 관한 지니계수는 0.25, 오스트리아는 0.23으로 상대적으로 서로 비슷한 편이었다.[246] 하지만 2015년 집계에서 독일의 지니계수는 0.32, 오스트리아는 0.31이었고, 미국에서는 0.42까지 치솟았다.[247] 소득이 아니라 자산을 비교하면 그 결과는 더욱 극단적으로 나온다. 독일은 0.79, 오스트리아는 0.77, 미국은 0.86이었다.[248]

이 수치에 연금수령액은 고려되지 않았다. 연금수령액이 포함됐다면 오스트리아나 독일에서는 그리 부유하지 않은 가계의 전체 자산이 수치로나마 증가했을 것이다. 그런데 이것이 경제학적으로는 어떤 의미일까? 물론 대부분 소득의 격차에는 능력과 성과의 차이가 반영된다. 하지만 현재의 극단적 격차가 실제로 서로 다른 능력에서 비롯된 것이며, 그래서 다른 사람의 의욕을 자극하는 동기로 작용할까? 둘 다 아니다.

세계적 영향력을 자랑하는 옥스퍼드대학교의 옥스퍼드 저널스Oxford Journals에서 펴내는 학술 저널인 〈사회경제 평론Socio-Economic Review〉에 실린 한 논문은 이에 대해 다음과 같이 설명하고 있다. "우리는 소득이 최상위층에 집중되는 현상이 더욱 심화되는 이유가 최상위층 사람의 생산성 증가보다는 정치적 움직임과 관련이 깊다는 점을 발견했다. 소득 불균형 현상은 시장자본주의 국가에서조차 '경제 성장, 지식기반 생산성, 수출 경쟁력, 자본조달 등'과 같은 요인보다 '노조의 중앙화, 법치국가적 규칙, 소득수준에 따른 세율, 공공교육에 대한 투자 등'의 정치적 요인들과 더 밀접한 연관을 지닌다."[249]

소득최상위층에 점점 더 많은 경제적 성과가 몰리는 것이 그들의 노력 덕분이 아니라 다름 아닌 정치적 협상력에 의한 것이라는 뜻이다. 이것이 사실이라면 소득최상위층보다 돈을 적게 버는 대다수의 사람들이, 신자유주의 이론가들이 설교하는 바처럼, 그들에게 자극받아 더 열심히 노력하게 될까? 그럴 리 없다.

한 개인의 경제적 성장은 그 사람이 다른 사람의 '소득 증가'를 어떻게 받아들이느냐에 달려 있다는 사실은 오래전부터 행동경제학을 통해 증명됐다. 다른 사람은 점점 더 많이 버는데 내 소득은 제자리에 머물러 있다면 불만이 증가할 수밖에 없다. 타인과 비교되는 '상대적인' 상황이 나빠졌기 때문이다. 반면에 모두의 소득이 함께 줄어드는 것은 개인이 받아들이기 훨씬 수월하다. 부자들이 점점 더 부유해지는 나라에서 빈곤층에 속하는 것보다 모두가 가난한 편이 한결 견뎌내기 쉽다.[250]

전반적인 경제 상황이 나아졌음에도 자기 소득에 불만을 갖는 독일인이 늘어나는 이유도 같은 맥락에서 설명된다.[251] 많은 사람들이 소득이 늘어남에도 세금과 여타 비용도 함께 꾸준히 오른 탓에 여유롭게 쓸 수 있는 자금이 오히려 더 줄어드는 것을 경험한다. 동시에 손꼽히는 큰 부자들의 재산 규모가 얼마나 획기적으로 늘어났는지를 알려주는 뉴스는 교통사고 소식만큼이나 자주 들려온다.

한 사회의 경제적 불평등이 증가할수록 부자들은 관대함이 줄어들고 비윤리적이 된다는 것을 증명한 연구결과들도 있다.[252] 베텔스만재단Betelsmann-Stiftung이 2017년 11월 발표한 설문조사 결과도 같은 맥락에서 볼 수 있다. 설문조사에서 응답자들의 38퍼센트가 독일의 사회적 결속이 전반적으로 위기에 처했다고 답했으며, 37퍼센트가 부분적으로 그러한 평가에 동의한다고 밝혔다.[253] 말하자면 유럽에서 호황을 누리는 나라 중 하나인 독일에서 국민의 75퍼센트가 사회적 결속에 우려를 표하고 있다는 이야기이다. 더구나 그러한 우려는 더욱 커지는 추세이다.

불평등의 증가는 사회 전반에 폐해로 작용하고 민주주의 지지자들을 녹초로 만든다. 그럼에도 개인의 사회적으로 불공정하고 경제적으로 불합리하며 개인의 성장을 방해하고 의욕을 떨어뜨리는 이 경제 시스템은 앞으로도 당분간 지속될 것이다. 그것은 사회적 영향력이 막강한 인사들에 의해 무자비하게 관철될 것이다.

20대 80 사회가 만든 두 개의 세상

—

막막한 앞날이 새삼스럽지는 않다. 1995년 미하일 고르바초프Mikhail Gorbache 전 소련 대통령은 이른바 '세계적인 브레인 집단'이라는 이름으로 전 세계 정치인, 경제인, 학자 500여 명을 샌프란시스코에 불러 모은 적이 있다. 그 자리에서 21세기에는 노동 가능한 인구 중 20퍼센트만 있어도 세계 경제를 활기차게 유지하는 데 충분할 것이라는 전망이 나왔다.[254] 구직자의 5분의 1에 해당하는 인력만으로도 세계 사회가 필요로 하는 모든 상품과 고품질의 서비스를 충분히 제공할 수 있다는 이야기였다. 국적을 불문하고 20퍼센트에 해당하는 이들은 소득과 소비를 포함한 자기 삶에 적극적으로 임할 것으로 전망됐다. 나머지는 '티티테인먼트tittytainment'에서 위안을 삼아야만 할 것이라고 했다. 즐거움을 뜻하는 '엔터테인먼트entertainment'와 모유를 뜻하는 미국 속어 '티츠tits'의 합성어인 '티티테인먼트'는 지미 카터Jimmy Cater 미국 대통령 시절 국가안보 보좌관을 했던 즈비그뉴 브레진스키Zbigniew Brezezinski가 유행시킨 말이다. 그것은 감각을 무디게 만드는 즐거움과 충분한 영양분의 결합체였다. "전체 인구의 5분의 1만 살아남는 사회가 되면 중산층도 사라질 것이다. 그런데도 이런 걱정이 과연 호들갑일까?" 당시 브레인들의 모임에 참여했던 하랄트 슈만은 이렇게 반문했다.

2018년 '20대 80 사회'는 전 세계적으로 기업이 결정을 내릴 때 고려하는 기본적인 비즈니스 환경이 됐다. 2018년 초반 세계적 기업컨설팅회사인 베인앤컴퍼니Bain&Company가 수많은 연구결과를 종합해 내놓은 보고서《2030년 노동세계Labor 2030》는 예전에는 "소비자 중심의 기업들이 그들의 상품을 기획하고 시장에 내놓을 때 3층 구조를 기본으로 했다."라고 분석한다.[255] 그 구조의 상단에 "더 높은 소득층이 아주 얇은 층으로 존재하고 아래로는 소득이 낮은 집단이 얇게 분포하는 사이에 중산층이 두텁게 자리하고 있었다." 하지만 경제적 불평등이 가중되자 그 압력은 고스란히 중산층에 전해졌다. 그 결과 "20퍼센트를 차지하는 고소득 가계와 나머지 저소득층 80퍼센트 가계만이 존재하는 2층짜리 사업모델"이 새로이 등장했다. 여기서 그들이 선택한 단어에 주목할 필요가 있다. 경제 능력이 빈약하다는 이유로 전체 가계의 80퍼센트가 '나머지'라고 불린 것이다.

이러한 변화는 "기업이 시장을 모색하고 상품과 서비스를 배치하는 구조에 극적인 전환을 불러왔다."라고 보고서의 저자들은 말한다. "앞으로 자동화가 성장을 주도한다면 제일 먼저 가장 많은 수익을 올릴 이들이 부유층이기 때문에, 기업들은 대부분 그들에게 집중하는 전략을 선택할 것이다."

이러한 전략의 결과는 엄중하다. 로봇과 비용을 절감하는 디지털화에 힘입어 구매력이 약한 대중을 위한 대량생산 상품이 점점 더 저렴하게 보급될 것이다. 이 대중은 동시에 지속적인 자동화의 희생양이 된 노동력이기도 하다. 그들에게는 틀림없이 '쓸 만한' 상품, 즉 각자의 욕구를 채우기에 충분한 물건이 제공될 테지만, 품질 가치가 높다고 모두가 인정하는 브랜드 제품과는 거리가 더욱 멀어질 것이다. 반면 그 중간에 해당하는 상품은 구매력이 감소하면서 시장이 아예 사라질 것이다. 기업들은 중산층 소멸에 맞춰 생산시설과 서비스를 조정하는 중이다. 정치·사회적으로 치명적인 이 흐름에 기업의 생산 시스템 전반이 끌려가고 있는 것으로 보인다.

고용 불안정과 높은 실업률에 심어진 뇌관
—

독일과 오스트리아는 호황을 누리고 있다. 만사가 형통한 것처럼 보인다. 하지만 그 뒤에는 불만이 출렁대고 있다. '노동유연성'에 대한 요구도 끊이질 않는다. 노동자들 중에도 초과 노동시간만큼 휴가를 받거나 재택근무를 하는 등 유연성의 혜택을 누리는 사람들이 많다. 하지만 새로운 형식의 노동에 적응하라는 요구와 이사 혹은 통근 시간의 증가로 연결되는 이직은 많은 사람들에게 부담으로 작용한다. 또한 '노동유연성'에 대한 요구는 소규모 자영업자와 직원들을 착취하는 도구로 악용될 때도 많다. 이러한 불확실성이 경제적 불평등에 수반되어 수백만 시민들의 불만을 심화시킨다.

시민들의 부주의가 이러한 흐름을 부추긴다. 보조를 맞추지 못한 사람은 낙오자 취급을 받는다. 독일과 오스트리아 사람들은 문화적·종교적으로만 평행사회에 사는 게 아니라, 경제적으로도 두 개의 평행선으로 나뉘어 절대 만날 수 없는 사회 구조에서 살아간다. 공무원이나 노동조합의 보호를 받아 해고가 거의 불가능한 대기업의 직원들 혹은 각종 틈새시장을 찾아낸 전망 좋은 중소기업의 직원들은 안정된 일자리를 꿰찬 사람들이다. 그렇지 않은 사람들은 시간제 및 계약직 노동자, 용역직원 혹은 비정규직 노동자라는 이름으로 자신들 앞에 펼쳐진 암울한 미래에 맞서 싸워야 한다.

세계화의 승자들이 만들어낸 거품 속에서 현실의 노동 세계는 미화됐다. 현실에서는 독일의 가장 부유한 지역에서조차 이미 지나갔다고 생각한 시대의 풍경들이 고스란히 재현된다. "나는 일흔이 넘어서까지 남의 정원에서 일할 수밖에 없는 신세를 수치스러워하는 남자들을 알고 있다."[256] 슈투트가르트 외곽에서 여러 집을 돌며 가사도우미로 일하는 레지나 콜러Regina Kohler에게서 들은 말이다. 그녀의 동료들 중에는 78세도 있다. "평생 해온 일인데 달리 무엇을 할 수 있겠는가. 하지만 몸이 아파 한 번이라도 일을 못 나가면 그만둬야 할 수도 있다." 그녀는 '가사노동 자영업'을 하러 가는 지하철 안에서 '20년간 점점 더 벌이가 줄어든' 베이비시터를 만난 적도 있다고 했다. 명목상 임금은 올랐지만 건강보험과 세금 그리고 각종 비용이 더 많이 올랐기 때문이다. 이 상황을 어떻게 헤쳐나가야 하는가?

독일연방노동조합연맹DGB 바덴뷔어템베르크 지역 대표인 마틴 쿤츠만Martin Kunzmann은 "계약직 노동계약서를 단 한 장만 들고 있는 고용인이 300만 명"이라고 말한다.[257] "고용주들은 노동시장 안정성에 더 많은 관심을 기울여야 한다. 비정규직이 우리의 타깃이다." 노조가 '화력을 집중할' 주제는 슈투트가르트 인근에 사는 구직자들,

즉 장기실업급여인 하르츠피어Hartz Ⅳ 수급자, 월 400유로 미만을 버는 아르바이트생, 일정한 주거지가 없어 위기에 처한 사람 등을 위한 기초생활보장 정책의 도입이다. 막상 하르츠피어 수급자들의 구직을 지원해야 할 직업센터는 예산의 62퍼센트를 기관 운영에 쓰고 있다. 일자리를 주선하는 데 쓰인 예산은 고작 38퍼센트였다.[258]

독일 경기가 호황임에도 용역노동자들의 수는 꾸준히 증가하고 있다.[259] 독일 시민권을 가진 어린이 중 140만 명이 하르츠피어 수급 가정에서 자라고 있으며, 추가로 독일 국적이 아닌 어린이 62만 명이 장기실업자 부모를 두고 있다.[260] 2017년 오스트리아에서는 일자리가 5만 개가량 늘었지만 그중 절반 남짓이 시간제 일자리였다. 이미 전체 고용인의 29퍼센트가 시간제로 일하고 있으며, 그중 3분의 2가 여성이다.[261] 스위스는 유럽에서 네덜란드 다음으로 시간제 노동자 비중이 높은 나라이다.[262]

2012년 이래 유로존 19개 국가에서 500만 명이 넘는 사람들이 새로운 일자리를 찾는 데 성공했다. 하지만 그중 대부분은 저임금, 한시적인 계약직 혹은 시간제 일자리였다.[263] 미국 은행 메릴린치Merrill Lynch의 유로화 전문가 질 모크Gilles Moec는 "일자리 수가 늘어났지만 그 효과는 질적 수준의 악화로 상쇄됐다."라고 분석한다.[264]

2007년 금융위기 시작점에서부터 2017년 말까지 유로존 전체에서 실업률이 감소한 국가는 말타, 슬로바키아, 독일 3개국뿐이다.[265] 그런 점에서 고용률이 최고치라는 뉴스는 사상누각에 불과하다. 절대적 수치상으로는 틀린 말이 아니지만, 점점 더 많은 사람들이 취업시장으로 내몰리기 때문에 실질적으로는 대부분의 나라에서 높은 실업률이 지속되고 있다. 또한 새로운 일자리를 찾은 사람도 기본적으로 누릴 수 있는 권리가 매우 빈약하다.

불안정한 고용 상태 때문에 인생을 계획하는 일이 매우 힘들어진다. 월세가 시급보다 훨씬 빨리 오르기 때문에 청년들이 부모 집에서 나와 독립하는 것은 거의 불가능할 정도이다. 그러다 보니 가정을 이루는 것 역시 엄청난 도전이자 모험이 됐다. 2003년 이래 독일이 누린 엄청난 경기호황은 광범위한 영역에서 노동유연성을 강요한 덕분이다. 그중에서도 무엇보다 사민당과 녹색당 연정이 통과시킨 '아젠다 2010'의 틀 안에서 '해고 규정'을 완화한 덕분이다. 사실 품질 좋은 제품을 생산한다는 점 외에 독일 기업들의 또 다른 강점으로 거론되는 것이 2017년부터 시작된 금융위기에도 직원들을 해고하지 '않았다'는 점이다. 하지만 그럴 수 있었던 것은 산업별 노조위원회, 사내 노동자 대표들과 협상하는 과정에서 단기계약직과 노동시간 계산 관련 규정들이 매우 유연하게 수정됐기 때문이며, 덕분에 자리가 불안했던 경력직 사원들이 밀려나지 않고 다시금 생산에 투입될 수 있었던 것이다.[266]

더 많은 노동유연성을 요구하는 목소리 뒤에는 노동조합과의 계약 협상에서 유리한 고지를 차지하려는 기업들의 의도가 감춰져 있다. 프랑스에서는 이를 둘러싼 힘겨루기가 여전히 진행 중이며, 그 전면에는 에마뉘엘 마크롱Emmanuel Macron이 서 있다. 하지만 불안한 사람은 안정을 구한다. 신자유주의 쪽으로 크게 방향을 튼 정책은 유럽 전역에서 사회민주주의 정당에 대한 신뢰도를 떨어뜨리는 데 지대한 공헌을 했다. 그리고 진공 상태가 된 유권자들의 마음을 채운 것이 바로 신민족주의 운동이다.

거의 1년 동안 실업자로 살던 사람들은 1년을 꽉 채워 수준 낮고 종종 모욕적이기까지 한 장기실업수당을 받기 전에 새로운 일을 구하기 위해 이전보다 더 필사적으로 노력한다. 경기가 호황일 때는 비록 거주지에서 한참 떨어진 곳으로 형편없는 임금을 받으며 다녀야 할 때가 많을지라도 대부분의 사람들이 새 일을 구할 수는 있었다. 하지만 2018년 초부터는 점점 더 많은 경제지표가 하향곡선을 그리고 있다. 경기침체로 인해 일자리가 줄어드는 속도는 더 빨라지고 신규 채용도 크게 줄어들고 있다. 독일의 수많은 구직자들이 엄청난 노력에도 좀처럼 하르츠피어 수급자 신세를 벗어나지 못하는 이유이다. 사회보장을 낮설게 여기고 구직은 어쨌거나 개인이 알아서 할 일로 취급하는 미국에서는 2007년 금융위기 이후 반년 이상 새 일자리를 구하지 못한 사람의 숫자가 여섯 배로 늘어났다. 2016년 선거에서 그들 중 다수가 도널드 트럼프에게 표를 던졌다.

더 이상 경제적 감당이 안 되는 주거 문제

—

인구 대다수가 경제적으로 감당할 수 있는 주거생활은 현실적인 사회주의에 확실한 안정성을 부여했었다. 하지만 그것이 흔들리자 자본주의가 함께 흔들리고 있다.

월스트리트의 회사들은 2008년 금융경제위기 이후 2,230만 유로를 들여 유럽연합 내 부실 주택담보대출의 80퍼센트를 사들였다. 그리고 얼마 후 높은 이윤을 붙여 되팔았다. 그 부담은 실거주자들에게 돌아갔다.[267] 2009년부터 발 빠르게 움직여 주식과 여타 채권에 다시 투자했던 현금보유자들에게 금융위기는 고수익을 창출한 탁월한 기회였음이 증명됐다. 중앙은행의 금리인하가 투자를 자극했다면 디플레이션은 예방되고 경제 성장은 촉진됐어야 한다. 하지만 늘어난 것은 국가의 채무였고, 그로 인해 유로가 위기를 맞이할 조짐도 서서히 피어오르고 있다. 덕분에 투자자들의 포트폴리오에서 부동산 비중이 점점 더 높아지는 추세이다.

다른 말로 하면, 엄청난 돈을 쥔 극소수의 펀드와 투자자들이 생산경제 투자로는 고수익을 기대할 수 없다고 판단해 콘크리트로 지어진 보석에 안정적으로 돈을 묶어둔다는 뜻이다. 동시에 도시에서 살려는 사람이 늘어나고 있다. 도시에 새 집이 지어질 여지는 적은 반면에 주택대출 이자는 일반적으로 더 저렴해졌다. 주택가격을 더 높이 끌어올릴 회오리바람이 완성된 것이다. 그 바람을 타고 임금과 집값의 격차도 엄청나게 커졌다. 이제 평균소득 생활자에게, 즉 '열심히 일하는 중산층'에게[268], 나만의 보금자리를 마련하는 꿈은 환상이 됐다. 관리비를 비롯한 여타 공과금의 상승세도 가팔라서 2008년 이래 오스트리아의 여러 지역에서 관리비와 난방비, 수도세 등이 20퍼센트 이상 올랐다.[269] 게다가 프랑크푸르트 중앙역 인근 갈루스지구부터 베를린과 빈에 이르기까지, 점점 더 많은 도심 주거지가 재개발로 인한 '젠트리피케이션gentrification'을 겪으면서 원주민들은 터전을 잃게 됐다.

세후소득의 최대 3분의 1을 주거에 지출해야 한다는 것이 주먹구

구식 계산으로 여겨진다면 주머니에서 두 손을 꺼내 직접 계산해 보길 바란다. 2011년에 이미 독일의 주거비는 평균소득의 28퍼센트를 차지해 소비항목 중 가장 큰 비중을 차지했다. 식비나 교통비 지출보다도 두 배나 많았다. 2015년에는 평균소득의 36퍼센트를 차지했다. 독신가구와 가족단위 가구 모두에서 이전보다 훨씬 더 많은 돈이 주거비로 나갔으며, 다른 유럽 국가들에 비해서도 전체 지출에서 주거비가 차지하는 비중이 높은 편이었다.[270] 더구나 17퍼센트에 해당하는 사람들은 매월 가처분소득의 40퍼센트 이상을 월세로 내야 했다. 오스트리아의 상황도 거의 비슷했다.[271]

한 세대 전만 해도 성실한 젊은 부부라면 큰 예외 없이 소박한 단독주택 한 채 정도는 가질 수 있었다. 하지만 이제는 재산이 많은 부모를 두었거나, 돈을 아주 많이 벌어야만 집을 가질 수 있다. 사회적 계층 상승은 더 힘들어졌고, 사회적 유동성은 점점 더 줄어든다. 제2차 세계대전 이후 거의 모두가 믿었던 약속, 즉 모두가 점점 더 잘살게 될 거라던 약속은 물거품처럼 사라졌다.

그 사회적 결과는 치명적이다. 불확실하게 살아가는 저소득층에게 적당한 셋집 혹은 소박한 자기 집은 최후의 보루와 다름없었다. 그들에게 주거 불안정은 에너지원을 빼앗기는 것과도 같다. 그들 대신 배를 불린 건 정치선동가들이었다. 또한 통제된 자본주의에서 이미 척결됐다고 여겨졌던 직업인 투기꾼이 다시금 승승장구할 기회를 얻고 있다.

투기꾼이 아닌데도 주택담보대출을 많이 얻은 사람은 만약 집값이 계속 오르지 않는다면 일반적으로 최저이자율을 보장하는 10년 이후부터는 빚더미에 짓눌려 고통스러운 신음소리를 내게 될 것이다.

회생 불가능한 빚더미에 올라선 국가들

—

낯설게 들릴지도 모르지만 '빚'은 상대적 용어로서 맥락에 따라 의미가 달라진다. 누군가의 빚은 다른 누군가의 자산이다. 제2차 세계대전 이후 '경제 기적'이라 일컬어졌던 경제부흥기를 맞이한 독일과 오스트리아에서는 많은 기업들이 대대적인 투자를 감행했다. 그들은 독일의 개인예금자에게 빚을 졌으며 1964년까지는 독일 정부에도 채무를 얻었다. 당시에는 1950년대 초 한국전쟁 시기를 제외하고는 해외 구매자들이 채무자로서 아무런 역할을 하지 않았다.

변화는 2001년부터 시작됐다. 그때부터 개인과 국가 그리고 기업들이 예금자와 채권자의 대열에 합류했다. 시멘스 같은 대기업이 '제조업 계열사들의 은행'이 됐다는 조롱도 이러한 변화에 뿌리를 두고 있다.[272] 지멘스는 배당금의 형태로 주주들에게 당장 배분하지 않아도 되는 이윤을 생산에 투입하는 대신 은행업을 하는 데 썼다. 독일의 경제학자 하이너 플라스벡은 이렇게 말한다. "2000년대 초반부터 기업들은 '수요 안정화 장치'로서의 역할을 완전히 버리고 순수 예금자로서 스스로 '불안정 요소'가 됐다. 중소기업까지 해당되는 얘기는 아니겠지만, 어쨌든 큰 흐름은 지분비율을 크게 늘리는 데 있다."[273]

지금은 해외 구매자들이 채무자가 됐다. 세계 2위 수출대국인 독일이 엄청난 경상수지 흑자를 기록했기 때문이다. 2016년 독일의 경상수지 흑자 규모는 GDP의 9퍼센트에 이르렀다.[274] 플라스벡은 이렇게 말한다. "독일은 코너를 돌아 중상주의mercantilism 쪽으로 항로를 조정했다. 그리고 채무자 역할을 다른 나라에 전가할 수 있으리라 굳게 믿고 싶어 한다. 하지만 트럼프의 통상위협과 이탈리아의 선거가 있었던 2018년 이후부터 이해력이 있는 사람이라면 누구나 독일의 중상주의에 미래가 없다는 것을 분명히 깨달았을 것이다. 세계 어떤 나라도 돈이 예금으로 쌓여만 있고 시장에 풀리지 않아 생긴 수요 문제를 다른 나라를 통해 풀 수 없다. 결국 그 나라는 개인, 가정, 기업의 저축(즉 '소비 부진')뿐 아니라, 그 나라가 외국에 나가서 파는 것보다 외국이 그 나라에서 더 많은 물건을 팔게 되어 생긴 수요 문제와도 맞서 싸워야만 한다." 그는 국가경제는 저축을 할 수 없다는 것을 기본 전제로 삼는다.

반면 독일의 신임 경제부장관 페터 알트마이어Peter Altmaier는 "우리는 적어도 15년에서 20년까지는 계속 지금의 성장 기조로 나아갈 수 있으리라고 생각한다."라고 말했다.[275] 하지만 그건 독일 내에서 상품과 서비스에 대한 수요가 다시금 늘어날 때, 즉 점점 더 많은 상품과 서비스가 구매되고 소비될 때에만 가능한 일이다. 그렇게 되려면 시민 대다수의 소득이 급격하게 증가해야 하는데, 그 어디서도 그런 전망은 나오지 않는다. 그렇다고 유럽연합과 미국, 혹은 아시아에서 현재 독일 제품을 사는 사람들이 앞으로도 계속 독일 제품에만 의존하리라고 가정하는 것은 책임지기 어려운 자기기만이다. 그런 일은 거의 일어날 수 없다. 트럼프의 관세장벽은 시작일 뿐이다. 근본적인 변화가 없으면 독일은 물론 독일과 밀접한 관계에 있는 오스트리아 역시 자신들의 성과에 질식하고 말 것이다.

다른 한편에서는 전 세계 모든 시장참여자의 부채가 꾸준히 증가하고 있다. 이 또한 금융위기 이후 벌어진 현상이다. 세계적으로 부채비율이 GDP의 245퍼센트에서 318퍼센트로 증가했다. (545쪽 도표 12 '빚더미' 참조)

이 또한 유익할 게 없다. 이 모든 것이 패자는 많고 승자는 몇 안 되는 통화개혁 쪽으로 달려가는 중이다.

미국은 예외로 남아 있다. 2017년 대대적인 세제개혁을 감행함과 동시에 정부 지출, 특히 국방 지출을 늘린 탓에 미국 의회 '예산처'가 집계한 예산 적자는 매해 1조 달러씩 증가한다. GDP의 5퍼센트를 넘어서는 적자는 미국에는 일반적인 일일지 몰라도 유로존에 속한 국가에는 두려운 일이다. 부채에 대한 이자와 인플레이션이 급등할 것이고 개인 투자자들은 많은 돈을 회수하지 못할 것이다. 1980년대 로널드 레이건이 지금의 도널드 트럼프와 비슷한 일을 벌였을 때도 같은 전망이 나왔다. 하지만 그때만 해도 미국 정부가 늘어난 적자를 상대적으로 수월하게 메울 수 있었다. 그를 위해 사용된 마법의 지팡이는 미국 재무부 증권, 즉 세계적으로 안정적이고 신뢰할 만하다고 평가받은 미국 국채였다. 그 뒤에는 오랜 세월 '세계의 준비통화' 자리를 지켜온 미국 달러의 정치적 힘이 버티고 서 있었다. 유로화를 비슷한 자리에 올리려던 유럽연합의 노력은 성공하지 못했다. 여전히 세계 준비통화의 3분의 2가 미국 달러이고, 유로화는 22퍼센트에 불과하다. 나머지를 4퍼센트씩 일본 엔화와 영국 파운

드가 차지한다.[276]

현재는 미국 경제를 떠받치는 다리가 레이건 시절만큼 튼튼하지 못하다. 미국 대통령과 의회의 정치적 의도대로 실업률이 감소했음에도 가계와 기업의 적자는 늘어났다. 1981년에는 부채비율이 GDP 대비 28퍼센트였는데, 2018년에는 75퍼센트까지 상승했다. 여기에 사회보장신탁기금에 진 빚을 포함하면 국가부채 비율은 GDP 대비 105퍼센트 수준이다. 저스틴 폭스Justin Fox는 이를 "미국이 현재 처한 환경이 과거 부채 증가 때보다 덜 너그럽다는 것을 보여주는 지표"라고 말한다.[277] 〈블룸버그〉에 실리는 그의 칼럼은 높은 조회수를 자랑한다. 그는 2018년 2월 "누적된 적자가 불러올 결과는 인플레이션이 완만하게 지속적으로 상승하는 데서 그치지 않고 금융시장과 대중의 신뢰를 잃음으로써 위기를 초래한 워싱턴에 어떤 조치를 취하도록 압박이 가해지는 것일 가능성이 높다."라고 경고했다. 조심스럽기로 유명한 그가 여느 때와 달리 목소리를 높였다. 더구나 이 칼럼을 쓸 당시 그는 〈블룸버그〉로 이직하기 전이라 〈하버드 비즈니스 리뷰Harvard Business Review〉의 편집장 신분이었다.[278]

미국이 처한 이러한 상황을 일찌감치 파악한 중국 정부는 미국 채권을 1조 2,000억 달러어치나 사 모았다.[279] 베이징의 권력자들이 미국의 최대 채권자가 된 것이다. 그들이 이 채권 중 상당 부분을 갑자기 시장에 내놓는다면 미국이 이미 골칫거리로 생각하는 대중對中 무역수지 적자보다 훨씬 더 큰 곤란을 미국은 물론 세계 시장 전체가 겪게 될 것이다.

자유무역의 함정과 경제대국의 충돌

―

전 세계 학자들과 정치인들은 '자유로운 세계 무역'에 대한 약속을 마치 성물처럼 치켜들고 소비자이자 동시에 노동자인 대중들을 한 방향으로 몰아갔다. 독일과 오스트리아, 스위스의 국민경제가 관세를 비롯해 무역장벽의 철폐로 비용보다 더 많은 이익을 얻게 된 것은 이미 오래전이다.

이 현명한 아이디어를 세상에 내놓은 것은 영국의 경제학자 데이비드 리카도David Ricardo이다. 이 고전파 경제학자는 200년 전에 이미 '비교우위' 이론을 발전시켰다. 그는 무역상대국보다 생산성이 낮은 경우에도 국제교역에서 이익을 얻을 수 있다고 주장했다. 실제로 무역은 복지 향상과 경제적 풍요로움에 기여했다. 하지만 결코 전 세계 시민 한 명 한 명이 무역을 통해 저절로 풍요로워진 것은 아니다. 어디서 어떤 상품의 생산에 참여하는지에 따라 다르겠지만, 자유무역의 수혜자는 어느 나라든 대개 고등교육을 받은 노동자들이었다. 반면 교육 수준이 낮은 사람들은 그나마 얻던 수입을 포기해야만 했다. 무역상대국에서 더 저렴한 비용으로 생산한 똑같은 상품이 관세도 물지 않고 수입되었기 때문이다. 그 상품을 생산한 다른 나라에서는 정반대일 수도 있다.

이미 1919년에 스웨덴의 경제역사학자인 엘리 헤크셰르Eli Heckscher와 베르틸 올린Bertil Ohlin이 이런 상황을 경고했지만, 그들은 리카도처럼 주목받지는 못했다. 미국의 경제학자 폴 크루그먼Paul Krugman을 비롯한 노벨상 수상자들도 너무 오랫동안 자유무역의 장점에만 주목했다. 하지만 중국 회사들과의 경쟁이 불가피했던 수백만 미국 노동자들은 그 단점을 직접 몸으로 겪어야 했다. 유럽에서도 상황은 비슷하다. 전 세계 사회민주주의 정치인들은 리카도와 크루그먼을 마치 경제적 북극성처럼 따른 반면에 헤크셰르와 올린 같은 자유주의 경제학자들은 간과했다. 정치적 결정권을 쥔 사회주의자들은 오랫동안 한쪽 눈으로만 자유무역을 바라보았다. 그들의 왼쪽 눈은 사회 전체의 부가 증가하는 것을 바라보았지만, 그로 인해 잃어버린 것을 봐야 할 오른쪽은 감겨 있었다. 이로써 자유무역의 영향을 더 많이 받은 미국과 이탈리아 혹은 독일 동부의 유권자들이 왼쪽에서 오른쪽으로 옮겨간 이유가 설명된다. 많은 사람들이 그들을 '세계화의 패자'라고 부르지만 그들은 자신들이 배신당했다고 느낀다. 지식인들은 이에 대해 그들이 불완전한 경제 이론에 희생됐을 뿐이라고 반박할지도 모른다. 재계 지도자들은 종종 그들의 부족한 적응력을 탓하기도 한다.

하지만 무엇에 적응한단 말인가? 직업 교육을 다시 받아 프로그래머가 되지 못한 공장 노동자들은 임금 감소와 사회적 지위 하락에 적응하란 말인가? 리카도의 기본전제는 자본과 개인, 기업이 이동하지 않는 것, 즉 국내에 머물러 있는 것이었다. 19세기에는 포르투갈의 포트와인과 영국의 제조업 설비가 그 모범으로 제시됐다. 하지만 현재의 비교우위를 떠받치는 것은 연구개발과 고등교육 그리고 지구촌 어느 곳으로든 빛의 속도로 이동하는 자본이다. 초국적 기업들이 상품을 생산하는 곳은 임금과 사회적 부담금과 환경 비용이 가장 낮은 곳이다. 그로써 노동력의 가치는 떨어지고 경계를 넘나드는 기업의 권력은 강해졌다.

더불어 "저임금 국가에서 단순한 상품 생산만 이뤄지는 것은 그 나라의 경제적 역동성과 발전가능성을 심각하게 저해한다. 기존의 생산 방식을 단순히 답습할 뿐 새로운 발전에 대한 그 어떤 동기도 주어지지 않기 때문이다. 이러한 관점에서 보자면 1980년 이래 G7 국가들의 생산성 증가세가 전체적으로 후퇴한 것은 우연이 아니다."[280] 셰필드정치경제연구소SPERI의 연구원인 패트릭 카츠마르치크Patrick Kaczmarczyk의 분석이다. 유럽연합은 막대한 보조금을 줘가며 독일과 폴란드 간, 혹은 오스트리아와 옛 동부권의 이웃나라들 간 기업 유치 경쟁을 부추겼다.

상황이 이렇게 되자 장애 없는 자유무역에 대한 믿음을 잃게 된 사람들이 점점 늘어났다. 국경 없는 경제 자유화로 부가 증가했다지만 실제 그 풍요로움을 맛본 사람은 소수에 불과했다. 자유무역에 대한 절대적 옹호는 그 사회적 효과를 잘못 판단하거나 역사적 교훈을 간과한 결과였다. 각 국민경제의 발전 상태에 따라 무역 규제는 경제부흥을 도울 수도 혹은 가로막을 수도 있다. '보호주의'와 '자유무역'은 흑백논리로 구분되지 않으며 둘 중 하나를 고를 수 있는 문제도 아니다. 범대서양무역투자동반자협정TTIP 같은 새로운 무역조약을 맺거나, 남미 5개국 경제연합인 메르코수르Mercosur 가입국과 협상을 벌일 때 농업 분야나 노동자들에 대한 보호 장치를 요구한다고 해서 모두가 국제적 상호의존을 반대하는 '보호주의자'거나 '반세계화주의자'는 아니다.

"자유무역은 부자와 권력자들의 보호주의다." 유명한 인도의 사회운동가인 반다나 시바Vandana Shiva는 대기업 로비스트들의 논리를 비틀어 이렇게 말했다. 로비스트들은 다자간 무역협정에 초국적 기업에 대한 특별한 기소권과 국제적 납세의무 혹은 세계적 합병 규제 등과 같은 구속이 포함되는 것을 철저하게 막으려 애쓴다.[281]

이런 흐름에서 중국은 아주 특별한 역할을 맡고 있다. 2001년 WTO에 가입한 이후로도 중국 정부는 요령껏 자신들을 위한 특별 규정을 계속 유지시켰다. 독일의 자산관리회사 DWS의 펀드매니저 클라우스 칼데모르겐Klaus Kaldemorgen은 이 딜레마를 다음과 같이 설명한다. "중국이 자유무역의 깃발 아래 사실은 거의 배타적으로 자신들에게 유리한 것을 추구하고 있다는 도널드 트럼프의 관찰은 정말 정확하다. 개인적으로 거기에 어떤 조치를 취하는 것이 정당하다고 생각한다. 하지만 이는 유럽에 불편한 상황을 초래할 것이다. 미국 대통령은 미·중 갈등에서 유럽이 자신들 편에서 싸우도록 압박할 것이기 때문이다. 하지만 우리가 미국과 연합한다면 중국과의 경제 관계에도 분명히 영향이 있을 것이다. 그리고 우리가 미국과의 군신 관계를 거부한다면 미국과의 경제 관계에 영향이 있을 것이다. 이쪽 아니면 저쪽이다. 양국에서 많은 사업을 벌이기로 유명한 독일 기업들의 앞날이 불투명한 이유이다."[282]

이렇게 불공정하게 구성된 세계 무역은 또 하나의 덫이 됐다. 또한 자유무역은 정치적 자유 확산을 돕기는커녕 오히려 반대로 작용하고 있다. 현재 자유무역의 규칙들은 중국 독재자나 러시아 전제군주주의 구조를 합법화하고, 민주주의 국가에서 신민족주의자들의 선거 도우미 역할을 한다.

이 주제를 둘러싼 공방이 얼마나 뜨거운지는 2018년 5월 영국 주간지 〈이코노미스트〉 온라인판에서 벌어진 토론에서 드러난다. 경제 위기 국면에서 많은 주목을 받았으며 거의 주문을 외듯 자유무역을 옹호했던 〈이코노미스트〉가 '글로벌 무역 시스템이 고장났는가?'라는 화두를 던진 것이다. 이를 두고 세계 전문가들이 무려 8일 동안 토론을 벌였고, 그 토론 주제에 대한 독자들의 답변은 매우 팽팽하게 갈라졌다. '그렇다'라고 대답한 사람의 비율이 49퍼센트였고, '아니다'라고 대답한 비율이 51퍼센트였다.[283]

환경을 돌아보지 않는 성장이 남긴 발자국

전 세계적 자본주의 시스템은 성장에도 의존하지만 또한 국가의 정책에 의해서도 좌지우지된다. 그래서 유럽중앙은행은 유로존의 경제 발전을 위해 지난 몇 년간 모든 방법을 동원해 낮은 이자율을 유지하려 노력했다. 하지만 자동화와 인공지능이 재래식 일자리를 잠식하고, 고령화로 인해 연금으로 지출되는 비용이 증가한다면 성장률 증가세의 둔화는 불가피할 것이다.

"채무 자체는 좋다. 대출이 없다면 무일푼이나 창의적 선구자들이 기회를 얻지 못했을 것이고 그로 인한 성장도 없었을 것이다. 하지만 너무 많은 채무는 위험하다. 언젠가는 폭발한다." 〈프랑크푸르터 알게마이네 차이퉁〉 일요일판에서 이 신문사 경제부의 라이너 행크 Rainer Hank와 게오르크 메크Georg Meck는 이렇게 주장했다.[284] 산더미처럼 쌓인 부채를 해결해야 하는 이탈리아인들에게도 '성장'은 마법의 주문이 됐다. 다만 마법사가 없을 뿐이다. 지난 10년간 이탈리아 정치는 개혁을 통한 긴축을 추진한 적이 없다. 새로 선출된 신민족주의 정부도 연금을 받는 연령을 낮추겠다는 공약으로 당선됐다.

"이 시스템에서는 더 성장하는 수밖에 길이 없다." 로마에서 프랑크푸르트에 이르기까지 유럽연합의 경제학자들은 한목소리로 말한다. "유로화 또한 성장을 통해서만 불운을 벗어날 수 있다."[285]

현실적으로 경제 성장이 결실을 맺어 나눠줄 수 있는 열매가 있을 때 정치가 사회적 분배를 추진할 수 있는 잠재력도 생긴다. 정치인들이 분배에 열의를 보인다는 전제하에, 전체 파이가 어마어마하게 커져야 그중 더 큰 조각을 절대다수 국민들에게 양보하자는 주장이 가능하다. 누구보다 노동조합이 그 혜택을 누릴 것이다.

결국 성장이 분배를 낳고, 모든 것이 성장에 달렸다. 1972년 환경 문제를 연구하는 싱크탱크 로마클럽The Club of Rome이 세계적 연구를 통해 저술한 《성장의 한계 The Limits to Growth》라는 책에서 생태학적 문제를 화두에 올린 이후, 1980년대부터 녹색 정당들은 이를 파급력 있는 정치적 의제로 발전시켰다. 하지만 성장 개념에 대한 근본적 비판과 가능한 대안을 찾는 일은 줄곧 사회적 중요도가 떨어지는 주제에 머물러 있었다. 기후변화에 대한 토론은 적어도 경제 성장의 굴레에서 벗어나 이산화탄소 배출을 제한하는 것이 중요하다는 동의를 이끌어내는 데는 성공했다. 초반에 영국이나 일본 같은 오래된 산업화 국가들은 국내 생산만을 계산한 나머지 국민경제의 성장과 이산화탄소 대기 배출량 감소를 동시에 이뤄낼 수 있으리라 오판했고 환호했다. 그러나 그들의 계산에는 국내에서 화석연료를 더 엄격하게 규제하고 환경 부담을 높이면 철강을 비롯한 여타 상품들이 다른 나라에서 생산되거나 혹은 추출되어 국내로 다시 수입될 수 있다는 사실은 고려되지 않았다.

호주의 토마스 위드먼Thomas Wiedmann 교수 연구팀은 '국가의 원료 발자국'에 관한 심화된 연구를 진행했다.[286] 사람이 사는 동안 자연에 남긴 영향을 토지의 면적으로 환산한 수치를 뜻하는 '생태 발자국'에 따라 상품의 생산과 사용으로 한 개인을 해석하는 연구였다. 유럽연합 27개국을 비롯한 조사 대상 국가 전체에서 1990년 이후 국민총소득GNI이 '국내 원료' 사용량보다 빠르게 증가하긴 했다. 하지만 그렇다고 유럽연합의 각 국가들에서 이산화탄소 배출량이 이전 세대보다 줄어든 것은 아니다. 부유한 나라들에서 국내 생산시설의 '에너지 전환'이 다소간 이뤄졌지만 그 대신 환경에 대한 부담은 끊임없이 해외로 수출됐다.

이렇게 전 지구적으로 펼쳐진 난관이 그 뿌리를 깊게 내리고 있다. 전 세계적으로 '환경을 돌아보지 않는 성장'이 만연한 결과로 평균기온의 상승과 더불어 환경 난민의 수도 가파르게 증가했다. 경제 성장이 주춤하는 순간 정치계는 이 문제로 시끄러워질 것이다. 성장의 광신도가 된 우리는 이미 광기에서 헤어나올 기회를 잃어버렸다. 이 시점에 과연 누가 핸들을 돌릴 엄두를 낼 것이며, 과연 핸들을 돌리는 게 가능하기나 할까?

부자 엘리트들의 세금 회피가 묵인되는 이유

—

정치에서 권력을 행사하는 데 가장 중요한 도구 중 하나가 바로 세금이다. 이를 잘 알고 있는 사람들은 세금을 회피하는 법 역시 잘 알고 있다. 납세를 둘러싸고 벌어지는 일들은 정말이지 이해하기 어려운 것들이 많다. 세계화의 최종 승자에 해당하는 인구의 0.1퍼센트 혹은 0.01퍼센트는 기형적으로 막대한 이익을 챙기는 것으로 모자라 그것이 정당한 일인 것처럼 미화하고 세금도 거의 물지 않는다.

파나마를 위시한 여러 세금천국에서 이뤄진 금융거래 자료인 이른바 '파나마 페이퍼스Panama Papers'가 폭로됐지만 그 결과 우리가 얻은 것은 무엇인가? 과연 대형 탈세자들과 세금 회피자들에게 책임을 추궁한 적이 있으며, 적어도 그들이 떼먹은 수십억 달러를 추징하기라도 했는가? 그들이 빠져나갈 구멍을 막기 위해 도대체 어떤 규제가 새로 만들어졌는가?

인구의 절대다수는 어째서 '매우 행복한 극소수'와 그들이 운영하는 기업의 전 지구적 탈세 행각을 수수방관하고 있을까? 혹시 정보가 부족해서 그런 걸까? 탈세는 공익에 반하는 사기 행각이 분명한데도 관련 기사는 도시 외곽에서 일어난 단순 접촉사고 뉴스보다 찾아보기 어렵다. 이는 지구상 어느 나라든 마찬가지이다.

세금을 많이 내야 할 사람들은 정작 세금을 피하는 법을 잘 알고 있다. 진짜 부자들은 돈이 빠져나갈까 봐 지레 방어막을 치고 대중들은 이를 못 본 척한다. 어째서 이런 일이 일어나는가? 어째서 대대적인 저항이 일어나지 않는가? 어째서 언론은 탈세에 주목하지 않는가?

이렇게 중요한 주제를 명백하게 배제한 가운데, 저항의 탈을 쓴 우파의 '가짜 뉴스'와 그에 대한 좌파의 반박으로 이어지는 공방전은 얼마나 위선적인가?

어째서 진짜 부자들을 줄 세우는 '포브스 순위'에는 후속 기사가 없는가? 각 국가의 정보 수집력은 거의 모든 국민의 아주 세세한 것까지 통제할 수 있을 정도로 막강해졌다. 경찰서에는 속도위반과 면허증 미소지에 관한 신고가 끊이지 않는다. 하지만 세무조사와 탈세에 대한 기소 절차는 여전히 비밀에 부쳐져 있다. 대중의 스포트라이트는 미리부터 다른 곳을 비추도록 조정되어 있다.

〈포브스〉에서 집계한 부의 순위는 누구나 언제든 'www.forbes.com/billionaires/list/#version :realtime'에서 확인할 수 있다. 난민 캠프에서 일어난 사소한 드잡이는 거의 놓치지 않고 보도하는 언론들이 〈포브스〉 부자들의 탈세에는 왜 그만한 관심을 갖지 않는가? 국가 차원에서 납세 이력을 공개하지 않거나 심각한 탈세 혐의로 처벌받은 부자들의 입국을 금지하면 어떨까? 적어도 0.1퍼센트 부자들이 유럽연합 내의 휴양지로 출국할 때는 비자 발급을 의무화하는 것이 어떨까?

우리가 진짜 부자들에게 관심을 갖지 않는 것은 소수의 자산가들과 다국적기업의 경영자들이 힘이 너무 세서 대중의 관심을 다른 곳으로 쉽게 돌릴 수 있기 때문일까? 아니면 99.9퍼센트에 해당하는 우리가 너무 어리석어서 쉽게 다른 곳에 관심을 빼앗기기 때문일까?

공익에 실제로 기여하는 순위를 국내적으로 혹은 세계적으로 매겨보면 어떨까? 빌 게이츠나 워런 버핏 등의 자산가들이 자기 재산의 일정 부분을 기부하겠다고 선언하는 '기빙 프레지Giving Pledge' 운동 같은 것이 있긴 하다.[287] 하지만 문제의 전반적인 심각성을 고려하면 그런 것은 한두 알의 안정제에 불과하다. 게다가 유럽에서는 그런 운동에 동참하는 사람이 거의 없다. 폭스바겐이나 포르쉐, 대형 유통체인인 리들Lidl이나 알디Aldi 간판 뒤에 숨은 가문들은 능수능란하게 대중의 이목을 피한다. 그들은 과연 자신들의 사회적 책임을 인식하고 있기나 한 것일까?

많은 국가가 부자 엘리트들이 설립한 재단이나 세금 회피처들 때문에 소중한 세원을 빼앗기고 있다. 그렇게 사라진 세수는 정부가 난민을 관리하는 데 쓰는 비용보다 많다. 전 세계적으로도 기업의 실제적인 세금 부담은 줄어든 반면, 시민 각자의 세금 부담은 늘어나는 추세이다. (544쪽 도표 10 '점잖은 납세자와 약삭빠른 기업' 참조)

지금도 영국에서는 나라 전체를 거대한 세금천국으로 바꿔놓으려는 로비스트들의 활동이 진행 중이다. 그렇게 하면 유럽연합 탈퇴를 앞두고 빠져나가는 자본과 기업들을 오히려 영국으로 불러들일 수 있다는 계산에서다.[288] 세금 구멍이 여기저기 뚫려 있는 런던은 이미 러시아 올리가르히들이 즐겨 선택하는 도시이다. 메트로폴리탄에서 사치스러운 생활을 누리면서도 '비거주자'로 분류되어 세금을 내지 않아도 되기 때문이다. 그 대신 러시아에서 아주 작은 세금만 내면 된다.[289] 영국은 유럽연합 내에서 그들의 불투명한 세금천국을, 특히 케이먼제도와 도버해협의 왕실소유지들을 암암리에 효율적으로 지켜왔다. 이 '은폐의 왕국'에 등록된 억만장자 세 명의 자산이 독일의

GDP, 즉 한 해에 독일에서 생산된 모든 상품과 서비스의 총액에 버금갈 것으로 추정된다.[290]

그런데 앞으로도 영국에서는 기업들이 내야 할 영업세가 좀 더 확실히 줄어들 전망이다. 1930년대의 세금 인하 경쟁을 답습하는 것이다. 파괴적인 '하향평준화 경쟁'이다.

이런 경쟁에서라면 유럽연합에 머물러 있는 다른 회원국들보다 영국이 앞서 나간 편이다. 지난 수십 년간 오스트리아와 벨기에 그리고 무엇보다 룩셈부르크가 은행업에 세무관청의 개입을 차단하기 위해 노력을 기울였다. 하물며 유럽연합 위원장인 장 클로드 융커는 모국인 룩셈부르크에 초국적 기업들이 세금 혜택을 누리는 오아시스를 설립한 것으로 출셋길에 올랐다.

경제학은 줄곧 지속적인 세금 인하가 더 많은 성장과 풍요를 불러옴으로써 결국 모든 시민에게 유익을 끼친다는 논리로 감세를 합리화했다. 하지만 관련 연구를 오랫동안 진행한 마이클 그레츠Michale Graetz 교수는 "역사적 경험은 대대적인 세금 인하가 경제적 성장을 통해 채워지지 않는다는 점을 증명한다."라고 단언했다.[291] 뉴욕 컬럼비아대학교에 재직 중인 그레츠 교수는 세법 전문가로서 현재 도널드 트럼프가 답습 중인 로널드 레이건의 경제 정책을 분석한바 있다.

이런 식이라면 우리는 머지않아 거대한 쇼가 막을 내리는 것을 직접 봐야 할 것이다. 세원이 계속 줄어들면 당연히 국가가 할 수 있는 일도 더 줄어들 수밖에 없다. 오스트리아와 독일처럼 연금제도의 국가보조금 의존도가 높은 나라들에서도 마찬가지일 것이다. 재계와 사회의 권력자들은 역사적으로 반복되는 선택의 기로에 서 있다. 그들은 공정한 분배를 실현할 수도, 아니면 16세기 농민전쟁 이래 거듭돼 온 불가피한 민중봉기와 맞닥뜨릴 수도 있다. 동시대의 정치 권력이 빈틈없는 시민감시와 민주적 통제 수단의 무력화를 선택한 이유이기도 하다. 중국에서처럼.

라틴어 격언 중에 '돈에서는 냄새가 나지 않는다.'라는 말이 있다. 하지만 이번 경우에는 냄새가 난다. 그래서 '계속 이렇게' 가다가는 새로운 전쟁이 일어날 것이고, 지금껏 쌓아온 민주주의는 사라지고 말 것이다.

세계화에 대한 낙관론이 오도하고 있는 것들

—

《지금 다시 계몽의 시대Enlightment Now》는 하버드대학교 심리학과 교수이며 세계적 명성을 누리는 저술가인 스티븐 핑커Steven Pinker의 신작 제목이다. 마이크로소프트의 창업자인 빌 게이츠는 아직 출간도 되지 않은 이 책을 두고 자신의 인터넷사이트에 '새로운 내 인생의 책'이라고 소개했다.[292]

그들은 요즘엔 좀처럼 보기 드문 낙관론자들이다. 핑커는 "복지, 교육, 민주주의, 안보 등 모든 것이 아주 오랜 시간 동안 점점 더 좋아지는 쪽으로 발전해왔다."라고 주장한다.[293] 정말 그렇다면 얼마나 좋을까.

인류의 진보에 대한 의심할 바 없는 증거들은 특히 의학적 치료나 기술의 세계에서 많이 찾을 수 있다. 하지만 세계화의 중심 주제에 관해서는 핑커 교수가 자신의 책을 읽을 독자들을 오도했다고 해도 과언이 아니다.

'빈곤'을 예로 들어보자. 1995년 코펜하겐에서 열렸던 세계사회개발정상회의WSSD에서 117개국 국가의 정상들이 전 세계적 '빈곤 퇴치'를 위한 구체적 조치를 결의했다.[294] 그리고 1996년 로마에서 열린 세계식량정상회의WFS에서 다시 한 번 '빈곤 박멸'이 약속됐다.[295] 그로부터 20년 후인 2015년 유엔은 전 세계 빈곤 인구가 19억 명에서 8억 3,600만 명으로 줄었다고 발표했다.[296] 이 내용을 담은 그래프는 전 세계에 널리 퍼졌고, 세계화의 열렬한 지지자인 전 폴란드 중앙은행장 레셰크 발체로비츠Leszek Balcerowicz 같은 인물은 이 자료를 자기 강연에 적극적으로 활용했으며,[297] 스티븐 핑커도 자신의 책에 이 그래프를 첨부했다.[298]

하지만 이 주장은 지난 수십 년간 빈곤에서 탈출한 사람들의 대부분이 중국에 살고 있다는 사실을 간과했다. 그 숫자가 대략 8억 5,300만 명이다. 중국의 유례없는 경제 성장이 없었다면 빈곤 퇴치의 성과는 지금보다 훨씬 소박했을 것이다. 게다가 유엔 통계는 1인당 하루벌이가 1.9달러 미만일 때를 빈곤층으로 집계한다. 그렇게 이른바 '저소득 국가'로 집계된 나라는 아프가니스탄, 시에라리온, 르완다, 아이티 등 31개국뿐이다. 하지만 좀 더 실효성 있는 기준을 적용하면 빈곤 문제가 여전히 심각함을 확인할 수 있다.[299]

유엔과 달리 세계은행이 규정한 빈곤의 기준은 하루벌이 3.2달러 미만이다. 이 기준을 적용하면 베트남, 인도, 이집트, 우크라이나 등의 인구 40퍼센트가 빈곤층에 속한다. 전 세계 20억 명이 여전히 가난에 시달리고 있다는 뜻이다. 브라질, 말레이시아, 중국 등 개발도 상국들은 스스로 빈곤의 기준을 상향조정한다. 그런 나라에서 가난 하지 않게 살려면 적어도 한 사람이 하루에 5.5달러는 수중에 쥘 수 있어야 한다. 그리고 이 계산에 따르면 세계 인구의 절반이, 즉 30억 명 이상이 가난하게 살고 있다. (547쪽 도표 14 '빈곤 퇴치의 허구성' 참조)

2015년 총회에서 유엔은 "2030년까지 전 세계에서 빈곤과 기아 가 종식될 것"이라고 선언했다.[300] 이는 비정상적 착각이다. 현재 흐 름대로라면 설령 '종식'이 되더라도 한 세기는 족히 더 걸릴 것이다.

스웨덴의 유명한 통계학자 한스 로슬링Hans Rosling 또한 유엔 통계 를 근거로 유작이자 신작 《팩트풀니스Factfulness》를 썼는데, 심지어 스 티븐 핑거의 책보다 더 두껍다. 이 책은 무엇보다 상대적 빈곤의 감 소에, 즉 절대적 숫자가 아닌 세계 인구 중 빈곤층의 비중이 줄어든 것에 초점을 맞췄다. 로슬링과 2018년 그가 작고한 뒤 책을 출판한 그의 자녀들이 내린 결론은 무책임하기 그지없다. "전 세계는 20년 전만 해도 전체 인구의 29퍼센트가 극빈층이었지만, 이제는 그 비율 이 9퍼센트로 줄었을 정도로 크게 변했다. 오늘날에는 거의 모든 사 람이 지옥을 탈출했다. 인류를 괴롭혀온 고통의 근원이 사라지려는 순간이다. 우리는 파티를 열어야 한다. 그것도 성대한 파티를! 여기 서 내가 말하는 '우리'는 바로 인류다!"[301]

이번에는 기아 문제를 예로 들어보자. 핑커와 로슬링 가족 같은 '새로운 낙관론자'들이 전 세계 기아 문제와 관련해 근거로 삼은 정 보를 좀 더 자세히 검증해 보면 다르게 볼 여지가 다분하다. 하버드 대 교수라는 사람이 "전 세계적으로 기아의 비율이 감소했다."라고 주장하며 근거로 내민 그래프는 1970년부터 2015년까지 후진국에서 영양실조자의 비율이 감소했음을 나타낸다.[302] 로슬링 가족 역시 같은 그래프를 참고했다.[303]

그러나 거기에는 몇 번의 눈속임이 있었다. 첫째, 절대적 숫자가 아닌 백분율만 제시함으로써 2008년부터 2010년 사이 극심했던 기아 문제가 같은 기간 인구 증가에 의해 '지워졌다.' 실제 그 숫자는 8억 5,000만 명에서 갑자기 9억 명으로 늘어났고, 2009년에는 배를 곯는 사람들이 10억 명이 넘었다. 이전 그 어느 때보다 많은 숫자였다.[304] 그리고 이후 다소 감소 추세를 보이던 영양실조 인구는 2017년 들어 다시금 증가세로 돌아섰다.[305]

둘째, 그래프에서 기아 문제가 개선된 것처럼 보일 수 있었던 이유는 2012년부터 유엔 산하 식량농업기구FAO가 집계 방식을 바꿨기 때문이다. 그때부터 '최소한의 신체 활동을 하며' 굶주림에 시달리는 사람만이 영양결핍으로 인정받게 됐다. 하지만 이는 비현실적인 전제이다. 후진국에 사는 거의 대부분의 가난한 사람들이, 특히 농촌에서는 강도 높은 육체노동을 해야만 하기 때문이다. 미국 예일대학에서 글로벌정의프로그램Global Justice Program을 운영하는 토마스 포기Thomas Pogge 교수는 "이 모든 꼼수 덕분에 줄기차게 늘어나는 흐름이 줄기차게 줄어드는 흐름으로 변신했다."라고 판단한다.[306] 그는 이를 두고 세계적 아첨쟁이들이 숫자로 장난을 친 거라며 '분칠한 수학'이라고 불렀다.

이번에는 불평등을 예로 들어보자. 핑커는 "세계화에 대한 클리셰 중 하나가 승자와 패자를 낳는다는 것"이라고 주장한다. 그는 "2008

년 금융위기가 전 세계 불평등을 조정하는 데 탁월한 효과를 발휘했다.”라며 “세계 부자들의 소득은 깎여나갔지만 다른 곳에서 노동자들의 소득은 (중국에서는 두 배로) 증가했다.”라고 주장한다.[307] 그가 그 근거로 삼은 것은 2011년까지의 소득신고 내역이다. 그 이후 지금까지 변동사항은 고려되지 않았다. 마치 카레이싱 선수가 커브 구간에서 잠시 브레이크를 밟듯 부자들의 부가 증가하는 추세가 단기적으로 멈칫했던 그 순간을 포착한 다음 기세등등한 주장을 펼친 것이다. (538쪽 도표 2 ‘감당하기 어려운 불평등’ 참조)

스위스 대형은행 크레디트스위스Credit Suisse의 연구기관에서 매년 발표하는 보고서 〈세계 부 보고서 Global Wealth Report〉는 돈에 관심 많은 사람들이 챙겨 보는 권위 있는 참고서이다. 2017년 말 출간된 이 보고서의 내용은 핑커의 주장과 정면 배치된다. “금융위기의 부정적 유산 중 여전히 남아 있는 것이 바로 자산의 불평등이다. 2007년 이래 세계 모든 지역에서 ‘자산 불평등’이 계속 증가하고 있다. 이 보고서의 작성자가 집계한 바에 따르면, 2000년대 초반에는 전 세계 상위 1퍼센트 자산가가 전체 가계 자산의 45.5퍼센트를 차지하고 있었지만 몇 년 동안 그 비율이 증가해 지금은 50.1퍼센트가 됐다.”[308] 보고서가 내놓은 ‘향후 5년간 자산 전망’ 역시 의미심장했다. “백만장자 집단의 전망은 자산 피라미드 하단부(성인 1인당 자산 1만 달러 이하)의 전망보다 낙관적이다. 2022년까지 백만장자의 숫자가 오늘날 3,600만 명에서 4,400만 명으로 22퍼센트 증가할 것으로 점쳐지는 가운데 피라미드 최하단부 사람들의 숫자는 고작 4퍼센트 줄어드는 데 그칠 것이다.”

오랫동안 세계은행 이코노미스트로 일했던 브란코 밀라노비치 Branko Milanović 같은 저명한 학자는 실증적인 예를 통해 더 간단하게 설명한다. "세계화가 급격하게 이뤄진 1988년부터 2008년 사이 이득을 가장 많이 본 사람들은 아시아의 중산층이었다. 중국을 비롯해 인도, 인도네시아, 태국, 베트남 등 아시아 국가들이 세계적인 경기부진에도 확연한 성장을 이뤄냈다는 것은 이미 잘 알려진 사실이다. 그러나 세계화로 확실한 이득을 본 두 번째 집단은 부유한 나라와 그렇지 않은 나라를 막론하고 모든 나라의 소득상위 1퍼센트에 해당하는 사람들이었다."[309]

이번에는 교육을 예로 들어보자. 당연히 핑커와 다른 많은 학자들은 교육의 기여로 사회·경제적 불평등이 감소했다고 주장한다. 하지만 고도로 발전한 사회에서는 이러한 현상이 한계점에 도달했다. 대중적 교육이, 특히 여성의 교육이 빈곤을 퇴치하는 데 핵심 역할을 맡는 가난한 나라들과는 상황이 다르다. 제2차 세계대전 이후 서구세계 거의 모든 시민들에게 더 나은 교육의 기회가 제공된 것은 매우 중요한 사건이었다. 하지만 브란코 밀라노비치는 "앞으로 다가올 미래에는 대중적 교육이 불평등의 감소에 아무런 영향을 미치지 못할 것"이라고 강조한다. "부유한 나라에서 평균 6~7년짜리 교육과정을 오늘날과 같은 13년짜리로 늘렸을 때는 교육이 불평등을 해소하는 효과를 냈다. 하지만 더 이상 교육과정을 13년에서 20년으로 늘리게 되지는 않을 것이다. 그렇기 때문에 이제는 대중교육을 늘리는 일보다는 교육의 질을 높이는 것이 중요하다."[310]

그리고 민주주의를 예로 들어보자. 핑커는 "1990년대 초반 민주주의 국가는 세계 52개국에 불과했는데 지금은 103개국이 됐다."라고 썼다. 하지만 러시아와 헝가리, 폴란드의 상황은, 필리핀과 터키 그리고 미국의 변화는 어떠한가? 영국 〈이코노미스트〉를 발간하는 이코노미스트그룹 산하의 경제정보 분석 기관인 '인텔리전스 유닛 Intelligencen Unit'이 2017년 발표한 바에 따르면, 이전 해보다 '민주주의 지수'가 개선된 나라는 지구상에 단 한 곳도 없었다. 미국 스탠포드 대학의 정치학 교수 래리 다이아몬드Larry Diamond가 진단한 대로 '민주주의의 퇴조'가 진행되는 중이다. 지금 현재 '완전한 민주주의' 국가에 살고 있는 사람들은 세계 인구의 5퍼센트가 채 안 된다. 167개 조사대상국 중 89개국에서 민주주의 지수가 하락했다.[311]

심지어 이 지점에서도 핑커는 자신이 맹목적 낙관론자임을 증명했다. 반계몽주의자들이 도처에 난무하는 상황에서도 핑커는 "그들이 지속적으로 활동할 수 없을 것 같은 증거들"을 찾아냈다. "그중 하나가 그 추종자들이 늙었다는 것이다. 트럼프는 물론 브렉시트와 유럽의 대중영합주의 정당들을 움직이는 압도적인 세력은 청년들이 아니라 노인들이다. 이 세대는 독재와 함께 무덤으로 들어갈 가능성이 높다." 하지만 숫자는 이에 대해 다른 말을 한다. 젊고 부유한 사람들 사이에서도 반민주주의 지도자에 동조하는 목소리가 갈수록 커지고 있다. (제8장 '권력을 잡은 우파민족주의자들' 참조)

인공지능에 대한 그의 견해가 얼마나 심각하고 위험한지를 예로 들어보자. 이 지점에서 핑커는 완전히 빗나갔다. 심지어 빌 게이츠도 이 하버드대 교수가 "인공지능 문제에 관해서는 다소 낙관적"이라고 평했을 정도이다. 마이크로소프트를 설립한 억만장자가 이 책

에서 가장 좋아하는 다섯 가지 요소 중 하나로 꼽은 것은 "전쟁은 불법이다."라는 주장이었다.[312]

핑커는 "나는 교양과 지적인 삶 그리고 무엇보다 언론을 세우는 데 필수적인 토대가 바로 정량적이고 증거에 기초한 사고방식이라고 생각한다."라고 말한다. 그리고 그러한 사고를 하기 위해서는 "숫자와 사실관계가 삶을 이끌도록 하는 훈련이 요구된다."라고도 말한다. 정말 구구절절 옳은 말이다.

사람들의 눈을 멀게 하는 지나치게 낙관적인 관측으로 가득 찬 핑커의 책《지금 다시 계몽의 시대》는 시대의 불안을 잠재우는 기능을 했고, 덕분에 미국에서 출간되자마자 베스트셀러 목록에 올랐다.[313] 그러나 의도적이든 의도적이지 않든 간에 작금의 세계화를 그토록 미화하는 것은 신자유주의 유령이 판치도록 돕는 것이나 마찬가지이다.

제 4 장

서구사회는 어떻게 민주주의를 거부했는가

—

연방의원으로 선출된 정당 소속 의원들은
모두 공익의 의무를 지고 있으며 국가를 위해 봉사한다.

- 프랑크 발터 슈타인마이어Frank-Walter Steinmeier 연방대통령,
2017년 11월 20일에 '자메이카 연정'● 협상이 실패로 돌아간 뒤. 314

● 기민-기사 연합, 자유민주당, 녹색당의 연정을 가리키는 말로 각 정당의 상징색인
검정, 노랑, 초록이 자메이카 국기의 색 조합과 같아서 붙여진 이름이다. 대연정은 선
거로부터 거의 반년이 지난 후, 정확히는 171일 만인 2018년 3월 14일에 비로소 성사
됐다.

GAME OVER

서양의 근대 철학자 임마누엘 칸트Immanuel Kant가 "마땅히 그 스스로가 책임져야 하는 미성년의 상태에서 벗어나는 것"이라고 규정한 '계몽'은 그 빛을 잃었다. 시민권을 통한 개인 자유의 보호, 프랑스의 사상가 몽테스키외Montesquieu, Charles De가 말한 권력의 분립, 신뢰할 수 있는 견고한 법치국가, 민주적이고 합법적인 제도를 통한 정치적 변화, 보편적 인권, 진지한 정보, 근본적 문제에 집중하고 어떤 세력에 의해 조작되지 않는 선거운동, 경제적 이해관계보다 정치가 우위를 점하는 우선순위, 소수를 배려하는 관용 등 이 모든 가치가 전 세계에서 점차 사라지는 중이다. 아니면 이 모두가 현실적 결과로 드러나지 않았을 뿐 그 가치는 그대로 남아 있다고 하는 편이 나을까?

어쨌든 기존의 민주주의자들은 무능력해졌으며, 특히 그 대표자들에 대한 신뢰는 빠른 속도로 사라지고 있다.

하버드대학의 야샤 뭉크는 광범위한 연구를 토대로 "경고 신호등에 빨간불이 들어왔다."라고 말한다.[315] 1970년대 중반 남미부터 동유럽에 이르기까지 지구 전역에 압도적인 현상으로 나타난 '민주주의의 공고화'는 이제 옛말이 됐다. 미열로 시작해 온몸으로 퍼져나가는 독감처럼, 일단 시작되면 전체가 흔들릴 것이다. 베네수엘라, 헝가리 혹은 폴란드에서 이미 오래전부터 민주주의가 사회에 깊게 뿌리내리지 못했다는 신호가 감지되고 있다.

심지어 오래전에 민주주의가 정착한 것으로 알려진 호주와 영국혹은 스웨덴에서도 민주주의 국가에서 사는 것이 필요하다고 생각하는 사람들이 점점 줄어들고 있다. 이미 2014년에 미국 응답자의 6분의 1이 군부통치에 대해 '좋다' 혹은 '매우 좋다'라고 답했다. 1995년에 그런 대답을 한 사람은 전체의 16분의 1에 불과했다.

이 문제를 두고 토론할 기회가 있었지만, 지금은 이미 늦어버렸다. 정당에 거리를 두거나 투표소에서 멀어진 사람들은 현실로 드러난 상황에 대해 무언의 동의를 표한 셈이다. 그렇지 않고 시민운동이나 비정부기구에 참여하는 사람들도 많다. 전후세대는 과거에도 그랬고 지금도 여전히 활발하게 참여하는 반면, 1980년대 이후에 태어난 밀레니엄 세대들은 더 이상 정치에 참여하지 않는다. "베이비부머 세대는 관례를 깨고 정치에 참여했던 자기 세대의 성향을 자녀와 손주들에게 물려주지 못했다." 뭉크는 최신 '세계 가치관 조사'를 분석한 결과를 이렇게 요약했다.[316]

16~24세의 미국 시민 중 4분의 1이 '민주주의 정치체제'가 국가운영체제로서 '나쁜' 혹은 '매우 나쁜' 형식이라고 생각했다. 그보다나이가 많은 미국인 응답자들의 절반가량이 정부가 무력화돼도 군

대가 권력을 위임받는 것은 허용할 수 없다고 대답한 반면에, 밀레니엄 세대들은 19퍼센트만 그렇게 답했다. 미국만큼 깊지는 않지만 유럽연합 국가들에서도 세대 간 괴리가 확인됐다. 유럽에서는 같은 응답을 한 비율이 밀레니엄 이전 세대에서는 53퍼센트, 밀레니엄 세대에서는 36퍼센트였다.

여론조사 전문기관인 유고브YouGov가 2017년 발표한 결과에 따르면, 유럽연합 내에서 인구가 가장 많은 7개국에 거주하는 16~24세 사이 젊은이들 중 4분의 1이 민주주의가 다른 국가체제보다 나을 것이 없다고 생각하는 것으로 나타났다.[317] 스칸디나비아 국가들은 여전히 예외로 남았지만, 그 외 다른 나라들에서는 점점 더 많은 시민들이 민주주의에 회의를 느끼고 있었다.[318]

또 다른 대표적인 설문조사에서는 독일인의 3분의 2가 "민주주의 정당은 말만 많지 문제를 해결하지는 않는다."라는 의견에 동의했다.[319] 2015년 같은 조사에서는 응답자의 87퍼센트가 "정치인들은 계속 지지를 잃게 될 것"이라는 전망에 고개를 끄덕였다. 2년 전에 같은 대답을 한 비율은 77퍼센트였다. 당시 설문조사를 했던 함부르크의 비영리연구단체인 '미래문제재단Stiftung für Zukunftsfragen'은 "많은 시민들이 정치에 실망하거나 절망했고 그간의 신뢰를 철회했다. 이는 지난 몇 년간 투표하지 않거나 저항의 표시로 투표를 하는 비중이 높게 나타나는 현상을 낳았다."라고 분석했다.[320]

서유럽과 미국에서 제2차 세계대전의 비극과 독재 권력의 잔혹함이 시민들의 정치적 태도에 미쳤던 영향력은 이미 힘을 잃었다. 미디어는 물론 일반인의 인식에서도 '사악한 독일인과 무시무시한 나치' 혹은 이탈리아나 스페인의 '파시스트' 대신 '성숙하고 성공한 착한 독일인'의 이미지가 보편적으로 새겨졌고, 그러면서 전체주의에 대한 공포도 사라졌다.

놀라운 것은 이러한 흐름이 지금까지는 그저 '포퓰리즘'이라는 개념 안에 뭉뚱그려져 있었다는 점이다. 하지만 이 '우파 포퓰리즘'이 지향하는 핵심은 민족주의적이고 독재적인 구조이다. 지금까지 '우파 포퓰리즘 정당' 혹은 '우파 포퓰리즘 정치지도자'로 분류된 세력들 중에는 실제로 완벽한 극우 세력도 적지 않았다. 대중의 선호에 따라 포퓰리스트가 전면에 내세워진 점도 있지만, 그로 인해 점점 더 많은 신민족주의자들이 세력을 장악하고 있으며 그들 중 몇몇은 독재 권력을 최종 목표로 삼고 있다.

이미 변화가 시작됐다. 러시아에서는 아예 옴짝달싹할 틈이 사라졌고, 레젭 타입 에르도안Recep Tayyip Erdogan이 당선된 2018년 6월 터키 대통령 선거에서는 창문이 열리기도 전에 닫혀버렸다. 그는 '제왕'을 뽑을 수 있도록 직접 헌법을 개정한 다음 대통령에 당선됐다.

지금 당장 브라질에서는 민주주의자들이 사멸하는 과정을 목격할 수 있다. 수십 년간 군부독재 아래에서 신음했던 남미에서 가장 큰 나라인 브라질 국민들은 1985년부터 마침내 대통령을 직접 선출할 수 있게 됐다. 처음에는 기존의 정치 권력이 집권에 성공했으나 2002년 네 번째 직선에서 루이스 이나시우 룰라 다 시우바Luiz Inácio Lula da Silva가 승리를 거뒀다. 그는 노동계 지도자로, 시스템적 부패와는 거리가 먼 사람으로 여겨졌다. 노동자당을 함께했던 그의 정치 동료들 또한 군부독재에 격렬하게 저항했던 인물들이었다. 분명 새

시대가 밝았었다.

　때마침 새로운 유전의 발견으로 촉발된 경기호황은 브라질이 세계 무대로 나아갈 수 있도록 사다리를 놓아줬다. 2014년 월드컵과 2016년 올림픽을 개최하면서 세계 강대국으로 우뚝 올라서는 모습을 확인할 수 있었다. 국제 투자자들은 이 남미 대국의 부상을 환영하며 인도와 중국, 러시아와 묶어 '브릭스BRICs'라고 불렀다. 그러나 지금 브라질에서는 선출직의 40퍼센트가 부패혐의로 조사를 받고 있다. 룰라는 2심 재판에서 12년형을 언도받았고, 그의 정권계승자는 탄핵됐다. 다음으로 대통령이 된 미셰우 테메르Michel Temer는 피선거권을 상실했고, 아직 두 건의 재판이 더 남아 있다. 그는 뒷걸음치는 경기를 반등시키고자 신자유주의의 전통에 따라 민영화에 앞장섰고, 그 덕분에 잇속을 차린 건 유력 경제인들뿐이었다. 2010년 의회 선거에서는 '심술쟁이'라는 별명의 직업 코미디언이 당선됐는데, 그가 내건 슬로건은 '이보다 더 나빠질 수는 없다.'였다. 하지만 그는 다음 선거에 불출마하겠다고 선언했다. 2017년 그는 "513명의 의원 중 실제로 회의에 참석한 사람은 여덟 명뿐이었고 그중 하나가 나인데, 나는 코미디언이 아닌가."라며 의회를 싸잡아 비판했다.[321]

　브라질 시민의 94퍼센트가 기존 정당을 불신하기에 이르자 오히려 축구스타 자이르 보우소나루Jair Bolsonaro에게 주어진 운신의 폭은 더 넓어졌다. 보수적인 우파 세력의 지지를 받은 그는 원주민들을 '짐승'이라고 불렀고, 지우마 호세프Dilma Rousseff 전 대통령이 군부에 맞서 투쟁하던 시절에 그녀를 고문하도록 지시한 장군에게 감사한다고 공개적으로 말하기도 했다.[322]

자극적 도발은 거의 모든 곳에서 아직까지 효력이 있다. 그리고 어느 곳에서나 그 자극적 도발로 인해 무너지는 것은 견고하지 못한 체제이다. 이런 상황에서 민주주의가 무슨 상관인가? 독일어로 가사를 쓰는 음유시인 볼프 비어만Wolf Biermann은 이렇게 노래했다. "축구와 운전면허증, 그게 전부는 아닐지도 몰라. 지금 격동의 인생에." 투표와 토크쇼 같은 것들이 격동의 민주주의가 할 수 있는 전부인가? 계몽된 시민들이 만들어낼 수 있는 것이 이게 전부란 말인가?

그 중심에 서 있는 것은 정당, 언론, 로비스트가 한 점씩 차지한 권력이다. 그렇다면 그들은 누구를 위해 일하는가? 처음부터 큰 문제를 안고 시작한 유럽연합은 2019년 결정의 해를 맞았다. 미국과 유럽연합의 엘리트들은 자기 나라 국민들과 대치하고, 뿔뿔이 흩어진 자유주의자와 좌파들은 거품 인기를 돌보는 데 급급하며, 침묵하는 다수는 자기 나라에서 이방인이 된 기분을 느끼고, 나치즘에 가까운 포퓰리즘의 주먹은 계속 허공만 가를 뿐이다. 미디어와 정당이 주축이 된 민주주의에서 명예훼손은 사형과 다름없다. "어쩌다 이렇게 많은 사람들이 제 발등을 찍게 되었는가."라는 질문은 제대로 된 대답을 얻지 못했다. 그것은 사람들 가슴에 쌓인 원한과는 다른 무언가에 관한 문제이다.

서구 국가에서 정당이 운영되는 방식

나는 15년간 무소속 의원으로 유럽의회에 몸담고 있는 동안 줄곧

이 질문에 천착했고, 몸소 경험한 바를 통해서 그 대답을 얻기도 했다. 나는 시민들이 정치인에 대해 가진 고정관념에서 벗어나고자 애썼으나 애석하게도 대부분 그들의 생각이 옳았다. 흐름은 이미 통제를 벗어나 있었다. 서구 민주주의가 제공한 시스템이 매우 체계적인 파괴를 진행하고 있다.

문제는 정치인들을 선발하는 과정에서 시작됐다. 오늘날 여전히 정당에 몸담고 있는 자들은 누구이며, 공직에 출마하는 자들은 누구인가? 진이 빠져버리는 회의와 얽히고설킨 모략과 음모를 감수하고 끝내 정치적 결정권을 쥐게 된 자들은 누구인가? 끝까지 이를 악물고 참아내는 자는 누구인가? 누가 끝내 이 일을 해내고 마는가? 공익을 위해 봉사하려는 진정성과 전문성을 겸비한 정치인이 거의 없다는 탄식이 사방에서 들려온다. 과연 당신이 아는 정치인 중에 그런 인물이 있는가?

여기에는 근본적인 모순이 감춰져 있다. 소신이 뚜렷한 인물이 주도적으로 나서는 순간 기존 언론과 정당 내 경쟁자들은 그가 정치를 잘 모른다며 비난을 쏟아낸다. 반대로 어떤 신인들은 기존 정치에 잘 융화되기는 하지만 정치를 일종의 직업으로 생각할 뿐 그 진정한 내막에는 별 흥미를 보이지 않는다.

하물며 '이상주의자'라는 꼬리표가 붙은 사람은 불신의 대상이 되어 비웃음을 산다. 정당 언저리에서 살아남고자 하는 자는 어찌됐건 그들과 어울려 그 세계에 적응해야 한다. 정치 신예들은 구부러지되 부러지지 않으려고 스스로 유연하게 움직이려 하고, 그렇게 하다 보면 정당 대표로서 중요한 정치적 의사결정에 참여할 기회를 얻기도 한다. 그러는 동안 그들 중 다수가 자존감을 상실한다. 동시에 그걸 견딘 사람들 사이에는 '당'에 대한 의존성과 심지어는 권력과 감투에 대한 욕망이 함께 자랄 때도 많다. 그리고 주어진 특권을 남용하는 것으로 희생과 실망에 대한 보상을 얻으려는 유혹에 넘어간다.[323]

중앙에서 활동하는 직업 정치인들의 일반적인 행동반경은 유권자 대다수의 일상생활과 거의 겹쳐지지 않는다. 그러다 보니 그들이 끊임없이 주창하는 '일반 시민의 걱정과 필요'는 겉만 번지르르한 정치 구호에 불과하게 됐다.

"보통의 고위 정치인은 험한 일에 관여하려 하지 않는다. 그래서 자기가 몸담은 좁은 정당에 속한, 자기와 비슷한 50명을 1년 내내 번갈아가며 만난다. 그에게 중요한 것은 그들이며, 그들이 그의 미래를 좌우한다. 반면 급변하는 경제와 사회 환경을 실제로 경험하는 사람들과 진지하게 만날 기회는 기가 막힐 정도로 드물다. 거대 정당들은 자기들이 대중을 대변한다고 말하지만, 정작 정당에서 대중의 자취는 점점 사라지고 있다." 오스트리아 사회민주당에서 대변인으로 일했던 디트마어 에커Dietmar Ecker의 분석이다.[324]

독일과 오스트리아에서 그들의 정치적 행보는 무엇보다 당 지도부에 의해 결정된다. 각 의회 구성을 위한 중요한 선거전을 전면에서 이끄는 것도 당 지도부이다. 심지어 선거 명부에 이름만 올려도 바로 당선될 법한 후보가 있어도 최종적으로 그 지역구 후보를 결정하는 건 지도부의 권한이다. 그러므로 정치인들에게는 당 지도부가 제일 중요하고, 때론 당원들도 중요하지만 일반 유권자들은 크게 중요하지 않다. 지도부에 연이 닿지 않는 사람에게는 민주적으로 선출되는 그 어떤 직책에서도 살아남을 기회가 주어지지 않기 때문이다. 독일의 헌법학자 한스 허버트 폰 아르님Hans Herbert von Arnim의 계산에 따르면, 독일 연방의회선거에서 유권자들이 어떤 정당에 다른 정당보다 더 많은 표를 주어서 결정할 수 있는 의석은 평균 15퍼센트에 불과했다. 85퍼센트의 의석은 전당대회의 대의원에 의해 결정된다. 독일 의회에서는 이처럼 위험천만한 '동종교배'가 당연시되고 있다.[325]

도처에서 일어나는 '정치인 공격'은 정치 전반에 대한 불신을 부추긴다. 신문지상에서든 거리에서든 장소를 가리지 않고 정치인을 패대기칠 뿐 아니라, 정치인들 스스로 동료 때리기에 가담한다. 종종 '다른 정당'에 소속돼 있다는 이유만으로 상대 정당으로부터 부당한 취급을 받기도 한다. 세상에 날 때부터 특정 이데올로기의 신봉자, 혹은 극단주의자였던 사람은 없다. 하지만 정치인들은 실질적인 논쟁을 시도해보기도 전에 서로를 향한 개인적 모욕을 일삼는다. 만약 다임러와 BMW가 각 정당의 지도부들처럼 서로 돌아가며 상대방의 상품을 깎아내린다면, 그래도 과연 벤츠나 BMW 자동차의 가치를 높이 평가할 사람이 있을까?

정치인 대부분이 실제로 행사할 수 있는 권한은 또 어떠한가? 세계화 흐름 속에 정치가 계속 우선순위에서 밀려나면서 정치인들의 권한 또한 상당 부분 위축됐다. 역사학자 미하엘 볼프존은 정치적 결정권자들의 의지와 실제로 그들이 영향력을 행사할 수 있는 범위의 차이를 이렇게 표현했다. "나는 하고 싶다. 하지만 할 수 없다."[326]

정치인 중 다수가 그저 냉대가 아니라 대중적 거부감에 직면해 있다. 서구 모든 나라에서 민주적으로 선출된 대표 전반에 대한 실망감이 만연하다. 공직 경험이 많은 유명인사들, 사리분별이 분명하고 정치적 소양이 깊은 사람들에 대한 실망감 역시 확연히 드러났다. 그들 중 한 명은 매우 차분한 어조로 "모든 정치인이 허황되고 이기적이고 나르시시즘에 빠져 있다. 그런데도 그들은 모든 걸 혼자서 이뤄내려 한다."라고 말했다.[327]

똑똑하고 신뢰할 만하며 경험이 풍부하고 능력도 있는 정직한 사람들 가운데 능동적으로 정치에 발을 들일 만큼 멍청한 사람은 거의 없다. 민주주의 정치가 남긴 재앙이다. 능력도 있고 진지한 관심이 있음에도 정당정치에 참여하길 꺼린다는 이유로 다른 누군가를 비난할 수 있을까? 감히 그럴 엄두를 냈던 사람들이 족족 실패하는 것을 보면서도 말이다. 1998년 기업인 요스트 슈톨만Jost Stollmann은 게르하르트 슈뢰더 정권의 약속과는 달리 경제장관이 되지 못했다. 세법 전문가인 파울 키르히호프Paul Kirchhoff는 2005년 앙겔라 메르켈 총리가 각료 후보로 조직한 '섀도 캐비닛shadow cabinet'의 일원이었으나 '하이델베르크에서 온 교수'라는 조롱을 받으며 결국 재무장관이 되지 못했다. ● 주간지 〈디 차이트Die Zeit〉 편집장을 지낸 언론인 주자네 가쉬케Susanne Gaschke는 독일 북부의 소도시 킬에서 시장으로 당선됐

● 슈톨만은 성공한 IT기업 CEO로 슈뢰더 총리 당선 후 경제장관 지목이 기정사실화돼 있었다. 하지만 총선에 승리한 사민당이 녹색당과 연정하는 과정에서 내부 견제에 밀려 무소속 인사에게 자리를 내줘야 했다. 명망 높은 세법학자 키르히호프는 슈뢰더의 3선을 막기 위해 나선 메르켈 후보의 비장의 카드였다. 하지만 슈뢰더는 정치적 고려를 하지 않고 용감하게 소신을 밝히는 그에게 '하이델베르크에서 온 교수'라는 별명을 붙였고, 대중이 그를 '사회적 책임감 없는 괴짜 공부벌레'로 받아들이면서 오히려 메르켈의 인기를 위협하는 요인이 됐다. 결국 선거 며칠 전, 그는 학계에 남겠다며 정치에서 물러났다.

지만 1년도 채우지 못한 채 자리에서 물러나야 했다. 경제학자 호르스트 쾰러Horst Köhler는 논쟁의 여지가 많은 발언으로 연방대통령에서 물러났다. 오스트리아 티롤노동회의소Tiroler Arbeiterkammer의 책임자였던 프리츠 딩크하우저Fritz Dinkhauser는 노골적인 발언 덕분에 그 자리를 내놓아야 했다. 이들은 모두 '희생양'이 되어 실패를 자초했다는 비난을 끊임없이 들어야 했다. 하물며 '독립적 지위'를 약속받은 의회 의원들조차 한순간에 선동가로 몰리거나 배신자로 낙인찍혔다. 일단 제물이 되면 마치 사람이 아닌 것처럼 '인격 모독'을 당하고, 그다음에는 '제정신이 아닌 것'처럼 몰리다가 마침내는 범죄자 취급을 당할 때도 많다.

정계는 내부적으로 공격받고 있다는 피해의식으로 자기들끼리 똘똘 뭉치는 '요새 심리'를 키워나가면서 외부인사가 발을 들일 기회를 허용하지 않는다. 그러다 문제가 발생하면 이른바 '정확한 소통'의 원칙에 따라 해결한다. 여당의 한 주요 인사에게 이 단어를 알아듣기 쉽게 해석해달라고 부탁했더니 '거짓말로 둘러대기'라는 답이 돌아왔다.[328] 이들과 다르게 행동하려는 사람은 그의 능력이 얼마나 출중한지와 '무관하게' 자리를 잃는다. 오래 자리를 지켜온 고위당직자들의 일반적 의견이다.

이것이 정치이다. 많은 책임과 연결돼 있고 매우 중요하면서도 심각한 공동체의 사안을 결정하는 일이 이렇게 다뤄진다. 어딘가에 서구국가에서 정당이 운영되는 방식으로 경영되는 회사가 있었다면 진즉에 망했을 것이다.

디지털 시대에 정당은 공룡이 됐다. 신뢰를 잃으면 잃을수록 점점 더 고립되는 쪽을 택했다. 과연 그들에게 시대에 걸맞은 소통방식, 수평문화, 새로운 화두, 디자인 개념이 있는가? 그것들을 실행할 만한 '민첩한 조직'은? 과연 그들은 비판적 자기성찰이나 전문적 분석을 할 수 있는가? 외부 전문가들의 조언을 듣고 자기 점검을 해보기는 하는 걸까? 그 어느 것 하나 시대 흐름과 맞아떨어지는 것이 없다. 그러니 자유선거로 국민대표를 선출하는 원칙에 반박하는 논리마저 나오는 것이다. 정치권에 몸담은 거의 모두에게, 특히 현직 국회의원에게 '독립성'이라는 단어는 외계어에 가깝다. 실제로 그렇다.

그들은 정녕 오스트리아의 정치풍자서 제목처럼 '하고 싶은 대로 해도 되는' 사람들인가.[329] 정당에 대한 대중의 거부감은 더 이상 민주주의의 대표자들을 움직이는 지렛대 역할을 하지 못한다. 새로이 발견된 충격적 사실이다.

신뢰를 잃어버린 언론 미디어

—

이 책의 출간을 앞두고 친구들은 이전의 그 어떤 책보다 많은 우려를 표했다. 수십억 달러를 움직이는 헤지펀드 매니저, 책임감 없는 초국적 기업들과 척을 지게 될 수도 있다고 했다. 여전히 건재한 민주주의로부터 공격받는 동시에 중국의 새로운 제국주의와 확대되는 감시자본주의의 심기를 건드릴 수 있으며, 더불어 세상에서 가장 힘센 두 남자, 도널드 트럼프와 시진핑에 정면으로 대치하게 될 수도 있다고 했다. 그리고 과연 지금까지 어떤 언론인이든 그들을 진지하게 '건드린' 적이 있는지 반문하기도 했다. 몇몇은 네가 아무리 해봤자 이 책은 금방 잊힐 것이라고 그리고 이 책이 성공하든 못하든 그들은 너를 밟아 뭉개거나 죽은 듯이 입을 다물게 만들 것이라고 경고했다.

정말 그럴까? 어째서 언론에 종사하는 많은 사람들이 그런 생각을 갖게 됐을까? 그리고 어째서 수많은 미디어 소비자들은 언론에 대해 이토록 부정적인 생각을 갖게 됐을까?

언론인은 힘이 굉장히 세다. 행정부와 입법부, 사법부와 나란히 '제4의 권력'을 구현한다. 현존하는 민주주의에서 모든 헌법이, 독일에서는 기본법이 언론인을 보호하고 있다. 독일 연방기본법 제5조에는 "신문의 자유와 방송과 영상으로 보도할 자유가 보장된다. 검열은 허용하지 아니한다."라고 명시되어 있다.[330] 혹자는 언론 보도 내용을 비판할 수 있으며 반박 보도를 요구할 수도 있다. 하지만 그런 일이 일어났을 때 대부분의 언론에서는 '이미 종결된 사안'이라고 말한다. 사실 나 역시 그런 말을 해봤다.

정당과 미디어가 각각 한 축을 맡은 민주주의의 실제 구조에서 미디어는 최고의 권력기관이나 다름없다. 언론인들이 손에 쥔 형벌권은 다양하다. 하루 만에 사람을 우습게 만들 수도, 몇 주간 조롱을 일삼을 수도, 아무런 증거 없이 무작정 한 사람의 인격을 모독할 수도 있다. 언론은 '지속적인 명예훼손'을 통해 사형선고를 내린다. 오늘날 대중은 지나칠 만큼 여론에 좌지우지되곤 한다. 이런 사회에서 '지속적인 명예훼손'이란 그 사람의 삶을 파괴하는 것이나 다름없다. 전통적인 개념의 미디어를 접하지 않는 사람이라 할지라도 인터넷 사용자라면 이미 오래전부터 언론이 가하는 이러한 형벌에 익숙할 것이다.

'언론'과 싸우는 사람은 거의 언제나 패배한다. 정치인을 비롯한 대부분의 주요 인사들은 누구나 이 사실을 안다. 한 번이라도 보도의 대상이 되어봤고 그로 인해 부당한 대우를 받았다고 느꼈던 시민들도 이 사실을 안다. 언론에 대한 분노가 쌓이고 '거짓 언론'이라는 별명에 동의하는 시민이 점점 늘어나는 것도 같은 이유에서다.

헌법이 언론인에게 부여한 권한은 오히려 나쁜 방향으로 작용했다. 여러 가지 면에서 그러했다.

독일 제1공영방송에서 〈오늘의 테마〉를 진행했던 전설적인 진행자 한스 요아힘 프리드리히스Hanns Joachim Friedrichs는 좋은 언론인이 되고자 하는 동료들을 위해 이런 말을 남겼다. "거리를 유지하라, 어떤 일에 엮이지 말라, 그게 좋은 일이라도 엮이지 말라, 냉담하진 말되 냉정은 유지하라."[331] 이 조언에 비추어 보면 나는 썩 괜찮은 언론인이 아니었다.

나는 열의에 불탔고, 공명심과 호기심이 넘쳤으며, 사안에 매우 가까이 다가가고자 했다. 그리고 나는 특정 정당에 편향적이었다. 다른 동료들과 마찬가지로 나 역시 언론인일 때부터 정치를 했다. 정치에 입문하는 과정에서 나는 적과 동지를 확실하게 구분했다. 나는 우파에 맞서는 좌파와 상위층에 맞서는 하위층, 낡은 나치즘에 맞서는 계몽주의자의 편이었다. 내가 〈슈피겔〉 편집국에서 일하던 시절 발행인이었던 루돌프 아우겐슈타인Rudolf Augenstein은 허리춤에 가상의 벨트를 차고 있었다. 거기엔 그의 잡지가 쓰러뜨린 정치인들의 이름이 새겨져 있었다. 그중에서도 슐레스비히-홀슈타인의 주지사 우베 바르셀Uwe Barschel이나 프란츠 요제프 슈트라우스는 〈슈피겔〉이 터뜨린 사건으로 출셋길이 막혀버렸다.

내가 〈슈피겔〉에서 최연소 편집국장을 지낼 당시 귀에 꽂힌 단어가 하나 있었는데 바로 '사냥꾼의 사회'라는 것이었다. 우리가 당시 오스트리아 대통령이었던 쿠르트 발트하임Kurt Waldheim이 전쟁범죄에 공모했음을 증명하는 문서를 인쇄하고 있을 때, 당시 책임자였던 에리히 뵈흐메Erich Böhme는 나를 자기 방으로 불러 샴페인을 따라주었다. 발트하임이 그 논쟁적 문서가 자기에 대한 것일 수 있다는 사실을 공식적으로 인정한 직후였다. 그의 고백은 매우 그럴듯했으나 나중엔 눈속임으로 드러났다. 그 여파는 생각보다 오래갔다.

사회적으로 '기득권'에 속하고, 정보 수집 면에서는 특권을 누리기도 하는 기자로서 나의 편파성도 유지됐다. 나의 자신만만한 태도는 기자라는 직업군의 특성에서 나온 것이기도 했고, 거의 무제한으로 쓸 수 있는 취재비 덕분이기도 했다. 오만불손해진 다음부터는 상대적으로 권위가 덜한 언론사의 동료들을 무시하기 시작했다. 그들을 '품삯 받는 글쟁이'로 폄하하거나, 광고주나 우파 사주들에 의해 휘둘린다고 비웃었다.

1990년 중반부터 《세계화의 덫》 출간 관련 행사를 다닐 무렵까지 나는 "그러니 당신 같은 사람이 정치를 해야 한다."라는 말을 점점 더 많이 듣게 됐다. 듣기 좋으라고 하는 말이라는 것을 알면서도 귀가 솔깃했다. 나와 마찬가지로 '정치적 동물'이었던 공동저자 하랄트 슈만은 얼마 지나지 않아 언론사에서 독일 재정부로 옮겨갔다.

나는 가깝게 지내던 오스트리아 정치인들이 길을 터준 덕분에 당적 없이도 유럽의회 선거에서 비례대표 후보 1번에 오를 수 있었다.

내가 직접 정계에서 옛 동료들로부터 비판을 받게 될 때까지 나는 인물을 가리지 않고 거의 모두를 비판했었다. 정계에서 기자들은 특히 예민하다는 평을 듣는다. 그럴 만도 하다. 또한 기자라는 직업군의 특성상 예민하게 반응할 수밖에 없는 부분도 있다. 그래서 정치인들 사이에서는 "기자와 논쟁하지 말라."라는 격언이 회자될 정도이다.

정계에 입문한 나는 친하게 지내던 미디어 업계의 인사가 해준 조언을 받아들여 언론인을 통한 '간접 소통'에 대해 배웠다. 소통의 목표는 언론을 통해 내 메시지를 전달하는 것이었다. 자신의 직업적 임무를 진지하게 여기는 많은 기자들은 정치인들의 도구가 되지 않으려 보호막을 친다. 그럼에도 오스트리아 극우 정치인인 외르크 하이더Jörg Haider나 오스트리아 총리인 제바스티안 쿠르츠, 독일 극우 정치인인 알렉산더 가울란트 등은 언론을 활용하는 데에 가히 장인에 가까운 능력을 보여준다. 그들은 질문자들을 활용해 유권자에게 메시지를 전달한다. 불편할 수도 있는 질문에 용감하게 입을 여는 척하며 오히려 자기 입장을 전달하는 '기술'은 가히 전문가 수준이라 해도 무방할 것이다. 심지어 그들은 스캔들을 미리 계획하는 묘기를 부리기도 한다.

이렇게 대중을 선동하는 '기술'은 1968년 혁명 무렵 좌파 운동가들이 실험 삼아 만든 것이다. 하지만 오늘날에는 유일하게 신민족주의자들이, 그중에서도 이탈리아 동맹정당의 마테오 살비니가 잘 써

먹고 있다. 어째서일까? 사실 나도 잘 모르겠다. 이런 상황에는 고전적 언론학 이론이 적용되지 않는다. 트럼프가 미친 듯이 날뛰면 미디어가 그 광란에 대해 미친 듯이 반응하고, 결국 트럼프가 이긴다.

일단 토론이 열리면 수백만 시민들은 관중석에서 나와 참여자로 소셜미디어에 의견을 개진한다. 독일 연방기본법에도 "누구든지 자기의 의사를 말, 글, 그림으로 자유로이 표현하고 전달할 권리를 가진다."라고 명시되어 있다. 그러나 이 권리를 누구나 아무런 기술적 불편함과 별도의 비용 없이 누리게 된 이래로 '진짜'와 '진짜가 아닌 것'을 구분하기가 점점 더 힘들어지고 있다.

최근에 뉴욕 컬럼비아대학의 언론대학원에서 '언론 사업이 사양길에 접어든 상황에서 언론인들은 자신의 직업에 대해 어떤 생각과 태도를 가지고 있는가.'라는 주제에 관한 연구결과를 발표했다. 그 내용 중 가장 충격적인 것은 언론인들이 가짜 뉴스와 진짜 뉴스를 확실히 다른 것으로 구분하지 않고 그저 '정도의 차이'로 생각한다는 점이었다. 그들은 온라인, 특히 각종 소셜미디어에서 떠도는 이야기들과 가짜 뉴스의 밀접한 연관성에 대해 인정하면서도, 가짜 뉴스를 유통시키는 책임은 정치인들에게 더 많다고 생각했다.[332]

이처럼 심각한 신뢰성의 위기는 몇몇 공영미디어의 대표적 인사들이 공개적인 고백을 하면서 더욱 심화됐다. 고백의 대상이 된 공영미디어들은 오랫동안 높은 시청률을 자랑하며 많은 시청자 혹은 청취자들로부터 '객관적'이라는 평가를 받아온 곳들이었다. 독일 공영방송 ZDF의 편집국장이었던 니콜라우스 브렌더Nikolaus Brender는 "공영방송에 대한 정당의 간섭은 언제나 있어왔다."라며 "정당들은 악어

만큼 탐욕스럽다. 정당들이 언론을 꽉 쥐고 있기 때문에 언론인들이 여전히 정당에 아첨하는 보도를 쏟아내는 것에 놀랄 필요가 없다."라고 말했다.[333] 그는 2010년 기민기사연합의 압력으로 자리에서 밀려났다. "나는 연방총리와 바이에른 주지사, 헤센 주지사의 마음에 들지 못했다. 그들은 내 계약이 완료되길 손꼽아 기다렸다. 그들은 방송사 사장이 계약 연장을 제안했음에도 ZDF 이사회를 통해 계약이 연장되지 않도록 손을 썼다."

오스트리아는 물론 이탈리아, 스페인, 헝가리, 포르투갈에서도 정권이 교체되면 방송사 구조와 인력이 그에 적합하게 새로이 구성되는 것이 일반적이다. 오스트리아 공영방송 ORF의 사장이었던 타도이우스 포드고르스키Thaddäus Podgorski는 2018년 방송국 스튜디오에 가장 간섭을 많이 한 사람이 누구냐는 질문에 "니더외스터라이히의 주지사인 에르빈 프뢸Erwin Pröll은 발언권이 센 편집국 멤버나 마찬가지였다."라고 답했다. 그 외에도 오랫동안 빈 시장을 역임한 헬무트 칠케Helmut Zilke는 공영방송 ORF의 국장 출신이기도 한 만큼 "매일 전화해서 무언가를 알아내려 하거나 누군가에게 어떤 사건을 만들려고 했다."[334] 상황이 이쯤 되다 보니 최근 우파 정권이 오스트리아 대표 미디어의 색깔을 바꾸려 할 때도 대중들의 분노가 치솟다가 어느 선에서 사그라지고 말았다.

민주주의자들은 이런 식으로 제 무덤을 팠다. 게다가 민주주의자들은 누구에게나 열려 있는 새롭고 다양한 미디어 환경 속에서도 대중과 소통할 대화법을 (아직까지) 개발하지 못했다. 그렇기 때문에 중국 같은 감시국가에서는 정치적 엘리트들이 스스로를 우월하게 여기게 되었고, 로비스트들은 그 틈을 적극적으로 파고들었다.

배후에서 권력을 휘두르는 로비스트들

—

민주주의 체제 아래에서 미디어와 정당 다음으로 힘이 센 집단은 '로비스트들'이다. 그들은 국가기관과 브뤼셀의 유럽연합 본부 인근을 맴돌며 중앙의 힘있는 자리를 꿰찼다. 그들이 그렇게 권력을 잡을 수 있었던 이유는 선출된 국민의 대표들, 정부와 국가기관의 인사들 대다수가 힘을 잃었기 때문이다. 특정 이익의 대변자인 그들은 엄청난 정보력을 통해 모든 것을 알고 있지만, 정작 그들에 대해 아는 사람은 거의 없다. 그들은 의뢰인에게 필요한 도움을 전폭적으로 제공한다.

원칙적으로는 그들이 사회에 보탬이 될 여지도 있다. 사실에 기반한 투명한 정보는 결정권자들에게 유용하다. 정확하게 계산된 경제인들의 이해관계가 사회적 혹은 생태적 지향성을 가진 단체의 관심사와 맞아떨어질 수도 있다. 그러나 신뢰도가 높은 진지한 로비 활동이라면 그렇지 않다. 그들의 무게중심은 철저하게 불균형한 곳에 맞춰져 있다. 대기업들은 저마다의 우월한 위치를 확보하기 위해 공동의 이해관계를 대변할 기구를 만들었고, 그중 하나가 상공회의소이다.

현존하는 민주주의에서 그들이 만들어놓은 톱니바퀴는 명백한 부정부패 없이 자연스럽게 굴러가는 것처럼 보이기도 한다. 톱니를 굴리는 것은 체계적으로 관리되는 '관계'이며, 사회적 인정을 통한 '연결'이며, 정치적 결정권자들에게 암암리에 제공되는 '기회'이다. 필요에 따라 입장을 바꿔 정당이 그물을 던지고 재계가 포섭당할 때도 있다.

나는 유럽의회 의원으로 일하던 2년간 1,427개의 선물과 6만 5,000유로에 상당하는 기회를 제안받았다. 평균적으로 근무일 하루당 세 번 이상 로비를 당한 셈이었다.[335] 은행가, 펀드사 대표, 보험업자 등이 끊임없이 식사와 환영식과 연주회에 초대했다. 우편과 이메일로 받은 공짜 식사 제안이 960회였고, (중국 정부부터 아라비아 국가에 이르기까지) 여행을 오라는 초대장도 많이 받았고, 어떤 인터넷 기업은 휴식을 취하도록 마사지 의자를 빌려주겠다고 했다. 관련 표결이 예정돼 있을수록 제안은 좀 더 노골적으로 들어왔다.[336] 독일 공영방송 ARD의 특파원 마리온 판 하렌Marion van Haaren은 방송사 메인 뉴스 프로그램인 〈타게스테멘Tagesthemen〉에 이러한 로비를 구체적으로 보도한 적이 있다. 그 보도에 관련된 사민당 대표직 중 하나가 잠시나마 일간지 1면을 장식하기도 했다.

로비 사건 그 자체도 중요하지만, 그게 전부는 아니었다. 로비스트들과 내정 간섭자들의 영향력이 얼마나 센지를 보여주는 대표적 사례가 바로 유럽연합의 신화학물질관리제도인 리치REACH다. 리치 규정이 유럽의회 표결을 앞두고 있을 때, 각 의원이 낸 1,413개의 수정안 중 861개가 로비스트들이 작성한 것이었으며, 그들 중 대부분은 화공업과 제지업의 대리인이었다.[337] 자유주의 정당 소속 의원들은 그 수정안을 자신들이 낸 것이라고 생각했지만 사실은 화공업계의 요구가 98퍼센트 반영된 로비스트들의 수정안이었다. 독일 기사기민연합 혹은 오스트리아 국민당 의원들의 수정안에는 79퍼센트, 독일 사민당 의원들의 수정안에는 64퍼센트 비율로 로비스트들의 의견이 반영됐다. 유럽의회 산업분과에서는 철강업계 입장을 대변한 수정안 여덟 건이 서로 다른 정당의 서로 다른 의원들에 의해 동시에 제출되기도 했다.[338]

민주주의가 붕괴하는 소리가 크게 울려 퍼진다. 이제 와서 민주주의가 무슨 소용인가? 정당들은 의무를 다하지 않고, 미디어는 심지어 공영방송마저도 권력에 고삐를 잡혔으며, 그 누구에게도 선출되지 않았고 그 누구에게도 해명할 의무를 지지 않는 로비스트들이 배후에서 권력을 휘두르고 있다.

지난 수십 년간 구체적인 비판들이 제기되었음에도 이러한 상황은 완전히 개혁되지 않았고, 그 탓에 너무 많은 권력이 소수 사회 엘리트들에게 집중되는 결과를 낳았다.

양극화로 가는 서구 엘리트층의 선택

—

신민족주의자의 숫자가 급증하고 일반 시민들이 자국의 엘리트들에게 대항하기 한참 전에 서구의 엘리트들이 시민들에 맞서 반란을 일으킨 적이 있었다.

선견지명이 있었던 미국의 역사학자 크리스토퍼 래시Christopher Lasch는 그의 책 《엘리트의 반란 The Revolt of the Elites》에 이렇게 썼다. "통제는 그들의 강박이 됐다. 인간 존재에 영향을 미칠 수 있는 예측 불가능한 위험에 대비해 자신을 보호해야 한다는 충동 때문에 엘리트층은 자기 주변의 평범한 세계는 물론 현실 그 자체로부터 결별했다."[339] 래시는 이 책의 출판 직후 세상을 떠났으므로 자신의 예측이 얼마나 들어맞았는지는 미처 확인하지 못했다. 1989년 이후 수년간 대중은 민주주의 헌법을 채택하는 국가가 급증한다는 사실에 현혹돼 있었다. 당시 대중이 정치 지도자와 세계 지도자들에게 보낸 신뢰는 오늘날과 비교할 수 없을 만큼 컸다. 호주의 캔버라에서 하와이 호놀룰루에 이르기까지, 지구 전체에서 그러했다.

하지만 이후에 이어진 역사는 예상대로 흘러가지 않았다. 대부분의 민주주의 국가에서 상류층은 스스로를 민중과 격리시켰다. 그것은 비단 섬을 사서 자신만의 요새를 만들거나 외떨어진 휴양지에 피난처를 세워서 노아의 방주를 생활로 구현한다는 뜻만은 아니었다. 높은 성과 철조망 뒤에 인공 엘도라도를 세운 브라질의 모델은 세계의 현실이 됐다. 상파울로 외곽에 있는 감시가 치밀한 리조트마을 '알파빌Alphaville'은 전 세계의 귀감이 됐다.[340] 뼈가 없는 사람처럼 연신 허리를 굽히는 문지기와 어디에나 있는 경호원과 안내원은 개인 소유 주거지를 드나드는 모든 방문자를 기록하고, 모든 엘리베이터가 필요에 따라 즉각 봉쇄될 수 있다. 복도에는 감시카메라가 즐비하고 곳곳에 안면인식 시스템이 장착돼 있다. 그곳 주민들의 공포가 사람들을 끊임없이 체크하는 메커니즘으로 전환된 결과이다. 지도층 인사들의 이러한 행태는 그들에 대한 신뢰와 신임에도 반영됐다. 누군가 숨는다는 것은 무언가 숨길 것이 있다거나 혹은 반사회적이라는 뜻이기 때문이다.

기득권층은 다른 사람들의 일상에서 너무 동떨어진 곳으로 멀리 가버렸다. 그들은 엄청나게 늘어난 재산을 바탕으로 완전히 다른 삶을 산다. 사회적으로 높은 계층에 있는 사람들은 자녀들을 더 좋은 학교에 보내고, 도시 안에서도 높은 곳에 집을 짓고 탁 트인 전망을 누린다. 이들은 건강하게 살며 부유하지 않은 사람들보다 평균적으로 확실히 더 오래 산다. 이러한 현상은 특히 미국에서 두드러지게 나타난다.[341] 그러는 동안 다른 많은 이들은 손에 쥐고 있던 것마저 잃어버렸다.

예를 들면, 런던 지하철 빅토리아 라인의 정거장 몇 개를 사이에 두고 평균수명이 10년 이상 벌어진다. 그린파크역 인근 부촌에 사는 사람의 예상 평균수명이 89세인 반면에, 그로부터 남쪽으로 고작 네 정거장 떨어진 곳에 사는 사람의 예상 평균수명은 78세밖에 되지 않는다.[342]

또한 풍요를 누리는 '신귀족층'은 민주화 이전 시대와 마찬가지로 자기들끼리 모여 살기를 좋아한다. 도시 안에서 계층이 뒤섞이는 일이 점차 줄어든 이유이다. 돈을 잘 버는 사람은 매력적인 구역에 살고, 교육 수준이 낮은 가난한 사람들은 다른 구역에서 다른 대다수 인구와 함께 모여 산다. 이러한 '계층 분리'는 미국에서 비롯된 전통이지만, 스톡홀름이나 빈 같은 유럽 도시에서도 현실로 나타나고 있다. 부촌에 임대주택을 지으려던 계획이 자신들의 주장을 관철시키려 똘똘 뭉친 주민들의 엄청난 저항에 부딪치는 것도 그러한 예이다. 이제는 원래부터 알고 지낸 적이 없는 사람과는 말도 섞기 힘들다.

다가가기 대신 거리두기가 일상이 됐다. 상호 간의 선입견은 실제로 검증될 새도 없이 현실을 장악하더니 점점 더 깊어지고 있다. 최근 선거 결과를 보면 이러한 양극화를 더 잘 이해할 수 있다.[343]

그중에서도 결혼을 통한 '더 나은 집단으로의' 사회적 신분 상승이 확연히 줄어들었다. 간호사가 의사와 결혼하는 일이 20년 전보다 훨씬 드물어졌다. 이제 남자 회계사는 여자 미용사보다는 치위생사나 여의사와 결혼한다. 파리에 본부를 둔 OECD는 연구를 통해 "비슷한 사람과 짝을 짓는 경향"을 확인했으며, 이는 "사회 내 불평등이 증가하는 또 다른 이유 중 하나"로 지목됐다.[344]

싱가포르 출신 정치학 교수 키쇼어 마부바니는 그의 신작 《서구는 패배했는가?*Has the West Lost It?*》에서 "서구의 엘리트들은 인구 대다수를 향한 신뢰를 상실했다."고 주장했다. 그는 서구의 불행에 기뻐하는 마음을 드러내지 않으려 애쓰면서, 서구 엘리트들의 이러한 태도 때문에 아시아의 세계적 영향력이 가파르게 증가하는 것이라고 설명했다.[345]

이제 '엘리트'는 부정적인 단어가 됐다. 누군가를 '엘리트'라고 지칭하는 것에는 '비난'의 의미가 담긴다. 엘리트는 스포츠계에도 학계에도 있다. 그런 분야의 엘리트들은 검증할 수 있는 실제적 성과를 갖고 있다. 하지만 정치권의 엘리트는 주로 '기득권층'을 의미한다. 연방의회, 주의회, 시의회의 의원들이 모두 거기에 포함된다. 언론계에서는 이른바 '주류 언론'에 소속된 거의 모든 언론인들이 거기에 들어간다. 경제적 엘리트는 한 사회의 상위 10퍼센트 안에 들어가는 부유층을 말한다. 그중에서도 0.1퍼센트에 해당하는 최상위층 부자들은 '슈퍼 기득권층'으로 분류된다.

0.1퍼센트의 기득권층 가운데 제 손으로 직접 부를 일군 사람은 미국의 빌 게이츠나 제프 베이조스 정도밖에 없다. 적어도 서유럽에서는 최상위층 거의 모두가 부자로 태어난 사람들이다.

미국의 작가 매튜 스튜어트Matthew Stewart는 "투표 결과를 바꿀 수 있을 만큼 돈을 벌려면 0.1퍼센트의 최상류층에 들어야 한다."라고 했다.[346] 스튜어트가 '신귀족층'으로 분류한 나머지 9.9퍼센트의 사람들 중에도 능력에 따른 공로, 즉 특출한 성과를 바탕으로 그 자리까지 올라간 경우가 드물지 않다.

〈뉴욕타임스〉의 칼럼니스트 데이비드 브룩스David Brooks는 상위기득권층 인사로서는 드물게 끊임없이 자아비판의 목소리를 내왔다. "과거 기득권층은 제2차 세계대선 승리 이후 '미국의 백년'을 만들었다. 반면에 우리는 도널드 트럼프를 대통령으로 뽑았다. 좋은 교육을 받았다고 하는 오늘날의 엘리트들이 쌓아올린 가장 중요한 성과는 자신들을 향한 초당파적 저항을 이끌어낸 것이다." 브룩스는 또한 보수주의자를 자처한다. "오늘날 성과주의자들에게는 부족한 무언가가 과거 기득권층에는 있었다. 우리가 시민으로서 공동체와 국가라는 울타리 안에서 살아가고 있으며 그것에 빚을 지고 있다는 것 그리고 우리는 자신 개인보다 공동체를 우선함으로써 존중받을 만한 삶을 살아갈 수 있다는 것을 아는 감각, 바로 그것이 그들에게는 있었다."

미국의 작가 스티븐 브릴Steven Brill은 엘리트층을 좀 더 세밀하게 분석했다. "베이비부머 세대가 이른바 '지식경제'를 만들면서 성과주의 엘리트가 생겨났다. 뭔가 대단한 것처럼 보이는 지식경제는 사실 법과 금융에 관한 전문적 기술로 채워져 있으며 엘리트층이 중요한 역할을 했다. 엘리트들은 직장 내 차별을 고발할 권리가 있는 중산층이 법정으로 가지 못하도록 '중재 약관'을 만드는 데에 기여했다. 혹은 당신도 이미 경험했을지 모를 '소비자 분쟁' 같은 것도 그들의 작품이다. 진보적 변호사가 진보성향 로스쿨을 졸업하고 진보적 로펌에 입사해 오늘날 중산층들이 가진 모든 불만을 초래할 법률을 만들어내는 것이야말로 지식경제의 전형이라 할 수 있다."[347]

뉴욕의 컬럼비아대학교 졸업생이자 〈슈피겔〉 베트남 특파원으로 기자계의 전설이 된 티찌아노 테르짜니Tiziano Terzani는 "젊고 똑똑한 재원들이 더 이상 언론계로 가서 세상을 밝히려 하지 않고 투자은행으로 가서 앞으로 모을 재산에 대해서만 생각하는 것"을 한탄하곤 했다.[348]

'열린 사회'의 오만함이 부른 결과들

───

'엘리트층'과 '기득권층'은 서로 밀접하게 연관되어 있는데, 두 계층 모두 '열린 사회'의 대표자들이자 옹호자들이다. 그들은 오스트리아계 영국인 철학자인 칼 포퍼Karl Popper의 모델을 실천할 책임이 자신들에게 있다고 생각한다. 포퍼는 "민주주의에서는 무엇보다 의사표현의 자유를 중요하게 여기고, 필요에 따라 폭력적 과정 없이 지도자를 해임할 수 있어야 한다."라고 말했다. 포퍼의 정신은 최근까지 경제적 계층과 사회적 환경을 막론하고 하와이에서 헝가리를 거쳐 뉴질랜드까지 세계 전역을 휩쓸었다. 그 여파로 학자들은 전체 인구에서 차지하는 비중에 비해 너무 강한 발언권을 가지게 됐고, 대학 졸업자들 중에서도 진보적, 사회자유주의적 그리고 친환경적 정당과 그런 정책의 지지자들이 과도한 대표성을 누리게 됐다.

1968년 자유주의 혹은 좌파자유주의가 유럽 전역에서 혁명을 일으킨 이래로 지성인들은 당연하다는 듯 '열린 사회'를 목표로 삼았고, 비단 서구에서만 그런 현상이 일어난 것도 아니다. "과연 우파에 지성이 남아 있는가?"라는 것은 오래전부터 인구에 회자됐던 질문이다. 이 질문에는 "적어도 이 질문을 던지는 사람은 비록 말뿐일지라도 인권을 소중히 여기는 세계관을 갖고 있으며 편협하지 않다."라는 우월감이 깃들어 있었다. 많은 이들이 '우리'의 수가 점점 더 늘어날 것이며, '우리'의 태도가 만방으로 퍼져나가리라 생각했다. 나또한 그렇게 믿었다.

우리가 그런 믿음을 갖게 된 데는 두 가지 중대한 오판이 작용했다. 그중 하나는 무의식중에 형성된 것이었다. 프랜시스 후쿠야마가 말한 '역사의 종말'을 표면적으로는 언급하지 않았지만, 사람들은 어느덧 그 길을 가고 있었다. 머릿속에서나마 자유로운 세상을 만드는 데 참여했던 사람은 누구나 "끊임없이 혁신을 강요하고 그 혁신을 위한 독창성을 부단히 요구하는 환경에서 성공한 시장경제는 필연적으로 열린 민주사회를 요구할 것이다."라는 확신을 가졌다.

오스트리아의 작가 에른스트 얀들Ernst Jandl은 "헛된 꿈을 가졌다."라고 노래한 바 있다. 가까운 미래에 사회학자들과 역사학자들은 열린 사회의 추종자들이 정확히 어느 시점, 어떤 이유로 오만함에 매몰됐는지를 좀 더 구체적으로 연구하게 될 것이다. 그들이 어떤 일을 했는지 직접 보고 싶다면 젠트리피케이션이 한창인 맨해튼 시내로 나가면 된다. 혹은 런던의 브릭스톤이나 베를린의 쉐네베르크, 빈의 노이바우와 같은 곳에서도 그들을 볼 수 있다. 그중에서도 빈 제1지구에 있는 카페 '바네' 여주인이 연구대상으로는 제격이다. 그녀는 변호사 사무실에서 인정받기 위해 열심히 일하던 수줍음 많은 청년 하나가 '우파적' 단어를 몇 개 사용하자 이렇게 쏘아붙였다. "그런데 너 라틴어는 배웠니?"[349] 그 청년이 그 가게를 또 가게 될까?

우리는 '좌파처럼 말하고 우파처럼 살아가는' 사람들을 오랫동안 보아왔다. 그들은 세련된 구도심에서 높은 천장과 나무 바닥의 낡은 주택에 살면서 문화적 배경이 다른 사람들도 기꺼이 초대해 파티를 열지만, 정작 자기 아이들은 그 동네 공립학교 주변에 얼씬도 하지 못하게 한다. 그들이 저축해 놓거나 유산으로 물려받은 돈은 사립학교나 '진보적' 기숙학교 학비를 내기에 충분하기 때문이다. 그중에서도 2019년 3월부터 완전 자율운영에 들어간 섬에 있는 학교들의 인기가 가장 높다. 뉴욕에서 활동하는 작가 브룩스는 2001년 이런 계층에게 부르주아지 보헤미안, 즉 '보보스Bobos'라는 이름을 붙였다.[350] '보보스'들은 자신들이 국제적이라고 생각한다. 그러면 나머지 다른 사람들, 즉 세계 시민이 아니라거나 코스모폴리탄이 아닌 사람들에 대해서는 어떻게 생각할까? 그들은 다른 이들에게는 신경쓰지 않고, 다른 이들이 어떤지 확인하지도 않는다. 하지만 사회에서 압도적 다수를 차지하는 건 '다른 이들'이다. 그런데도 언론조차

'다른 이들'에게는 관심 갖지 않은 지 오래됐다.

모국에서 이방인으로 살아가는 사람들

—

대통령용 방탄 리무진을 타고 가던 버락 오바마가 그의 보좌관에게 물었다.

"만약 우리가 틀렸으면 어쩌지?"

자유주의와 좌파 진영에서 미국인들이 '정체성'을 얼마나 중요하게 여기는지 망각한 채 공허한 범지구적 가치를 앞세우는 바람에 많은 이들이 소외된 기분을 느끼게 됐다고 주장하는 신문 칼럼을 읽은 직후였다.

오바마는 "어쩌면 우리가 너무 나간 것일 수도 있어. 어쩌면 사람들은 그저 자기 부족이나 고향에 돌아가길 원했을지도 몰라."라고 말했다.[351]

전 세계에 걸쳐 엘리트층이 처음으로 인구 대다수를 차지하는 대중들과 멀어지게 된 것, 그리하여 대중들이 기득권층에 저항해 '민중', '민족', '고향' 등의 개념 속에서 새로운 자의식과 새로운 힘을 모색하는 이러한 상황은 후대에 역사에서 매우 중요한 사건으로 기록될 것이다.

'초세계화 시대'라고 일컬어지는 오늘날 아이러니하게도 더 많은 사람들이 자신의 모국에서 이방인이 된 느낌으로 살아가고 있다. 심지어 버림받았다고 생각하기도 한다. 그들과 그들 부모 세대가 병원과 식료품 가게, 작은 우체국이 있는 마을에 살던 시절에는 확실히 신분 상승의 기회가 있었고 공동체적 연대감도 남아 있었다. 그 시절에는 도시에 사는 사람들도 내 집 거실인 양 단골 술집이나 카페를 드나들었고, 이사하는 일이 거의 없어서 어릴 적 친구들과 평생을 같이 했다. 적어도 자신이 태어나고 자란 곳에 살면서 이방인이 된 느낌에 사로잡히는 일은 없었다.

반면에 오늘날 사람들은 '기술적 진보'라는 이름으로, 혹은 '경제적 성장'이라는 이름으로 새로운 것에 끊임없이 적응하도록 요구받는다. 논리와 명분만 놓고 보면 당연한 귀결처럼 보이지만, 실제로 겪는 입장에서는 폭력적이고 파괴적이기까지 하다. 경영학에서는 이러한 상황을 더 나은 삶을 위한 불가피한 조건으로 설명하기도 하지만, 실제 사람들의 삶은 엉망진창으로 망가지고 있다.

기업들은 이름을 바꾸거나 합병되거나 매각된다. 많은 사람들이 꿈꾸던 '안정적인 발전' 같은 것은 이제 없다. 극단적인 불확실성만이 있을 뿐이다.

경제 전반이 호황을 누리는데도 개인들의 실질적인 소득수준은 제자리걸음이다. 신분 상승, 출세, 성공은 저만치 멀어졌다. 경기불황이 극심할 때 예외적인 고용 형태로 도입됐던 '계약직'이 이제는 수백만 노동자들의 기본적인 고용형태로 자리 잡았다.

사회에서 여성의 역할이 바뀌었고, 익숙했던 삶의 조건과 구조들이 과거의 형태를 잃었다. 편모 혹은 편부 가정이 늘어나고, 점점 더 많은 사람들이 자발적인 싱글이 되어 혼자되는 법을 익히며 살아가고 있다.

유럽중앙은행은 각종 금융위기에 대처하느라 사용할 수 있는 모든 도구를 거의 무제한적으로 휘두르고 있다. 그러는 동안 여러 세대에 걸쳐 성실함과 견고함의 상징으로 여겨졌던 '저축'마저 최후의 보루를 잃어버렸다. 주식과 부동산펀드로 돈을 벌었다고 하는 사람도 찾아보기 힘들어졌다. 그래도 월세와 집값은 계속 올라간다. 일찍이 "지금 집이 없는 사람은 앞으로도 집을 짓지 않는다."라고 노래한 것은 라이너 마리아 릴케Rainer Maria Rilke였던가.[352]

계속해서 새로운 불평등과 불안정, 공포가 생겨나고 점점 더 커지고 있다. 독일 남부의 목가적 마을에서 만난 사람들 중 대다수는 "텔레비전 화면에 보이는 것만으로도 난민은 충분하다."라고 말했다. 그곳에는 시리아나 아프가니스탄 혹은 아프리카 출신 이민자가 단 한 명도 살지 않았다. 그런데도 2016년에 치러진 주의회 선거에서 그 지역 유권자 15퍼센트가 대안당에 신뢰를 보냈다. 독일 동부는 아주 오래전부터 우파 성향을 띠었으며, 오스트리아의 특정 지역 또한 우파인 자유당에 열성적 지지를 보낸다.[353]

그들이 한 일이라곤 국가의 통제력 상실을 자기 삶에 대한 통제력 상실과 연결시키고 책임자의 실명을 거론한 것뿐이다. 금융투기꾼이나 유럽연합 고위관료와 같은 막연한 대상이 아니라 '메르켈'과 '난민'처럼 확실한 대상에게 책임을 지운 것이다. 정말 간단하고, 정말 이해하기 쉽다. 하지만 전체적으로 봤을 때는, 이미 물이 가득 차있는 통에 한 바가지를 더 끼얹어 물을 흘러넘치게 한 것에 불과하다. 2018년 초 이탈리아 선거에서는 그 한 바가지로 댐 전체가 무너지기도 했다.

그때부터 '고향'이 유행 상품이 됐다. 실제로는 결코 존재할 리 없는 친밀하고 화목한 고향과 행복하기 그지없는 가족에 대한 이야기가 만들어졌다. 실제로는 농촌이든 도시이든 상관없이 어디서나 격렬한 싸움과 이해대립이 벌어지고 있다. 대농장주라고 항상 선한 것은 아니며, 소농장주도 마찬가지이다. 작은 레스토랑의 종업원이라고 누구나 다정하지만은 않다. 그렇다면 고향은 다 가짜인가? 그렇지는 않다. 고향은 있다. 어쩌면 특정한 환경 안에서 직접 경험할 수 있을지도 모른다. 하지만 대부분은 마음속에 고요히 잠자는 동경의 이미지일 뿐이다.

이 나라의 더 많은 고향에서 난민이 줄어든다면 좋은 일일까? 인구 대다수가 그렇게 생각한다. 이 나라의 더 많은 고향에서 세금난민이 줄어든다면 어떨까? 이에 대해서는 대다수가 별다른 생각을 하지 않는 것 같다. 도대체 왜일까?

상품이나 서비스의 수출과 직결되지 않는 한 세계화가 덜 된 고향이 늘어나길 바라는 사람들이 많아졌다. 하지만 그들 대부분은 자신들의 소비 행태에 대해서는 간과하고 있다. 전 세계가 값싼 물건의 혜택을 매우 당연한 듯이 누리고 있다. 점점 더 많은 소비가 아마존닷컴과 그 계열사에 집중된다. 오스트리아에서는 전자상거래를 통해 구매되는 상품의 절반이 외국 회사 제품이다. 유럽연합 내에서 지역 기업이 여전히 승승장구하는 곳은 룩셈부르크와 말타가 유일하다.[354] 동시에 가까운 거리에 물건을 살 만한 동네 구멍가게가 부족하다는 항변도 덧붙여진다. 이렇게 무언가 앞뒤가 잘 맞지 않는 상황을 갈수록 더 많이 만나게 된다.

고향 다음으로 요구되는 것은 '정체성'이다. 개인과 독립이 강조되는 '나-사회'에서 누구나 '나'로 살길 원하지만, 실제로 자아실현을 할 수 있는 사람은 그리 많지 않다. 사실 개인의 정체성을 드러내고 표현하는 것은 여러 측면에서 추상적인 일로 여겨진다. 반면에 민족, 종교, 학교 등 특정 집단에 속해 있을 경우 정체성을 규정하는 것이 훨씬 용이해진다. 그러한 곳에서는 누구나 손쉽게 '정체성'을 내세울 수 있다. 이렇게 '부족사상'을 지닌 '부족사회'를 지향하는 '부족주의'가 과도한 세계화의 부작용에 맞서기 위한 성공적인 모델로 제시되고 있다. 그리고 그 뒤엔 각 부족의 지도자들이 버티고 서 있다. '민족'은 그들의 전리품이다.

민족적 자부심이 만들어낸 거대한 균열

—

지금까지 설명한 사회적 균열은 어디에나 있는 것일까? 갈라진 양 끝이 교차하는 점이나 둘 사이를 이을 다리는 없을까? 질문을 바꿔보자면, 고향이라는 개념이 민족주의를 포함하면서도 좌파적이고 관용적일 수는 없을까? '밀어내기' 대신 포용을 제도화한 캐나다처럼 말이다. 어쨌든 민족과 민족주의 역시 계몽의 산물이다. 국제기구들은 민족주의가 민족자결권의 연장선상에 있는 것으로 평가한다. 민족주의를 선의로 이해하자면 "사람들이 자의적으로 공동의 선을 추구하도록 묶어주는" 기능을 담당한다고 자유주의 성향 일간지 〈이코노미스트〉는 주장한다. 하지만 그 뒤에 이어진 문장은 이러하다. "그러나 그것은 또한 사람들에게 무시무시한 자기 확신을 퍼뜨리고 불만과 불의를 불러일으킨다. 슬프게도 피해망상적인 새로운 민족주의는 편협한 과거 역사를 향해 나아가고 있다."[355]

영국의 총리였던 테리사 메이Theresa May는 브렉시트 투표를 앞두고 열린 보수당 전당대회에서 "당신이 세계 시민이라고 생각한다면 당신은 그 어느 곳의 시민도 될 수 없다."라며 갈등을 부추기는 발언을 던졌다.[356]

영국의 선도적 잡지 〈프로스펙트Prospect〉를 창간한 데이비드 굿하트David Goodhart는 '어디에나 사는 사람anywheres'과 '어디에만 사는 사람somewheres'을 구분했다.[357] '어디에나 사는 사람'은 어떤 곳에서도 행복을 느낄 수 있지만, '어디에만 사는 사람'은 확실한 장소에 뿌리를 내려야만 한다. 그런데 우리 대다수가 염원하는 바는 '어디에만' 살면서 '어디에나' 여행하는 것 아닌가?

하물며 '열린 사회'를 지향하는 사람들마저도 민주주의를 구원하기 위해서는 지역을 탈피한 정착이 필요하다는 사실을 깨닫지 못한다. 전체주의 통치의 요소와 기원을 연구한 한나 아렌트Hannah Arendt는 뿌리를 잃어버린 하층민과 야비한 엘리트가 연합하여 만든 파멸적 결과를 가시적으로 밝혀낸 바 있다.[358]

그렇다면 국경을 넘나드는 행위가 정체성을 강화하는 대신 타인에 대한 공격성으로 비화하게 될 시점은 언제인가? 쌓아올린 성과를 바탕으로 형성된 자의식이 파괴적인 쇼비니즘으로 변하는 때는 언제인가? 지금까지 '수정주의자 대 세계화주의자' 혹은 '지역대표 대 세계주의자' 간의 싸움은 언제나 상호배척으로 결론이 맺어졌다. 남아프리카공화국에서 아파르트헤이트apartheid• 가 종결된 후 진실화해위원회Truth and Reconciliation Commission•• 가 열렸던 것처럼, 과거사를 전반적으로 정리하기 위한 지역적 혹은 국제적 기회를 갖는 것이 다시 한 번 가능할까? 거기에 유럽의 제국주의 역사도 포함될 수 있을까?

이를 위해서는 모든 당사자들이 권력에 얽매이지 않고 객관적으로 대화할 준비가 갖춰져야 한다. 예전부터 주류 우파를 자처해온 사람들은 그 특유의 교만함과 의도된 무신경함에 대한 벌을 지금 받고 있다. 반면에 새로운 주류가 된 독재자들은 자신들의 역사를 실제보다 더 높이 치켜세우고 새로운 해석을 덧붙여서 도구화하는 것을 목표로 삼는다. 좌파가 지방의 우파를 깔보고 안중에도 두지 않는 사이에 수많은 우파 세력들은 인구 전체를 과소평가하며 사람들을 다시금 몇 가지 카테고리로 분류하기 시작했다.

그들은 하나의 정치적 개념을 따른다. 헝가리 정부는 터키에 맞서 자신들이 거두었던 역사 속 승리를 치켜세우고, 폴란드 권력자는 역사상 유일무이한 인물들이라며 독립운동가들을 찬양한다. 모두가 '제일first'이 되고자 한다. 미국이 제일, 영국이 제일, 이탈리아가 먼저, 오스트리아가 우선이라고 저마다 외치자, 심지어는 오스트리아 서쪽 끝의 포어아를베르크주마저도 '세계에서 가장 아름다운 주'라며 자화자찬을 하고 나섰다.[359] 모두가 "내가 정말 일등이고 너보다

• 남아프리카공화국의 극단적인 인종차별 정책과 제도를 가리키는데, 1994년 최초의 흑인 정권이 탄생하며 철폐되었다.

•• 남아프리카공화국에서 자행된 국가적 범죄, 인권침해 행위를 조사하여 희생자와 그 유족에게 보상하는 것을 주목적으로 1995년에 조직되었다.

훨씬 훌륭해! 세상에 왕은 하나밖에 없어."라고 외친다면, 그 끝은 어디일까?

민족적 자부심은 이미 공격성으로 비화되어 공공연하게 그 모습을 드러내고 있다. 오랫동안 비웃음을 샀던 지역적 자부심을 이제는 아무런 조건 없이 장려하고 있다. 2018년 6월 중순 독일 바이에른주의 새로운 주지사 마르쿠스 죄더Markus Söder는 "질서 있는 다원주의의 시대는 결단하는 주들에 의해 다른 것으로 대체됐다."라고 선포했다.[360] 많은 유권자들에게는 언뜻 이해할 수 없는 말로 들렸을 테지만, 사실 이는 고도로 계산된 발언이다. 다양한 상대들과 지루한 협상을 계속하는 것은 더 이상 공동의 해법이 될 수 없고, 대신 힘을 증명해 보여야 한다는 뜻이다. 죄더는 "독일에 대한 존경 또한 우리가 우리 자신의 이해관계를 돌볼 수 있다는 사실 때문"이라고 말한다. '독일 우선주의'는 결국 현실 정치에서 가능하면 광범위한 권력을 유지하려는 사람들이 이루어낸 노력의 결과이다. 그들은 우리와 가장 가까운 이웃은 우리라고 말한다. 이것을 포퓰리즘이라할 수 있을까?

모든 포퓰리스트가 '나치'는 아니다

—

오늘날 '포퓰리스트'라는 비난은 만능무기가 되어 수많은 정치인과 언론에 대한 사형선고처럼 쓰인다. '포퓰리스트'라는 개념은 별 생각 없이 사용되기도 하고 의도적으로 활용되기도 하는데, 주로 상대의 행위와 주장을 무조건 부당한 것으로 몰아붙일 때 사용된다. 포퓰리스트는 정치적 입장에 상관없이 '부랑아' 취급을 받거나 '추잡한' 사람으로 여겨진다. 한 번 낙인이 찍히면 반론할 겨를도 없이 명예를 훼손당한다. 괴팅겐에서 오랫동안 정당 연구를 해온 프란츠 발터Franz Walter는 "전 세계가 당연하다는 듯 포퓰리즘을 부정적으로 규정한다."라고 분석한다.[361] "포퓰리스트는 무조건 선동가이고 흑백주의자이며 단순주의 세력이다. 그들은 막연한 적개심으로 움직이며 현실적 프로그램 없이 정치적 행동을 한다."

산업화 혁명 이래 모든 신생 정당들은 포퓰리즘이라는 비난으로부터 자유롭지 못했다. 공교롭게도 자유주의자들 역시 독일을 민족국가로 만들어가는 과정에서 포퓰리즘을 차용했었다. 1870년대 가톨릭 신자들 또한 당시 자유주의 개신교도 엘리트에 맞서기 위해 '포퓰리즘적' 문화전쟁을 벌인 바 있다. 사회민주주의 정당 초기에 노동권을 쟁취하려 했던 투사들이나 첫 의회 진입을 눈앞에 두고 있던 1980년대 '녹색당' 당원들도 마찬가지로 '포퓰리스트'로 취급됐다.

오스나브르크대학 교수 크리스토프 쾨니히Christoph König는 "포퓰리즘은 분석적 개념이 아니라 꼬리표"라고 단언했다.[362] 이에 대해 정치학자인 올리버 마르샤르트Oliver Marchart는 다음과 같이 부연했다. "언론에서 우리는 대부분 포퓰리즘에 대한 종합적 비판을 접한다. 하지만 포퓰리즘에는 특정한 사상적 내용이 없으므로 그에 대한 비판에도 내용이랄 것이 없다."[363]

포퓰리스트의 '방식'을 힐난할 수도 있겠지만, 그 전에 그들이 성공할 수 있었던 근본적 원인을 파악해야 한다. 그렇지 않고 비난을 앞세우는 것은 중대한 정치적 오류를 범하는 것이다. 프란츠 발터는 이에 대해 "제도적 관습을 넘어 새로이 정치화될 수도 있는 심각한 사회적 대립을 현실 정치가 제대로 표현하지 못하고 있다는 반증"이라고 말한다.[364]

포퓰리즘이 어떤 내용을 전달하고 옹호하는지 그리고 포퓰리스트의 종착지가 어디인지 아는 것은 매우 중요하다. 이 책에서 예외적으로나마 '포퓰리스트'를 언급하는 이유이다. 포퓰리스트 집단은 내용적으로 동화되기를 강요하지 않기 때문에 일단은 느슨해 보인다. 동시에 진부하며 목표를 제대로 달성하지 못하는 경우도 많다. 공격을 받는 사람들이 그 집단에 몸을 숨기기도 한다. 하지만 그들 뒤에 숨겨진 구체적 정치 태도를 보면 '포퓰리스트'라는 말은 오히려 겉치레에 가깝다. 현재 '포퓰리스트'라고 욕을 먹는 사람들 중에는 우파와 독재 구조를 지향하는 경우가 압도적으로 많다. 그들은 모두 신민족주의자들이며 엄청난 우파민족주의자들이고 완전한 우파일 때도 많다.

그럼에도 그들을 무조건 '나치 집단'이라고 몰아붙이는 것 또한 실책을 범하는 결과를 낳을 수 있다. 그렇게 되면 나치가 아닌 많은 지지자들이 그들과 더불어 공격받는 것처럼 느끼기 때문이다. 최근 선거에서 바이에른주 의원이 된 트라운슈타인 출신 시크프리트 발흐Siegfried Walch는 "법치국가가 국경을 느슨하게 관리하고 국경 밖으로 잘못된 신호를 보내고 있다고 느낀 탓에 분노하는 사람이 많다."라고 전한다.[365] 그는 "그런데도 이민을 비판적으로 바라보고 이민자를 제한하고 통제하길 원하며 그 사람들을 제 나라로 돌려보내기를 원하는 사람은 곧장 극우 취급을 받는다."라고 통탄했다.

정말로 '나치'라는 비난을 받아 마땅한 사람들은 이미 맷집이 생겨 꿈쩍도 하지 않는다. 지난 수십 년간 오스트리아에서 그래왔고, 독일과 스칸디나비아 국가들 역시 상황은 별반 다르지 않다.

우파민족주의에서 파시즘 정치까지

현재의 흐름을 규정해보기 위해 단편적으로나마 극단적인 정치 개념에 대해 짚고 넘어갈 필요가 있겠다. 역사적으로는 그 개념들을 정치적으로 명확하게 규정짓기에 너무 이른 감이 있긴 하지만, 적절한 시점을 기다리는 동안 개별 운동단체와 정당에 속한 다양한 활동가들과 유권자 그룹이 정치 스펙트럼의 오른쪽으로 이동해버렸다. 대안당과 오스트리아 자유당의 대표들에게는 분명 극우 사상을 옹호하는 코드가 있다. 하지만 이러한 사실을 알고도 그들에게 표를 던졌다는 이유로 그 지지자들까지 싸잡아 극우 세력으로 낙인찍는 것은 지나치게 편향적이다. 또한 앞으로 어떤 그룹에서 어떤 흐름이 우세하게 될지도 아직 불분명하다.

신민족주의자 역시 무조건 보수적이라고 볼 수 있을까? 제2차 세계대전의 경험에 따르자면 현대적 보수주의자들은 결단코 민족주의와 무관하다. 최근 제기되는 정치적 주장의 스펙트럼이 오른쪽으로 심하게 기울었으므로 더는 개방적 보수가 새로운 중도라고 볼 수 없지 않을까? 오스트리아 자유당은 이미 극우로 자리매김했으며, 이탈리아의 리가당은 극단적인 외국인 혐오 정당이다. 아직까지 '파시즘'이라고 몰아붙일 정도는 아니지만, 앞으로 그렇게 될 여지가 다분하다. 확실한 것은 현재 우파 신민족주의 정당 중 정치적 중도 쪽으로 움직일(혹은 돌이킬) 정당은 없다는 점이다. 우파 정당들이 달이 바뀔 때마다 조금씩 더 오른쪽으로 움직이는 것이 확연하게 드러난다. 바이에른 주정부를 이끌어온 기사련이 대표적이다. 그들은 바이에른주의 경찰권한법을 제정한 데 이어, 제바스티안 쿠르츠 오스트리아 총리가 베를린에서 '자발적인 축Achse der Willigen'을 주장한 데에도 지지를 표했다. '자발적인 축'이란 원치 않는 이주자들로부터 유럽 대륙을 지켜내기 위해 베를린에서 로마에 이르기까지 통제를 강화하는 진입장벽을 의미한다.[366]

도널드 트럼프는 또 어떠한가? 움베르트 에코Umberto Eco는 시대를 막론하고 파시스트적 사상을 판별할 수 있는 열네 가지 기준을 개발했다. 인종차별, 절망한 중간계급을 향한 호소, 엘리트 세계에 대한 불신, 민족주의 등이 포함된다. 현직 미국 대통령은 그 열네 개 기준 중 여덟 개에 해당된다. 하지만 그중 '투쟁을 위한 삶만 바란다.'와 같은 특징은 그리 중요하지 않다. 에코가 제시한 기준 중 트럼프에 적중한 내용은 이런 것이다. "한 정치인이 국민이 원하는 바를 대표하지 못한다는 이유로 의회의 적법성을 계속해서 의심하는 데서 원형적 파시즘의 냄새가 풍긴다."

반면 대부분의 우파민족주의 정당의 수뇌부는 반유대주의와는 분명한 선을 긋고 보란 듯이 이스라엘과 좋은 관계를 유지한다. 오스트리아의 정치인 하인츠 크리스티안 슈트라헤가 대표적이다. 프랑스의 마리엔 르 펜 또한 '나는 반유대주의자가 아니다.'라는 신호를 보냄으로써 아버지와는 명백한 차별화를 꾀했다. 하지만 그 와중에도 우파 정당의 뒷자리에서는 음모론이 만개하고 있다.

현재 진행 중인 정치적 싸움은 지향성을 상실한 채 분노하고 있는 유권자들을 납득시키기에 합당한가? 그런 싸움이 유권자들을 위한 것인가? 그리고 신자유주의자들과 독재주의자들이 새로운 재앙을 몰고 올 것이라 가정할 때, 이렇게 많은 사람들이 자기 자신의 이해관계와 상반되는 투표를 하는 이유는 무엇일까?

저소득층이 신민족주의에 표를 주는 이유

―

이 녀석들은 악마도 몰라보는군.
악마에게 목덜미를 잡혀도 마찬가지일 테지.

― 요한 볼프강 폰 괴테Johan Wolfgang von Goethe, 《파우스트Faust》'비극 제1부' 중에서

에른스트 페르Ernst Fehr 교수는 매년 10월이면 뉴욕으로 여행을 간다. 세계에서 가장 성공한 경제학자 중 한 명으로 꼽히는 그는 여전히 개구쟁이 같은 미소를 띠며 그 이유를 이렇게 설명했다. "그즈음 취리히의 내 연구소는 너무 어수선하기 때문이다. 사람들은 모두 예민해지고, 전체적으로 생산적인 일을 할 수 없을 만큼 붕 뜬 분위기가 된다."[367]

올해 62세가 된 이 연구자는 몇 해 전부터 매년 노벨경제학상 후보

명단에 오르고 있다. 독일의 〈프랑크푸르터 알게마이네 차이퉁〉, 오스트리아의 〈디프레세Die Presse〉, 스위스의 〈노이에 취르허 차이퉁Neu Züricher Zeitung〉은 각각 자기 나라의 대표 경제학자로 페르 교수를 지목한다.[368] 페르는 인간의 사회적 선호와 인센티브 제도의 심리학적 근거, 다양한 사회적 정체성이 인간 행동에 미치는 영향 등을 전문적으로 연구한다. 독일, 스위스, 오스트리아에 걸쳐 있는 큰 호수인 보덴제 인근에서 태어난 이 연구자는 경제학을 '행동경제학'의 분야로 확장한 세계적인 선구자이다. 수학적 모델을 만드는 데에 매진했던 학창시절 경험은 검증가능한 실험과 데이터를 바탕으로 사회에 대한 지식을 증명하는 현재 연구에 큰 도움이 됐다.

취리히대학교 연구소에서 그와 깊이 있는 대화를 나누던 중 중점이 되었던 화제는 저소득층에서 신민족주의자들에게 표를 주는 사람들이 늘어난 이유에 관한 것이었다. 신민족주의자들의 정책은 부자들을 더 많이 보호하는 쪽에 초점이 맞춰지고, 또한 노동시간 연장처럼 사회복지를 축소하는 방향으로 나아가는데도 불구하고 말이다. 어째서 이토록 많은 유권자들이 자기 발등을 찍는 것일까?

페르는 이에 대해 "사람들이 단지 객관적 근거만을 갖고 선거에 임하는 것은 아니다. 그보다 선거 행태는 정체성을 확립해 나가는 과정에서 문화적 소속감이나 정체성이 표현되는 통로로서의 기능이 강하다. 정서적 변화 또한 정치 행위를 추동하는 핵심적 요소 중 하나이다."라고 답했다. "대안당을 찍은 어떤 유권자의 기본 감정은 '무시당했다'라는 것이었다. 그리고 지금 이민자들이 들어와 더 많은 관심을 받게 되자 그는 '정치가 나보다 그들을 더 신경 쓴다.'라고 말한다. 그는 스스로 인지된 바를 바탕으로 정의를 행하게 되고, 그것이 실천될 때는 항상 자신에게 유리한 해석을 덧붙인다. 사람들은 나 자신에게 공정한 것이 무엇인가를 자문할 뿐 심판의 입장에서 무엇이 공정해 보이는지를 묻지는 않는다."

에른스트 페르와 그의 연구원들은 사람들이 자기에게 불리한 불평등을 줄이고 자기에게 정의로운 방향으로 나아가기 위해서 얼마만큼의 불이익을 감수할 수 있는지를 연구했다. 실험에 참가한 사람들은 0부터 10까지 등급이 구분된 두 가지의 사회 모델에 대한 질문을 받았다. 가령 "당신은 당신이 10 중에서 4에 해당하는 임금을 벌고 다른 사람들은 3을 버는 사회에 살고 싶은가, 아니면 그보다는 당신이 7을 벌고 다른 사람들은 8을 버는 사회에 살고 싶은가?"와 같은 식의 질문이다. 페르는 그 결과에 대해 "대부분이 첫 번째 사회, 즉 절대적으로는 적게 벌지만 상대적으로는 더 많이 버는 곳을 선호했다. 무엇이 당신에게 유익한가는 당신의 절대적 상황만이 아니라 상대적 위치에 의해서도 정해지기 때문이다."라고 밝혔다.

정치적 행동의 원동력이 되는 인정욕구
—

이 행동경제학자가 관찰한 바에 따르면, 최근 들어 기업체 임원급 고소득자들 사이에 "극단적으로 강한 원망이 생겨났고, 이는 시민 계급에까지 확산되었"는데, 그 이유는 "어떤 형태의 불평등이 더 이상 정당화되지 않는 지경에 이르렀기 때문이다." 그는 "언제라도 폭발할 수 있는 이 복잡한 감정은 난민 유입으로 인한 혼란과 유럽연합 안에 그들을 차단할 방법이 있다는 인식을 토대로 점점 더 불어난다."라고 설명했다.

　서구 사회에서는 개인적 '인정욕구'라는 엄청난 추진력을 탑재한 거부의 역학이 강화되고 있다. 페르는 "모든 인간에게 '인정'은 가장 중요한 화폐라고 해도 과언이 아니다."라고 강조한다. 지금까지 경험해온 사회민주주의적 연대나 기독사회적 가치는 기껏해야 소수를 위한 정책 정도로 밀려났다. 20세기 말까지만 해도 외국인에 대한 거부감을 공공연하게 밝히는 자유당 지지자들은 표를 던질 때 다른 사람의 시선을 의식하고 조심스러워했다. 하지만 이제 그들은 당당한 목소리로 자유당 지지를 밝히곤 한다. 독일에서 대안당이 성장하는 과정이나 스웨덴과 덴마크에서 우파민족주의가 부상하는 상황도 비슷하게 돌아간다. 신민족주의는 이미 오래전부터 "우리는 올바른 편에 서 있다."라고 주장할 수 있을 만큼 품위를 갖추었고, 이제는 경계가 아니라 주목을 받는 대상이 됐다.

　"사람들이 수줍음을 벗어던진 것이다. 사람들은 늘 대세를 추종하게 마련이고, 이는 언제나 있어왔던 일이다. 그런데 이 법칙이 거꾸로 한 개인의 사회적 평판을 실추시키는 쪽으로 작용하기도 한다. 이는 개인에게 가해질 수 있는 가장 큰 스트레스이다."라고 페르는 말한다. 예전에는 자신이 속한 사회집단에서 관용적이고 개방적이라고 인정받았던 사람이 이제는 세상물정을 모른다는 비웃음을 사게 되면서 악순환은 시작된다. "당신 주변에서 어떤 정치적 힘이 일정 한계치를 넘어서면 그것을 인정하려는 메커니즘이 정치적 힘을 발휘한다. 이것이 특정 메커니즘이 강화되는 방식이다."

'원망'이라는 감정의 대중적 위력

—

빈 출신 작가 프란츠 슈흐Franz Schuh는 '레흐철학세미나Philosophicum Lech'에서 21세기에 신민족주의자들이 매력적으로 여겨지는 이유에 대한 또 다른 해석을 내놓았다.[369] 레흐철학세미나는 훌륭한 자연경관 속에서 인간에 대한 통찰을 제시하는 연례회의이다. 세미나가 열린 곳은 해발 2,350미터에 위치한 알프스의 고즈넉한 스키 휴양지 마을인데, 이곳은 독특한 방식으로 평등이 실현되는 곳이었다. 이곳에서 백만장자들은 골짜기의 호화로운 펜션이나 호텔 스위트룸에 은신할 수 있다. 하지만 리프트를 탈 때만은 경호원과 지역 경찰의 도움을 받아 남들과 다른 프라이버시를 보장받는 것이 불가능하다. 가장 인기가 높은 스키코스인 '흰 원형Weißen Ring'을 돌리면 일흔아홉 명의 다른 승객들과 함께 케이블카를 타야만 하는데, 이는 최고 부호들의 인생에 있어 덜 가진 사람들과 불가피하게 신체 접촉을 피할 수 없는 몇 안 되는 순간 중 하나일 것이다. 그 케이블카 정상 승차장에 있는 레스토랑에서 행동경제학자인 에른스트 페르를 비롯한 유수한 학자들에게 유권자층에 만연한 자기기만의 이유에 관한 질문이 던져졌다. 분명 정보 부족도 한 이유이겠으나, 혹 그 뒤에는 불행함에 대한 무의식적 동경이 감춰져 있는 것은 아닐까?

이러한 질문에 슈흐는 "그렇게 된 데에는 '원망'이 많은 역할을 했을 것이다.”라고 대답했다. 원망은 많은 사람들이 자주 경험하는 감정이지만, 한편으로는 명확하게 설명하기 어려운 개념이기도 하다. 원망은 충족되지 못한 인정욕구에서 비롯되기도 하며, 또는 무기력함에서 생겨나기도 하는데, 그 실체는 ‘복수심’에 가깝다. 이를 설명할 수 있는 재미있는 유머가 있다. 어떤 이웃이 자신보다 더 많은 소를 갖고 있으면, 아일랜드 농부들은 “하나님, 제발 제 소가 늘어나게 해주세요.”라고 기도하는 반면에, 오스트리아 농부들은 “제발 이웃의 소가 줄어들게 해주세요.”라고 기도한다.

원망을 품게 되면 뭐가 어떻게 되든 상관없다고 생각하기 십상이며, 그래서 제 발등을 찍는 일도 다반사로 일어난다. 원망의 대상이 벌을 받기만 하면, 그래서 다른 건 어떻게 되든 상관없다는 태도인 것이다. 그렇다고 복수를 이성적으로 해결할 방도가 없는 것은 아니다. 우리에게는 타인으로부터 받은 상처를 처리할 방법이 있다. 하지만 무력감이 너무 커지면 복수심을 멈추는 것이 어려워지고 악순환이 시작된다.

현실적으로도 원망은 엄청나게 위험한 것이다. 원망으로 자의식을 형성할 경우 그 사람은 ‘분노한 사람’으로 고착된다. 사회에 분노한 사람이 되는 것이다. 엘리아스 카네티Elias Canetti의 《군중과 권력 Masse und Macht》에서 원망은 ‘명령’에서 유래한 것으로 해석된다. 카네티에 따르면, 전통적 소통 구조인 명령은 가시를 남긴다. 누구나 스무 살이 되면 교육을 통해 가시를 내면화한다. 그 가시들은 나중에 뽑혀 나와 다른 사람에게 가서 다시 꽂힌다. 이러한 원망의 순환에서 자유로울 수 있는 사람은 거의 없다.

정치적 관점에서 보자면, 이 불가피한 원망을 잠재우기는 어려우나 흔들어 깨우기는 쉽다. '감정'은 정치의 한 성분이다. 이성으로만 정치할 수 있다고 믿는 것은 감히 있을 수 없다고 한 영화감독 알렉산더 클루게Alexander Kluge의 진단은 정확하다. 힘과 권력은 감정에 있기 때문이다.

문제는 특정한 경제 환경과 피해의식 속에서 원망을 품은 사람들이 힘을 합치면서 불거졌다. 갑작스레 원망이 집단을 형성하고, 엘리아스 카네티가 말한 대중 속에서 권력이 생겨나는 계기를 마련하자 통제하기 힘들어졌다.

권력을 잡은 신민족주의자는 누구나 이 메커니즘을 알고 있다. 그리고 그것을 통해 일한다.

제 5 장

새로운 독일은
어디로 갈 것인가

우리가 지금 무엇을 다르게 해야만 하는지 나는 깨닫지 못했다.

- 2017년 총선 이튿날, 앙겔라 메르켈 독일 총리

*이 선거에서 그녀가 소속된 기민련은 1949년 이래 최악의 의석수를
기록했고 기존 기민련 지지자 100만 명이 대안당으로 돌아섰다.

GAME OVER

독일 남부의 소도시 튀빙겐에는 '히든 챔피언Hidden Champion'이라 불리는 기업이 있다. 외부에는 잘 알려지지 않았지만 자기 분야에서는 선도적인 기업이다. 또 튀빙겐에는 '히든 트레이저hidden treasure'로 대접받는 포도나무 종이 있다. 이 종의 포도나무는 드물게 가지가 가늘고 수분이 적다. 슈투트가르트에서 남쪽으로 45킬로미터 떨어진 대학도시 튀빙겐은 다른 모든 면에서도 칭찬할 만하다. 그곳에서 '실직'이라는 단어는 외계어나 마찬가지이다. 다임러, 보쉬 등 인근 도시 대기업 직원들 중 삶의 질을 중요하게 여기는 사람들이 튀빙겐에서 출퇴근을 한다. 주민 평균 연령 또한 39.1세로 독일의 그 어느 도시보다 젊다. 전쟁이나 도시 재건 열풍에도 끄덕하지 않고 잘 보존된 구도심이 공공 임대주택 분야에 새 기준을 제시한 프랑스풍 택지지구와 보기 좋게 공존하는 아름다운 도시이다.

이 도시의 시장인 보리스 팔머Boris Palmer는 독일 녹색당을 이끌 차 세대 유망주로 꼽힌다. 정기적으로 토크쇼에 출연해 열정적으로 새로운 계획을 발표하는 그는 튀빙겐을 대도시로 만들고 싶어 한다. 그러려면 거주자가 10만 명이 돼야 하고, 또 그러기 위해서는 7,000명이 더 필요하다. 그는 사람들을 불러 모으기 위해서는 더 많은 혜택이 필요하다며 다른 시보다 중소기업 보조금을 10퍼센트 더 올리고 임금도 올렸다. 이 지역 스타트업 기업들도 탄력을 받아 '사이버밸리Cyber Valley'는 캘리포니아 실리콘밸리를 벤치마킹한 것 이상의 성과를 내고 있다. 튀빙겐의 또 다른 이름인 사이버밸리에는 인공지능 연구 집단이 몰려 있다.

슈바이크하르트가처럼 그리 매력적이지 않았던 동네조차 오래된 건물을 세심하게 리모델링하면서 놀랍게 변신했다. 2008년까지 포도식초 제조공장이 있던 거리에 저가 슈퍼마켓 체인인 리들이 들어오면서 건물들 사이의 주차장에는 자동차들로 붐볐다.

내가 튀빙겐에서 페터 슈미트Peter Schmidt 씨와 마주친 것은 오스트리아 총선에서 우향우를 한 국민당과 우파 정당인 자유당이 합쳐서 57.7퍼센트의 득표율을 기록한 이튿날이었다. 그는 자신의 흰색 벤츠를 주차하고선 마침 차를 몰고 나가려던 내 쪽으로 다가왔다. 내 차의 오스트리아 번호판을 알아본 것이었다. 슈미트 씨는 "훌륭하다. 오스트리아에 사는 당신들이 투표를 참 잘했다."라며 칭찬으로 말문을 열었다.[370] "나는 유럽연합이 함께하길 바란다. 하지만 지금 벌어지는 일을 그대로 두고 볼 순 없다. 양로원에는 사람들이 자기가 싼 똥 위에 누워 있는데 우리는 다른 나라에서 젊은 애들을 데려와 빈둥대게 하고선 돈을 준다. 그런 애들이 한 명도 아니고 열 명도 아니고 백 명도 아니다." 그는 자기 상황이 그들과는 완전히 다르다고 했다. "나는 의사한테 갈 때마다 완전히 무시를 당한다. 나도 예전에는 오스트리아에서 가장 높은 산에도 올라갔었다. 지금은 어지럼증으로 고생하는데 전문의 진료를 받으려면 반년을 기다려야 한다. 그런데 메르켈은 표를 8퍼센트나 잃어버리고도 뭘 해야 할지 잘 모르겠다고 한다. 지금 우리도 오스트리아처럼 해야 한다. 대안당이 20퍼센트, 30퍼센트를 얻어야 우리 정치인들도 정신을 차릴 것이다. 헝가리에서 오르반 총리가 시작한 일이 옳다. 지금 독일로 들어오는 사람들의 문화는 우리의 문화와 잘 맞지 않는다. 범죄자와 폭력배들, 성폭행범들이 떼로 몰려오고 있다."

그런 문제는 독일에 사는 독일인들 사이에서도 있지 않느냐는 반론은 슈미트 씨에게 먹혀들지 않았다. "그건 좀 다른 얘기다. 내가 성폭행범이라면 이 나라에서 즉각 처형될 것이다. 하지만 지금 독일로 들어오는 사람들은 어떤 곳에도 등록되지 않았기 때문에 신분증을 찢어버리면 그만이다. 내가 아프리카에 간 적이 있는데, 거기 사람들은 독일을 낙원이라고 하더라. 독일에 가면 일할 필요도 없고 은행에 가서 돈만 받아오면 되지 않느냐고 하면서."

그는 아프리카에서 무얼 했느냐는 내 질문에는 그저 휴가차 여러 번 갔었다고 하고는 다시 똑같은 말을 이어갔다. "오스트리아 사람들이 이제라도 진실을 알게 된 것은 정말 다행이다. 우리의 상황은 점점 더 나빠지고 있다. 독일이 정신을 차리고 대안당이 당신네들처럼 30퍼센트 넘게 표를 얻는다면! 메르켈은 쫓겨나야 한다. 그녀는 대형 범죄자이니 쫓겨나야 한다."

그러고도 우리의 대화는 계속 이어졌다.

나 : 당신은 이미 대안당을 뽑았는가?

슈미트 : 그렇다.

나 : 그러면 당신은 튀빙겐의 어떤 점이 문제라고 보는가?

슈미트 : 나는 이곳에 산다. 내겐 정말 사랑스러운 개 한 마리가 있다. 우리는 셰퍼드를 원했는데 그 녀석을 선물로 받았다.

그는 자동차 뒷자리에 앉아 있는 셰퍼드 믹스견을 가리켰다.

나 : 그런데 뭐가 문제라는 건가?

슈미트 : 우리 집 리모델링 공사를 할 때였다. 살펴보러 갔는데 거기에 남자들이 앉아서 술을 먹고 담배를 피면서 위협하듯이 '와우, 와우' 소리를 지르더라. 그들은 일꾼이 아니라 폭력배들 같았다.

나 : 당신이 무슨 말을 하는 건지 이해하려 애쓰고 있는 중이다.

슈미트 : 당신은 전혀 이해할 수 없을 것이다. 왜냐하면 당신은 그런 무리들과 떨어져서 상류에 살기 때문이다. 나는 리모델링을 맡은 이와 개인적으로도 아는 사이이다. 그 사람에게는 그가 급여를 주지 않아도 되는 일꾼 하나가 있었다. 그 일꾼은 거기서 1년 동안 견습생으로 일을 할 수 있었고 그러면서 독일어도 배웠다. 이게 공평한가? 이게 공평하냔 말이다.

우리는 계속 그의 자동차 옆에 서 있었다. 그의 24년 된 흰색 벤츠는 그의 아내가 다임러에서 일하던 시절 직원 혜택가로 구입한 것이었다.

슈미트 : 다임러가 제일 큰 범죄자이다. 내가 내는 세금이 다임러보다 더 많다. 우리는 이렇게 불공평한 나라에 산다.

나 : 당신은 연금생활자일 테고, 자녀도 있는가?

슈미트 : 사람을 고용하고 월급을 주면서도 득을 보는 건 대기업들이다. 이게 공평한가? 내가 회장이었다면 나도 그렇게 했을 것이다. 그러다 보니 은퇴자들과 도움이 필요한 사람들은 자기가 싼 똥 위에서 잠들 수밖에 없다. 이건 불공평하다!

나 : 재산도 있는가?

슈미트 : 물론, 그렇다. 나는 월세를 많이 내고 살아야 하는 신세는 아니다. 나는 기술직 공무원이었기 때문에 노후 준비를 잘해두었다. 내 아들도 마찬가지다. 그 아이에게도 부동산이 좀 있다.

나 : 말하자면, 당신은 개인적 상황과는 무관하게 전반적인 상황이 불공평하고 부당하다는 이유로 분노하는 것 같다.

슈미트 : 정확하다. 그리고 바로 그렇기 때문에 오스트리아의 선거 결과에 기뻐하는 것이다. 당신이니까 하는 말인데, 하이더●는 살해당했다. 그는 술에 취해 차를 몰고 집으로 가다가 죽은 게 아니

● 외르크 하이더는 오스트리아 자유당 총재를 역임한 우파 민족주의 성향의 정치인이다. "나치와 히틀러를 찬양한다."라고 공공연히 밝힌 문제의 인물이었음에도 대중의 지지를 받아 변방에 머물러 있던 자유당의 당세를 확장하는 데 크게 기여했다. 2008년 교통사고로 사망했다.

라 비밀요원에 의해 살해당했다. 만사가 그런 식이고, 그러니깐 우리가 지배받는 것이다.

나 : 당신이라면 문제를 어떻게 풀겠는가?

슈미트 : 국경 수비를 강화해야 한다. 내게 다른 이유는 없다, 오직 경제 때문이다. 특별히 누구를 봐주지도 않을 것이다. 모든 문제가 세계화 때문에 생겼다. 우리는 서로 잘 맞지 않는다. 너희 나라 총리인 쿠르츠가 옳은 말을 했다. 이슬람은 여기에 속해 있지 않다. 그들은 우리를 많이 죽이면 천국에 간다고 믿는 사람들이다.

나 : 당신의 고향은 어디인가?

슈미트 : 나는 구동독 지역인 튀링겐에서 자랐고 1965년에 국경을 넘어왔다. 나는 동독에 살면서도 러시아와 동독 체제에 반대했었다.

하지만 모스크바의 허락이 없었다면 독일 통일은 불가능했을 것이다. 결코 가난하지 않은 이 남자의 분노는 다시금 앙겔라 메르켈을 향했다.

슈미트 : 그리고 이제야 독일은, 범죄자 메르켈은 항구 봉쇄를 결정했다. 그녀는 처형당해야 한다. 발을 매달아 거꾸로 처형해야 한다. 하긴, 메르켈도 조종당하고 있다.

나 : 누구에게?

슈미트 : 그것까지 당신에게 말해줄 수는 없다.

슈미트는 여기까지 말하곤 작별인사와 함께 돌아섰다. 나는 슈미트와 대화를 나누고 얼마 지나서 그가 했던 것과 똑같은 예언을 하는 사람들을 우연히 만났다. 그들이 바덴뷔어템베르그 출신이라는 것을 알고 나는 고개를 끄덕였다. 바덴뷔어템베르그주에 속한 작은 도시 도나우에싱겐에서는 매년 음악축제가 열린다. 1921년에 시작된, 세계적으로 가장 오래되고 유서 깊은 현대음악 축제이다. 안톤 베베른Anton Webern과 아놀드 쇤베르크Arnold Schönberg가 이곳에서 초연한 다음 각광받은 바 있다. 공영방송인 남서독일방송SWR과 연방정부는 행사의 일환으로 샌프란시스코의 젊은 작곡자들에게 장학금을 수여한다. 미국의 문화행사들이 갈수록 개인 후원자에 대한 의존도가 높아지고 있는 것과 달리 이런 행사를 정부가 주관하고 있다는 것 때문에 독일은 전 세계로부터 찬사를 듣는다.

페터 홈베르크Peter Homberg와 게르트루트 알러Gertrud Ahler는 행사에는 아무런 관심이 없었다. 그들은 독일 이곳저곳을 여행하던 중이었다. 둘 다 대학을 졸업했고 마흔이 채 되지 않았으며 자의식이 분명했고, 무엇보다 대안당의 지역사무소에서 일했다.

홈베르크는 "일반 기업에서 일하는 것을 고려해볼 수도 있었다." 라고 말했다. 그는 동유럽에 체류하며 공무원 교육을 받던 중 진로를 바꾸었다. "그곳에서 몇몇 독일인에게서 행정을 관리하는 법에 대한 조언을 들을 수 있었기 때문이다. 그리고 독일은 다른 여러 나라와 비교해 부정부패가 적다는 것도 알게 됐다. 독일은 부정부패를 줄인 결과 생산성이 높아졌다. 그리스도 수백만 유로를 퍼주는 대신 독일처럼 했더라면 오늘날 훨씬 좋은 상황을 맞이했을 것이다." 그

리고 그는 결론적으로 "이러한 경험이 나를 대안당으로 이끌었다."라고 말했다.[371]

그리스가 지급불능 상태가 되면서 국채의 채권자였던 독일의 은행과 보험사도 막대한 손실을 입었다는 사실을 홈베르크가 모를 리없었다. 내가 "그 일은 대안당을 지지하는 많은 독일인들의 생명보험과 주식에도 엄청난 영향을 미치지 않았는가?"라고 묻자 홈베르크는 이렇게 대답했다.

홈베르크 : 물론 그런 질문을 할 수도 있다. 기업을 '법인corporate body'이라고 부른다고 해서 '국민'의 일부로 볼 수 있지 않느냐고 묻는다면 내 답은 '아니다'이다. 그들은 인간이 아니며, 그래서 나는 그들에게 연민도 느끼지 않는다. 기업에서는 누군가 죽어갈 때 그대로 내버려둔다. 무자비한 다원주의를 신봉하기 때문이다. 자연인이라면 그렇게 하지 않는다.

나 : 당신이 독일 국민이라고 말할 때, 거기엔 독일 여권을 가진 사람 모두가 포함되는가 아니면 좀 더 정확한 구분이 있는가?

홈베르크 : 나는 독일 국민에 속한다. 내 부모는 소련에서 태어났지만 독일인으로 인정받기로 결정했다. 다양한 차원이 존재한다. 내부모처럼 소련에서 와도 자신을 독일인이라고 생각할 수도 있고, 독일 시민권이 없어도 문화나 여러 가지 연결고리 때문에 그렇게 생각할 수도 있다. 독일인의 유전자가 없어도 독일인이 될 수 있다. 예컨대 쳄 외즈데미르Cem Özdemir가 그랬던 것처럼.

10여 년간 독일 녹색당 당수를 맡았던 쳄 외즈데미르는 1965년 슈투트가르트 인근에서 태어나, 1994년에 터키인 부모를 둔 최초의 연방 하원의원이 됐다. 1997년 출간한 그의 책 제목은 《나는 내국인이다 *Ich bin Inländer*》였다.[372]

나 : 미안하지만, '독일인 유전자'라는 게 무엇인가?[373]

홈베르크 : 독일인의 유전자라는 내 말은 유전적 기원을 말한 것이다. 독일인 혈통으로 태어난 사람이 그에 따른 정체성을 형성할 때 독일인의 유전자를 가진 것으로 볼 수 있다. 독일인이 되는 한 방식이다.

나 : 하지만 '독일인의 유전자'를 가지려면 어디까지 거슬러 올라가야 하는가?

홈베르크 : 자기 정체성이 그렇다고 느껴진다면 너무 멀리 갈 필요는 없다. 나도 정확하게 알진 못한다.

나 : 그렇다면 할아버지는 오스트리아와 헝가리 접경지역에 살면서 독일어를 쓰지만 스스로는 헝가리인이라고 생각하고 헝가리 국적을 가졌는데, 아들이 와서 자기는 독일인이라고 하면 어떻게 되는 건가?

홈베르크 : 어려운 문제이다. 단정하기 어렵다.

이 지점에서 게르트루트 알러가 끼어들어 "나는 어린 시절의 일부분을 남유럽에서 보냈다. 그곳에서 나는 내 머리카락 색깔 때문에 그곳 출신으로 보이지 않는다는 것을 언제나 의식하고 살았다."

라고 말하며 큰 소리로 웃었다. 그녀는 지난 총선 공천에서 아주 근소한 차이로 대안당 지역구 후보 자리를 놓쳤다. 그녀의 금발은 눈에 띄지 않을 수 없었을 것이다. "또한 가톨릭 국가에서 개신교도로 자랐기 때문에 정신세계의 차이도 간과할 수 없었다. 이러한 정신세계의 차이를 무시해서는 안 된다. 나는 유럽연합이라는 금융연합 전체의 문제가 정신세계의 차이를 깡그리 무시하기 때문에 일어난다고 생각한다."

홈베르크가 말을 이어받았다. "극단적 상황에서 인간은 원시 상태로 돌아간다. 실제 친족관계가 아니더라도 감정에 따라 다른 이들과 연대한다는 뜻이다. 그것은 하나의 패턴이며 한 사회의 안정성이 거기에 달렸다. 감정적 친족관계는 입양과 동일선상에 있다. 예컨대 내가 쳄 외즈데미르를 인정하는 것도 같은 감정에서 비롯된 것이다. 당신이 행복한 입양을 했다면 당신과 아이 사이에는 생물학적 가족과 마찬가지로 관계가 제대로 기능할 것이다."

나 : 그런데 당신이 '행복하지 못한' 입양을 한다면 어떻게 되는가?

홈베르크 : 행복하지 못한 입양이라 해도 되돌릴 수는 없다.

알러 : 하지만 그 일이 일파만파 번지는 것은 막을 수 있다. 문제는 그런 일이 좌익 정당에 의해 특별한 사례인 것처럼 주장된다는 데 있다. 하지만 수백만 명의 사람들을 유럽으로 들여보낸다면 더 이상 특별한 사례로 다룰 수는 없을 것이다. 나사를 돌려서 조절할 수 있는 일이라면 초장에 그 나사를 돌려야 한다. 독일 국적의 사람들은 매우 힘들어질 것이다. 하지만 독일에서 생계보조금을 받

는 사람들 중에는 독일인이 아닌 사람도 분명 있다.

홈베르크의 해법은 이러했다. "우리는 그 사람들에게 우리나라를 떠나라고, 자발적으로 시민권을 포기하라고 권유할 수 있다. 내 부모 역시 행복하지 못한 입양아였고 그래서 자발적으로 소련을 떠나왔다."

나는 그들에게 '법치'가 사라지고 그 자리를 '가족적 결속'이 차지한 브라질의 사례를 들어가며 한 사회의 올바른 기능이 무엇인지에 대해 검토해봐야 한다고 말했다. 성공적이고 관용적인 민주주의는 '구성원 모두에게 공통적으로 적용되는 질서'를 신뢰한다는 특성을 띤다. 친족관계에 대한 신뢰는 민주주의의 특성이 아니다. 그것이 독일 기본법과 오스트리아 헌법의 기초이다. 민주주의를 경험하지 못한 동독 출신 부모 아래서 자란 많은 독일인들에게는 이러한 기본적 이해가 부족할 때가 많았다.

나는 "대안당 안에서 현재의 시스템을 무너뜨리길 원하는 적극적인 세력의 비중이 얼마나 크다고 평가하는가?"라고 마지막으로 물었다. 홈베르크는 "정말 무너뜨리려는 사람들? 10퍼센트에서 15퍼센트 정도인데, 그들은 모두 목소리가 큰 사람들이라는 점을 감안해야 한다."라고 답했다. 2018년 초 기준으로 대안당 당원은 2만 8,000명이다.

이제 튀빙겐의 주택가 쪽으로 좀 더 들어가보자. 마르쿠스 하우저Markus Hauser는 구도심에서 태어나 건실한 소프트웨어 회사에 다니고 있다. 그를 짜증 나게 하는 건 관료주의와 세금 부담이다. 2017년 9월 독일 총선 전, 그는 넥카 강변 공원 옆에 있는 빌더무스고등학교로부터 이메일 한 통을 받았다. 학교는 중앙역으로부터 500미터도 채 떨어지지 않은 곳에 있다. 헬무트 야니쉬Helmut Janisch 교장은 "어제 15시 30분경 우리 학교의 한 여학생이 귀가하던 중 자전거를 탄 남성에게 끌려가 험한 일을 당할 뻔했다. 학생이 소리를 지르며 격렬하게 저항했기 때문에 행인들이 발견하고 도와줬다."라고 썼다.[374] 그리고 "사고가 있었던 만큼 등굣길 혹은 귀갓길은 가능한 한 친구와 함께하는 것이 좋겠다."라고 덧붙였다. 하우저는 그 학교에 아이를 보내는 처제가 느낄 공포에 깊이 공감했으며, 그 일만으로도 대안당을 찍을 이유가 충분했다.[375]

튀빙겐 주차장에서 알게 된 사회적 평등과 정의에 대한 태도, 러시아 출신 이민자 부모 아래서 자란 야심가 젊은이의 독일인 유전자에 대한 정의, 등하굣길 안전 문제. 이 세 가지 사례는 독일 연방공화국 안에서도 가장 호황을 누리는 지역에서 대안당을 지지하는 세력이 결코 유별난 사람들이 아니라는 사실을 보여준다.

2016년 3월 대안당은 튀빙겐이 속한 바덴뷔어템베르크주 의회 선거에서 15.1퍼센트의 표를 얻었다. 이는 많은 사람들에게 '마른하늘에 날벼락' 같은 일이었다. 중앙에서 활동하는 수많은 정계 관계자들은 이를 난민 문제에서 비롯된 단기적 현상으로만 간주했다. 하지만 2018년 2월 이 지역에서 실시된 여론조사에서 대안당은 사민당과 동일한 지지를 받았다. 그리고 2018년 7월에는 우파 대안 세력이 전국적으로 16퍼센트의 지지율을 기록하며 사민당을 추월하는 초유의 사태까지 벌어졌다. 당시 대안당의 지지율은 17.5퍼센트

까지 치솟았다.[376]

경제적으로 번영한 바이에른주 역시 대안당의 새로운 둥지가 됐다. 뮌헨에서는 판사와 검사들도 대기업의 임원들처럼 우파민족주의자들을 지지한다. 바이에른주의 총리이며 기사련 소속인 마르쿠스 죄더는 대안당에 뒤지지 않으려 연일 강성 발언을 쏟아내고 있다.[377] 2018년 10월 선거에서는 유권자를 끌어들이려는 이러한 노력이 대안당을 물리치는 데에 과연 도움이 됐는지를 확인하게 될 것이다.•

물론 정치적 내용 면에서는 두 당이 별다를 게 없다. 만약 죄더가 대안당을 지지한다면 뮌헨의 주정부 사무실을 무리 없이 지켜낼 수 있을 것이다. 2018년 여름, 기사련 대표주자 3인방으로 꼽히는 호르스트 제호퍼Horst Seehofer와 마르쿠스 죄더, 그리고 알렉산더 도브린트Alexander Dorbindt가 앙겔라 메르켈 총리에 대항하며 봉기한 것은 딜레마에 빠진 자신들의 상황을 무기력하게 표현한 것에 불과하다. 아류가 어찌 원조를 막아내겠는가. 그것도 서로 드잡이하는 꼴을 만방에 내보이면서. '신뢰성을 물을 마지막 기회'라며 포괄적인 국경 통제의 재도입을 요구한 것은 죄더였다. 죄더의 이러한 요구에 상품 이동을 막는 모든 장애물이 철폐되기를 원하는 기사련 지지자들과 특히 재계 관계자들이 기겁했다. 그러자 죄더는 다시금 자신은 '중도를 위한 정당' 소속이라며 한 발 물러섰다.[378] 속이 훤히 들여다보이는 수법이다. 벤치에 앉아 이 소동을 지켜본 대안당 선수들은 속으

• 91쪽 '각주•' 참조

로 쾌재를 불렀을 것이다.

"시간이 흐른 후 그래도 2017년은 괜찮은 편이었다고 말할 수도 있다. 2021년, 2025년에 더 나빠진 것에 비하자면 말이다. 유럽 내 다른 국가, 가령 국회의원 선거에서 자유당이 26퍼센트를 득표한 오스트리아를 봐도 마찬가지이다." 괴팅겐의 민주주의 연구자 마티아스 미쿠스Matthias Micus는 이렇게 중간결산을 했다.[379]

대안당은 서구 사회 전반에 등장한 민족주의 성향의 다른 동지들과 마찬가지로 사회의 중심에 섰다. 그리고 그들의 잠재력은 오랫동안 진가를 인정받지 못했던 히든 챔피언들만큼이나 강력하다.

대안당이 다루려는 사회적 주제들

—

민족적 문제에 있어서 대안당은 기민기사연합보다도 선두에 서 있다. 독일 공화당 같은 극우 세력은 큰 주목을 받지 못한다. 신문의 머리기사를 제공하는 건 아직 대안당뿐이다. 그들이 내지르는 구호 하나하나는 오랫동안 여론을 주도해온 공영방송과 주류 일간지 및 주간지에 의해 면밀하게 계획된 것이다.

2017년 9월 24일 총선에서 대안당이 12.6퍼센트의 득표를 기록했던 날, 생중계되는 첫 TV 인터뷰에서 당 대표인 알렉산더 가울란트는 이렇게 말했다. "우리는 메르켈이 됐든 누가 됐든 반드시 이겨서 우리 땅과 우리 민족을 되돌려 받을 것이다."[380] 그 발언을 두고 누군가는 실언을 한 것이라고 했고, 또 다른 누군가는 그와 그의 정당이 드디어 "가면을 벗었다."고 했다. 하지만 모두 헛다리를 짚은 것이었다. 그의 인터뷰는 다른 정당의 거물급 인사들이 공식석상에 모습을 드러내기 전에 최대한 주목을 끌어보려는 의도하에 이루어진 것이었다. 그리고 그의 도발적 발언이 실천될 리는 없다 하더라도 직관적인 면에서는 기발한 선택이었다. 그가 주목을 끈 건 비단 지지자들만이 아니었다.

가울란트는 〈메르키셔 알게마이네 차이퉁*Märkische Allgemeine Zeitung*〉의 편집인으로 14년간 일한 노련한 정치기자이다. 덕분에 그는 사람의 됨됨이를 잘 알아보는 안목을 갖게 됐다.

하지만 '민족'이라는 주제만으로 나라를 이끌 수는 없는지라 다른 사회적 주제가 소환됐다. 불평등이 폭발적으로 늘어나던 때라 타이밍도 잘 맞았다. 수년간 대안당 선수들은 체계적으로 수면 아래 잠들어 있던 유권자층을 공략해왔다. 실업자와 '맹목적 지지자' 외에도 국민정당이 되겠다는 목표를 향해 함께 나아갈 동반자들이 더 필요했다.

독일 북부 마르부르크의 교육학자 베노 하페네거Benno Hafeneger는 "대안당이 다루는 주제가 넓어지고 있다."라고 강조한다.[381] 그와 그의 동료들은 헤센과 니더작센의 주의회에 대안당 대표들이 낸 법안과 질의서, 토론 발언 1,000건을 분석했다. 중점은 '국내 안보'에 있었으나, 그들의 정치적 활동은 또한 가족과 학교, 양로원에도 집중됐다. 매우 객관적일 때도 많고 다른 정당의 것이라 볼 수 있는 것도 많았다. 대안당 정치인들을 극우 정치깡패로 몰아가려던 사람들의 의도는 실패했다. 하페네거는 "대안당을 두고 나치클럽이라 비난해봤자 소득이 없을 것이다. 특히 농촌 지역에서 그들은 소외된 사람들의 수호자로 인정받고 있다."라고 말했다.

대안당을 대표하는 인물들 가운데 적잖은 수가 과거 기민련이나 자유민주당 소속이었다. "그리고 공화당이나 국가민주당, 혹은 다른 우파나 극우파에서 건너와 개별적으로 합류한 선수들도 있다. 그리고 상대적으로 큰 비중을 차지하는 세 번째 그룹은 이제껏 정치를 하지 않은 사람들, 심지어는 그 어떤 시민운동에도 참여하지 않았던 사람들이다. 그들은 이전까지 스포츠 동호회도 자율소방대도 하지 않다가 갑자기 위기의식을 느끼고 대안당에 참여하고 있다."

대안당의 대표들 중에는 "중산층 출신의 교육 수준이 높은 사람들이나 학자들도 많다. 프리랜서, 경찰관, IT 전문가, 자연과학자 들도 대안당으로 출마해 의원으로 당선됐다. 공화당 같은 극우 정당과는 큰 차이가 있다. 현재의 극우 정당들은 절대 사회의 중심에 서지 못한다."

대안당 직원 커플이었던 게르투르트 알러와 페터 홈베르크는 다시 후보직에 도전할 것이다. 2019년 5월 선출될 유럽의회가 그들의 차지가 되지 않을 이유가 있을까?

붉은색 좌파에서 파란색 우파로 간 노동자들

수백만 노동자들은 더 이상 '아이다Aida'를 독일에 본사를 둔 크루즈선 이름만으로 기억해서는 안 된다. 매년 엄청난 관중들이 공연을 보기 위해 이탈리아 베로나 원형경기장 앞에 줄을 서도록 만드는 주세페 베르디Guiseppe Verdi의 오페라를 떠올려서도 안 된다. 'AidA'는 '대안당의 노동자들Arbeitnehmer in der AfD'의 줄임말이다. 그들은 '노동자의 새로운 빨간색은 파란색'이라는 슬로건을 내세운다.[382] '노동자들의 대안적 연맹Alternative Vereinigung der Arbeitnemher e.V.', 줄여서 'AfA'가 주창하는 바도 비슷하다. 그들은 사민당 내 '노동자의 문제를 해결하기 위한 노동조합'을 자처한다.[383]

대안당이 두각을 나타내기 전에 만났던 좌파 서점 주인은 이미 다음과 같이 경고했었다. "노동조합이 갖고 있는 큰 문제를 대안당이 파고들 것이다. 대안당은 청교도주의와 칼뱅주의, 나치시대와 제국주의 시대를 옹호한다. 그래서 그 인기는 훨씬 더 높이 치솟을 것이다."[384]

지금까지 디터 자우어Dieter Sauer 교수만큼 그 당에 대해 열심히 연구한 인물도 없다. 자신이 운영하는 사회과학연구소ISF에서 수십 년째 연구에 몰두하고 있는 그는 학자로서는 매우 드물게 고고한 환경 속에서도 발 디디고 있는 현실을 잊지 않는 사람이다. 그는 우파 노동조합을 선언한 세력의 부상을 근본적 사회 변화와 관련지어 설명한다. "훌륭하게 행동하면 풍요를 주겠다던 자본주의의 약속은 지켜지지 않았다. 그 결과 사회 전반을 불안이 지배하게 됐다."[385] 오랫동안 노동 환경의 변화에 주목하지 않았던 대가가 지금 '존재적 불안, 디지털화, 성과 압박에 관한 두려움'으로 돌아온 것이다. 자우어 교수는 "기업 운영에 끊임없는 요구되는 구조조정과 주식분할, 비용절감에 대한 부담은 대중에게 알려진 것보다 훨씬 크다. 상황의 악화를 체감하게 되자 주관적으로 강화된 불만이 커지는 것이다."
라고 진단했다.

현장 기능직 인력들, 금융사의 말단 직원들 그리고 거의 모든 저소
득 혹은 평균소득 노동자들이 그런 처지에 놓여 있다. 자우어 교수
는 "그래도 5~6년 전까지는 우파적 의견을 표명하는 사람은 없었
다."라고 말했다. 그때만 해도 대상이 뚜렷하지 않았던 분노가 이제
목표물을 찾은 것이다.

그때부터 '공개되지 않은 포퓰리즘'이 자라나기 시작했고, 이제는
기업의 노동자 대표나 노동조합 상근직원들 사이에서도 "우파적 의
견 표명에 대한 금기가 사라졌다."[386] "노동조합 자체가 기득권층이
된 경우도 많아서 우파 진영에서 이 문제를 놓고 토론을 벌이기도
했다." 노동조합에서 기반을 다진 간부들 중 다수는 일반 노동자들
과는 잘 어울리지 않는다. 가령 폭스바겐의 노동자 대표들이 회사의
지원을 받아 초호화 여행을 떠난 일은 말단 노동자들과는 아무런 관
계가 없었으며, 그 여행의 결과가 임금 협상에서 노동자들에게 유리
하게 작용할 리도 만무했다. '노동자 대표들의 문제해결 능력에 대
한 신뢰'는 점점 더 떨어지고, 점점 더 많은 노동자들이 오른쪽으로
흘러갔으며 지금도 흘러가고 있다. 기본 토대가 붉은색 노동조합과
좌파 정치에서 멀리 떨어져 나간 것이다.

자우어 교수는 연구를 통해 "수십 년간 사민당과 좌파당 성향을
띠었던 사람들의 머릿속에 우파적 신념이 깊이 뿌리내렸다."는 사실
을 알고는 크게 놀랐다고 한다. 그가 관찰한 바에 따르면 "많은 사람
들이 더 이상 사민당과는 아무것도 하지 않으려 한다." 이는 사민당

의 대표부 3인방인 마틴 슐츠Martin Schulz, 올라프 숄츠Olaf Scholz, 지그마르 가브리엘Siegmar Gabriel이 이전투구를 벌이기 한참 전부터 시작된 일이다. 자우어 교수는 "우파가 체제 비판을 한다는 것이 그리 놀랍지 않지만, 동독 지역에서 우파가 차지한 입지에는 깜짝 놀랐다. 그곳에서는 '독일금속노동조합IG Metall은 훌륭하다. (우파 정당인) 국가민주당도 마찬가지로 훌륭하다.'라고 말하는 노동자들을 심심찮게 만날 수 있다."라고 전했다.

지난 총선에서 노동조합에 가입된 노동자의 15퍼센트가 대안당을 찍었다. 이는 전체 인구 대비로 했을 때보다 훨씬 높은 비율이다. 독일 동부에서는 대안당의 득표율이 22퍼센트에 달했다.

난민 문제는 '촉매제'였을 뿐이며, 그 뒤에 감춰진 문제의 근원은 아직 그대로이다. 근거가 분명한 좌절감과 변화한 노동환경은 "노동자들의 개별화, 결속의 결여, 연대적 행동 가능성의 상실"을 낳았다고 자우어는 분석한다.

노동조합 대표들의 무기력한 반응도 한몫을 했다. 자우어는 "그들의 정서적 책임이 막대하다는 점에 나는 크게 우려한다."라고 말했다. 많은 이들에게 정치적 토론은 익숙하지 않다. 이른바 '구내식당의 전사들'이라고 이름 붙인 교육받은 활동가들이 아무리 '인종차별주의와 외국인혐오주의'를 경고해봤자 기업의 일반 노동자들에게는 뜬구름 잡는 소리로 들릴 뿐이다.

대안당의 경제 정책은 신자유주의에 가까워 보인다. 'AidA'에 속한 노조원들과 대안당에 가까운 그룹들은 새로이 부상한 사회적 문제를 이미 다루기 시작한 프랑스의 우파와 르 펜 일가를 지향점으로 삼는다. 1863년 '전국독일노동자협회의 노래'는 프롤레타리아 혁명의 주제가로 불렀다. 전국독일노동자협회ADAV는 사민당의 전신이다. 공산당원에서 우파 선동가로 변신한 위르겐 엘제서Jürgen Elsässer도 이 노래를 힘차게 부르던 시절이 있었을 것이다. "모든 바퀴는 멈춰 설 것이다, 당신의 강한 팔이 그것을 원한다면." 하지만 그는 이 구절의 마지막을 새 시대에 맞춰 이렇게 바꿔 불러야 한다고 주장한다. "당신의 파란 팔이 그것을 원한다면."[387, 388]

우파 노동조합의 승리가 의미하는 것

—

엘제서는 대안당 당원이 아니다. 역시 독일 남부 출신인 올리버 힐부르거Oliver Hilburger도 당원이 아니다. 하지만 둘 다 대안당의 관점에 동의한다. 운터튀르크하임에는 분데스리가에서 상위권을 지키는 축구팀 'VfB 슈투트가르트'의 홈구장인 메르세데스 아레나가 있다. 그리고 바로 그 옆에 힐부르거의 노동자대표 사무소가 있다. 힐부르거가 2009년에 독일 최대 단일노조인 금속노조에 대항하며 첸트룸아우토모빌협회Zentrum Automobil e.V.를 처음 설립했을 때만 해도 그저 비웃음거리에 지나지 않았다. 2017년 가을 그는 우파 정치가인 괴츠 쿠비체크Götz Kubitschek와 손잡고 '애국자가 일자리를 지킨다'라는 전국 단위의 캠페인을 시작했다. 그는 독일금속노동조합을 '부패한 마피아'라고 부르면서 "우리는 좌파 국제주의자들에 대항해야 한다."라고 주장한다.[389] "내가 누구와 연대하고 있는지를 알 때만 연대적 공동체가 제대로 작동한다. 그러기 위해서는 민족국가가 필요하다."[390]

　힐부르거가 설립한 첸트룸아우토모빌협회는 2018년 3월 벤츠의 소형차를 생산하는 공장이 있는 라슈타트와 S클래스를 생산하는 진델핑겐까지 세력을 넓혀 자기 진영의 사람들 중에 노동자 대표 후보를 내는 데에 성공했다. 2010년부터 우파 월간지 〈콤팩트*Compact*〉의 편집장으로 있는 엘제서는 그 소식에 환호했다. 그는 "애국적 스펙트럼에서 나온" 인물이 공식적으로 등장함으로써 "우리 투쟁의 새로운 전선이 열렸다."라고 말했다.[391] 힐부르거가 운터튀르크하임 벤츠 공장에 제출한 후보자 명부에 이름을 올리고 선거 소식지에 사진과 소속 부서까지 공개된 직원은 모두 187명이었다. 시스템 책임자에서 창고 운영자까지 저마다 역할도 다양했다.[392] 금속노조는 그들을 막아내기 위해 총력전을 펼쳤고, 다임러 경영진은 선거 직전 직원 일인당 5,700유로라는 사상 최대의 보너스를 약속하며 노조원들의 표심을 붙잡고자 했다.

　그럼에도 우파 노동조합은 세 군데 공장 모두에서 환호할 만한 결과를 손에 쥐었다. 힐베르거는 운터튀르크하임에서는 10퍼센트 남짓이던 득표율을 13.2퍼센트까지 끌어올렸고, 심지어는 자신의 협회에서 당선된 여섯 명의 노동자 대표 중 하나가 됐다. 동시에 투표율도 6퍼센트가 늘었다. 이것은 미국과 독일, 오스트리아를 막론하고 최근 전국 단위 선거에서도 증명된 하나의 현상이다. 칼스루헤에서 바젤까지 이어진 독일 남부 경제 번영지대에 속한 라슈타트에서는 우파가 8퍼센트, 정확히는 447표를 얻어 노동자 대표 자리 세

개를 확보했다. 진델핑겐에서도 두 자리를 얻었다.[393] 페이스북에 제일 먼저 축하 댓글을 남긴 이는 운터아머가우에 살며 다임러에서 일하는 발터 라이터Walter Reiter였다. "자, 이제 시작이다. 이것은 시작의 첫걸음이다."[394]

다임러의 사례에서 우리가 알 수 있는 것은, 상대적으로 높은 임금을 받는 최정상 기업에서조차 공장의 정규직 노동자들이 우파를 지지하는 것이 더 이상 금기 사항이 아니라는 점이다. 자의식은 성공과 함께 자라고, 자라난 자의식은 성공의 기회를 늘린다. 우파의 반란은 지금 그 흐름을 탔다. 우파 성향의 평의회협회인 첸트룸아우토모빌협회가 아직 들어가지 못한 곳은 다임러 본사 사무실뿐이다.

기업 총수인 디터 제체는 선거를 앞두고 "우리는 진행되는 상황을 우려하며 지켜보고 있다."라고 밝혔다.[395] 인사부문 임원인 빌프리트 포르트Wilfried Porth도 "이 집단이 추구하는 바는 존중, 개방, 다양성, 관용 그리고 국제주의를 지향하는 다임러의 가치와 배치된다."라며 거들었다.[396] 하지만 노동자대표부 선거 직후 다임러는 우파 노동조합이 더 크게 성장할 수 있도록 디딤돌을 놓아주었다. 헝가리 케치케메트에 있던 공장의 크기를 두 배로 늘리고 베이징에도 두 번째 공장을 설립하겠다고 발표한 것이다.[397] 다임러의 가치라던 '개방성, 다양성, 관용'은 강력한 전제군주 체제 아래 자유를 억압하는 '무늬만 민주국가' 혹은 독재국가와 광범위하게 관계를 맺어나가겠다는 뜻이었을까?

이렇게 다임러는 또 한 번 신뢰를 잃었다. 힐부르거와 새로 선출된 그의 전우들은 다임러의 가치 논쟁이 위선이었음을 알리고, 자신들이 투명하지 않은 여론전의 희생양이 되었다고 공표했다. 동시에 공장 입지를 둘러싼 논쟁에도 활기가 돌았다. 과거에는 좌파 단체가 이 주제를 독점했었다. 1970년대 아파르트헤이트가 한창이던 남아프리카 공화국에 자동차 공장을 설립하려 했던 메르세데스Mercedes는 지금보다 훨씬 더 격렬한 저항을 염려했었다. 하지만 밥 딜런Bob Dylan의 노래 가사처럼 "시대가 변하고 있다The Times They are a-Changin." 그가 이 노래를 지을 때 변화는 지금과는 정반대 방향으로 가고 있었을 것이다. 그러나 좌파가 세계화를 거칠게 비판하지도, 연대에 성공하지도 못하자 우파적 민족주의 세력에게는 더 많은 자리가 열렸다. 그들은 무주공산을 차지한 것이다.

대안당 중앙위원회의 귀도 레일Guido Reil은 독일 전역의 우파 동지들과 관계를 맺고 있다. 에센에서 광부로 일했던 그는 과거 노동자 대표까지 했었으나 지금은 사민당을 버리고 대안당의 대표 인물이 됐다. 그는 다양한 지부를 총괄하는 노동조합에서 일했었다. 대안당에게 첸트룸아우토모빌협회는 하나의 실험에 불과하다. 레일은 "대안적 정당 외에도 대안적 노동조합, 대안적 사회단체가 있어야 한다. 대안은 전체적으로 맞물려 하나의 사회적 운동이 돼야 한다."라고 말했다.[398]

2018년 3월 라이프치히의 BMW 공장에서 첸트룸아우토모빌협회의 지지율은 0퍼센트에서 11퍼센트까지 올라갔다. 노동자대표부 선거는 우파 성향의 노동조합들과 더불어 우파 정치인들까지 이미 그들의 배에 함께 올라탔음을, 그야말로 '우파가 대세'임을 보여주었다.

신민족주의에 힘을 실어주는 경제 위기

———

대안당 부대표였던 알렉산더 가울란트는 2015년 크리스마스 파티 직전에 "당연히 우리는 우리의 부활을 가능케 한 일등공신인 난민 문제에 감사한다. 우리에게 큰 도움이 됐으며, 하나의 선물이었다 해도 과언이 아니다."라고 말했다.[399] 사실 똑똑한 전문가적 면모를 내세우며 등장한 대안당이 나아갈 길에는 아직 더 많은 '선물'이 놓여 있을 것이다.

불가피한 '주가 폭락'이 그중 하나가 될 것이다. 2018년 2월 어느 날에는 뉴욕의 다우존스지수가 시간당 6.2퍼센트포인트까지 떨어져 역사상 일일 손실로는 최대 수치를 기록했다. 그 여파로 도쿄의 니케이지수Nikkei Stock Averages가 7퍼센트 이상, 프랑크푸르트의 닥스지수Deutscher Aktien IndeX는 3.6퍼센트 떨어졌다. 그걸 보고 불안해하는 것은 당연하다. 매우 조심스럽고 항상 안정을 염두에 두던 앙겔라 메르켈 총리마저도 당시에는 "우리는 불안한 시대에 살고 있다."라고 말했다.[400]

우파 정당들은 1929년 대공황 그리고 2000년과 2008년의 금융시장 붕괴를 근거로 들며 세계적 엘리트의 실패, 그중에서도 월스트리트의 실패를 강하게 비판한다. 그리고 2007년 시작된 금융위기의 여파는 또한 얼마나 편파적으로 나타났던가. 지금까지 유럽연합 납세자들이 지불해야만 했던 돈은 50억 유로로 독일 한 해 국가지출의 열여섯 배와 맞먹는다. 이자가 사라지자 저축하는 사람들은 누구나 저절로 재정 계획을 재정비할 수밖에 없었다. "독일에서 낮은 이

자율 때문에 제일 고생하는 사람들은 얼마 되지 않는 재산의 대부분을 예금계좌나 입출금계좌에 넣어둔 중년들이다. 즉 그리 보편적이진 않다." 유럽중앙은행 수석이코노미스트인 페터 프라트Peter Praet는 이렇게 정리했다.[401] 혼란스러운 와중에도 경제 시스템의 핵심이 완전히 붕괴되는 것을 피했을뿐더러 독일은 최대 채권국 위치를 보호받으리라는 것이 그의 합리화 논리였다. 대안당은 곧장 이를 인용해 "이걸 봐라! 큰손들이 노름판을 벌이면 우리처럼 힘없는 사람들이 뒤치다꺼리를 해야 한다."라고 주장했다. 그렇게 불 마켓bull market은 대안당 차지가 됐다. 증시가 붕괴할 때마다 대안당에는 지지자가 몰렸으므로 오히려 호재였다.

유로화는 신민족주의자들이 반길 만한 또 다른 선물을 쥐고 있다. (제3장 '과도한 부채라는 덫에 걸린 유로존 국가들' 참조) 유럽연합 내에서 통화위기는 언제라도 격화될 수 있다. 유럽중앙은행이 운영상 한 번의 실수만 저질러도 그 원심력이 유럽 전체에 가시적으로 나타날 것이다. 유럽중앙은행장인 마리오 드라기는 지난 몇 년간 전략적으로 유로화의 가치를 이례적으로 낮은 수준에 머물게 했다. 그렇게 함으로써 프랑스와 이탈리아 경제를 돕고 마찬가지로 독일이 세계 2위 수출국이 되는 데 이바지했다. 도널드 트럼프 미국 대통령이 더 많은 미국 달러를 찍어내려 할수록 수출품의 가격은 올라갔다. 그래서 심지어 워싱턴의 통화 정책마저도 반미주의를 주창하는 대안당에 유리하게 작용한다.

2018년 2월 가까스로 꾸려진 독일 대연정에 대해 알렉산더 가울란트는 "기민련은 빈껍데기에 불과하다."라고 비난했고 이 말은 널리 회자됐다. 하지만 2013년 대안당 설립 시점에 당의 토대로 삼았던 유로화 비판론이 여전히 유지되고 있음을 제대로 보여주는 그 다음 말은 큰 주목을 받지 못했다. "우리는 여당과 함께 예산을 짤 수 있는 연정관계를 이뤄낼 것이다. 우리는 유럽연합 재정장관을 차지할 것이며, 유럽연합의 투자 예산을 결정할 것이다." 그는 "(당시 사민당 당수인) 마틴 슐츠가 향후 유럽 정치를 사민당 본부에서 만들기 위해 온갖 노력을 기울일 것"이라고 공격적으로 말하면서 전 유럽 차원의 "초국가적 동맹이 이미 체결됐다."라고 덧붙였다. 그리고 그 모든 것이 에마뉘엘 마크롱 프랑스 대통령의 시나리오일 것이라고 하면서 "사람들은 마크롱이 독일 총리관저에서 일하지 않는 이유를 오히려 궁금해한다."라고 말했다.[402]

자본주의 사회에서 경기가 순환하는 흐름에 따라 우파에게도 카드 패가 돌아갈 것이다. 2010년 이래 독일은 계속해서 경기호황을 누려왔다. 2017년 GDP 대비 경상수지 흑자는 8퍼센트 남짓이었다. 누군가가 흑자를 보았다면 다른 누군가는 적자를 보기 마련인데, 이번 경우에는 남유럽 국가들과 미국이 적자를 봤다. 이러한 규모의 흑자는 장기적으로 지속되지 않을 것이다. 독일의 경기가 과열됐다는 견해는 경제학자들 사이에서는 이미 오래전부터 정설로 받아들여졌다. 경기후퇴는 불가피하다. 그렇게 되면 거품 몇 개는 터지고 말 것이다.

거대한 거품경제는 유럽중앙은행의 통화완화 정책으로 계속 수명을 연장해가고 있다. 오랫동안 기다려온 이자율 상승이 현실화된다면 예금과 채권에 대한 투자가 다시금 매력을 되찾기 전에 대출금리부터 오를 것이다. 이는 대출을 얻어 집을 산 집주인들에게 엄청난 부담으로 작용한다. 이미 오래전부터 수백만 유권자들은 기록적인 집세 부담 때문에 이를 갈고 있다.

논쟁이 시작된 영역은 대안당에조차 녹록하지가 않았다. 대안당은 개인 재산의 가치와 보호를 높이 평가하기 때문이다. 하지만 난민 문제에서와 마찬가지로 그들은 해외 투자자들이 가격 상승을 부추긴다는 데서 발화점을 찾아내 불을 댕길 수 있었다. 뮌헨이나 함부르크의 가장 좋은 동네조차 세계 다른 나라와 비교하자면 대체로 부동산 가격이 저렴한 편이다. 영국이 유럽연합을 탈퇴하기로 결정한 후 그 무엇보다 보안에 철저한 대형 투자자 중 다수가 런던에서 독일로 방향을 틀었다. 러시아의 올리가르히나 이탈리아의 부유한 탈세자들의 관심사가 고급주택이나 대형 부동산에 한정돼 있다는 점도 막연한 질투심을 자아내는 것에 그칠 뿐 별 호응을 얻지 못할 것이다. 그런 것은 과거에도 대안당 성향의 유권자들의 마음을 사로잡을 수 없었고 지금도 마찬가지다. 엄청난 규모의 '거래'들은 눈요깃거리이지 실생활에 직접적 영향을 미치지 못하기 때문이다.

그러나 엄청난 자산 규모의 해외 펀드가 택지지구 하나를 통째로 사서 월세를 올렸다면 얘기가 달라진다. 거기서 투자자들의 이름은 익명으로 처리된다. 세계적으로 거래하는 투자회사들은 얼굴을 드러내는 법이 없다. 의도적으로 작은 단위 부동산에 투자한 외국 국적의 사람은, 심지어 백인이 아니라서 더 눈에 띄는 사람이라면 정치 캠페인에 활용하기에 안성맞춤이다. 중국인 투자자들이 대표적인데, 중국 국적의 중국인들뿐만 아니라 싱가포르나 말레이시아 혹은 미국 국적의 중국인들이 독일 전역에서 고급주택이 아닌 방 한두 개짜리 소형 아파트를 사들이고 있다.

베를린의 부동산회사 루비나리얼에스테이트Rubina Real Estate의 사장인 카스텐 하인리히Carsten Heinrich는 지난 4년간 중국 고객의 수요가 두 배 이상 늘었다는 사실을 숨기지 않고 말했다.[403] 그의 해외 고객들은 소형 아파트 한 채 가격을 25만 유로에서 45만 유로로 두 배 가까이 끌어올렸다. 거실 하나, 방 하나에 작은 주방과 소박한 욕실을 갖춘 아파트는 오랫동안 20만 유로 선에서 가격을 유지해왔다. 그런데 갑자기 50만 유로라고? 이러한 매물은 시장에서 월세를 높이는 데 중요한 역할을 하지만, 정작 구매자가 직접 그 아파트에 사는 경우는 매우 드물다.

중국인을 비롯한 외국인 투자자들, 혹은 세금을 내지 않으려 피난을 온 그리스인에게 부동산을 매각하는 것은 더 이상 '투자'가 아닌 '투기'라 불리게 됐고, 새로운 우파 진영에서 써먹기에 매우 유리한 주제가 됐다. '독일 땅은 독일인 손에' 같은 슬로건은 귀에 쏙쏙 들어오기 마련이니까.

보통은 매우 소극적인 태도를 취하는 독일 연방은행의 전문가들도 2017년 현재 독일 대도시의 아파트와 건물이 국내 상황을 반영한 적정 기준보다 최대 30퍼센트까지 과잉평가됐으며, 비단 베를린이나 슈투트가르트만의 현상이 아니라고 단정했다. 부동산 거품은 슬로우 모션처럼 서서히 만들어진다. 빚을 내 집을 산 사람들이 더 이상 대출을 갚지 못할 경우 은행과 건설업계가 겪게 되는 문제들 역시 대안당의 인기 상승에 기여할 수 있다. 기득권층의 결정권자들에게 그 모든 책임이 전가될 수 있기 때문이다. 게다가 독일로 유입된 백만 명의 난민들은 주택 문제를 더욱 악화시킬 것이 분명하다. 새로 유입될 이민자들 또한 영향을 미칠 것이다. 베를린 장벽이 무너진 이래 동남유럽에서 독일로 들어온 이민자들의 숫자는 400만 명에 이른다.[404] 하지만 대안당 진영은 그들에게 크게 신경 쓰지 않는다. 그렇지 않아도 러시아와 발칸 출신 이민자들은 평균 이상으로 우파 대안당에 호의를 보이기 때문이다.

언젠가 대안당의 압력과 기사련의 추진력으로 독일에 불법 난민이 거의 남지 않을 때가 올지도 모른다. 더 많은 난민을 추방하고 이민을 제한하는 문제를 두고 대안당은 기사련의 전술가들이 생각하는 것만큼 쉽게 물러나지는 않을 것이다.

외국인을 반대하는 여론은 언제라도 만들어질 수 있다. 사우디아라비아와 아랍에미리트의 지도자들에 대한 반대도 마찬가지다. 도이체은행은 더 이상 독일 것이 아니며 자동차업계 주요 회사들도 독일의 것이 아니다. 발트해에 맞닿은 우제돔에서 남부 국경도시 린다우에 이르기까지 독일 전역의 일자리 일곱 개 중 하나가 자동차 산업의 운명에 맞물려 있다. 이 핵심 산업에 상처가 나면 많은 사람들이 그 고통을 호소하게 된다. (제2장 '자율자동차의 승자는 누가 될 것인가' 참조)

하물며 로봇기술과 디지털기술의 발달로 일자리가 사라지는 상황도 우파들에게는 원원이 될 수 있다. 그들은 새로운 실직자들에게는 연민을 보이면서도 마음을 사로잡는 새로운 기술에는 열광하기 때문이다.

로봇기술이 우파 진영의 미래에 미칠 영향

—

1929년 경제대공황에 따른 대량 실업 사태는 유럽에서 극동 지역에 걸쳐 독재적 권력자가 부상하도록 부추기는 역할을 했다. 독일에서 민주당원들이 세운 바이마르공화국●은 국민의 기본권을 규정한 민주적인 헌법을 채택하고 있었으나 유권자들의 확신을 얻는 데 실패했다. 그리고 사람들이 주목하지 않는 사실 중 하나는, 히틀러의 국가사회당이 무엇보다 현대적 기술을 자신들에게 유리하도록 활용하는 동시에 수백만 명을 유혹하는 데 사용했다는 점이다.

제3제국은 선도적인 전쟁기술을 보유한 다른 한편으로, 일상을 편리하게 만들어주는 현대적 기기의 발전을 이루어냈다. 가능한 한 많은 가구에 공급된 전기는 전기레인지와 보급형 냉장고가 확산되는 전제가 됐고, 아우토반은 국민 자동차와 새로운 이동수단을 위한 기반이 됐다. 또한 5,000개가 넘는 영화관은 셀룰로이드 필름 위에 꿈 같은 세상을 펼쳐놓아 대중에게 효과적으로 접근할 수 있는 통로가 됐다. 중화인민공화국의 군주들 또한 21세기의 신기술이 독재자를 끌어내리지 않고도 14억 인민들의 생활환경을 개선할 수 있다는 점을 보여준다.

기존 정당들은 자동화와 디지털화에 대처하는 데 실패했고, 그 덕분에 이 분야에서 특별한 경력을 쌓은 인물이 정치 지도자로 전면

● 1919년~1933년에 있었던 독일 공화국으로 바이마르에서 소집된 국민의회가 계기가 되어 바이마르공화국이라고 불렸다. 1929년 말에 시작된 세계공황으로 경제적 타격을 받은 후 1933년 나치스 정권의 수립으로 소멸하였다.

에 나설 수 있는 교두보가 마련됐다. 새로운 기술에 대한 생각은 옆 길로 새기가 쉽다. 예상대로 독일의 경제적 상황이 악화된다면, 보조금을 많이 받아 거의 무보수로 일하게 될 국민로봇과 그와 동시에 제기될 무조건적 기본임금제에 대해 대안당은 어떻게 유권자들을 선동할까?

나름의 소득이 보장된 경우라면 국민로봇을 청소기 같은 가사도우미로, 늙은 동거인을 보살피는 간병인으로, 아이와 놀아주거나 컴퓨터 게임을 함께하는 친구로 받아들일 수 있을 것이다. 문제는 그럴 경우 그 로봇이 감시도구의 기능까지도 한다는 것을 간과할 수 없다는 점이다. 중국에서 이미 보여주듯이 휴대전화 애플리케이션을 통해서 파악된 특정 사람의 행동이 반사회적이라는 이유만으로 처벌을 받을 수도 있다. 어떤 행동이 반사회적인지는 오로지 정권에 의해 규정된다. 그리고 다른 문화와 가치관에 대한 편가르기도 간단한 형식으로 이루어질 수 있다. 지금의 공식에서 무슬림 대신 국민로봇을 넣으면 된다. 물론 그러기 위해서는 그런 야망을 가진 정치인이 권력을 잡고 거기에 들어가는 경제적 수단을 손에 넣어야 한다. 이런 생각이 그저 나쁜 꿈이나 지나친 걱정에 불과할까? 실리콘밸리 사람들은 기술 발전이 어떻게 끝날지를 총체적으로 생각하는 것이 합리적이라고 주장할 것이다.

이 장에서 지금까지 설명한 것이 한낱 시나리오나 예언 이상이라는 것은 의심할 여지가 없는 사실이다. 대안당이 자기들에게 주어진 기회를 흐지부지 날려버릴 가능성 또한 높다. 주의회 선거 정도에서 뒷걸음질치게 될 소지는 다분하다. 서로 다른 당내 세력 간 싸움이 끊이지 않는다. 정치적 입장이 근본적으로 다른 우파와 극우가, 경제적으로는 신자유주의적 시장우선론자와 규제를 선호하는 노동자 중심의 국가주의자가 하나의 당에 함께 존재하기 때문이다. 대안당이 몇 년 동안 연금제도에 대한 입장을 정하지 못한 것이 그 괴리를 증명한다.

2018년 6월 말 아우스부르크에서 열린 전당대회에서 외르크 모이텐Jörg Meuthen 대안당 대표는 연금 시스템과 관련해 현재의 부과 방식에서 개별 가입 방식으로 전환해야 한다고 발언했다. 하지만 당내에서도 극우에 해당하는 비욘 회케Björn Höcke는 국가연금이 독일 시민에게만 지급돼야 한다는, 거의 나치당에 가까운 주장을 내놓았다. 2019년에는 사회정치 정책에 대한 당의 방향을 결정하는 특별 전당대회가 열린다. 장소는 다름 아닌 대안당이 처음으로 주의회 선거를 통해 한 주의 운영 책임을 맡게 된 작센이다.[405] 아직은 모든 길이 열려 있다. 언론 보도는 갈등에 초점을 맞추고 있고, 대안당 모임이 있을 때마다 경찰도 투입된다. 아우스부르크 전당대회에는 도시 역사상 최대 규모의 인파가 몰렸는데, 항의집회가 전당대회와 동시에 열렸기 때문이었다.[406]

2017년 9월 선거날 밤 가울란트는 "우리는 부글부글 끓어오르는 집단이다. 우리에게는 항상 어떤 놀라운 일이 일어나고 그것에 기습을 당할 수도 있다."라고 말했다.[407]

대안당의 균열은 또 다른 측면에서도 예상된다. 도발적 저항과 유권자를 동요시키는 주장 그리고 확실한 사실관계 사이에서 줄타기를 잘하고 균형을 잡으려면 아직 시간이 더 필요한 것 같다. 기민련과 기사련이 정치적 위치 선정을 새로이 하는 과정에서 몇몇 주제에는 대안당이 좀 더 유리할 수도 있고, 혹은 얼마간의 잠재적 유권자를 좀 더 끌어올 수도 있다. 하지만 그러한 주장을 실현하는 것은 결국 집권여당이 될 것이다. 또한 그 과정에서 독일 전체가 오른쪽으로 좀 더 움직일지도 모른다. 그렇게 되면 중요한 것은 내용이지 당의 깃발이 아니다. 아직 속단하기 이른 것은 대안당이 우파 연정에 참여한 결과가 어떻게 나오는가이다. 작센에서는 시의회부터 주의회에까지 대안당이 집권연정에 들어가 있다. 그 성적표에 따라 대안당은 더 강해질지도 모른다. 혹은 2000년부터 2006년까지 극우 자유당과 연합해 최초의 보수정권을 꾸린 볼프강 쉬셀Wolfgang Schüssel 오스트리아 총리가 의도했던 것처럼 우파에 대한 '환상'이 깨질 수도 있지 않을까?

미디어와 정당이 주축이 되는 민주주의 체제에서는 겉으로 표현되는 외형이 결정적일 때가 많다. 현 대안당 공동대표인 알리스 바이델Alice Weidel은 기업 컨설턴트 출신인데도 경제 문제에 대한 설득력이 부족한 편이다. 또 다른 공동대표인 알렉산더 가울란트는 지난 몇 년간 자신이 의심할 바 없이 치밀하고 용의주도한 전략가임을 증명해 왔다. 난민 문제가 그의 당에는 선물이었고 지금도 선물이듯이, 그 또한 대안당에 선물 같은 존재이다. 하지만 그가 거둔 큰 성공에 비해 카리스마가 부족하고 칠순이 훌쩍 넘어 나이가 너무 많다는 지적이 끊이지 않는다. 물론 그렇다고 해도 대안당 안에서 주고받는 총질일 뿐이지만.

새로운 독일, 새로운 민족운동

─────

기존 국민정당의 붕괴와 신민족주의 세력의 부상은 세계 여러 지역에서 이미 목격된 현상이다. 2017년 9월 총선을 기점으로 마침내 그 흐름이 난공불락의 성으로 여겨졌던 독일에까지 미쳤다. 선거 직후 당시 사민당 대표였던 마틴 슐츠는 대연정을 거부했고 기민기사연합은 녹색당, 자유민주당과 연정 협상을 벌였지만 실패했다. 결국 주먹을 쥐고 일어난 당원들이 투표로 사민당을 연정에 복귀시키기까지 일련의 책임을 그저 유약하고 기회주의적이었던 정치 지도자들에게만 물을 수는 없다. 기민기사연합의 원내 연대가 거의 깨져가는 2018년 여름의 상황에 대해서도 마찬가지이다.

오히려 이 끊이지 않는 시련은 유권자층의 구조가 변했고 서구의 기존 정당들 내부 응집력이 와해되고 있는 현실을 드러낸다. 수백만 명이 넘는 유권자들이 더 이상 이대로는 안 된다고 생각하고 있다는 것이다. 이탈리아에서는 수십 년간 권력을 장악해온 가톨릭계 보수당과 사회당이 권좌에서 물러나고 실비오 베를루스코니Silvio Berlusconi가 그 자리를 채우더니 지금은 신민족주의자들이 권력을 잡았다. 프랑스에서는 시민주의자들과 사회주의자들이 사분오열하고 있고, 에마뉘엘 마크롱은 뜬금없는 당을 만들었다. 오스트리아에서는 주요 정당들이 내부적으로 반목을 숨기고 연정을 맺어왔으나, 제바스티안 쿠르츠가 나타나 국민당 내부를 완전히 뒤집고 자유주의 정당과 손을 잡았다. 그리고 사회민주주의자들을 권력에서 멀리 떨어뜨려 놓았다. 네덜란드와 덴마크, 스웨덴에서는 주요 정당이 사라지고 소수 정당 간의 연대를 통해서만 집권이 가능해진 지 이미 오래됐다.

바야흐로 독일에도 새로운 운동이 시작됐다. 2018년 가을 좌파당에서 나온 자라 바겐크네히트Sahra Wagenknecht가 그 일을 시작했다. 수많은 당내 지지자들이 그녀를 따랐고 사민당도 얼마간의 타격을 입었다. 중원에는 중도주의 운동이 일어날 공간이 충분하다. 온건한 사민당 유권자들과 아직 남아 있는 사민당 지지자들이 손을 잡고 한 지붕으로 들어가면 유럽연합의 통화 정책에 대한 입장이나 당 대표인 크리스티앙 린드너Christian Lindner의 알랑방귀가 너무 우파적이라고 느끼는 자민당 지지자들이 그 대열에 합류할 것이다. 이러한 유권자 연정이 대연정을 꾸릴 만큼 크지는 않겠지만, 쪼그라든 사민당이나 갈가리 찢겨진 기민기사연합보다 훨씬 우세할 수는 있다. 녹색당 또한 분열할 수 있다. 바덴뷔르템베르크의 주지사인 빈프리트 크레치만Windfried Kretschmann 같은 인물은 당을 새로 만들지는 않더라도 중도주의 운동에 적극적으로 참여할 가능성이 있다.

얼마 전 연방의회 원내교섭단체 대표들 간의 회동이 있었다. 그들이 단순 휴전을 넘어 폭넓은 상호 이해에 도달했으리라 생각한다면 현실감각이 떨어진 것이다. 2018년 10월 바이에른 주의회 선거 이후, 혹은 2019년 5월 말 유럽의회 선거 이후로는 연정 안에서 잡음이 새어나올 것이다. 그리고 늦어도 경제적 급변이 일어남과 동시에, 혹은 자동화와 로봇화로 인한 단기적 실직 사태가 벌어지면 사민당은 연정을 다시금 고려해야 할 것이다. 자라 바겐크네히트와 그녀의 새로운 좌파 연대는 사민당과 끝없는 경주를 벌이게 될 것이다. 사민당이 가고자 하는 곳에는 이미 새로운 집단적 운동이 시작돼 있을 것이다.

우파의 상승 기류는 좀 더 유지될 전망이고, 사민당의 핵심 지지자들 중에서도 새로운 우파 민족운동으로 돌아서는 숫자가 늘어날 것이다. 대안당 안에서 좀 더 오른쪽으로 가자고 채근하는 우파 선동가와 모험가도 늘어날 것이다. 대안당과 그들이 다루는 주제가 성공적이라는 평가를 받는 기간이 길어질수록 그리고 그들이 각계의 고위층을 대상으로 좀 더 장기적인 전망을 내놓을수록 젊고 카리스마 있는 정치신예 알리스 바이델이, 혹은 '매력을 갖고 태어난' 지도자 알렉산더 가울란트가 상행선을 타고 내달릴 가능성이 더 높아진다. 빈 지역신문인 〈팔터*Falter*〉의 발행인 아르민 투른헤어Armin Thurnher는 세상을 떠난 극우 정치인 외르크 하이더를 '파시스트feschist'라고 불렀다. 그는 오스트리아의 신임 총리인 제바스티안 쿠르츠나 프랑스 우파의 희망 마리옹 마레샬처럼 세련되면서도, 독일 유전자가 그러하듯 끈질기고, 오늘날 여론을 주도하는 인물들이 그러하듯 거친 파시스트였다.

정치와 경제가 이미 선물더미를 쌓아놓았으므로 전략적으로 용의주도한 우파 정당이 할 일은 그저 주워 담는 것뿐이다. 그래서 대안당은 훨씬 더 광범위한 운동으로 전개될 수 있고 그 와중에 극우 성향의 당원들이 소외될 수도 있다. 언론인 헨리크 브로더Henryk M. Broder와 다크 막스아이너Dirk Maxeiner가 만든 웹사이트 '선의 축Die Achse des Guten'에서 우파 필진들은 녹색당 소속의 튀빙겐 시장인 보리스 팔머와 함께 방향을 전환하기를 희망하고 있다.[408] 보리스 팔머는 제바스티안 쿠르츠의 트위터에 태그된 적도 있다. "오늘 #튀빙겐 #보리스

팔머 시장을 만났고 그의 인간성에 감동받았다. 우리는 무엇보다 난민 정책에 시스템적 변화가 필요하다는 확신을 공유했다."[409] 마크롱의 '전진하라!'● 운동은 확실히 오른쪽으로 전진할 것으로 예상된다. 기민련의 우파 정치가인 옌스 슈판Jens Spahn과 자민당의 크리스티앙 린드너가 가울란트 무리들보다 왼쪽에 있다고 확신하는가? 그들만 모아도 얼추 30퍼센트는 붙들 수 있다.

● 2016년 마크롱이 창당한 중도신당 '레퓌블리크 앙마르LREM'의 의미가 '전진하는 공화국'이다.

제 6 장

유럽의 엔드게임과
무너진 연합의 꿈

—

사람은 성공하고 있을 때 가장 큰 실수를 저지른다.
더 일찍, 더 확실하게 실수의 싹을 잘라버렸어야 한다.

- 2018년 월드컵 조별리그에서 독일대표팀이 탈락한 후
〈프랑크푸르터 알게마이네 차이퉁〉의 피터 펜더스 Peter Penders

GAME OVER

독일에서 새로운 우파 민족운동이 형성되고 좌파 진영에서도 자라 바겐크네히트를 중심으로 집단적 움직임이 일어나는 사이에 유럽연합은 존재론적 위기에 처했다. 역설적이게도 구대륙은 단 한 번도 하나인 적이 없었다. 제2차 세계대전 이후 대륙은 철의 장막으로 나뉘었다. 초세계화가 진행되는 중에는 사회적 시장경제가 포르투갈 남쪽 끝과 핀란드 북쪽 끝 사이의 정치·경제적 지형에 끊임없이 새로운 균열을 만들고 촉진시켰다. 새로운 균열은 유럽의 통합을 위한 평화 프로젝트를 어그러뜨렸다. 북유럽이 오랫동안 경제호황을 누렸다지만 정작 중산층 시민들은 이렇다 할 혜택을 보지 못했고, 남유럽이 경제위기로 신음하는 동안에도 그리스와 이탈리아의 세금난민들은 쉽사리 그 위기에서 빠져나왔다. 관료주의적 규정을 대거 없앴다지만 그래도 여전히 브뤼셀의 정치 책임자들은 무능하다. 하지만 이것만으로는 확신에 찼던 유럽연합 지지자들 사이에 이토록 강한 불신이 퍼져버린 이유가 모두 설명되지는 않는다.

2017년 네덜란드에서 헤이르트 빌더르스Geert Wilders가, 프랑스에서 마리엔 르 펜이 도모한 신민족주의적 변혁이 성공을 거두지 못하자 유럽연합에는 잠시 한숨을 돌릴 수 있는 시간이 주어졌다. 하지만 그동안 오스트리아와 이탈리아에서는 우파보수주의자들이 정권을 잡았고, 헝가리에서는 반자유주의자인 빅토르 오르반 총리가 권력을 공고히 했다. 자유주의자 마르크 뤼터Mark Rutte 네덜란드 총리와 신자유주의자 에마뉘엘 마크롱 프랑스 대통령은 상처뿐인 승리를 거두었고, 그들의 선거 승리로 우파가 진군하는 속도가 조금 늦춰졌을 뿐이다.

그러나 2019년 5월 유럽의회 선거는 유럽연합의 가치와 미래를 둘러싼 대격전이 될 것이다.• 헤이그와 파리에서, 또한 수많은 다른 국가와 지역의 중심도시에서 빌더르스나 르 펜보다 훨씬 매력적이고 새로운 지도자들이 자신들의 기회를 엿보고 있다. 새로운 우파는 신화에 등장하는 '히드라'처럼 자라고 있다. 머리 하나가 잘려나가도 다시 새로운 머리가 생긴다. 반면에 많은 국가와 정당 내에서 이렇게 성장하는 집단을 무찔러야 할 정치 세력은 마치 머리가 없는 것처럼 행동할 때가 많다. 그리고 블라디미르 푸틴은 유럽연합이 저지른 네 가지 실수 덕분에 비옥해진 토양 위에 씨를 뿌려 열매를 거두고 있다.

• 48쪽 각주 참조

유럽연합이 저지른 네 가지 실수

—

월스트리트 은행가가 언론과의 인터뷰를 자청하는 경우는 흔치 않은데 1998년 9월 그 일이 일어났다. 《화폐 전쟁 – 인류의 새로운 위협 *Der Geldkrieg- Das neue Menschheitsrisiko*》을 쓰기 위해 조사 작업을 하고 있던 내게 한 은행가가 "오스카어 라퐁텐 Oskar Lafontaine 이 정말로 그렇게 위험한가?"라고 물었다.[410] 당시에는 건재했던 리먼브라더스의 늠름한 고층 빌딩에서 브라질 화폐인 '헤알 real'의 앞날을 전망하는 것으로 시작된 대화는 어느덧 당시 독일 사민당 대표이자 미래 재무장관감으로 촉망받던 오스카어 라퐁텐에 관한 이야기로 접어들었다.

인터뷰 사흘 전, 사민당은 독일 총선에서 승리했고 놀랍게도 녹색당과의 연정이 불가피한 상황이었다. 당시만 해도 라퐁텐은 세계에서 가장 힘이 센 사회민주주의 계열 정당의 당수였고, 세계 금융 구조에 대한 엄격한 통제가 절대적으로 필요하다는 생각을 스스럼없이 드러냈다. 대대적인 금융 통제 없이는 증시와 현실경제의 파멸이 불가피하다는 그의 경고는 후에야 예언으로 증명됐다.

전 세계 금융시장을 좌지우지하던 실력자들은 그의 말을 심각하게 받아들였다. 이제 고수익 사업을 벌이는 것에 차질이 빚어질 것이라 염려해야 하는 것일까? 적어도 유럽연합 내에서는 투기성 관행이 금지되는 것일까?

그러나 얼마 지나지 않아 라퐁텐은 대대적인 저항에 부딪쳤다. 영국의 대중지 〈더 선 *The Sun*〉은 그에 대한 기사 제목을 '그는 유럽에서 가장 위험한 인물인가?'라고 달았다. 〈더 선〉은 세계적 분열주의자

루퍼트 머독Rupert Murdoch의 수중에 있는 신문이다.[411] 〈파이낸셜 타임즈〉나 〈인디펜던트 Independent〉와 같은 진지한 신문들도 구체적인 인물 묘사와 함께 이 질문을 심각하게 다루었다. 런던 금융가의 투기꾼들은 이 사민당 당수의 활약을 저지하기 위해 정치적 선동전을 벌이는 한편, 상대적으로 친근한 상대인 게르하르트 슈뢰더 독일 총리를 지지했다. 슈뢰더는 권력을 장악하길 원했을 뿐, '(대기업) 보스들의 총리'라는 별명에서 알 수 있듯이 은행이나 투기꾼들과 심각한 대결을 벌이는 데에는 별 관심이 없었다.

그리하여 오스카어 라퐁텐은 선거에서 탁월한 승리를 거둔 지 여섯 달 만인 1999년 3월 11일에 모든 관직에서 물러나야 했다. 그것은 유럽 전후 역사상 가장 중요한 사건 중 하나로서 완전히 잘못된 방향 전환이었다.

그러자 증시에서는 사상초유의 불꽃놀이가 벌어졌다. 7초 만에 달러 대비 유로 가치가 2센트나 올랐다. 독일 닥스지수Dax-Index는 개장 직후 15분 만에 전날 대비 6퍼센트가 올랐다. "로비스트들과 경제단체들은 라퐁텐의 사임에 개가를 올렸다. 이는 계획경제를 누르고 자본주의가 거둔 두 번째 승리로 여겨진다. 보험사 고용주들의 연합조직을 대표하는 한스 슈라이버Hans Schreiber는 '오늘은 내가 직장생활을 한 이래 가장 아름다운 날이다.'라고 환호했다." 주간지 〈슈피겔〉은 당시 분위기를 이렇게 전했다.[412]

시간이 흐르자 라퐁텐은 그리스 신화 속의 '불행을 예언하는' 카산드라임이 증명됐다. 2000년 3월 이후 닷컴기업들이 새로운 경제 시대를 열리라는 기대는 무너졌고, 2007년부터 시작된 경제위기는

1929년 대공황 이래 최악이었다. 미국에서 금융 붕괴가 시작됐을 당시 전 세계 투기성 자본 규모는 60조 달러에 육박했다.[413] 사실 미국에서 시작된 경제위기에 유럽연합이 그렇게 심각한 타격을 입는 상황은 피할 수 있었다. 그것은 무엇보다 유럽연합 내 국가 간 자금 이동이 자유로워진 1992년 이래 수십 개의 유럽계 대형은행들이 빠르게 몸집을 불리는데도 연합 차원에서 시의적절한 통제 수단을 마련하지 않은 대가였다. 금융 흐름을 감시하고 통제기관을 설치하려던 시도는 좌절됐다. 라퐁텐과 그 동료들의 간섭에서 풀려난 이익 단체들과 신자유주의 성향의 기관들은 브뤼셀에서 자신들의 의견을 관철시켜 나갔다. '글로벌 경쟁에서의 생존'을 명분으로 대기업들의 몸집 불리기는 오히려 장려됐다. 물론 유럽연합 금융기구가 법인이 아니라 희생자라고 주장할 수도 있다. 하지만 유럽연합의 미비한 통제는 한 지역의 혼란이 전 세계로 퍼져나가는 것을 촉진했고, 제동을 걸 타이밍을 놓쳐 세계경제를 파탄에 이르게 했다. 그리고 가능한 한 많은 부를 쌓아 가능한 한 많은 사람이 누리게 하자던 당초의 목표도 잃어버렸다. 사회적 시장경제는 실상과 달랐다.

2010년부터 2017년 사이 금융위기로 독일 일반 예금자들이 잃어버린 이자수익만 4,340억 유로에 달한다.[414] 유럽연합 내에서 빚으로 짊어지게 된 돈은 총 5조 유로였다. 이 보이지 않는 짐은 지금까지도 유럽에 사는 많은 사람들의 어깨를 짓누르고 있다. 좌파 정치 세력은 그 일을 해결하는 데에 믿음직한 모습을 보여주지 않았고, 우파는 표를 주워 담기만 하면 됐다.

유럽연합의 두 번째 실수는 장기간에 걸쳐 진행된 것으로, 시작점을 찾으려면 유럽연합이 유럽공동체로 규정되던 시절까지 거슬러 올라가야 한다. 그러나 그 결과물은 불과 몇 년 전에야 비로소 가시화되기 시작했다. 소련 중앙위원회의 마지막 총서기였던 미하일 고르바초프는 1985년부터 냉전의 평화적 종결을 시도했다. 그는 줄곧 화해를 시도했고, 다른 한편으로는 자신의 거대한 제국을 민주적인 복지사회로 전환하기 위해 많은 애를 썼다.[415] 하지만 미국이 이끄는 서구사회는 그의 노력에 화답하지 않았다. 공산주의 독재에 대항해 자유주의가 승리한 것을 축하하면서도 새로운 마셜 플랜이나 대규모 경기부양책은 세우지 않았다. 대신 미국의 입김이 미치는 범위를 넓혀서 유럽 인구 1억 명과 대지 100만 제곱킬로미터를 추가했다. 나토의 몸집이 동쪽으로 확장되자 그로 인한 굴욕감을 느끼는 사람들도 엄청나게 늘어났다.

러시아 시민들 사이에서는 '제2의 베르사유'라는 말이 돌았다. 점령국에 많은 부담을 지운 전후조약이 되풀이됐다는 뜻이었다. 사회 분위기가 깊이 침체된 와중에 블라디미르 푸틴 같은 전직 국가보안위원회KGB 장교들은 올리가르히와 대규모 연합을 꾸렸다. 그들은 다시금 민족적 자부심을 부추겼고, 서구는 유럽 전체를 아우르는 평화로운 발전을 이루어낼 역사적 기회를 놓쳤다.

세 번째 실수는 2000년대에 들어선 직후 유럽연합의 확장이 성급하게 추진된 것이다. 2000년 12월까지만 해도 유럽연합 내에서는 '확장보다 심화'라는 기조가 유효했다. 당시 15개에 불과했던 회원국의 위정자들은 앞으로 연합을 이끌어나가려면 좀 더 확실한 의사결정 구조가 필요하다는 사실을 알고 있었다. 그래서 너무 많은 사안에 만장일치 원칙을 적용하기 시작했다. 그 결과 추가 가입의 길이 막힐지도 모른다는 두려움이 형성됐고 곧장 가입 희망국들의 숫자가 늘어났다. 2000년 크리스마스 직전 프랑스 니스에서 열린 유럽연합 정상회담에서는 의사 일정이 대폭 수정됐다. 1997년 암스테르담협약 체결 당시 국가와 정부 수반들은 이미 한 번 제도를 수정하는 합의에 실패한 적이 있었다. 하지만 프랑스의 유럽연합 대표는 돌파구가 있을 것으로 기대하며 한 번 더 합의조정에 나섰다. 코트다쥐르 해안가 도시에서는 가중다수결제와 위원회 위원수를 두고 협상이 계속됐지만 그 누구도 만족할 만한 결과는 나오지 않았다. 오스트리아 녹색당 소속 유럽의회 의원이었던 요하네스 포겐후버Johannes Voggenhuber는 품위 없던 당시 협상 광경에 대해 "협상자들은 마치 봉건영주들처럼 서로 갈라져서 맞섰다."라고 품평했다.

세기가 바뀌었어도 새로운 회원국을 받아들이는 '레가타Regatta 원칙●'은 고수되어야 했다. 나라별로 가입 협상을 진행하면서 한 나라씩 차근차근 연합의 범위를 넓혀나가야 했다. 하지만 이 기본원칙은 깨지고 말았다.

2002년 11월 15일 유럽의 사회민주주의 성향의 정치적 엘리트들이 국기로 장식된 것 말고는 시설이 변변찮은 폴란드 의회의 회의실에 비공개로 모였다. 바르샤바의 비에이스카 거리에 위치한 폴란드 의회 흰색 건물에서는 베를린에서 모스크바까지 연결된 E30고속도

● 유럽연합 가입을 원하는 가입후보국을 지역으로 묶어 일괄적으로 동일하게 받아들이지 않고, 일정한 조건을 설정하여 차별적으로 받아들인다는 원칙을 말한다.

로가 내다보인다. 당시 사회민주주의자들은 15개 유럽연합 회원국 중 10개국에서 정부의 수장을 맡거나 적어도 정부 구성에 참여하고 있었다. 당시 12개 가입후보국들 중 7개국에서 사회민주당이 정치 권력의 키를 쥐고 있었다.

이 모임은 공식적으로는 그저 의례적인 회의인 것처럼 발표됐다. 토니 블레어Tony Blair 당시 영국 총리는 소방관들의 파업으로 압박을 받고 있었으며, 바로 전날 밤 야당 대표가 영국을 떠나지 말고 갈등을 수습하라고 요구했음에도 이 모임의 참석을 고집했다. 그가 폴란드 의회로 들어가는 것을 보고 영국 기자 한 명이 놀라워하며 "당신, 구태여 여길 왜 왔나?"라고 소리치기도 했다. 게르하르트 슈뢰더 총리도 독일 의회에서 중요한 의결이 있으므로 베를린에 머무는 편을 택하겠다던 발표와 달리 그 자리에 모습을 드러냈다. 블레어는 야릇한 미소로 갑작스러운 기자의 질문을 무시하고 회의장으로 들어갔다. 그에게는 확실한 이유가 있었기 때문이다.

사회민주계열 정치 지도자들이 이례적으로 집결한 가운데 독일 사민당 소속이자 전직 자민당 사무총장이었던 귄터 페어호이겐Günter Verheugen 유럽연합 집행위원장이 영어로 "협상이 성사됐다."라고 선언했다.[416] 참석자들 귀에는 그 말이 마치 영국 총리에게 보고하는 것으로 들렸다. 블레어와 런던 다우닝가에 비밀본부를 둔 그의 참모진은 확대된 유럽연합의 현 상태를 있게 한 핵심 배후조종자였다. 그는 정기적으로 브뤼셀로 혹은 동유럽으로 출장을 갔다. 그 회동 이후로도 오랫동안 대중은 유럽연합 확대의 시기와 새로운 가입국의 숫자를 정확히 알지 못했지만, 사실 페어호이겐은 이미 그 자리에서 모든 것을 발표했었다. 신규 가입국 10개, 폴란드에서 슬로베니아까지는 2004년 5월에 가입, 루마니아와 불가리아는 2007년 이후 뒤따라 들어온다.[417]

이 협상은 그 어떤 민주적인 절차나 법적 절차도 거치지 않았다. 일단 바르샤바에서 협상이 체결된 다음에 15개국 정부수반들에게 확인 절차를 거쳤고, 그로부터 반년이 지나 유럽의회와 각 국가의 의회에 표결에 부쳐졌다. 그나마도 2004년 이후 10개 국가가 새로이 가입한다는 내용에 관해서만 표결이 이루어졌다.

당시 서유럽은 제도적으로 동유럽을 받아들일 만큼 성숙하지 못했고, 동유럽 또한 유럽연합에 들어올 준비가 되어 있지 않았다. 심지어 브뤼셀의 각료 이사회는 복잡한 가중다수결제에서 체결된 협상안이 과반수를 득할 수 있을지 확신하지 못해 계속해서 계산기를 두드려야 했다.

불투명성과 밀실정치는 결국 스스로를 공격하는 법이다. 자금력이 좋은 대기업과 은행 입장에서야 하룻밤 새 새로운 시장이 열린 셈이었다. 하지만 동유럽 사회는 유럽연합법이 보장한 자본주의의 습격에 대한 사회적 완충재가 전혀 준비되어 있지 않았다. 공산주의가 끝나고 이제 막 움트기 시작한 민주주의는 뿌리가 튼튼하지 않았다. 법치국가 체제에 적응해 나가려던 줄기는 음지에서 시들어갔다. 행정기관과 사법기관은 비효율적이었고 부패는 다시금 만연했다. 불필요하게 서둘러 가입이 승인되자 그나마 가입 심사를 앞두고 유럽연합 기준에 맞춰보려던 열정도 사그라졌다.

나는 '유럽연합-슬로바키아 의회 연합위원회'의 위원장으로 현장에서 그 일을 경험했다. 브뤼셀과 서유럽 연합 가입국의 결정권자들은 경고를 무시하고 이례적으로 통합을 몰아붙였다. 예상했다시피 한껏 부풀어 오른 시민들의 기대는 충족되지 않았다. 세계시민주의에 입각한 균형 잡힌 사회적 시장경제에 대한 믿음도 사라졌다. 그렇게 새로운 세기의 초입부터 유럽의 정치경제적 엘리트들은 외면당했다. 앞서 공산주의 독재를 경험했고, 그다음으로 사회를 장악한 신자유주의에 대해 분노를 느낀 유권자들은 점점 더 우파를 선호하게 됐다. 그 결과 유권자들의 과반 이상이 우파 지지자를 자임하는 상황에 이르렀다.

동구권에 속했던 유럽연합 신생 가입국인 헝가리와 폴란드에서는 정치적 우경화가 일어났고 양국의 정부 수반들은 번갈아가며 장벽을 쌓았다. 그들은 유럽연합의 기본 가치를 심각하게 훼손한 데 대한 제재, 이를테면 의결권 박탈 같은 조치를 당하지 않기 위해 서로 힘을 합쳤다. 오스트리아의 새로운 총리는 조만간 그들의 세 번째 동지가 될 것으로 보인다. 그리고 체코나 슬로바키아 등 점점 더 많은 나라들이 그들에 동조할 것이다.

유럽연합의 네 번째 실수는 정당정치에서 비롯됐다. 1999년부터 유럽국민당은 유럽 최대 정당가족을 만들었다. 독일의 기민기사연합, 오스트리아의 국민당도 그 일원이다. 유럽연합 위원회와 각 정부수반의 과반 이상이 보수당에 해당하며 유럽의회에서 가장 많은 의원들이 소속된 정당도 유럽국민당이다. 하지만 권력 유지라는 목적에 신뢰가 희생됐다. 이는 지난 수년간 당의 규칙을 위반해온 헝가리의 정부수반 빅토르 오르반을 다루는 과정에서 확연히 드러났다. 유럽국민당은 모든 회원들에게 "유럽연합의 구성원으로서 통합과 동화의 과정을 지원할 것"을 의무화했다.[418] 유럽국민당은 이를 위반한 오르반을 제명시키고 규칙의 내용을 확실하게 천명하는 대신 그가 마음대로 하도록 내버려뒀다. 그 결과 기본 정책에 대한 회원국들의 입장이 점점 더 제각각으로 나뉘게 됐다.

상황이 얼마나 심각해졌는지는 이탈리아를 보면 알 수 있다. 2018년 초 브뤼셀의 정치적 결정권자들은 실비오 베를루스코니의 선거 승리를 진심으로 염원했다. 몇 년 전까지만 해도 그는 악마 취급을 당했었다. 그러나 베페 그릴로Beppe Grillo가 당수로 있는 오성운동과 마테오 살비니가 새로 창설한 우파 정당 (북부를 제외한) '동맹'과 비교하자면 미디어 재벌인 베를루스코니의 '전진이탈리아당'은 확실히 작은 악마였다. 그러나 유럽연합의 수도에서는 어째서 알프스에서부터 시칠리아에 이르는 이탈리아 전역에서 이 두 개의 민족주의 집단이 그토록 많은 유권자들을 끌어모을 수 있었는가를 자문했어야 했다. 유로화를 둘러싼 격랑과 재수 없게 느껴지는 유럽연합의 관료주의 그리고 비생산적으로 혹은 부정하게 분배된 유럽연합 보조금 수십억 유로 등에 관한 불만이 하나씩 쌓여 그런 선거 결과를 만드는 데 기여했다. 이민 문제는 불만의 목소리를 키우는 엠프 역할을 했다.

신생 가입국인 사이프러스와 몰타도 세금천국을 만들어 섬나라의 약점을 보완하려는 시도를 재개했다. 지금까지 일어난 수많은 금융과 부패 스캔들의 단서가 지중해 한가운데에 떠 있는 그 섬들의 은행과 같은 매듭에 묶여 있었다.

토니 블레어가 신규 국가들의 조속한 유럽연합 가입에 적극적으로 개입하고 과감하게 신자유주의 정책을 펼친 것은 그의 모국을 특히 더 곤란한 상황으로 끌고 갔다. 유럽연합 가입으로 연합 내 이주가 자유로워진 2004년부터 2015년까지 유럽연합 시민 100만 명이, 특히 폴란드 출신들이 영국으로 거처를 옮겼다. 베를린의 연합정부와 오스트리아 정부의 반대에도 7년간 유예기간을 거친 뒤 노동허가를 발급하자는 안을 철폐한 것은 런던의 노동당 정부였다.

유럽연합의 이른바 '파견노동 규정'은 광범위한 분야에서 임금 덤핑이 쉽게 일어나도록 만들었다. 그 규정에 따라 기업은 제한된 기간 동안 직원을 다른 유럽연합 국가에 파견 보낼 수 있게 됐다. 파견된 직원들은 현지 규정에 따른 최저임금을 받아야 하지만, 노동계약과 사회보험은 파견을 보낸 국가의 규정을 따른다. 해외에서 파견된 노동자들에게 현지 노동자들보다 현저하게 낮은 임금을 줄 수 있는 제도적 문이 열린 셈이다. 대형 농장, 운송업자, 건설회사 등과 함께 신민족주의자들도 이 규정으로 득을 봤다. 르 펜 일가에게 바짝 쫓기고 있는 에마뉘엘 마크롱 프랑스 대통령은 유럽연합 가입국을 돌아다니며 동유럽의 권한을 다시 박탈하는 방향의 제재안을 적극적으로 홍보하고 있다. 그들은 그 규정으로 인해 서구 노동자들이 경쟁력을 잃었고 자기 동포들이 유럽연합 안에서 불리한 차별을 받고 있다고 주장한다. 이르면 2021년 여름쯤 이러한 분위기의 변화가 실제적 효과를 드러낼 것이다. 이미 서로의 이해관계를 조정하려는 노력 대신 서로를 향한 반목이 자라나고 있다. 서유럽에서는 동유럽 출신 노동력자들에 대한 반감이 끓어오르고, 동유럽 사람들은 유럽연합에서 이등 시민이 된 듯한 기분을 느끼고 있다. 그리고 이 두 가지 감정이 상호작용하면서 긴장은 더욱 고조되고 있다.

유럽연합 내 이주, 특히 폴란드인의 이주를 통제할 수 없는 상황과 파견노동 규정에서 비롯된 임금인하 압박이 2016년 영국인들의 다수가 유럽연합 탈퇴를 결정하게 된 주요 요인으로 꼽힌다. 블레어 전 총리는 국민투표를 다시 하자고 목소리를 높이고 있지만, 만약 그가 부담스러운 유럽연합 확대를 강하게 밀어붙이지만 않았어도 그의 나라는 여전히 유럽연합과 함께했을 것이다. 벨파스트협정 Belfast Agreement●이 체결된 지 20년 만에 북아일랜드와의 갈등도 재연될 조짐을 보인다. 동구에서 허물어진 장벽이 서구에서 다시금 높이 세워지고 있다.

통합 유럽을 향한 이루지 못한 꿈

—

지난 수십 년간 올바른 인식을 가진 많은 사람들이 관료주의와 로비 관행에서 벗어나 과감하게 민주주의와 투명성으로 나아갈 것을 유럽연합에 요구해 왔다. 헌법학자나 경제학자, 인류학자에 이르기까지 다양한 분야의 학자들은 현 상태의 유럽연합이 중간단계에 불과하다는 것을 알고 있다. 오래전부터 정치적 중심에 있는 대표자들

● 1998년 4월 10일 영국 북아일랜드의 벨파스트에서 영국과 아일랜드 사이에 체결된 평화 협정을 말한다.

도 비슷한 고해성사를 해왔다. 좀 더 신중한 통합이 없다면 유럽연합은 제대로 기능하지 않을 것이다. 그러나 중간 단계에 머물러 있는 시간이 길어지면서 지금 당장 유럽연합은 제대로 된 기능을 멈추었고, 연합을 하지 말자고 선동하는 정치 세력이 점차 득세하는 중이다. 하지만 브뤼셀에서 실제로 연합을 운영하는 대연정은 이러한 위험을 인식한 유익한 비판가들을 구석으로 내쳐버리는 불행한 실수를 저질렀다. 가령 덴마크 출신 유럽의회 의원 옌스 피터 본데Jens Peter Bonde는 선의를 갖고 진지한 민주화와 투명한 유럽연합, 상식을 넘어선 특권의 폐지를 주장했던 인물이다. 그처럼 나무랄 데 없는 의원들은 마치 제 가족을 헐뜯는 파렴치한으로 매도당했으며 유럽연합의 권력기구는 그들이 범죄를 저지른 양 취급하기도 했다.[419] 거대 정당에 소속되지 않은 채 우파에 맞선 무소속 의원들은 동네북처럼 이리저리 두들겨 맞았다. 유권자들은 관습에서 벗어난 이들을 벌하는 데에 동참하면서도 기존 정당으로 돌아가지는 않았다. 연합이 유의미한 개혁을 주저하는 기미가 보이자 유럽연합 회의론자들과 반대론자들은 그에 대한 실망감을 선거에 유리한 쪽으로 의제화해 유권자들을 끌어당겼다.

유럽연합이 대담한 각성을 도모하더라도 인구의 절대다수가 환호를 보내주리라 기대할 수 있는 시간이 점점 줄어들고 있다. 그렇게 되면 정치 엘리트들의 프로젝트로 시작된 전 유럽 공동체는 그저 엘리트들만의 프로젝트로 남게 된다. 수백만 노동자 입장에서 사회복지를 고려하지 않은 유럽연합은 하나의 내수시장에 불과하다. 그 시장을 장악한 건 대기업과 독일 같은 몸집이 큰 선수들이다. 그리고 전쟁과 분단에 대한 기억이 희미해질수록 새로운 분단과 배제를 원하는 목소리가 높아진다. 다양성을 지키는 풍요로운 유럽 단일체를 향한 꿈은 잘못되지 않았지만, 그 꿈을 이루지 못한 것은 잘못이었다.

제1차 세계대전이 끝난 지 100년이 지났고, 나치 독일이 오스트리아를 병합한 지 80년이 지났으며, 제2차 세계대전이 끝난 지 70년이 넘었고, 얼마 안 있으면 철의 장막이 무너진 지도 30년째가 돼가는 시점에 유럽연합은 그 행로를 판가름할 결정적인 해를 맞았다.

영국이 정해진 질서에 따라 유럽연합을 탈퇴하는 것, 즉 분열 없는 브렉시트는 점점 불가능해지고, 2019년 5월 유럽의회 선거에서 신민족주의 세력이 엄청난 승리를 거둘 가능성은 점점 짙어지고 있다.

오스트리아의 소도시 크렘스에서 정치학을 가르치는 독일인 교수 울리케 귀로트Ulrike Guérot는 최근까지 자신이 개발한 개념인 '유럽 공화국'을 열정적으로 알리고 다녔다.[420] "이것은 몇 가지 사소한 개혁을 넘어서는 이야기"라며, 그녀는 비슷한 생각을 가진 많은 사람들과 함께 다가오는 유럽연합 선거에서 후보자 명부를 초국가적으로 구성해야 한다는 주장을 적극적으로 펼친다.[421]

1957년 유럽의 기본조약이 체결된 이래 이른바 '유럽의 공적 영역'이 추구됐다. 어떤 문제에 대해 유럽인 모두가 참여하는 공론의 장이 열리면 그 안에서 하나의 자의식이 형성되리라는 기대에서였다. 이를 가로막은 건 서로 다른 문화와 언어였다. 또한 브뤼셀에서 자국의 이해를 앞세우라는 의원과 각료들을 향한 압박도 한몫을 했다. 저 멀리 정치적 지평선 끝에 놓인 목표는 '모두가 하나되는 것'

이다. 초국가적 후보자 명부는 그 길로 가는 첫걸음이 될지도 모른다. 그렇게 하면 한 나라에서 한 후보만 뽑는 게 아니라 두 번째 표로 보수당이나 사회민주당 혹은 좌파당 등 정당에 따라 초국가적 후보를 선출할 수 있기 때문이다. 그들이 근본적인 문제를 두고 유럽 전체를 아우르는 토론을 이끌어간다면 '유럽의 공적 영역'으로 향하는 새로운 문이 열릴 수도 있다.

1998년 유럽의회는 이미 이러한 명부의 도입을 의결했지만 유럽연합 회원국들이 거부했다. 2018년에는 상황이 역전됐다. 프랑스와 이탈리아 정부는 찬성하는 목소리를 내는데, 유럽연합 의회에서 국가별 신민족주의자들이 난리법석이다.[422] 2018년 2월 스트라스부르에서 열린 전체 회의에서는 독일 기민련이 전폭적으로 그들을 지지하고 나섰다. 유럽 전역에서 전반적인 분위기 변화도 감지된다. 유럽연합을 하나로 묶으려는 움직임이 주류가 되어 유럽인들의 각성을 촉구하는 대신, 연합을 깨부수려는 철구가 온갖 곳에서 날아들고 있다.

유럽연합 선거가 받게 될 계산서

앞으로는 전혀 다른 지형이 펼쳐질 것이다. 먼저 2019년에는 유럽연합 705개 의석을 두고 유례없이 공격적인 선거전이 진행된다. 지금까지 유럽연합 선거에서 유권자들은 자기 표를 저항의 수단으로 활용했었다. 에마뉘엘 마크롱이 집권한 지 2년, 앙겔라 메르켈이

3선 연임에 성공한 지 20개월, 오스트리아에서 우파와 우파 연합이 정권을 잡은 지 17개월, 이탈리아에서 마테오 살비니가 우파 세력에 승리를 안긴 지 1년이 지나 처음으로 유권자들은 충족되지 못한 기대에 대한 계산서를 청구할 수 있게 됐다. 그것이 민족주의 정치 전체에 종지부를 찍을 수는 없을지라도, 브뤼셀과 스트라스부르에 있는 여러 의원들의 정치 인생에 종지부를 찍을 수는 있다.

감정적 선동이 선거 승패를 좌우할 수도 있다. 그간 유럽연합 선거 투표율이 매우 낮았기 때문이다. 하지만 최근 미국과 독일, 오스트리아와 헝가리에서 치러진 선거에서는 그전까지 투표하지 않았던 거대 집단에서 표가 쏟아져 나왔다. 새롭고 현명한 유럽연합을 목표로 한 친연합 세력이 적극적으로 선거전을 펼친다면 2019년 선거 또한 그렇게 될 수 있다. 하지만 누가, 무슨 주제로 그 선거전을 이끌 것인가? 가령 2014년 유럽 선거에서 사회민주당 후보명부 1번은 마틴 슐츠였는데, 그가 다시금 1번에 이름을 올리려 할 수도 있다.

반면 두 번째 임기를 시작하던 2010년에만 해도 국제적 천민 취급을 받았던 헝가리의 빅토르 오르반이 점차 많은 이들의 롤모델로 부상했다. 그는 유럽국민당 부의장 중 한 명이 내부적으로 반대했음에도 당내 자리를 지켰고, 그 보답으로 당시 당의장에게 반가운 선물을 안겨주었다. 오르반은 중국과 관계를 지속적으로 키워가면서 우파 독재자들 중에서도 '앙팡 테리블enfant terrible'●로 부상했다. 민주적

● 프랑스 소설가 장 콕토Jean Cocteau의 소설 제목에서 비롯된 말로 '무서운 아이'라는 뜻을 지녔는데, 범상치 않은 생각과 행동으로 사람들을 놀라게 하는 성공한 젊은이를 일컫는 말로도 사용된다.

원칙을 회피한다는 비판에 대해 그는 "우리는 좀 더 존경받아야 마땅하다."라는 한결같은 입장으로 맞받아친다.[423]

이민을 둘러싼 갈등이 국제적으로 최고조에 달한 2018년 여름, 민족적 쇼비니즘 정당 피데스당의 대표인 오르반은 또 다른 유럽을 이끄는 지도자를 자임하고 있다. 유럽국민당 내 입지도 역전됐다. 그는 혹시나 내쳐질까 염려하는 신세에서 벗어나 오히려 실제적 위협을 가할 수 있는 존재가 됐다. 오르반은 유럽국민당이 민중들이 무엇을 원하는지 귀 기울여 듣는 대신 반포퓰리즘적 민중전선이 되려 한다고 주장한다. 그는 "이민에 대한 토론에서 절충은 불가능하며 절충이 필요하지도 않다."라고 말한다.[424] 또한 그는 "민족과 가족 정책의 기본원칙에 대한 이해, 결혼의 규칙에 관한 영역에서도 절충이나 협상은 불가하다."라고 외친다.

2018년 6월 독일의 콘라드아데나워재단Konrad-Adenauer-Stiftung과 헝가리시민복지재단Stiftung für ein Bürgerliches Ungarn이 부다페스트에서 주최한 한 행사에서 오르반 총리는 청중으로 앉은 유럽 보수주의자들에게 오만한 어조로 이렇게 말했다. "지금 시점에서 2019년 유럽의회 선거를 전망할 때, 이념이 비슷한 중유럽 정당들을 바탕으로 새로운 대열을 만들거나 반이민 기조를 앞세워 유럽 전체를 아우르는 형식을 만드는 것이 쉬울 것 같다. 그렇게 하더라도 무조건 우리는 2019년 선거에서 파이의 큰 조각을 쥐게 될 것이다. 하지만 나는 그러한 유혹을 뿌리치고 헬무트 콜Helmut Kohl과 그의 정당이 세운 이상의 편에서 묵묵히 견딜 것을 권한다. 우리는 유럽의 민중정당 쇄신이라는 힘든 과제를 회피하지 말고 짊어져야만 한다. 그리하여 그들이 본래의 기독민주주의 뿌리를 되찾도록 도와야 한다." 그는 자기가 이끄는 피데스당을 두고 "우리는 의심할 바 없는 유럽국민당의 파트너 정당"이라고 덧붙였다.[425]

또한 오르반은 유럽국민당 동료인 장 클로드 융커를 수장으로 하는 유럽연합 위원회를 정조준했다. "나는 위원회가 '모스크바화'됐다고 말하고 싶다. 2019년에는 그들에게 끝을 보여주어야 한다. 지금의 위원회는 사라져야 하고, 우리에게는 유럽의 현실을 반영한 위원회와 그에 걸맞은 의회가 필요할 것이다."

이 연설의 끝은 위협이었다. "우리가 협상을 통해 충분한 결실을 얻어낼 수 없다면, 우리가 지금 이민이나 재정운용 문제에 관해 상반되는 입장을 수용하거나 적어도 관용할 수 없다면, 우리는 기다리는 수밖에 없다. 유럽 사람들이 2019년 선거에서 그들의 의지를 표현할 때까지 우리는 기다려야만 한다. 그러고 나면 일어날 일이 일어날 것이다."

그리고 그렇게 될 것이다. 모호한 구석이라곤 없는 오르반의 말은 효과적으로 표심을 자극한다. 헝가리 총리는 자신이 '기독교적 민주주의'라 규정한 '비자유주의적 민주주의'를 유럽연합 안에 정착시킬 수 있다고 고집한다.[426] 이렇게 오르반은 새로운 십자군의 탄생을 예고했다. '우리'는 '그들을' 반대한다. 우리 기독교도들은 다른 자들을 반대한다. 그리고 얼마 후면 그들이 염두에 둔 대상이 비단 이민자들만이 아니라는 사실이 드러날 것이다. 그는 최근 국내 선거에서 헝가리 출신 조지 소로스George Soros를 상대로 반유대주의적 공격을 퍼부었고 결국 승리했다. 소로스가 설립한 유럽중앙대학은 부다페스트에서 철수해야 할 위기에 몰렸다.[427] 이 새로운 신민족주의적 세계에서 '그들'은 점차 늘어날 것이다. 온건보수주의자와 자유주의자, 녹색당 지지자와 좌파 등등으로.

그 과정에서 오르반과 그의 동지들은 자신들의 사상을 확산시키는 데에 러시아의 원조를 기대할 수도 있다. 소셜미디어를 통해 유포되는 가짜뉴스는 브렉시트 투표와 2016년 미국 선거를 거치면서 그 위력을 확인했고 2019년 유럽의회 선거에서 최고조에 이를 것이다. 모스크바나 상트페테스부르크에서 전문가가 만들어낸 프로파간다가 폴란드의 바르샤바나 불가리아의 소피아에 있는 컴퓨터 모니터 위를 떠다닐 때, 과연 불가리아와 루마니아와 크로아티아와 슬로베니아와 슬로바키아와 체코와 폴란드와 헝가리에서 그때마다 바로잡는 일이 가능할까?

스티브 배넌Steve Bannon도 그 일에 끼어들려 할 것이다. 그는 2017년 8월까지 도널드 트럼프의 수석보좌관이었고, 백악관을 나온 후에는 극우 성향 백만장자인 로버트 머서Robert Mercer가 지배권을 가진 온라인 뉴스매체 '브라이트바트Breitbart'의 수석이 됐다. 배넌은 2018년 11월부터 브뤼셀에도 새로운 재단 하나를 세우려 한다. 재단의 이름은 '더무브먼트The Movement'로서 우파 진영의 세를 규합할 '슈퍼그룹supergroup'의 설립을 돕는 운동이다.[428]

국가 범위를 넘어선 전 유럽적 토론이 결여된 상황은 우파민족주의자들에게 이중 전략을 쓸 수 있도록 허락했다. 하나의 맥락 안에서 동시에 파악됐더라면 그 모순이 확연히 드러났을 전략이다. 프랑스와 폴란드, 헝가리에서 민족주의자들은 유럽연합 내 '철도 교통

자유화'에 반대하는 운동을 펼쳤다. 2019년 말이면 자유화가 시작되고, 부실해진 철도에는 엄청난 돈이 쏟아부어질 것이다. 반면 독일 대안당은 독일 철도의 시장경쟁력과 확장력을 마치 민족우월성의 상징인 것처럼 자랑한다. 이탈리아와 프랑스에서 우파는 타협하지 않는다. 독일 우파는 유럽 금융연합을 설립하는 데 앞장섰다는 이유로 독일이 매질당하는 것을 성공으로 여긴다. 유럽연합 차원에서 구글이나 페이스북 같은 인터넷 대기업에 대해 효율적으로 과세하는 데 실패한 것을 '정책 실패'의 대표 사례로 들며 혹평하는 데는 한목소리를 낼 수 있다. 하지만 이민에 대해 내는 커다란 경보음은 저마다 다른 톤이다.

마침내 신민족주의자들은 원래는 반유럽주의자로 추정되지 않던 인사들까지 유리한 증인으로 끌어들일 수 있게 됐다. "유럽이 우리와 우리 대표들의 권한을 빼앗아갔다. 유럽연합의 제도적 구조는 민주주의의 결여와 권력분립의 사실상 폐기로 흔들리고 있다." 독일 헌법재판소 소장과 연방대통령을 역임한 로만 헤어초크는 이렇게 단정했다.[429] 그는 또한 2009년 수정되어 발효된 유럽연합의 헌법인 '리스본조약Treaty of Lisbon' 또한 "유럽연합이 기본적으로 안고 있던 결핍을 강화했다."라고 단정내렸다. 바이에른 주지사였던 에드문트 슈토이버Edmund Stoiber의 표현은 좀 더 분명하다. "유럽연합과 같은 헌법을 가진 나라가 있다면 유럽연합에 가입신청서조차 내지 못했을 것이다. 민주적 정당성이 부족하기 때문이다."

유럽연합이라는 주제로 이렇게 많은 증인들을 자기편으로 끌어들인 신민족주의자들은 유럽연합 선거에 초국가적 후보 명단이 수용되는 것을 격렬하게 막아설 것이다. 빅토르 오르반은 2019년 여름쯤 자신의 십자군을 유럽국민당 안에 둘지, 아니면 당 밖으로 끌고 나갈지를 선택할 것이다. 어느 경우이든 유럽의회에는 새로운 우파 교섭 단체가 등장할 것이고 거기에는 많은 극우 세력이 섞여 있을 것이다. 오르반의 피데스당이 그 단체를 주도할 수도 있지만 그렇지 않을 수도 있다. 살비니의 강력한 이탈리아 동맹은 폴란드의 야로슬라프 카친스키Jaroslaw Kaczynski가 이끄는 법과정의당, 르 펜의 새로운 프랑스 정당 그리고 여러 다른 국가의 수많은 동지들과 함께 연대할 채비를 갖추고 있다. 독일 가울란트의 대안당이 두각을 나타낼 수도 있고 오스트리아에서는 슈트라헤의 자유당이 새로운 우파민족주의-전제주의적 집단운동을 위해 돌진하고 있다. 국내 정치에서 자유당은 분열하지 않겠던 약속을 지키지 않았다. 그러나 유럽연합 차원에서는 르 펜이 주도하는 상대적으로 작은 규모의 기존의 우파 집단을 박차고 나오지 않을 것이다. 입이 거친 나이절 패라지와 그가 이끄는 영국독립당이 유럽연합을 탈퇴한 사건은 금방 잊힐 것이다. 그에게는 유럽연합의 동지들을 떠나는 게 곧 승리였으니까.

유럽연합의 와해를 조장해온 신민족주의자들의 정치는 오히려 그들이 부단히 맞서 싸워온 리스본조약에 부합할 수도 있다. 리스본조약 역시 유럽의회에 영향력 있는 공동결정권을 부여하기 때문이다. 2009년 수정된 조약이 발효됨으로써 유럽연합 권력 중심이 품었던 환상, 즉 보수당과 사회민주당, 자유주의당, 녹색당이 함께 사중주에 도전해보리라던 꿈은 사라졌었다. 기회가 한 번 더 없었던 건 아니다. 하지만 국내 정치에서 대안당과 우파 경쟁에 들어간 독일의 보수 정치인들이 '유럽의 공적 영역'을 만들자던 계획에서 손을 떼버렸다. 최근 초국가적 후보 명단이 거부된 것이 그 증거이다.

유럽 대륙에 살고 있는 수백만 청소년들을 생각하면 정말 비통한 일이다. 그들의 부모 세대가 유럽연합을 적시에 민주화하고 시민 대다수가 원하는 핵심 프로젝트에 매진하는 데에 게을렀던 탓에 하나가 될 수 있었던 유럽이 뿔뿔이 흩어졌다.

소련 중앙위원회 마지막 총서기였던 미하엘 고르바초프가 동독의 마지막 공산당 서기장이었던 에리히 호네커Erich Honecker에게 1989년 베를린장벽이 열리기 5주 전에 했다는 말은 시간이 흘러도 여전히 유효하다. "위험은 자기 인생에 반응하지 않는 자만을 기다린다." 전설이 된 고르바초프의 발언은 원래 이랬다. 하지만 그의 말은 이렇게 다듬어져 세계적 명언이 됐다. "인생은 너무 늦게 오는 자를 벌 준다."[430]

프랑스의 새로운 잔다르크

—

마리옹 마레샬 르 펜처럼 젊고 매력적인 인물에게는 인생도 기다림을 허락하는 법이다. 이모 마리엔은 최전선에 나가 전투를 벌여야 했지만, 늦게 태어난 은혜를 입은 조카와 그의 우파 세력은 동화책에나 나올 법한 탄탄대로를 걷는다. 과거에 '핀업pin-up' 정치인의 대표는 오스트리아의 외르크 하이더였지만 지금은 마리옹 마레샬이다. 그녀의 사진은 파리 시내 곳곳을 수년째 장식하고 있으며, 정치

경력 또한 상승 곡선을 그리고 있다.

2012년에 마리옹 마레샬은 22세의 나이로 프랑스 의회 최연소 의원으로 선출됐다. 하지만 2017년 대선에서 마리엔 르 펜이 에마뉘엘 마크롱에 패배하자 국회의원 재선을 포기했다. 2018년에는 자기 성에서 '르 펜'을 지웠다. 그리고 보수주의자를 위한 소수 엘리트 대학인 사회과학정치경제연구소ISSEP를 창립했다. 지성인의 가운을 입자 그녀의 후광이 더욱 밝아졌다. 그뿐 아니라 미래의 직원들에게 제안할 만한 자리도 생겼다. 그녀의 연구소는 "당신의 경력을 여기에서 우리와 함께 시작하세요."라고 말하면서 "교양과 도덕, 뿌리내림과 참여"를 약속한다.[431]

법률가인 마레샬은 이모인 마리엔보다 더 보수적이고 더 가톨릭적이고 더 전투적이다. 그녀는 최근 워싱턴 인근에서 개최된 보수정치행동회의Conservative Political Action Conference에서 청중을 향해 "프랑스는 더 이상 자유롭지 않다."라고 외쳤다.[432] 그리고 "모든 프랑스 법조항의 80퍼센트가 유럽연합의 강요로 만들어진 것이다."라고 덧붙였다.

미국의 백만장자 형제 데이비드 코크David Koch와 찰스 코크Charles Koch가 해마다 열리는 보수정치행동회의의 재정적 후원을 맡고 있으며, 현직 부통령인 마이크 펜스Mike Pence는 정치적 후원을 맡고 있다. 코크 형제와 마레샬 그리고 펜스는 하나의 종교적 열의로 똘똘 뭉쳐 있다. 그것은 국가를 초월해 사람들을 하나로 묶는 울타리 효과를 입증하고 있다. 그들은 아주 오래전에 이미 지나간 것으로 믿어졌던 과거를 향해 독실하게 그리고 엄격하게 나아간다. 그들은 유럽의 정치

사회적 지향점도 거기에 있으리라 기대한다. 이슬람 광신도들도 자신들의 영역 안에서 같은 주장을 하고 있다. 그리고 양자 모두 자기들의 급진성이 격화되는 것을 상대의 급진성으로 정당화한다. 그 지점에서 무언가가 부글부글 끓어오르고 있다.

사람들이 물이 차츰 뜨거워지는 것을 감지하고 냄비 밖으로 튀어나올 수 있었더라면 계몽된 서구의 거리와 광장은 이미 오래전에 분별 있는 시민들로 가득 찼을 것이다.

2022년이면 32세가 되는 아름다운 마레샬이 고향 땅에서 마크롱에게 도전장을 내밀고 자신만의 무기로 그를 격파할 수도 있을 것이다. 어떤 정당에도 소속되지 않은 독립적 운동이 조직되고 나면 사람들은 마크롱의 '전진!'에 이별을 고할 것이다. 마크롱은 자신이 용도 폐기한 신자유주의적 개혁으로 인해 그리고 여러 가지 구설수로 인해 사람들에게 점점 더 많은 실망감을 안겨주고 있다. 여기에 마크롱의 오만한 태도는 마레샬의 넓은 품에 안기도록 아예 시민들의 등을 떠밀고 있다.

네덜란드에서도 우파의 새로운 스타가 '민주주의를 위한 포럼FvD' 대표 티에리 보데Thierry Baudet의 후계자 자리를 노리고 있다. 히드라의 머리인 양 계속 생겨나는 신민족주의자들은 오르반과 마찬가지로 발목을 잡고 있는 좌파와 유럽연합으로부터 자신들의 나라를 해방시키려 한다. 계획대로라면 누구보다 먼저 장 마리 르 펜의 손녀인 마레샬이 이 시대의 잔다르크가 되어 전장에 나설 것이다.

러시아의 기쁨, 트럼프의 퍼즐

—

러시아의 대통령은 당선되기 위해 굳이 싸우지 않아도 된다. 그런데도 선거전에 뛰어든다. 모국에서 그리고 그보다 더 자주 외국에서. 2016년 브렉시트와 미국 선거는 블라디미르 푸틴에게 유리하게 흘러갔다. 2018년 그와 그의 올리가르히는 이미 유럽연합 28개 회원국 중 3개국의 정권과 최상의 관계를 맺고 있다. 헝가리의 오르반은 이탈리아 내무장관 마테오 살비니에게 러시아에 대한 유럽연합의 제재 철회를 요구할 정도로 푸틴의 열성팬이다.[433] 살비니의 동맹당은 오스트리아의 자유주의적 극우와 마찬가지로 푸틴의 '통합러시아당'과 5년짜리 조약을 체결했다. 그 조약이 '공동 행동과 협력'을 약속한 목표 중에는 "젊은 세대를 애국과 근면의 정신 안에서 교육하는 것"도 포함되어 있다.[434]

독일에서는 대안당이 한 러시아 회의에서 서구의 '결탁'에 맞선 푸틴의 보호자를 자처했다.[435] 프랑스에서는 극우 정당인 '민족전선'이 크렘린의 은행제국으로부터 저렴한 융자를 얻어 썼다.[436] 핀란드는 지리적 · 역사적으로 모스크바와 가까이 얽혀 있다. 발트해 국가들은 러시아의 상태에 항상 촉각을 곤두세우고 있다. 러시아와 서유럽을 잇는 가스관인 노르드스트림파이프라인Nord Stream Pipeline은 폴란드를 지나간다.

러시아가 다시 유럽으로 돌아왔다. 하지만 푸틴은 더 이상 소련 시절 공산주의 독재자의 형상이 아니다. 오히려 게르하르트 슈뢰더 독일 전 총리의 말처럼 "흠잡을 데 없는 민주주의자"의 모습을 하고 있다.[437] 그런데 잠깐. 다시는 모스크바가 유럽 정치를 좌우할 수 없도록 하려고 유럽연합이 동유럽으로 확장한 게 아니던가?

그렇다면 무언가 근본적으로 잘못돼 가고 있다. 수백만 유권자들은 아직 유럽 정치가 오롯이 독립한 결과를 모르지 않는가? 혹 다 알면서도 헐값에 팔아넘기려 하는 걸까? 현존하는 유럽연합에 대한 실망감과 정치·경제적 기득권층에 대한 분노가 너무 커진 나머지, 차라리 크렘린 영향권으로 넘어가길 택한 것일까? 그렇다면 유럽연합의 엘리트들뿐 아니라 유럽연합의 역사적 토대 자체가 거부당한 것일지도 모른다.

그리고 이 현상은 계속되고 있다. "수백 년 전부터 계속돼온 영국 정치의 한 가지 흐름이 있다. 어떤 헤게모니가 발생하면 영국인들은 그와 같은 무게의 추를 올려 균형을 맞추려 노력한다." 영국 역사학자이자 옥스퍼드대 교수인 티모시 가튼 애쉬Timothy Garton Ash는 이렇게 경고한다. "브렉시트 이후 독일과 프랑스만의 핵심 유럽이 형성되는 동시에 이러저러한 이유로 불만을 가진 다양한 유럽연합 회원국들도 생길 것이다. 그렇다면 중기적으로 영국인들은 새로운 연합체를 형성하고 유럽연합을 좀 더 갈라놓으려는 시도를 점차 늘려갈 것이다."[438] 2018년 7월 16일은 블라디미르 푸틴에게 특별히 더 기쁜 날로 기억될 것이다. 1975년 헬싱키에서 열린 안보협력회의 말미에 조약이 하나 체결되었고, 그 결과 러시아가 장악했던 소비에트제국은 몰락했다. 공교롭게도 이번에도 핀란드의 수도에서 푸틴은 미국과 서유럽 간의 밀접한 연결고리인 범대서양 동반자 관계를 잠정적으로 중단하겠다는 약속을 도널드 트럼프 미국 대통령에게서 받아냈다. 전직 국가보안위원회 장교가 부동산 투자자를 성가시게 할 만한 무언가를 손에 쥔 걸까? 아니면 통역관만 데리고 단둘이서만 전혀 다른 주제에 관한 얘기를 나눈 건 아닐까? 이를테면 1945년 얄타에서 프랭클린 루스벨트Franklin D. Roosevelt, 윈스턴 처칠Winston Churchill, 이오시프 스탈린Joseph Stalin이 크림반도에 대해 논의했던 것처럼 그 두 대통령도 자신들의 영역에 대한 새로운 지정학적 질서를 논했던 것은 아닐까? 트럼프를 둘러싼 잡음이 아무리 많다지만 그가 정교하고 전략적으로 행동하고 있다는 사실을 부인할 수는 없다. 어쩌면 대규모 부동산 거래를 기획하던 시절부터 몸에 밴 태도일 수도 있다. 2018년 봄 트럼프가 북한의 정치 지도자 김정은과 대화의 기반을 만들면서 더 이상 북한과의 핵무기 갈등에 있어 중국 지도부의 중재 노력을 필요로 하지 않게 됐다. 그러자 그는 과감하게 중국과의 무역전쟁을 벌였다. 이스라엘, 사우디아라비아와 관계를 강화한 그는 이란과의 핵 조약을 파기했다. 미국 대통령에게 유가 흐름은 초미의 관심사이다. 유가가 올라가자 트럼프는 환경 규제를 완화해서 셰일가스 시추를 수월하게 만들었다. 국내에서 석유를 만들어내자 다시금 채산성이 맞았다. 더불어 미국에서 일자리를 만들겠다던 약속을 지키는 데도 도움이 됐다. 하지만 미국의 석유산업, 미국의 군대 그리고 미국의 금융 등 몸집이 큰 선수들은 결코 만족하지 않는다. 그들은 겉으로는 좌충우돌, 예측불가로 보이는 트럼프의 정치적 책략이 실제로 의미하는 바를 잘 읽고, 때에 맞춰 사우디에 투자하고 원유의 가격을 책정하는 법을 안다. 그 과정에서 세계 기축통화인 미국 달러는 무기 역할을 톡톡히 한다.

그러다 보니 생기는 부수적 피해를 캐나다가 입기도 했다. 2018년 여름 사우디 입장에서 보자면 인권 문제에 너무 집착한 캐나다가 사우디를 가혹하게 몰아붙이는 상황이 생겼다. 새로운 미국적 시각에서 그런 갈등은 전혀 달갑지 않았다. 그래서 트럼프는 자유 가치의 옹호자가 돼달라는 북쪽 이웃의 요구를 단칼에 거절했다.

그의 말이 하나씩 실현되고 있다. '미국 우선주의America First' 그리고 그 비슷한 말들이. 어쩌면 트럼프보다는 트럼프의 지지자들을 과소평가했던 것이 근본적인 실수였을지도 모른다.

제 7 장

트럼프 이후에도 지속될
트럼프주의

—

"희망을 상실했던 사람들을 위해 우리는 희망을 채울 것이다.
그리고 우리는 미국을 다시 위대하게 만들 거대한 국가적 운동에
그들을 동지로 맞이할 것이다."

- 1980년 미국 대선, 대통령 후보 로널드 레이건[439]

"미국을 다시 위대하게 만들자."

- 1980년 로널드 레이건과 조지 W. 부시George W. Bush의 선거운동용 배지

"미국을 다시 위대하게 만들라."

- 2017년 2월 27일, 취임 38일째, 도널드 트럼프 미국 대통령

2015년 도널드 트럼프는 이 슬로건을 자기가 생각해냈고
정치적 목적으로 사용하기 위한 저작권이 자신에게 있다고 주장했다. [440]

GAME OVER

미국 대통령 도널드 트럼프는 과연 자기애에 빠진 우악스러운 무식쟁이일까? 혹은 정치·경제적 맥락이 정교하게 세공된 도자기들 사이를 천방지축 휘젓고 다니는 국제무대의 성난 쌍봉낙타일까? 어느 쪽이든 트럼프 대통령에게 이런 모습만 있는 것은 아니다.

엘리트 출신의 거대 부동산회사 사장님은 대통령 임기를 시작하자마자 국내 정치에서 중요한 분야 하나를 확실히 챙겼다. 공석 중인 대법원 법관 자리 하나를 보수 성향의 인물로 채우는 데에 성공한 것이다. 대법원은 미국 권력분립의 틀 안에서 다른 일반 사법기관과 비교하기 어려운 중요한 역할을 수행해왔다. 대법원은 낙태부터 입국 금지까지 다양한 정치사회적 결정을 내리고, 경우에 따라서는 탄핵 과정에도 큰 역할을 할 수 있다. 미국 대법원 아홉 명의 법관 중 한 명이었던 앤터닌 스켈리아Antonin Scalia가 2016년 2월 갑작스레 세상을 떠났을 때, 당시 대통령이었던 버락 오바마가 그 자리에 개방적인 성향의 법률가를 앉히려고 했지만 공화당이 상원에서 가로막았다. 그다음 백악관에 입성한 트럼프가 보수주의자인 닐 고서치Neil Gorsuch를 지명하자 상원의원 과반수가 이에 동의했다.

미국의 대법관은 평생직이다. 그러므로 지명 당시 51세였던 고서치는 도널드 트럼프 본인보다 더 오래 미국 정치에 남아 트럼프 정신을 고수해 나갈 것이다. 트럼프는 2020년 재선을 앞두고 있으며, 늦어도 2025년 초에는 영구적으로 직위에서 물러나게 돼 있다.

고서치는 앞으로 미국 대법원 판결을 우파 지향으로 끌어가려는 트럼프가 실력을 증명한 첫 번째 과제물에 불과했다. 트럼프는 다음 작품을 통해 자신이 그간 탁월한 '협상가dealmaker'로서 계약을 성사시키는 법에 대해 잘 알고 있다고 자신했던 근거를 입증해 보였다. 2018년 6월 대법관 중 한 명인 앤서니 케네디Anthony Kennedy가 은퇴했는데 자세한 속사정은 밝혀지지 않았다. 설사 대통령이 배후에서 올가미를 씌운 것이라고 해도 그 방식이 워낙 정교하고 미묘해서 겉으로는 드러나지 않았다. 그런데 트럼프가 마음먹었다면 불가능한 일도 아니긴 했다. 그가 고서치를 임명한 것이 케네디에 대한 은근한 압력의 시작이었을 수 있다. 신임 대법관 고서치는 과거 케네디의 법률보조원이었기 때문이다.

혹은 여성의 낙태권을 지지하고 동성애자의 권리를 신장시킨 개방적 성향의 케네디가 트럼프와 공식적으로 거의 알려지지 않은 점심식사를 함께한 결과일 수도 있다. 트럼프는 딸 이방카 트럼프Ivanka Trump와 손녀 아라벨라 쿠슈너Arabella Kushner를 데리고 이 팔순 법관의 사무실을 방문했다.[441] 그 자리에서 트럼프는 케네디의 아들인 저스틴 케네디Justin Kennedy에게 따뜻한 안부 인사를 전했다. 도이체방크 뉴욕지점에서 근무하는 저스틴은 트럼프가 하던 부동산 사업 대출 업무를 맡으며 트럼프와 밀접하게 협력했었다.

그리고 2018년 6월 27일, 케네디 대법관은 갑작스레 은퇴를 발표했다. 그가 아주 조금만 더 시간을 끌었다면 상원은 11월 6일 선거 전에 후임을 임명하지 못했을 것이다. 그리고 선거에서 민주당이 과반 이상을 차지한 이후라면 케네디 후임으로 보수주의 성향의 법관을 지명하기가 어려웠을 것이다. 그러니 트럼프가 승리의 나팔을 울릴 이유는 충분했다. 그는 대법관 자리에 자기 쪽 후보를 하나 더 앉히고 오랫동안 '우파 과반'•을 유지할 수 있게 됐다.

2018년 7월 중순, 미국 상원의회는 트럼프가 임기 2년 만에 또 다른 보수 성향의 법률가를 스물세 번째 대법관으로 지명하는 것을 받아들였다. 이미 지명을 마친 두 법관은 모두 케네디 전 대법관의 법률보조원 출신이며, 트럼프는 고령의 대법관들 가운데 누구라도 자리를 비울 경우를 대비해 이미 세 번째 '케네디맨'도 제안해 두었다.

"우리가 공화당 정부와 함께한 1년 반 동안 이룰 수 있었던 일들 중 가장 지속적이고 긍정적으로 이 나라에 영향을 줄 수 있는 한 가지가 바로 대법원의 구성원에 변화를 가져온 것이라고 생각한다." 미치 매코널Mitch McConnell 공화당 상원 원내대표가 자축하며 한 말이다.[442]

• 미국 대법관은 아홉 명인데, 기존에는 언제나 예측 가능할 만큼 확고한 우파 네 명과 좌파 네 명이 있었고, 나머지 한 명인 앤서니 케네디는 대법원의 '부동표'라고 불렸다. 그런데 이 자리를 우파로 채움으로써 우파 다섯 명 대 좌파 네 명으로 '우파 과반'이 되었다.

미국 대통령의 민첩한 행동 방식은 사상적으로는 우파의 영향을 많이 받았다. 이는 미국의 사회와 정치에 앞으로 수십 년간 지속될 흔적을 남기고 있다. 그뿐 아니라 서구 사회 전반의 정치·사회적 환경에도 영향을 미치고 있다. 단연코 그것은 길이 남을 트럼프의 유산이 될 것이다. 그가 얼마나 더 백악관에 남게 될지와 무관하게, 그가 탄핵소추를 당하든 혹은 2020년 재선에 성공하든, 혹은 임기 중에 사망하든 어느 쪽이든 상관없이, 앞으로 트럼프 없이도 트럼프주의는 중요한 역할을 할 것이다. 마치 그가 미국 대통령이 되기도 전에 그의 사고방식과 태도가 대중적으로 널리 확산됐던 것처럼 말이다. 지금 '트럼프주의'라고 이해되는 개념은 트럼프 이전부터 있었던 것이다. 뉴욕 출신 사업가인 트럼프와 그의 동료들이 대통령 선거를 위해 만들어낸 이론이나 구호들은 사실 그 이전에 공화당 우파 지지자들과 그보다 더 우파적인 민족주의자들이 이미 체계적으로 작업해 놓은 내용이었다. 트럼프가 한 일이라곤 기발한 신호와 대중적 '화법'으로 그 메시지를 전달한 것뿐이다. 다시 만들어질 '위대한 미국'에서는 오랫동안 극소수 시민들만이 누려왔던 지속적인 소득 성장과 빠른 계층 상승이 가능하다는 주장을 설득력 있게 전달하는 것이 그의 역할이다.

도널드 트럼프는 결코 실수로 낳은 역사의 사생아가 아니다. 그의 정치적 출세는 엘리트가 중심이 된 정당−미디어−로비스트 민주주의가 수십 년간 구조적으로 실패해온 결과이다. 경제 규모로는 여전히 지구상 최고를 자랑하는 미국의 정치 시스템은 마치 폭발을 코앞에 둔 시한폭탄과도 같다. 그 끝은 몰락을 알리는 폭발음이며, 그것은 비단 자유민주주의의 몰락만으로 끝나지 않을 것이다. 그 끝은 새로운 세계 질서의 탄생과 맞닿아 있다.

미국은 다시 위대해질 수 있을까

—

아메리칸드림은 가장 강해 보일 때 펑 하고 터져버렸다. 미국 정부는 다른 동맹국들과 함께 전 세계 냉전에서 승리를 거두긴 했지만, 태평양과 대서양 사이에 있는 미국 영토 안에는 중요한 문제들이 산적해 있다.

미국은 냉전이 끝난 이후에도 군사비를 현저하게 감축함으로써 평화배당금peace dividend●의 수혜를 입는 대신 군산복합체가 단기적으로 규모를 축소하는 선에서 상황이 마무리됐다. 무엇보다 미국 시민들은 국가가 모든 분야에서 후퇴했고, 따라서 거의 모든 세금이 죄악이라고 믿음으로써 자기신념의 희생양이 됐다. 거대 금융그룹의 엘리트들은 승승장구했으나, 수백만 명의 소액투자자들은 증시 추락이 거듭되면서 최대 피해자가 됐다. 게다가 2001년 중국의 WTO 가입이 세계 최대 내수시장에 미칠 영향을 오판했다. 그전까지 중국에서 들어오는 수입품은 산업별 생산품의 5퍼센트에 불과했으나 2014년에는 30퍼센트까지 치솟았다. 뮌헨의 루드비히말시밀리안대학 경

● 전쟁 위협이 감소한 평화 시기에 국방비를 줄이고 그 대신 사회복지, 의료, 교육, 환경과 같은 분야에 비용을 쓰게 되는데, 이렇게 국방비 감축에 따라 전환해서 사용할 수 있는 예산을 가리킨다.

제학과 달리아 마린Dalia Marin 교수는 "국민총생산(이하 'GNP')에서 공업 부문이 20퍼센트 감소한 것은 중국 수입품과의 경쟁이 치열해진 데에 원인이 있다."라고 설명했다.[443]

그런데도 최근까지 민주당과 공화당의 자유무역 사상 옹호자들은 미국 경제가 다양한 영역에서 덤핑경쟁에 직면해 있으며 그로 인해 대량의 일자리가 사라질 수 있다는 점을 제대로 인식하지 못하고 있다.[444] 게다가 격노한 도널드 트럼프가 관세장벽을 쌓자 상황은 더욱 악화됐다. (제9장 '무역전쟁이 위험천만한 이유' 참조)

트럼프의 선거 승리로 불시에 일격을 당한 것은 민주주의 정당과 수많은 미국의 대표 언론들만이 아니다. 유럽의 정치 관계자들도 습격당했다. 그들 모두 완만히 진행돼온 사회적 흐름과 문제를 알아채지 못했다. 캘리포니아 실리콘밸리식 자본주의의 성공과 뉴욕 인근의 번영은 동서부를 제외한 수많은 주를 '플라이오버 스테이트flyover state'라 부르도록 만들었다. 플라이오버 스테이트란 연방의 대부분을 차지하지만 동서부 연안을 오갈 때 비행기에서 내려다보기만 하는 지역이라는 의미이다. 이 큰 지역이 정치적 레이더망에서도 통째로 사라졌다. 〈뉴욕타임스〉의 편집국은 세계에서 가장 높은 평판을 누려온 자신들이 힐러리 클린턴Hillary Clinton이 91퍼센트의 확률로 선거에서 승리할 것이라는 엄청나게 빗나간 예측을, 그것도 선거 당일 아침에 내놓은 배경 조사에 즉각 착수했다. 내부 조사에 따르면, 중앙에서 도널드 트럼프가 놀라운 승리를 거두었던 위스콘신과 미시간으로 지역 취재를 나간 기자들 중 그곳에서 하룻밤이라도 묵은 사람은 아무도 없었다.[445] 하루 만에 날아왔다가 도로 돌아간 사람들은 쉽게 착각에 빠졌다. 도널드 트럼프는 역으로 이런 심각한 오측을 근거로 자신의 지지자들에게 설득력 있는 주장을 펼칠 수 있었다. 자유주의 성향의 기자들이 '가짜 뉴스'를 퍼트린다고 말이다.

하지만 그보다 더 근본적인 문제는, 한때 풍요를 누렸던 중산층 미국인들 중 다수가 처한 무시무시한 현실이 여론을 선도하는 일간지들에서 다층적인 분석을 통해 내놓은 설문조사 결과와 달랐다는 데에 있었다. 미국의 기대수명이 늘어나는 속도는 비슷한 상황에 있는 다른 선진국들에 비해 느린 편인데, 그 이유는 과체중과 비만이 급격히 증가하고 있기 때문이다. 미국 인구 중 특정 유형, 예컨대 백인 중년 여성은 사망률이 오히려 과거보다 더 높아졌다.[446]

무엇보다 큰 문제는 경제적으로 풍요로운 백인 중산층 수백만 명이 진통제에 중독된 현실이다. 제약업이 그들을 진통제에 의존하도록 만들었다. 비정부기구인 '세계마약정책위원회GCDP'의 대표 루트 드라이푸스Ruth Dreifuss는 "미국의 모든 지역, 모든 계층이 관련된 오피오이드opioid(아편 비슷한 작용을 하는 합성 진통제) 위기로 하루에 170명이 죽는다. 보잉737 여객기 한 대를 가득 채울 수 있는 숫자이다."라고 분석했다.[447] 건강관리와 질병치료에 들어가는 비용이 터무니없이 비싸서 정규교육을 다 받은 사람들, 심지어는 대학교육을 받은 사람들도 의사가 적절하게 처방한 약을 사는 것이 버거울 정도이다. (541쪽 도표 5 '엄청나게 비싼 약값' 참조)

또한 직업이 있는 여성의 비율도 독일이나 호주 같은 다른 선진국에 비해 낮은 수치를 기록하고 있다. 미국의 여성이 일하지 않으려는 게 아니다. 사회적 시스템이 제대로 기능하는 다른 나라들에 비해 미국에서는 여성이 출산 후에 혹은 아픈 아이를 돌본 후에 다시 노동시장으로 돌아가기가 훨씬 어렵기 때문이다. 그런데도 신자유주의적이고 신민족주의적인 미국 우파들은 여성들에게 "주방으로 돌아가라."고 말한다. 이는 국가경제의 생산력을 떨어뜨린다. 더불어 50개 주의 낡은 도로, 노후된 교량과 철도, 구식 항공 시스템은 엔진에 낀 모래처럼 미국의 에너지 자원을 잡아먹는 요인으로 작용하고 있다.

국제적 경쟁에서 뒤처진 분야를 보완할 새로운 강점이 없는 것은 아니다. 그중에서 제일 눈에 띄는 것은 대중복지에는 아무런 도움이 안 되는 군사무장이다. 이 잘못된 경로로 확실하게 접어들면서, 이제는 아예 새로운 전쟁을 일으키고자 하는 유혹을 키워나가고 있다. 어쩌면 미국은 더 이상 수많은 미국인들이 계속 믿고 싶어 하는 '신의 나라God's own country'가 아닐지도 모른다.

2016년 한 해에만 4만 5,000명의 미국인이 스스로 목숨을 끊었다. 미국의 자살률은 1999년에 비해 25퍼센트가 증가했고, 2016년 미국 내에서 살해당한 사람 수의 두 배에 달했다.[448] 미국 거주자는 세계 인구의 4.4퍼센트에 불과하지만 지구상 무기의 42퍼센트가 그들 수중에 있다. 매년 미국에서는 3만 명가량이 총에 맞아 죽는다. 베트남전에서 죽은 미군 숫자의 절반에 해당한다.[449] 교내 총기사고 건수도 계속 증가해 2017년에만 345명이 학교에서 총에 맞아 사망했다. 미국 역사에 새로이 적힌 핏빛 기록이다.[450]

그러는 사이 학생들은 학교 건물에 저격범이 습격해 '갑작스러운 발포 상황이' 벌어졌을 때 어떻게 행동해야 하는지를 체계적으로 교육받게 됐다. TV 뉴스 프로그램 〈폭스 뉴스FOX News〉 진행자들은

"5초 안에 삶과 죽음이 갈릴 수 있다."라고 경고한다.[451] 한 학교 행정실은 14세 청소년들의 책가방에 무료 방탄조끼를 넣어줬다.[452] 유치원 선생님들은 미친 살인범이 나타나면 침착하게 대피하는 법을 알려주는 문구를 노래처럼 만들어 다섯 살짜리 꼬마들에게 가르치고 있다.[453]

다른 한편으로는 전 세계 수형자의 4분의 1이 미국에 있다. 인구 10만 명당 수형자가 666명으로 그 비율이 독일보다 아홉 배, 오스트리아보다 일곱 배가 높다. 17세 이상 아프리카계 미국인 열다섯 명 중 한 명이 철창에 갇혀 있다. 백인은 백여섯 명 중 한 명에 불과하다. 미국에 널리 확산된 인종차별의 증거이다.[454]

이런 나라가 세계적 본보기가 될 수 있을까? 과연 어떤 나라가 그들을 본받으려 할까?

《나 같은 백인White like me》이라는 책을 쓴 미국의 시민운동가 팀 와이즈Tim Wise는 이렇게 말한다. "전 세계에 백인 미국인만큼 과거를 사랑하는 사람은 없다."[455] 역사적 맥락에서 이해 못 할 바는 아니다. 하지만 나라 전체가 이렇게 퇴보하는 건 위험하다. 더군다나 대통령이라는 자가 희생양을 찾는 대중에게, 그것이 멕시코인이든 캐나다인이든 유럽인이든 중국인이든 가리지 않고 신나게 욕구를 채워주는 것은 위험하기 그지없다.

적어도 중산층에 속했던 백인 남성에게는 과거가 여러모로 훨씬 나았다. 그러니 누군들 '미국을 다시 위대하게 만들기를' 바라지 않겠는가? 취리히의 행동경제학자 에른스트 페르는 이 슬로건을 "천재적으로 악마적"이라고 평가했다.[456]

미국 대통령과 부자들이 벌이는 전쟁

—

미국의 평범한 유권자 중 한 명인 피터 힌스미스Peter Hinsmith는 자신이 표를 던져 당선된 미국의 대통령이 기존 세계 질서에 이토록 큰 변화를 가져오리라는 것을 알고 있었을까? 그는 각종 행사가 열리는 맨해튼의 매디슨스퀘어가든을 마주한 7번가에 서서 담배 한 대를 맛있게 피웠다. 수요일 아침이었지만 다른 날과는 달랐다. 굉음을 내며 지나가는 화물차도 짜증스러운 클랙슨을 울리는 택시도 없고, 심지어 경찰차나 소방차의 사이렌도 잠잠한 거리가 그는 낯설었다. 비정상적인 고요함이었기 때문이다. '절대 잠드는 법이 없는 도시'가 너무 놀란 나머지 바짝 얼어버린 것이었다.

거기서 몇 발자국 걸어가면 유리로 만들어진 천장으로 유명한 재비츠센터Javits Center가 있는데, 그 세련된 행사장을 힐러리 클린턴은 미국과 자기 자신에게 가장 역사적인 날로 기록될 2016년 11월 8일을 위해 예약했다. 그러나 하늘이 선명하게 보이는 '유리천장' 아래서 여성 대통령의 탄생을 축하하는 세레모니를 펼치기로 했던 그녀의 계획은 결국 성공하지 못했다. 선거운동 기간 내내 그녀는 "정치권의 가장 높고 가장 단단한 이 유리천장을 부숴야 한다."라는 메시지를 설파했다. 그러면 마침내 여성도 미국 대통령에 오를 수 있다고 말이다.[457]

하지만 유리천장은 견고했고, 이는 피터 힌스미스와 같은 생각을 가진 6,298만 4,827명이 도모한 일이었다. 클린턴은 300만가량의 표를 더 받았음에도 미국 선거의 승자독식 구조 때문에 선거인단에서 더 많은 숫자를 가져간 트럼프에게 패했다. 힌스미스는 자신을 "이 힘든 일을 해낸 미국인 중 하나"라고 소개했다. 머리카락이 듬성듬성해진 나이의 백인인 그는 수수해 보였다.[458] 그는 동료 한 명과 함께 호텔 펜실베니아의 옆문 앞에 서 있었다.

그는 지난 며칠간 페이스북에 올라온 글들 중에서 수차례 눈에 띄었던 "힐러리는 범죄자다."라는 문구에 대해 다시 한 번 되뇌었다. 클린턴이 선거전에서 트럼프 지지자들을 '개탄스러운 집단'이라고 깎아내렸을 때, 그는 개인적으로 상처받았다. 그는 "나는 이제 트럼프가 약속했던 것을 하길 기대한다."라고 말했다. 그리고 가장 바라는 것에 대해서는 "물론 감세이다. 그리고 지천에 널려 있는 중국인들을 몰아내는 것도."라고 대답했다. 그는 '엘리베이터스쿨'에서 수리공 교육을 받는 중이었다. 담배 한 모금을 급하게 들이마신 그는 회전문을 밀고 수많은 회의실 중 하나로 들어갔다. 1919년 개업 당시 객실이 2,200개였던 그곳은 세계에서 가장 큰 호텔이었다.

14층에서는 벌써 마리아 존스Maria Jones가 복도를 오가며 제일 먼저 빈 객실을 청소하고 있었다. 지난밤 흘린 눈물은 그녀의 눈에 도드라지는 흔적을 남겼다. 존스는 흑인 싱글맘이다. 하지만 펜실베니아역 인근 호텔의 다른 노동자들과 마찬가지로 조합에 가입돼 있기 때문에 비교적 높은 임금을 받아왔다. 그녀는 이 건물의 주인이 호텔을 부셔버리고 비교도 안 되게 수익률이 높은 사무실 빌딩을 지으려 하는 이유에 그 점도 포함되리라 추측했다. 하지만 그날 아침 그녀를 사로잡은 것은 실직보다는 "조만간 전쟁이 일어나 내 두 아들 중 하나가 거기에 끌려가게 되리란 두려움"이었다.[459]

그날 오후 맨해튼 북부 어퍼웨스트사이드에 있는 진보적인 컬럼비아대학에서는 선거 결과에 경악한 분위기가 손에 잡힐 듯 선명하게 느껴졌다. 교수 여섯 명이 갑작스레 잡힌 대책회의에 불려갔는데 그 회의 분위기 또한 착잡하게 가라앉아 있었다.[460] 가치관과 정치체계의 전복이 임박했다는 평가가 나왔다. 상황은 세계무역센터가 붕괴했던 2001년 9월 9일보다 더 극적이었다.

이제 무엇을 할 것인가? 선거전에 러시아가 개입했다는 이야기가 즉각 화제에 올랐으며 탄핵 가능성도 미리 점쳐졌다. 증오와 분란이 늘어날 것이라고 했다. 지금이라도 사람들이 각 주와 도시에서 정치에 참여해야 한다고도 했다. 컬럼비아대학교 교수인 안야 쉬프린Anya Schiffrin은 "더 이상 투표 때 체크 표시 한 번 하는 것만으로는 충분치 않을 것"이라고 경고했다.

역사에 길이 남을 선거 직후를 스케치한 기사가 포착한 이 세 장면은 서로 모순되지 않는다. 2018년 여름에도 그 세 주인공들은 그 모습 그대로일 것이다. 도널드 트럼프가 조만간 조롱거리가 되리라던 수많은 국내외의 정치평론가들의 기대는 빗나갔다. 트럼프가 브뤼셀의 나토에 다녀오고 헬싱키에서 블라디미르 푸틴과 논쟁의 여지가 많은 회동을 마친 후에도 공화당 지지자의 88퍼센트가 그의 국정수행을 지지한다고 밝혔다. 제2차 세계대전 이래 대통령에 대한 여당 내 지지율로는 두 번째로 높은 수치였다.[461]

미국에서도 높은 구독률을 자랑하는 영국 경제지 〈이코노미스트〉는 "공화당은 2016년 선거 이후가 아니라 그 이전부터 이미 트럼프를 지지하고 있었다."라고 강조했다.[462]

그리고 수년간 음흉한 작전을 짜온 사람들이 이제 결실을 얻게 됐다. 하버드대학을 졸업한 그로버 노르퀴스트Grover Norquist는 1985년 '세제 개혁을 위한 미국인Americans for Tax Reform'이라는 로비단체를 설립했다. 짧은 시간 내에 그들 집단은 공화당 거의 모든 상원의원들로부터 앞으로는 절대 세금 인상에 동의하지 않겠다는 약속을 얻어내는 데 성공했다. 이 맹세를 깬 사람은 다음 선거에서 노르퀴스트의 친구들로부터 막대한 기부금을 받은 당내 경쟁자와 맞붙게 됐다. 그 결과 1991년 이래 공화당이 과반을 차지한 미국 상원에서는 세금을 올리지 않았다. 그 대신 고소득자를 위한 세금 선물을 결의했다. 그러는 동안 교육 시스템 등에 들어가야 할 예산은 축소되었고, 이미 트럼프 전부터 국가부채는 계속 불어나고 있었다.

노르퀴스트는 조용히 등장했지만 자신의 급진성을 드러내야 하는 순간에는 자신감이 넘쳤다. "세금은 무조건 잘못됐다. 사회보조금에 의존하는 사람들이 문제이다." 2017년 11월, 저명한 경제학자들과 이해관계자들이 모인 취리히의 한 회의장에서 그는 자신의 경제적 신념을 이 두 문장으로 축약했다.[463]

하지만 그의 행보는 세금보다 더 근본적인 것에 뿌리를 두고 있었다. 이 세금 전사는 2018년 2월까지 전국총기협회NRA의 대표로서 미국에서 개인의 총기소유권을 지키기 위해 늘어나는 제재에 끈질기게 맞섰다.[464] 당연히 노르퀴스트는 2009년에 처음 시작된 시민들의 조세 저항 운동인 '티파티TEA-Party 운동'도 높이 평가했다.[465] 이 우파운동에 처음부터 자금을 제공해온 찰스와 데이비드 코크는 그로부터 10년 남짓 지난 지금까지도 커다란 정치적 선물이 놓인 탁자 앞자리를 더 많이 얻어내기 위해 투자를 아끼지 않는다.● 각자 500억 달러가 넘는 재산을 갖고 있으며 전 세계에서 가장 부유한 12인에 들어가는 이 두 형제는 2018년 11월 미국 상원의회 선거를 위해 4억 달러를 쓰겠다고 예고했다. 기타 명목으로 추가될 기부금 수백만 달러는 별도였다. 그 외에도 코크 형제는 미국 여러 도시에서 근거리 공공교통시설을 확충하기 위한 운동을 저지하는 일을 돕고 있다. 일각에서는 이를 석유산업과 아스팔트 생산업에 사업체를 둔 그들의 이해관계와 연결시켜 해석하지만 그들은 극구 부인한다.[466]

코크 형제와 그들과 비슷한 생각을 지닌 대부호들의 재정적 지원이 행사한 압력은 효과가 있었다. 예전에는 공화당 의원들 사이에서도 구체적 사안에 대한 의견은 분명히 엇갈리곤 했지만, 지금은 공화당 대표들의 태도가 민주당 경쟁자들보다 훨씬 균일하다. 신자유주의자와 사회국가주의자가 섞여 있는 민주당에서는 경제 문제를 두고 하나로 연결되기가 좀처럼 쉽지 않다. 이는 미국 민주당과 거의 모든 유럽의 사회민주주의 계열 정당들이 갖고 있는 공통의 문제이기도 하다. 힐러리 클린턴은 민주당 내 경선 투표에서 좌파 성향의 버니 샌더스Bernie Sanders를 지지했던 사람들을 놓고 "그들 대부분이 월스트리트 사기꾼들의 금융이익과 밀접한 관계가 있다."라고 비난해왔다. 그러자 '그들 대부분'은 클린턴에게 표를 던지느니 차라리 투표장에 나가지 않고 집에 있는 편을 택했고, 이것 역시 클린턴이 패배한 이유로 작용했다.[467]

● 데이비드 코크는 2019년 8월 23일 79세를 일기로 전립선암으로 사망했다.

2년 전 미국 선거결과 예측이 완전히 빗나간 이후 〈뉴욕타임스〉는 미국의 정치여론을 좀 더 포괄적으로 수렴하기 위해 보수 성향 칼럼니스트들을 필진으로 섭외했다. 진보 성향의 구독자들이 비슷한 무리의 저녁식사 모임이나 페이스북 친구들과의 소통으로는 접할 수 없었던 입장에도 귀를 기울이게 하려는 의도였다. 좌파민주주의 성향의 온라인 뉴스채널 '폭스닷컴Vox.com'은 정치여론을 개방하려는 이들의 노력을 관찰한 뒤 다음과 같이 결론 내렸다. "〈뉴욕타임스〉 칼럼의 진짜 문제는 진정성이 없다는 것이다. 신문은 독자들에게 도전을 권하면서도 추악한 진실은 보여주지 않는다."468 '폭스닷컴'에 따르면 "현재 보수주의는 트럼프주의이다." 전통적 보수주의와 달리 현재의 보수주의에는 지적 토론이 없다. "지금 트럼프의 이해관계는 (상당 부분) 교외 혹은 농촌에 거주하는 백인 보수주의자들과 겹친다. 그들이 그를 지지할 만한 유일한 동기는 같은 종족이라는 것이다. 우리가 미워하는 자를 그도 미워한다. 그들의 유일한 논리는 '우리가 이겼다'는 것이다. 그리고 전리품은 승자에게 돌아간다." 〈뉴욕타임스〉가 이러한 흐름을 현실적으로 반영하기를 원한다면 "상습적인 거짓말쟁이, 음모론자, 성차별주의자, 인종차별주의자"들의 원고를 실어야만 하는데, 그건 상상할 수 없는 일이다.

트럼프가 열쇠를 넘겨받은 집무실은 미국의 경제권이 집중된 장소이기도 하다. 그는 방위비 인상으로 군산복합체의 비위를 맞춰주었고, 환경 규제를 희생시키고 해외 경쟁상품에 대한 징벌적 관세를 도입해 석유업계와 철강업계의 로비에 부응했다. 또한 은행업에 대한 규제 완화로 금산복합체에도 기쁨을 안겼다. 정치적으로 자유주의적 성향을 표방한 동서부 연안의 인터넷 대기업들도 군수업계에서 새로운 주문이 들어오자 그 손길을 뿌리치지 못했다. 하지만 관세 인상 정책은 해외에 유치된 자산이 많은 부자들의 이해관계와 분명하게 충돌한다. 트럼프는 보호무역을 주창하지만 그에게 돈을 댄 코크 형제 같은 재벌들은 자유무역을 선호한다.[469]

여하튼 이 범상치 않은 대통령은 특히 공을 들여 갈아 놓은 땅에서 이미 수확을 거둬들이는 중이다. 비록 대법원은 2018년 6월에 시리아와 이란, 리비아 출신에 대한 입국 제한을 인가하지 않았지만, 그렇다고 해서 트럼프의 정책에 반하는 판결만 내린 것은 아니다. 대법원은 공무원 마크 야누스Mark Janus가 전미지방공무원노조연맹AFSCME을 대상으로 "비조합원도 이미 체결된 단체협약의 혜택과 보호는 받을 수 있지만 그렇다고 해서 의무적으로 조합비를 내야 하는 건 아니다."라고 주장하며 제기한 소송에서 공공노조가 아닌 야뉴스의 손을 들어줬다.[470] 조합비는 지금까지 진보적 운동가들과 민주주의 정당 후보들에게 중요한 돈줄이었다. 당장 이 판결로 그들은 선거자금을 끌어오기 힘들어졌다. 미국의 노동운동 역시 이 판결로 막대한 타격을 입을 수 있다. 이 판결은 아홉 명의 대법관이 벌인 아슬아슬한 대결 끝에 5대 4로 마무리됐다. 트럼프가 임기 초반 가장 먼저 지명한 대법관 닐 고서치가 결정적 한 표를 던졌다.

이는 예고된 일격이었다. 오랫동안 우파의 로비스트들은 이 판결을 얻어내기 위해 작업해 왔고 그 선두주자가 반납세운동가인 그로버 노르퀴스트다. 2017년 11월 그는 취리히에서 열린 한 국제회의에서 다음과 같이 자랑했다. "지금 대법원에 새로 들어간 친구는 합리적 결정을 내릴 것이다."[471] 그는 당시에 아직 판결을 기다리고 있던 조합비 납부 의무 문제에 대해서도 강력한 어조로 언급했다. "당신들은 더 이상 몰래 돈을 빼갈 수 없을 것이다. 연방 차원에서 민주당은 무너질 것이다."

2018년 11월 6일 대통령 임기 중간에 치러지는 중간선거에서 민주당이 의회 과반수를 가져가게 될지도 모른다.• 비록 그가 많은 선배 대통령들과 마찬가지로 임기 중반부터 여소야대 의회와 대치해야만 할지라도 그것은 이미 트럼프가 자기 고객을 위해 엄청나게 많은 것을 이뤄낸 후일 것이다. 하물며 위기로 몰아넣어 압박을 가하는 그의 '벼랑 끝 전술'도 이미 오래전부터 복사되어 세계 곳곳에서 유행하는 중이다. 그의 무례한 스타일과 단도직입적으로 본론만 말하는 정치 화법은 여기저기서 차용된다. 먼저, 우선, 제일 그리고 '우리'를 강조하는 메시지도 마찬가지이다.

정치인의 새로운 원형이 된 트럼프는 지금까지 해왔던 것을 능가하는 어떤 일을 할 수도 있다. 트위터로 모든 것을 알리는 이 지배자의 등 뒤에는 마이크 펜스 부통령이 있다. 그는 보이지 않게, 하지만 능수능란하게 움직인다. 2018년 가을 마이클 펜스 부통령의 전기 《그림자 대통령 *The Shadow President*》을 출간한 미국의 언론인 마이클 드안토니오Michael D'Antonio는 "사람들은 펜스가 어떤 사람인지 아직 잘 모른다."라고 말한다.[472] 드안토니오는 책에서 펜스를 '종교적 광신

• 중간선거 결과 민주당과 공화당이 각각 51.5퍼센트, 46.7퍼센트를 득표해 민주당의 승리로 돌아갔다.

론자'로 단정한다.[473] 펜스는 묵주기도를 올리듯 평생을 바쳐 자신의 정치사회적 신념을 관철시켜왔다. 대학생 때부터 그는 동성애적 성향을 보이는 친구들을 병원에 입원시켰고, 그 이후로도 모든 유형의 낙태를 죄악시하고 동성결혼 금지를 요구했다. 미국에서 흑인들을 심문하며 고문을 가한 경찰관들을 지지한 그는 억만장자 코크 형제로부터 지원받는다. 펜스에 따르면, 모든 것은 신의 뜻대로 되며 트럼프가 미합중국의 대통령이 된 것도 그러하다.

도널드 트럼프가 조기에 임기를 포기(해야만)한다면, 펜스가 다음 선거 때까지 그 자리를 계승할 것이며, 심지어 그다음 대통령 선거에 출마해 재선에도 성공한다면 2028년까지 미국 대통령 자리를 지킬 수도 있다. 드안토니오의 전기는 그가 조사한 결과를 바탕으로 차라리 트럼프가 낫다는 결론으로 끝이 난다. 그 이유는 "펜스는 의중을 은폐하는 반면, 트럼프의 의도는 명백하게 드러나기 때문이다."

그러므로 조만간 트럼프가 물러나길 바라거나 기도하는 사람은 연옥에서 빠져나와 정치적 지옥으로 들어가고자 하는 셈이다.

트럼프는 2020년 재선을 앞두고 이미 새로운 슬로건을 정했다. '약속을 지켰다Promises kept.' 이런 구호로 자신을 믿음직해 보이도록 꾸밀 수 있는 정치인은 거의 없다. 그 귀결이 어떠하든지 간에.

트럼프의 파멸, 그다음 시나리오는?

—

"도널드 트럼프는 럭비선수 같다. 잔디밭에 선 럭비선수처럼 행동하고 그것이 통한다. 그리고 지금 그는 심판까지 내보내라고 독촉한다." 부동산회사를 운영하던 트럼프가 정치계로 옮겨오기 전까지 그와 밀접한 비즈니스 관계를 맺어온 유럽의 한 기업 최고 임원은 그의 성격을 이렇게 묘사했다.[474]

지금까지 트럼프는 많은 것을 이뤄낼 수 있었지만 그중에서 정치적으로 건설적이었던 성과물은 하나도 없다. 오히려 그는 국제적 협정과 기구를 공격하는 데 전력을 다했고 몇 가지는 탈퇴했다. 그가 저지른 파괴의 흔적은 환태평양경제동반자협정TPP, 파리기후변화협약, 이란핵협정 등을 탈퇴하고 나토와 WTO를 상대로 공작을 펼치는 것으로 이어졌다.

트럼프의 이러한 행적은 흔히 저돌적인 돌발행동으로 해석되지만 실상은 결코 그렇지 않다. 그는 분명한 목표를 따른다. 다자적 협상과 조약은 아무런 효과가 없다는 것이 그의 세계관이다. 그는 각각의 상대와 직접 대결하는 것을 선호한다. 거기서 중요한 것은 승리 혹은 패배이다. 1과 1을 더하면 3이 될 수도 있다는 계산법은 그에게 이해할 수 없는 외계어나 마찬가지이다. 그는 외교적 예법을 별 대수롭지 않은 것으로 치부한다. 수십 년 전부터 미국이 IMF와 세계은행, 유럽연합 등의 기구를 통해 전 세계에 행사해온 소프트파워는 미국의 군사력과 적어도 비등한 정도는 된다. 하지만 이 점에 관한 트럼프의 견해는 사실상 그 지지자 절대다수의 의견과 일치하지 않는다.

트럼프 미국 대통령은 미국인이 아닌 다른 세계 인구는 거의 괘념치 않는다. 그가 하는 행동은 미국 대통령이 직무수행 중 행사할 수 있는 권력의 범위를 넘어섰을지도 모른다. 대통령 지지율이 지속적으로 높게 나온다고 해서 그걸로 미국의 공화당 코를 꿰어 정치적 투우장에 끌고 다닐 수는 없다.

분위기가 바뀔 수는 있다. 트럼프는 끊임없이 자신을 승자로 포장하고 열성 지지자들도 거기에 동조하지만, 한편으로는 여론이 어떻게 받아들이느냐에 따라 패자가 될 수도 있다. 이미 로버트 뮬러Robert Mueller 특별검사는 트럼프의 고위 보좌관이나 심지어 가족이 2016년 선거에 러시아가 개입하는 데 연루되었거나 혹은 그 이후 조사 과정에 위증한 혐의로 기소 결론을 내렸을 수도 있다.• 그렇다면 그 다음은? 정치학자 노먼 오른스타인Norman Ornstein은 이에 관해 철저하게 현실적인 시나리오를 제시했다. 그는 워싱턴 소재 공화당 계열의 싱크탱크인 미국기업연구소AEI 소속으로 외교전문지 〈포린 폴리시 Foreign Policy〉가 선정한 '100대 세계 사상가'에도 이름을 올렸다. 그는 트럼프가 조만간 뮬러를 해임하고 자신은 물론 관련자 모두를 사면할 것이며 그의 지지자들이 거리에서 시위하도록 종용할 것이라고 예상했다. 그리고 이런 불가피한 출혈이 한 차례 있고 나면 트럼프가 계엄령을 발동하리라는 것이 오른스타인의 주장이다.[475]

• 2019년 3월 로버트 뮬러 특별검사는 '러시아의 2016년 (미국) 대통령 선거 개입에 관한 수사 보고서'를 내놓았다. 이 보고서는 미국 법무부 웹사이트에 누구나 볼 수 있도록 공개되어 있다. 이 특검이 내린 결론은 다소 애매모호하다는 평가가 대부분이다. 즉 이 보고서는 객관적 사실만 적시하고 있을 뿐 트럼프 대통령의 사법적 유무죄 판단은 유보하고 있다.

새로운 대안으로서의 사회적 민주주의

—

도널드 트럼프의 집권은 2001년 9월 11일 사건과 떼어놓고 생각할 수 없다. 뉴욕의 세계무역센터와 워싱턴의 국방부를 공격한 테러범들은 그것을 자유민주주의에 대한 역사상 가장 중요한 승리로 자축했을지 모른다. 그런 무자비한 공격에 어떻게 하면 신중하고 품위 있게, 하지만 단호하고 철저하게 반응할 수 있는지는 그로부터 10년이 지나 아네르스 브레이비크Anders Breivik가 대량학살극을 벌였을 당시 노르웨이 정치 지도자의 태도를 통해 알 수 있다. 그러나 당시 미국 대통령이었던 조지 부시George Bush와 그의 지원세력은 비행기 테러범들을 덫에 가둔 다음 그들을 감시하고 보복하는 전략으로 상황을 빠져나갔다. 그러한 전략들은 인권에 대한 미국 정부의 이중적 태도를 세계 만방에 알렸다. 2003년 이라크 침공, 국제법을 위반한 관타나모수용소●, 국가안전보장국의 행태와 더불어 사우디아라비아의 독재자들과 제재 없이 거래하는 독일과 프랑스의 군수산업은 튀니지부터 인도네시아에 이르기까지 서구 사회에 우호적이었던 오피니언 리더들을 돌아서게 만들었다. 이집트 역사상 처음으로 자유선거로 선출된 대통령이었던 무슬림 모하메드 무르시Mohammed Mursi는 임기 시작 1년 만에 군대에 의해 '축출'됐다. 하지만 당시 서구에서는 이를 '개입intervention'이라고 부르기를 원했다.[476] 서구의 이러한 태도는

● 쿠바 남동쪽 관타나모만에 설치된 미 해군기지 내 수용소로, 이곳에서 고문과 인권침해가 자행되었다는 증거가 발견되며 폐쇄 논란이 일고 있다. 이 수용소에는 9.11 테러 주모자들을 포함한 40여 명의 테러 용의자들이 수감돼 있다.

'서구 민주주의는 거짓말이고 이슬람에 반한다.'라는 반서구주의 무슬림들의 비난을 확인시켜 주었다. 그리고 자유주의 세력 안에서도 서구를 신뢰해도 되는지에 관한 의심이 피어올랐다. 이곳저곳에서 서구의 도덕적 권위가 깨졌고, 지금도 깨지고 있다.

동시에 '열린 사회'는 내부적으로도 어떤 모순에 부딪혔다. 개인이 자신을 발전시킬 자유를 점점 더 많이 얻게 될수록, 생활이 점점 더 독립적이고 세계적이 될수록, 또한 더 관용적이고 개방적으로 살아갈수록, 자신을 직접 둘러싼 환경에 대해서는 관심을 덜 기울이게 됐다. 게다가 기존 선진국에서는 경제 성장이 더딘 속도로 진행되고 있고, 사회·경제적 불균형은 신기록을 갈아치우듯이 더욱 빠르게 심화되고 있다.

이는 자유민주주의가 덜 지어진 건물이라는 점을 나타낸다. 한 층이 더 필요하다. 건물이 유지되려면 '사회'자유민주주의가 돼야 한다. 이를 위해서는 한편으로는 시장경제를 지향하면서도 다른 한편으로는 공정한 사회적 분배를 위한 여건이 확보되도록 새로운 경제 질서를 세워나가야 한다. 이러한 방향은 독일 분단 시절 서독에서 성공을 거두기도 했으나 신자유주의가 끼어들면서 어느새 방치돼버렸다.

자유주의를 포기한다 하더라도 그래도 대안은 사회적 민주주의이다. 유럽연합이 반면교사가 될 수 있다. 현재 유럽연합을 이끄는 정치 엘리트들의 가슴에는 전후세대가 품었던 평화를 향한 열망이 사라지고 신자유주의적 목표만 남았다. 탄탄한 사회적 기반 없이도 '드림 하우스'는 세워졌지만 그 형세가 위태롭기 그지없다.

1789년 프랑스혁명이 아무 이유 없이 '자유, 평등, 박애'를 외친 것이 아니다. 이 삼박자를 유념하지 않은 '열린 사회'는 실패했다. '평등'과 '박애' 없이 '자유' 혼자서 다수의 지지를 받을 수는 없다. 자유에 편향되었던 민주주의의 시대가 저물어가는 시점에 전혀 다른 해결책이 주목받고 있다. 그것의 발원지는 프랑스이며, 독일 나치정권에 협력했던 과거 비쉬정권에 뿌리를 두고 있다. 그들의 구호는 바로 '일, 가족, 조국'이다.

제 8 장

권력을 잡은
우파민족주의자들

—

언제 전쟁이 시작되었는지, 그것은 알 수 있다.

하지만 전초전은 언제 시작하는가.

거기에 규칙이 있다면 사람은 그것을 말로 옮겨야 할 것이다.

점토와 돌에 새겨 전달해야 할 것이다.

거기에는 무엇을 적어야 할까?

무엇보다 이 말을 적어야 할 것이다.

"네 편에게 속지 말라."

- 1983년 출간된 크리스타 볼프 Christa Wolf의 소설
《카산드라 *Kassandra*》에서 발췌

GAME OVER

신민족주의가 전면에 나서자 뿔뿔이 흩어진 보수주의와 자유주의, 녹색주의와 좌파는 허를 찔렸다. 1960년대 말에서 2010년대 중반 사이에 상황이 역전됐다. 좌파가 달려간 길을 이제는 우파가 쫓아간다. 민족주의자들은 권위에 대항하고 세력 분열에 놀라며 소박하고 평온하게 살길 원하는 다수를 비판한다. 하지만 이것으로 다는 아닐 것이다. 우파의 봉기가 조직되고 있다. 우파와 권위주의자들은 차츰 더 새 영토를 넓혀나갈 것이며, 베이징과 모스크바에서는 흐뭇한 심경으로 그들을 바라보면서 더욱 적극적으로 그들을 지원할 것이다. 처음에는 사상의 세계가, 나중엔 실제적 영토가 그들에게 점령당할 것이다.

오스트리아 우파 정당인 자유당의 고위 전략가이자 의원모임 대표인 노베르트 네메트Nobert Nemeth는 이를 '보수적 반혁명'이라고 불렀다.[477] 2018년 초 기사련 원내대표인 알렉산더 도브린트Alexander

Dobrindt도 '보수혁명'을 요구했었다. 그해 여름 앙겔라 메르켈과 마지막 결전을 벌이기 한참 전이었다.[478] 그들의 아젠다에는 도브린트가 말한 '좌파가 여론을 주도하는 상황'에 대한 대응이나 전통적 가족 개념과 같은 기존 보수 가치의 부활만이 담겨 있었던 것은 아니다.

새로운 우파민족주의와 권위주의는 제2차 세계대전 이래 거의 거론되는 적이 없었던 마키아벨리즘을 숭상한다. "현명한 군주는 그의 부하들이 언제라도 어떤 상황에서도 끊임없이 그의 지배를 필요로 할 만한 이유를 제공해야 한다. 그러면 그들은 그에게 충성을 다할 것이다." 피렌체의 철학자 니콜로 마키아벨리Niccol Machiavelli는 1513년 집필한《군주론 Il principe》에 이렇게 썼다.[479] 성공적인 정치가가 되기 위해서는 "정확한 겉모습을 내보일 줄 아는 기술"이 요구된다. "사람들은 전반적으로 눈에 보이는 외형으로 판단하지 손으로 만져 보고 판단하지 않는다. 누구나 볼 수는 있지만 이해할 수 있는 사람은 드물기 때문이다. 당신이 어떻게 행동하는지는 누구나 보지만, 당신이 어떤 사람인지 아는 사람들은 드물다. 그리고 그 드문 몇몇도 다수의 의견에 맞서 제 주장을 펼치려 들지는 않는다." 그리고 무엇보다 "자기 자리를 유지하길 바라는 군주는 경우에 따라 나쁜 행동도 할 수 있으며 필요에 따라 나쁜 짓을 하거나 허락할 수도 있음을 이해해야 한다."[480] 목적이 수단을 정당화한다. 이 문장은 마키아벨리가 직접 쓴 것은 아니지만, 책의 내용에서 그런 의미를 충분히 감지할 수 있다.

정치적 토론을 축소시키는 것부터 최신식 무기에 열광하는 것까지, 세계 곳곳에서 신민족주의자들이 마키아벨리와 비슷한 행동 전략을 펼치고 있음이 목격된다. 하지만 새로운 군주가 종횡무진하는 속도와 강도에는 나라마다 현저한 차이가 있다.

새로운 기준, 비대칭적 양극화

—

서서히 하지만 열성적으로 새로운 선수들은 오른쪽으로 방향을 전환하는 데 성공했다. 중간이라는 것은 상대적이기 때문이다. 단상 위에 시시때때로 경찰과 폭력적인 대치 상황을 벌이는 대규모 시위 조직의 전투적인 대표가 앉아 있고, 그 옆에 좌파당의 자라 바겐크네히트와 그보다 더 근본주의적인 녹색당원이 앉아 있다면, 누가 온건파인가? 하지만 바겐크네히트 옆에 기민련 의원이 앉고 또 그 옆에 대안당과 국가민주당 대표가 나란히 앉았다면? 그럴 경우 중간은 또 어디인가?

미국의 정치 분야 토크쇼에서는, 그중에서도 특히 〈폭스뉴스〉와 같은 뉴스 프로그램에서는 우파가 극우파와 만나는 모습을 갈수록 더 자주 보여주고 있다. 이에 따라 대중의 인식도 오른쪽으로 점점 더 기울어지고 있다. 자유민주주의자들은 지난 수십 년간 이렇다 할 만큼의 정치적 의견을 바꾸지 않았음에도 지금은 골수좌파 취급을 받는다. 노벨경제학상을 수상한 미국의 경제학자이자 칼럼니스트 폴 크루그먼은 이를 '비대칭적 양극화'라고 불렀다.[481]

서유럽에서는 아직까지 미디어에서 주목받는 사람들이 담론의 변화에 미치는 영향이 그리 크지 않은 편이다. 모두가 검은색 복장을 입는 좌파 성향의 시위단체인 슈바르체 블록Schwarze Block 대표가 일요일 저녁 안느 빌Anne Will이 진행하는 독일 공영방송 ARD의 대담 프로그램이나 오스트리아의 〈임첸트룸*IM ZEMTRUM*〉과 같은 프로그램에 출연해 자기 목소리를 내는 경우도 드물지만, 홀로코스트 역사에 대한 거짓말을 퍼뜨리는 국가민주당이나 극우 성향 정체성 회복 운동가들 또한 마찬가지이다. 대안당의 의회 입성을 통해 좀 더 다양한 사람들이 텔레비전 화면 속에 모여들긴 했지만 그러한 변화 또한 정치적으로 책임질 수 있는 내용 안에서 이뤄졌고 이뤄질 것이다.

이탈리아의 우파 정치 세력은 실비오 베를루스코니와 마테오 살비니를 두고 "옛 인물은 새 인물로 바뀔 것이고 그런 다음 다시 윗자리를 차지할 것"이라고 호언장담한다.[482] 법률가이자 정치학자인 알브레히트 폰 루케Albrecht von Lucke는 독일에서도 "대안당의 입장이 전파되어 시민정당들의 핵심적 요소가 되는 것"을 목격했다.[483] 기사련 수뇌부가 난민 문제를 다루는 태도에 대해서는 독일의 대중지 〈빌트*Bild*〉마저 "간결한 기사련의 언어는 이탈리아와 오스트리아 그리고 백악관의 억센 우파적 목소리와 뉘앙스에서만 차이가 날 뿐"이라고 평가했다.[484] 관례적인 정당 대표들이 자신들의 당선에 결정적 역할을 하는 인구그룹의 의견에 의해 좌지우지된다면, 그들은 과연 정치 갈등이 심화되지 않도록 막기 위해 노력할까, 아니면 오히려 분위기를 격화시키려 애쓸까? 그들은 소방관일까, 아니면 방화범일까?

"그래도 사람은 계속 말하도록 허락돼야 한다."라는 유명한 문장 앞에는 다음과 같은 가정문이 추가돼야 한다. "높으신 분들도 그렇게 말한다면." 이렇게 해야 말이 되고, 그렇게 새로운 기준이 만들어진다.

"사람들은 그들이 완전히 미친 게 아닐까 자문한다." 사민당 전 대표인 지그마르 가브리엘은 2018년 여름 기민련과 기사련의 행태를 이렇게 논평했다.[485] ● 기사련 입장에서는 결코 미쳤다고는 볼 수 없는 전략적 정치 접근법이었지만, 가브리엘은 일부러 호사가들의 입맛에 맞추어 그렇게 표현한 것이다. 마르쿠스 죄더 바이에른 주지사와 알렉산더 도브린트를 비롯한 여타 기사련의 선수들은 오스트리아의 젊은 총리 제바스티안 쿠르츠가 성공적으로 보여준 선행 사례를 베꼈을 뿐이다.

앞서가는 오스트리아의 정치적 전환
—

쿠르츠는 자기 분야에서 대단한 장인이다. 브루노 크라이스키Bruno Kreisky 이후 알프스 자락을 끼고 있는 이 나라의 그 어떤 정치인도 쿠르츠처럼 정치와 언론, 사회를 한 묶음으로 장악하지는 못했다. 그의 장악력은 심지어 작은 나라의 경계를 넘어가기도 한다. 그는 바이에른 주지사 죄더처럼 간교한 책략을 동원해 당내 선배들에 맞서 자기

● 2018년 여름 호르스트 제호퍼 기사련 대표 겸 내무장관이 앙겔라 메르켈 총리의 난민 수용 정책에 제동을 걸면서 70년간 유지돼온 기민련과 기사련의 연대가 깨질 위기에 처했다. 결국 메르켈 총리가 기사련의 주장을 받아들여 난민 심사를 강화하는 정책을 발표함으로써 갈등은 봉합됐다.

의견을 관철시켰다. 그는 에마뉘엘 마크롱처럼 일반적인 정당으로 여겨지지 않을 하나의 '운동'을 조직해 냈다. 쿠르츠가 만들어낸 작품은 마크롱과 달랐다. 마크롱이 먼저 프랑수아 올랑드François Hollande 대통령과 사회당 정부를 나와서 '전진'을 발족한 반면, 쿠르츠는 보수주의 국민당의 총리로 내부를 접수하면서도 자신을 다소 새로운 인물로 보이도록 만들었다. 아마 오스트리아였기에 가능한 일이었겠지만, 눈에 보이는 당의 상징색을 검은색에서 옥색으로 바꾼 것보다 더 중요한 것은 정치적 전환이었다.

이 빈 출신의 젊은 정치인은 대중행사에서 그의 지지자들로부터 반론의 여지 없는 '메시아'로 불린다. 결코 반어법이 아니다. 독일의 한 토크쇼에 출연한 그는 자신이 '보수적'이지 않고 오히려 '기독사회적'이며 '진보적'이라고 주장했다.[486] 사방으로 연막을 쳤다. 시대정신을 읽는 정치인 쿠르츠는 우파적 내용을 흡수한 채 새로운 중도가 되려 하는 선구자의 전형이다. 그리하여 현실 정치에서 나라 전체의 축이 오른쪽으로 옮겨갔다.

마치 로널드 레이건 대통령이 임기 중에 그랬던 것처럼 그는 그런 질책들을 부드럽게 밀어낼 수 있었다. 어쨌든 사람들이 그를 찍기 때문이다. "쿠르츠가 어떤 입장을 취하든 그의 행동은 우파적이다. 지중해에서 난민을 구조하는 시민단체를 비판한 것이나 헝가리 총리 빅토르 오르반을 두둔한 것을 보라. 그는 〈쥐트도이체 차이퉁〉에서 이렇게 주장했다. '선악을 구분하는 습성과 도덕적 우월감을 버리자.' 선거에서 하인츠 크리스티안 슈트라헤 자유당 대표 같은 우파들을 능가하는 단 한 가지 장점은 그가 확실히 호감형이라는 것뿐이다. 내용적으로는 그들 간의 차이를 알아내기 힘들다." 오스트리아 정치평론가이자 출판인인 요하네스 후버Johannes Huber의 분석이다.[487]

"지금 그가 말로만 하는 제멋대로의 생각들 모두를 나중에 우리가 직접 확인하게 될 것이다."[488] 2017년 선거에서 슈트라헤는 이렇게 경고했었다. 선거 며칠 전 아직 총리 후보이던 쿠르츠는 TV로 중계되는 일대일 토론에서 슈트라헤에게 이렇게 말했다. "내가 당수가 된 이래 나는 많은 것을 바꿔왔다. 당신이 포기했던 것 중 많은 것이 지금 바로 내 노선이다." 진행자 코리나 밀보른Corinna Milborn은 지체 없이 슈트라헤에게 물었다. "두 후보가 정책적으로 일치하나요?" 마찬가지로 총리 후보이던 슈트라헤는 "네, 네."라고 답했다.[489] 선거 후 며칠이 지나지 않아 자유당 대표가 내놓은 선거 평가는 논리정연했다. "우리의 의제가 사회의 반대편에서 사회의 중심으로 들어왔다. 60퍼센트가 자유당의 정책에 투표했다."[490] 새로이 오른쪽으로 돌아선 국민당은 유효투표의 31.5퍼센트를, 자유당은 26퍼센트를 얻었다.[491] 그때까지 정치적 중도에 속했던 보수 세력의 지지율은 수년간 정체돼 있었다. 쿠르츠는 단 몇 달 만에 만회할 수 없을 만큼 그들을 앞질렀다. 유권자들을 현혹한 그의 개인적 매력을 감안하더라도 우향우 흐름만은 분명했다.

쿠르츠 총리는 아직 권력의 최절정을 맛보지 못했다고 하는 것이 맞을 것이다. 늦어도 유권자의 6분의 1이 사는 오스트리아의 수도 빈에서 선거가 열리는 2020년에는 클라이맥스가 찾아올 것이다. 자유선거가 실시된 지난 100여 년간은 줄곧 사회민주당이 승자의 자리를 차지하고 시장을 세웠다. 그래도 쿠르츠는 빈을 공략한다. 그는 난민들이 유럽으로 들어오는 모든 경로를 차단하겠다는 말로 유권자들의 마음을 동하게 만든다. 빈에서 난민 유입에 따른 필연적 폐해가 늘어난 것도 사실이다. 반면 자유당 계열의 우파극단주의자들의 망언은 그도, 정부도 그냥 내버려뒀다. 정치 파트너인 슈트라헤를 빈 시장 자리에 올리는 데 도움이 된다면 그 전략은 통한 것이다. 그 이후로는 이 알프스 공화국도 오르반의 헝가리처럼 되기 위해 전력질주할 수 있다. 그러는 동안 부자유는 점점 더 만연해질 것이다.

도널드 트럼프가 임명한 베를린 주재 미국 신임대사 리처드 그리넬Richard Grenell은 오스트리아 총리를 '진정한 록스타'라고 불렀다.[492] 이러한 성격 규정은 다분히 그레넬의 소망이 담긴 것으로, 록스타를 바라보는 일반적 시각과는 차이가 있다. 쿠르츠는 약삭빠른데다가 침착하다가도 격분하는 등 상황에 따라 기분이 심하게 요동치는 편이기 때문이다. 그리넬은 착각했다. 쿠르츠는 록스타가 아니다. 쿠르츠는 사람들 마음에 들도록 소리를 내는 팝스타이자 계산적으로 가락을 흥얼거리는 뽕짝가수이다. 정치적 바람이 불면 그는 우파 환경주의 노선을 취할 수도, 심지어 녹색당과 대연정을 맺을 수도 있을 것이다.● 단일한 내용적 기본원칙 같은 코르셋으로 그를 옭아맬 수 없으며, 그것이 사회민주주의자였던 브루노 크라이스키가 풍미하던 시절과의 차이이기도 하다. 쿠르츠는 현재를 넘어선다. 그는 상황에 자신을 최적화시키는 프로페셔널한 열정으로 시대정신을 추구한다.

● 2020년 1월 제바스티안 쿠르츠는 국민당과 녹색당의 연립정부를 구성하기로 전격 합의함에 따라 다시 한 번 세계 최연소 총리 자리에 오르게 될 것으로 전망됐다.

아마도 그가 이토록 무섭게 여겨지는 것도 그 때문이리라.

　어쨌든 그에게는 마키아벨리적인 냉혹함도 엿보인다. 쿠르츠는 무엇에 열광하며, 무엇이 그의 가슴을 뛰게 할까? 빈 시민회관에서 열린 한 행사에서 쿠르츠는 미국과 멕시코 국경에서 이민자 자녀를 부모로부터 떼어놓는 사진을 보면 어떤 생각이 드느냐는 질문을 받은 적이 있다. 쿠르츠는 "나는 그 사진에서 무엇을 느껴야 하는지를 확실히 깨닫지 못했다."라고 답했다.[493] 독일 주간지 〈디 차이트〉의 편집장인 조반니 디 로렌초Giovanni di Lorenzo는 이 대답이 멋지다고 생각했다. 듣는 순간 자신의 '속이 뒤틀리는 것'을 느꼈기 때문이었다. 잠시 후 쿠르츠는 말을 주워 담았다. 그 사진은 "당연히 혐오스러웠다."라고. 정말 혐오스럽다.

추방당한 자유민주주의의 진실
—

　정권을 잡게 된 수많은 우파 신민족주의자들은 고향과 민족, 가족 등의 개념을 자기 입맛에 맞게 고치고 성당에서 미사 때 성체 현시대를 들 듯 높이 쳐들었다. 이런 작업은 정치적 평가와 이해를 성공적으로 뒤바꿈으로써 가능했다.

　오스트리아에서 자유주의 정당은 자기들이 '극우'로 묘사되다 보니 명예가 훼손되고 불가피하게 소외당한다는 주장을 펼쳐 성공을 거두었다. 당연히 그들에게 표를 던진 유권자들 중 대부분은 극우가 아니며 그들 모두를 '나치'라고 몰아세우는 것은 옳지 않을뿐더러 반생산적이다. 그렇다손 치더라도 자유당의 일부가 극우적 사상을 추구하고 정당에서 추진하는 정책도 점점 더 극우적인 성향이 짙어지는 것이 사실이다.[494] 정치학적 기준에 따라서도 자유당은 극우 정당으로 판정된다.

"난민을 사칭하는 사기꾼들과 범죄자, 불법 체류 외국인, 잔인한 이슬람주의자들과 좌파 불평꾼들을 위한 몽둥이를 보따리에서 꺼내야 할 때가 왔다." 자유당의 고위 당직자였던 요한 구데누스Johann Gudenus가 2013년에 한 말이다.[495] 현재 그는 이른바 '국민의회'라고 불리는 오스트리아 의회의 자유당 원내대표가 되었으며 향후 당을 이끌 인재로 꼽힌다.

프랑스의 에마뉘엘 마크롱 대통령도 자유당을 '극우정당'이라고 부르면서 거리를 두었다.[496] 쿠르츠 총리는 그런 해석을 흘려들으며 그 어떤 표정도 짓지 않았다. 하지만 빈에서는 이러한 진실을 말하는 그 어떤 여론도 만들어지지 않았다.

대신 정치적으로 중요한 의미를 띠는 개념에 대한 가치절하와 재해석, 날조가 판을 친다. 자유당은 결코 '정의'와 '평등'이라는 개념을 소득불평등과 연결시키지 않는다. 대신 '빈둥대는 난민 신청자들'과 '근면 성실한 오스트리아 시민들'을 비교할 때 그 개념을 사용한다. 쿠르츠는 이렇게 주장한다. "우리는 오스트리아에 새로운 평등이 필요하다고 생각한다. 그것은 자국에 유입되는 외부 사람들이 유럽에서 가장 뛰어난 사회보장제도의 혜택을 취하도록 내버려두지 않는 것이다." 그는 페이스북 계정에 이런 주장을 담은 동영상을 올려서 기록적인 반응을 이끌어냈다.[497] 총리로 선출된 직후 그는 이렇게 주장하기도 했다. "(해외에 거주 중인 오스트리아 가족의 경우) 아동수당을 현지 물가에 맞춰 책정하는 것이 훨씬 공평하다."[498]

오스트리아에서는 최초로 소셜네트워크를 통해 중계되는 전당대회 발표에서 슈트라헤 부총리는 "우리가 사회주의적인 하르츠피어를 도입하는 일은 절대 없을 것이다."라고 단정했다. 하르츠피어는 독일 사민당이 추진한 노동시장 개혁의 요체로, 이미 잘 알려진 대로 좌파적이라기보다는 신자유주의적이다. 그는 자신의 정책과 확실한 우파 및 우파 성향의 정권이 '사회적 온기'를 추구하며 오스트리아 사민당 소속이었던 전설적 총리 브루노 크라이스키가 살아 있었다면 자신과 자유당을 뽑았을 것이라고 주장했다.[499] '대안적 사실'로 정치적 경력을 쌓은 것이다.●

"더 이상 사실관계는 중요하지 않다. 사실이야 어찌 됐든 상관없고 무의미하다. 그러므로 초사실적 담론이 걱정되는 이유는 그것이 잘못된 사실관계에서 비롯되었기 때문이 아니라 말 그대로 사실관계가 더 이상 아무런 역할을 하지 못하기 때문이다." 출판인인 야코브 아우크슈타인Jakob Augstein은 초사실주의적 민주주의의 핵심에 대해 이렇게 설명했다.[500]

정치적 식견이 있는 시민이라면 이런 주장에 고개를 저을지도 모른다. 한나 아렌트는 이러한 재해석의 결과를 집중적으로 연구한 바

● 2017년 트럼프 대통령의 취임식에 참석자가 너무 적었다는 언론 보도에 백악관 대변인이 '역대 취임식 최대 인파'를 주장하면서 거짓말 공방이 벌어졌다. TV 토론에 나와 백악관을 두둔하던 캘리앤 콘웨이Kellyanne Conway 백악관 고문은 그것이 거짓말이 아니라 "대안적 사실alternative facts을 제시한 것"이라고 말했고, 이 신조어는 화제가 됐다.

있다. "모두가 항상 당신에게 거짓말한다면 그 결과 당신은 거짓말을 믿는 것이 아니라 더 이상 아무것도 믿지 않게 된다. 거짓말은 본질을 바꾸는 것으로, 거짓말하는 정부는 끊임없이 자신의 역사를 다시 써야 하기 때문이다. 듣는 편에서는 평생 유지될 수 있는 단 한 번의 거짓말을 듣는 게 아니라 정치적 바람이 어떻게 부는지에 따라 바뀌는, 수없이 많은 거짓말을 듣는 셈이다. 더 이상 아무것도 믿을 수 없는 사람은 행동의 가능성뿐 아니라 생각하고 판단하는 능력도 박탈당한다. 그리고 그런 사람들과 함께라면 당신은 당신 좋을 대로 행동할 수 있다."501

블라디미르 푸틴에서부터 레젭 타입 에르도안과 빅토르 오르반 그리고 도널드 트럼프에 이르기까지, 점점 더 많은 현시대의 통치자들이 이 원칙에 따라 행동한다. 실재는 파괴됐다. 그리고 점점 더 그러할 것이다.

새로운 옷으로 갈아입은 권위주의

—

스웨덴에서 체코를 거쳐 보스포루스 해협에 이르기까지 널리 확산된 신민족주의자들은 저마다의 방식으로 헝가리 오르반 정부를 따라하고 있다. 그들의 톤은 매우 다양하고, 정치적 스펙트럼에서도 분명한 우파에서부터 극단적 신민족주의 혹은 극우에 이르기까지 폭넓게 포진해 있다.

하지만 그들에게는 분명한 하나의 패턴이 있다. 선거를 통해 신민족주의자들이 처음으로 정부에 참여하거나 혹은 수뇌부를 차지하고 나면 일단은 그 성공이 오래가지 않는다. 새로운 우파들에게는 눈에 띄는 약점이 너무 많고 인재도 부족하다. 하지만 한번 반대 진영에 정권을 빼앗겼다가 다시 권력을 잡으면 그때는 전략적으로 신중하게 자리를 굳힌다.

당수는 처신하기 까다로운 총리직을 기꺼이 다른 인물에게 넘기지만 중요한 국면과 맞닥뜨리면 고도의 전문성을 발휘한다. 폴란드의 야로슬라프 알렉산더 카친스키Jarosław Aleksander Kaczyński는 수년간 뒤에서 선수들을 지휘했고, 오스트리아의 슈트라헤도 공무원 임용과 스포츠만 담당하는 부총리 자리를 맡았다.

오히려 극우 세력 입장에서 중요한 관할권을 쥔 자리는 내무장관이다. 경찰권을 행사할 수 있고 수많은 시민들의 정보를 일별할 권한이 있기 때문이다. 재정경제부의 수장도 애써 차지해야 할 직위이다. 정권 입맛에 맞지 않는 비판가들, 이를테면 작가 집단들의 납세기록 같은 것을 손에 넣을 수 있다. 2000년부터 2005년까지 정부에 처음으로 참여했을 당시 자유당은 제대로 된 역할을 하지 못했다. 하지만 2017년 새로이 오스트리아 정부를 구성한 자유당은 내무장관은 물론 국방장관직까지 꿰차면서 국가정보기관의 모든 정보에 대한 접근권을 갖게 됐다. 유럽연합 다른 국가들의 정보도 공유할 수 있는 자리이다. 이탈리아의 마테오 살비니도 작심하고 내무장관직을 골랐다. 그 자리에서 그는 매일같이 새로운 극단적 정책으로 법률 위반을 일삼았는데, 그것은 비단 지중해를 건너온 난민들을 몰아내는 데 그치지 않았다. 그는 이탈리아에 사는 집시족을 몰아내려

하고, 이탈리아 상품이 불공정한 경쟁을 해야 한다는 이유로 캄보디아산 쌀의 수입 중단을 요구했다.[502]

알프스공화국 오스트리아에서는 내무장관인 헤르베르트 키클이 '법과 질서'를 위한 돌격대를 자처한 인물이다. 입각 전 자유당의 핵심 선동가였던 그는 '이슬람 대신 조국을'(2006), '서구를 주의 손에'(2009), '우리 빈 시민들의 피에 더 많은 용기를 – 너무 많은 외국인은 누구에게도 득이 되지 않는다'(2010) 등의 강렬한 선거구호를 만들어냈다.[503] 장관직에 오른 후에도 그의 발언과 결국 그가 책임져야만 했던 행동들은 의도적 공격성으로 충만했다. 키클의 사무총장인 피터 골드그루버Peter Goldgruber는 검찰 앞에서 자기 상관이 '연방정부를 정리할' 임무를 맡겼다고 진술했다.[504] 키클은 그 사실을 부인했지만 취임 직후인 2018년 가을부터 대테러 정보기관인 국내정보부BVT를 둘러싼 스캔들로 의회 조사를 받아야 했다.[505]

정치권 개조에 이은 우파의 두 번째 목표물은 사법기관이다. 도널드 트럼프가 수차례 판사 임명을 통해 이뤄낸 과업의 진가를 유럽의 민족주의 형제들도 알아본 것이다. 오스트리아에서는 자유당이 헌법재판소 신임 재판관 두 자리를 자기들 몫으로 요구했다. 물론 명분은 국민이었다. 이로써 최상급 재판관 열네 명 중 아홉 명이 우파와 극우에 의해 임명되었고, 향후 10년간 세 자리가 더 교체될 예정이다. 오스트리아에서는 우파적 헌법 수호가 이미 보장된 셈이다.[506] 폴란드에서는 2000년대 중반 무렵 잠시 미약하게 권력을 잡은 적 있는 법과정의당이 그간 함께 공산주의 척결에 앞장섰던 민주주의와 철저하게 결별하고 2015년부터 새로이 독자 정부를 꾸렸다. 입법,

사법, 행정의 분리는 사실상 폐지되었고, 2018년 7월부터 대법원은 사실상 정부와 대통령의 하위기관으로 흡수됐다. 현직 판사 74명 중 24명에 대해서는 비자발적인 은퇴가 결정됐다.[507] 법과정의당은 이로 인해 촉발된 헌법 위기에 대해서는 아무래도 상관없다는 입장이며, 유럽연합 위원회가 제기한 협정 위반 소송에 대해서도 마찬가지였다.[508] 헝가리도 비슷한 소송 제기로 위협받고 있다.[509] 그런데 과연 그게 그들에게 위협이 될까? 오히려 빅토르 오르반은 점점 더 반민주적이고 소수 차별적인 정책을 자기 나라에 도입하겠다고 위협한다. 그리고 그는 실제로 그렇게 하고 있다.

유럽의 정치적 무게중심이 급격히 바뀌고 있다. 새로운 민주주의 대신 이미 극복했다고 믿었던 권위주의가 새로운 옷을 입고 번성하는 중이다.

우파민족주의자들은 처음부터 손에 넣은 의회 권력을 기본으로 그들의 통제권이 발휘되는 영향권을 점점 더 넓혀가고 있다. 그들은 법치질서를 장악한 힘을 비판적 언론 보도를 맹렬하게 공격하는 데 사용한다. 도널드 트럼프는 자기를 언짢게 하는 언론인들을 '민중의 적'이라고 규정했고, 언론사 대표들은 벌써 격노한 지지자들이 물리적 공격이나 린치를 가할까 봐 걱정한다. 그런데도 모든 우파 신민족주의자들은 자신들의 행태가 제3제국 시절 독일에서 나치가 쓰던 방법과 비교되는 것을 완강히 거부한다. 우리도 그렇지는 않으리라 생각한다. 아니, 혹시 그럴 수도?

의사표현의 자유를 둘러싼 갈등

—

새로운 우파민족주의 운동은 역사를 통해 자유민주주의에서 의사표현의 자유를 섣불리 막아섰다가는 역효과가 난다는 사실을 배워왔다. 여론의 저항이 뒤따를 수도 있다. 그래서 기본권을 제한할 때는 간교하게 해야 한다. 인구의 대다수가 할 수 있음에도 저항하지 않는다면 그게 최선이다.

헝가리의 오르반이 그 본보기를 세웠다. 제일 먼저 그는 공영 라디오 방송과 국영 TV 방송을 그의 통제 아래 두었고 연극 연출자들과 그 외 여러 오피니언 리더들도 손아귀에 넣었다.[510] 폴란드 정부는 기꺼이 오르반의 제자가 됐다. 이탈리아에서는 공영방송 RAI가 이미 실비오 베를루스코니에 의해 발가벗겨진 덕에 동맹당 당수인 살비니는 세부적인 것까지 따질 수 있게 됐다.

음흉하게도 그는 작가인 로베르토 사비아노Robert Saviano에 대한 경찰 보호를 문제 삼았다. 사비아노는 2006년 마피아를 다룬 책《고모라Gomorrha》를 출간한 이후 생명을 위협받아왔다. 무엇보다 그가 나폴리를 기반으로 한 마피아 조직인 카모라의 잠적한 두목들을 실명으로 거론했기 때문이다. 과거에는 여러 노벨상 수상자들이 사비아노를 지지하기도 했지만, 2018년 6월 신임 내무장관은 이렇게 주장했다. "책임관청이 그가 정말 위험에 처했는지를 평가하게 될 수도 있다. 내 눈에는 그가 많은 시간을 외국에서 보내는 것처럼 보이기 때문이다. 그들은 얼마나 많은 이탈리아인들의 돈이 그를 위해 지출돼야 하는지를 계산할 것이다. 그에게 안부의 키스를 전한다."[511] 그 전에 사비아노는 살비니의 리가당에게 의심스러운 은행계좌가 있다는 문제를 제기했었고, 또 다른 마피아 조직 은드랑게타의 일원들이 살비니의 선거 행사에 나타나 저질렀던 경박한 행동들을 폭로했었다.[512] 위기에 몰린 사비아노는 "나는 살비니가 법치국가를 망가뜨리려 하는 데 쓰이는 하나의 도구일 뿐이다."라고 주장하기도 했다.

헝가리 총리는 하던 일에 계속 박차를 가하고 있다. 헌법 개정으로 해외 기구와 협력하는 비정부기구의 활동뿐 아니라 정치인들이 모여 사는 고급 주택가 인근에서 시위를 여는 것도 폭넓게 금지됐다.[513] "1989년 헝가리에서 검열은 끝났다. 그러나 오늘날 사람들은 기자들에게 무언가 말하는 것을 그전보다 훨씬 더 두려워한다." 오스트리아 공영방송 ORF의 헝가리 특파원인 케노 페르세크Keno Verseck가 말했다. 그는 2018년 4월 오르반이 재선에 성공한 이후 자신이 같은 회사 동료 에른스트 게레그스Ernst Gelegs와 함께 블랙리스트에 올랐다는 사실을 친정부 신문 〈마자르 이두크Magyar Idők〉를 통해 알게 됐다.[514] 폴란드 정부는 다음 선거가 오기 전에 정적들을 다시 감옥에 넣으려는 계획을 세우고 있다. 마치 30년 전 자유노조 '연대Solidarność'가 이끌었던 민주화는 없었던 것처럼.[515]

같은 맥락에서 자유당 소속 오스트리아 내무장관인 키클은 마음에 들지 않는 언론인들에 맞서 자기에게 유리한 논리를 만들어냈다. "그들은 자칭 폭로자이다. 어떤 매체들은 비밀정보라고 하면 어떻게든 공개하기 위해 매일매일 애를 쓴다." 자유당 슬로건 개발자다운 표현이다.[516] 그런데 그것이야말로 독립적인 언론인의 책무가 아니던가? 처음엔 저지를 당하더라도 계속해서 외쳐야 하고 적절한 때에 행동해야만 한다. 그걸 언론인이 아니면 누가 한단 말인가?

자유당 전략가들은 공영방송 ORF를 점점 옥죄고 있다. 일종의 감시기구인 ORF 방송재단 이사회의 신임대표 노르베르트 슈테거 Norbert Steger 본인이 자유당 소속 고위급 정치인이다. 그는 최근 오르반의 선거전 같은 이슈에 대해 '정확하지 않게' 보도했다고 ORF 특파원들을 질책했다. 그밖에 다른 임원진도 정치적 입김에 의해 새로이 교체되고 있다. "임원진이 정권에 의해 교체된다면 그 방송은 정부의 것이라는 의심이 설득력을 얻는다."라고 오스트리아 일간지 〈데어 슈탠다드 Der Standard〉의 미디어국장인 하랄트 피들러 Harald Fidler 는 평했다.[517] 그리고 그는 한 발 더 나아갔다. "아마 다른 매체와 여론을 좀 더 세게 자극하기 위해 정권교체 이후 ORF가 이토록 빈번하고 급격하게 재정비되었을 것이다. 이미 모두가 자극됐다."

이런 사태는 향후 점점 더 심각해질 것이다. 이미 언론의 자유에 대한 가치야 어찌됐건 상관없다고 생각하는 사람들이 지구 곳곳에서 늘어나고 있다. 그들은 '언론의 자유, 있으면 좋겠지. 그런데 인권은 소수자들을 위해서만 필요한 거 아니야? 횡포야 언제나 있었고, 부패도 마찬가지야. 뭐 그렇게 크게 흥분해봤자 남는 것도 없을 텐데.'라고 생각한다. 의사표현의 자유가 그다지 가치 있지 않은 것으로 인식된다면, 그리고 중국의 예에서 보듯이 더 나은 생활을 추구하는 데에도 별로 필요하지 않다고 여겨진다면, 그럼에도 계속해서 의사표현의 자유를 포기하지 말아야 할 이유는 없는 것이다. 그런데 과연 그럴까?

이런 인식은 점점 더 확산되고 있으며, 더 이상 동지는 없고 전우만 남았다. 하지만 이런 인식이 내포하고 있는 논리는 허술하기 짝이 없다. 만일 추상적인 가치로서 자유가 필요하지 않다 하더라도, 그래도 우리에게는 집과 직장, 먹을 것을 살 돈, 아플 때 도와줄 의사가 필요하다. 그리고 이런 것들은 사회주의적 인권이 보장될 때 가능한 것들이다. 하물며 언론의 자유를 중요하게 생각하지 않는 중국인들조차 사회주의적 인권을 옹호한다고 표방하고 있다.

진정한 민주주의는 비민주적이어도 된다고 생각하는 이유는 무엇인가? 인권은 중요하지만 의사표현의 자유는 중요하지 않다고 생각하는 이유는? 그렇게 해서는 아무도 끌어모을 수가 없다.

전사가 된 미디어와 자본가

—

온라인 방송이든 유선 방송이든 공영 라디오와 TV 방송 전체가 끝내 정당의 통제 아래로 들어가는 동안 미디어그룹의 소유주와 대형 광고주들은 시대의 흐름이 민족주의와 권위주의적 정권 쪽으로 크게 퇴보하는 데 결정적 역할을 수행했다.

1945년 이후 그리고 1989년 이후 한 번 더 수많은 출판사와 미디어의 대표들은 국제적 합의를 지지했다. 결코 다시 파시즘으로, 결코 다시 소련과 같은 형식의 공산주의로 돌아가지 않겠다는 것에 그들은 기본적인 공감대를 이루었다. 그러나 다음 세대에 이르러 여론 형성을 책임지는 자들과 대형 자금줄이라고 하는 자들은 다시금 공감대를 잃어버린 듯하다. 미디어로서의 가치관이라고 할 만한 것은 찾아볼 수가 없고, 저마다 전통미디어의 한계를 극복하고 이윤을 창출하는 것에 골몰해 있다. 〈뉴욕타임스〉나 독일의 대형 일간지나 주간지 같은 몇몇 저명한 양질의 언론사만이 눈에 띄는 예외로 남았을 뿐이다.

국가 차원에서든 지역 차원에서든 미디어는 저마다의 '우선first'을 내세우는 민족주의자들이 되었다. 민족주의자들과 얽힌 권력과 사업적 이해관계가 언론을 바꿔놓은 것일까? 아니면, 언론의 변화가 민족주의자들을 불러온 것일까? 어느 것이 먼저일까? 이것은 사실 닭이 먼저냐, 달걀이 먼저냐 하는 문제와도 같다.

전 세계 수백만 명이 페이스북으로 네트워킹을 하고 넷플릭스에 매달 구독료를 내는 마당에, 기존의 미디어들이 어떻게든 시장에서 버텨보겠다고 자신들만의 '특수성'을 강조하는 것은 어찌 보면 당연한 일이다. 현재의 언론 환경에서 전 세계적으로 유통되는 정보들은 대개 지역적 자부심을 과하게 강조하는 내용들과 밀접한 관련이 있다. '오스트리아 우선', '스위스 제일', '독일이 일등' 등 각 나라마다 이런 구호를 외치는 민족적 미디어 브랜드가 하나씩은 있다.

미디어가 의식적으로 결과물을 얻으려고 민족성 혹은 지역성에 집중한 것은 아니지만, 어쨌든 그 결과물이 나오고 있다. 쇼비니즘적인 혈통 사상에 자극받은 사람은 얼마 지나지 않아 전사로 다시 태어난다. 이미 다양한 나라에서 일부 미디어가 공격성이 배가된 민족적 혹은 지역적 자부심의 덕을 보고 있다. 그중에서도 미디어 재벌인 루퍼트 머독은 균열주의자의 전형이다. 영국에서 그는 대중지 〈더 선〉을 통해 브렉시트를 부추겼고, 오스카어 라퐁텐 당시에는 라퐁텐에 맞서라고 선동했으며, 미국에서 그의 〈폭스뉴스〉는 트럼프를 옹호하고, 그의 모국인 호주에서는 〈더 오스트레일리안*The Austrailian*〉이 끊임없는 분열을 획책하고 있다.

그가 닦아놓은 길 위에서 수많은 아류들이 뛰어놀고 있으며, 스코틀랜드 출신 백만장자인 짐 다우슨Jim Dowson도 그중 한 사람이다. 영국 신문 〈더 타임스*The Times*〉는 그를 '영국 극우의 보이지 않는 인물'이라고 규정했다.[518] 헝가리에서 그가 운영하는 웹사이트 패트리어트뉴스에이전시Patriot News Agency에는 전 세계에서 5,000만 명이 방문했는데, 그중 1,700만 명이 영국에 사는 사람들이었다. 다우슨은 "이 세계적 네트워크가 도널드 트럼프가 당선되고 브렉시트가 가결되는 것을 도왔다고 믿는다."라고 말했다.[519] 극우 성향 뉴스사이트 '브라이트바트'에 자금을 댄 미국의 백만장자 로버트 머서와 그의 가족처럼 전면에 나선 자본가들도 있지만, 소셜미디어를 통해 수백만 유권자들에게 의도적인 영향력을 행사하는 배후의 인물들도 있다. 이를테면, 정보분석회사인 케임브리지 애널리티카를 통해, 혹은 페이스북 스캔들로 그 회사가 망하자 주역들이 다시 세운 에머데이터Emerdata를 통해.[520]

그로 인해 얼토당토않은 일들이 벌어진다. 그들은 배후에서 나온 음모론을 믿으면서도, 한편으로 자신들이 그 음모론의 희생양이 되리라고는 깨닫지 못하는 수많은 시민들에게 마수를 뻗는다. 그리고 점점 더 깊이 침투해 들어간다. 조작된 인터넷 게시판에서 위안을 찾는 '일반 시민'들은 거기서 '저 윗놈들'에 대한 분노의 자양분을 얻는다. 하지만 그 양분은 신민족주의자들의 부상으로 엄청난 경제적 이득을 얻는 일부 엘리트층의 돈에서 나온 것이다.

세금을 둘러싼 부자들의 짬짜미

—

언론산업 주요 분야의 배면 엄호를 받으며 성장한 우파민족주의자들은 지금까지 그들이 얻은 경제적 혜택을 그 누구보다 먼저 그들을 지원해준 상위계층과 나눴다.

경제적·정치적 박탈감을 느낀 사람들의 복수를 대신해주겠다고 나섰던 도널드 트럼프 미국 대통령은 2017년 말 사상 최대의 정치적 성과를 기록했다. 그의 주도하에 미국 의회가 1986년 이래 최대 규모의 세제개혁을 통과시킨 것이다. 그 결과에 대한 미국 경제학자 폴 크루그먼의 평가는 다음과 같았다. "그것은 사상 최대의 세금 사기다. 감세는 선물처럼 보일 수도 있으나, 회사의 세금 지출은 급격하게 줄었고, 줄어든 만큼을 책임지고 지불해야 하는 사람들은 중산층이다. 엄청난 승리를 거둔 몇몇은 부자와 세무사들이다. 그들은 새로운 입법으로 만들어질 많은 개구멍들을 적극 활용할 것이다."[521] 새로운 세금 규정으로 미합중국이 치러야 할 대가는 2조 달러가 넘을 수도 있다.[522]

투자은행 골드만삭스에서 근무한 이력이 있는 현직 미국 재무장관 스티븐 므누신Steven Mnuchin 같은 세제개혁 옹호론자들은 30년 전 로널드 레이건 대통령 때와 마찬가지로 이번 조치가 "스스로 그 대가를 지불할 것"이라고 주장한다. 하지만 레이건 때부터 그 말은 맞지 않았다. 당시 미국의 부채는 이전의 두 배로 불어났다. 트럼프가 주도한 새로운 법안이 공화당 의원들에게조차 스트레스가 된다는 사실을 뉴욕 지역구 의원인 크리스 콜린스Chris Collins의 말을 통해 알 수 있다. "내 지역구 기부자들은 세제개혁안을 끝장내든가, 아니면 후원 요청 전화를 하지 말라고 한다!"[523]

세제개혁의 여파로 기업의 해외 이윤에 대한 세금은 원래 내야 할 금액의 35퍼센트에서 많게는 15퍼센트 수준으로 떨어졌다. 개혁안에서는 그 돈이 미국 내에서 새로운 연구, 공장부지 마련, 신규채용에 투자될 것으로 기대하고 있었다. 하지만 대부분의 미국 기업들은 절세한 돈을 자기 회사 주식을 사 모으는 데 썼다. 그래서 즐거워한 건 주주들뿐이었다. 그들의 배당금과 주식 가치가 치솟았기 때문이다.[524]

폴란드와 헝가리의 신민족주의자들도 양심을 버리고 그들의 '고객'을 위해 봉사하기는 마찬가지이다. 그들의 노력은 그 나라를 지원하기 위해 흘러들어간 유럽연합의 돈이 그들의 고객에게만 집중되는 결과를 낳았다.

2014년부터 2020년까지인 현재 회계연도에서 헝가리는 유럽연합으로부터 220억 유로를 지원받았다. 유럽연합 반부패사무국OLAF은 물론 유럽의회와 미연방수사국FBI도 그중 상당 부분이 부정하게 사용됐다는 것을 믿어 의심치 않는다. 헝가리 철학자인 아그네스 헬러Ágnes Heller는 "경제학자들의 계산에 따르면 그중 20~30퍼센트가 오르반과 그 측근들의 주머니로 들어갔을 것"이라고 비판했다.[525] 오르반을 따르는 반자유주의적 민주주의자들은 유럽연합이 그 돈을 직접 회수해갈 수 없고 해당 국가 사법부의 판결에 따라야 한다는 점을 악용했다. 헝가리 검찰은 여러 규정을 이용하여 관련 소송을 중단시켰다. 같은 기간 내 유럽연합에서 폴란드로 흘러들어간 자금은 770억 유로에 이르지만 상황은 헝가리와 매일반이다.[526]

그 어떤 나라에서도 집권에 성공한 우파 신민족주의자들이 선거에서 승리할 수 있었던 근본적인 이유, 즉 엄청난 경제적 불균형을 타파하기 위해 진지하게 노력을 기울이는 일은 일어나지 않았다. '국민의 목소리'를 부르짖던 신임 권력자 중 그 누구도 경제적으로 신자유주의 편향에서 벗어나려 한다거나 매년 탈세로 발생하는 수십억 손실을 막아보려 애쓰지 않는다. 심지어 이탈리아 동맹당의 살비니마저도. 클라우스 게오르그 코흐Klaus Georg Koch는 〈프랑크푸르터 알게마이네 차이퉁〉에서 다음과 같이 주장했다. "이탈리아인들에게는 세금 선물과 이른바 '세금 평화'가 약속됐다. 국가부채 상환을 면제받고 난 뒤 도래할 것이 분명한 '새로운 이탈리아'에 대한 환상은 점점 더 커져간다. 여기서 '세금 평화'란 이탈리아 정부가 전통적이면서 위법적인 수단을 통해 탈세와 불법 자금, 불법 노동, 불법 건축물 등을 추후에 합법화하는 것을 말한다."[527]

이미 오래전부터 경제 성장과 생산적 투자가 희귀해진 거의 모든 서구 국가들에서 더 이상의 감세를 감당할 수 있는 방법은 새로 빚을 내거나 노동자의 권리를 훼손하는 것뿐이다. 오스트리아의 총리 쿠르츠가 그 일에 팔을 걷어붙였다. 그는 사회보험에 대한 지출 동결을 결정했고, 고용주가 손쉽게 1일 12시간 노동을 지시할 수 있게 만들었다. 새로운 규정은 의회에서 평가절차 없이 '패스트트랙fast track'

으로 처리됐다. 이에 오스트리아의 출판인 요하네스 후버는 다음과 같이 비판했다. "이것은 일종의 긴급한 사유 없는 긴급입법이었다. 사실상 지금의 의회는 이전 그 어느 때보다 무력화됐고 정부의 명령을 그저 수행하기만 하는 기관으로 격하됐다."[528]

그들 중 독보적인 선두주자는 누가 뭐라 해도 도널드 트럼프 미국 대통령이다. 부유층에는 이미 감세라는 선물을 건넸고, 이제는 자신의 신민족주의를 사회적으로 인정받고자 한다. 그 일환으로 그는 "미국 전역에 빛나는 새 도로와 다리, 고속도로와 철도, 수도관을" 짓고 싶어 한다.[529] 독일 나치정권의 '아우토반reichsautobahn'을 본뜬 단기적 경기부양책의 재정은 빚으로 충당될 것이다. 이미 미국이 짊어진 부채는 21조 1,000만 달러로 GDP의 106퍼센트 수준인데도 말이다.

관세를 통한 배타적 경제 정책

—

게다가 트럼프는 자국 보호주의라는 광채 속에서 빛나고 있다. 프랑스에서부터 헝가리에 이르기까지 전 유럽의 신민족주의자들도 이 개념에 열광한다. 외국에서 질 낮은 값싼 물건들을 들여오는 것을 최대한 배제하고, 대신 자국이 생산한 질 높은 물건을 몇 배 더 많이 수출하겠다는 계획은 지나치게 이상적이다. 무역은 삶의 질을 전반적으로 증진시키고 참여하는 나라들을 부자로 만들지만, 무역장벽은 정반대의 결과를 이끌어내기 때문이다. 문제는 무역 그 자체가 아니라 그로 인해 너무 많은 이익을 얻거나 부정적으로 개입하는 몇몇 나라의 일부 사람들에게 있다. (제3장 '자유무역의 함정과 경제 대국의 충돌' 참조)

한 나라가 무역의 피해자를 도울 수 있는 최소한의 방법은 산업 전환이나 재교육을 돕는 것이지만, 관세나 다른 장벽으로 그들을 보호할 수도 있다. 미국 대통령은 후자를 선택했다.

"공교롭게도 트럼프를 찍은 사람들이 그의 정책으로 인한 가장 큰 피해자가 될 것이다. 수입품 가격 상승으로 미국 기업들의 경쟁력이 감소할 것이며, 무역적자도 증가할 것이기 때문이다. 수많은 산업이 철근 가격 상승으로 어려움을 겪을 것이고 사람들을 해고해야만 할 것이다. 그러면 구매력이 떨어지게 된다. 그제야 트럼프 지지자들 가운데 다수가 그의 정책이 자신들에게 직격탄을 날렸다는 사실을 믿게 될 것이다." 하버드 경제학자이자 전직 미국 재무장관인 래리 서머스Larry Summers의 평가이다.[530]

소수에게만 유리한 수십억 달러의 감세와 새로운 인프라 건설을 위한 수십억 달러의 예산은 언제나 새로운 빚으로 충당되고 관세를 통한 배타적 경제 정책으로 뒷받침된다. 세계화의 승자와 피해자 간의 격차를 줄이기 위한 사회적 노력은 없는데다가 다수의 노동환경이 갈수록 악화된다. 만사가 형통치 않을 것이다. 이제 피해자들이 우파가 벌여놓은 상황에 불만을 표출하기 전에 외부의 적을 만드는 일이 점점 더 중요해졌다.

선동가들의 무기가 된 이민 문제

—

우파 신민족주의자들이 이끄는 국가에는 소수에 대한 세심한 배려나 이익의 사회적 재분배가 존재하기 어렵다. 권좌에 오르기 위해 우파와 우파 성향의 정치가들은 유권자에게 달콤한 약속을 해야만 했다. 게다가 언론 권력과 재계의 큰손들과 밀접하게 얽힌 관계는 그들이 경제적 재분배라는 중요한 문제에 손쓸 수 없도록 만들었다. 보호무역주의는 단기적 보호를 제공하고 잠깐 유리하게 제공할 수 있을 뿐 장기적으로는 국가의 경제 성장을 저해한다. 당분간은 유권자들의 심기를 거스르지 않기 위해 계속 빚을 내서 내부 구멍을 메울 수 있을 것이다. 자유주의에서 통제주의로 탈바꿈한 민주주의가 권력을 잡았으며 판결과 보도를 통제하는 기술 또한 상당히 발달했다.

하지만 언젠가는 그것으로 충분치 않을 때가 오고 책임질 누군가가 필요해질 것이다. 그리고 자신들의 실패를 다른 누군가에게 덮어씌우기 위해 신민족주의자들에게는 '외부의 적'이 필요하다. 한 정권의 생존이 그 외부의 적에 달려 있다.

이민자들은 특별히 폄훼하려 애쓰지 않아도 그 자체로 적의 모습을 갖추었다. 그들은 낯설고 많은 수가 모이면 위협적이다. 사람들을 선동하는 데에 이민자들이 얼마나 유용한지를 가장 먼저 알아챈 자는 빅토르 오르반이다. 거의 봉쇄되다시피 한 헝가리 국경을 넘어선 난민이 거의 없는데도 그는 벌써 수년째 난민에 대해 볼멘소리를 해왔다. 심지어 2018년 3월 대규모 선거 유세에서 오르반 총리는 이렇게 부르짖었다. "우리 모두가 나서 담판을 지어야 할 가장 큰 전투가 아직 남아 있다. 사랑하는 친구들이여, 지금 누군가가 우리에게서 우리나라를 빼앗아가려는 상황이다. 수십 년 후에 우리가 다른 사람들에게, 다른 대륙에서 온 낯선 자들에게, 우리의 언어를 모르고 우리의 문화와 우리의 법과 우리의 생활방식을 존중하지 않는 자들에게 굴복하길 바라는 사람이 있다. 지금 당장 우리와 우리 후손이 아닌 이상한 다른 사람들이 여기 살기를 바라는 사람이 있다. 그런 사람들이 모두 우리에게 외세의 입김과 국제적 권력을 강제로 행사하려 한다."[531] 헝가리 철학자 아그네스 헬러는 오르반의 호소를 다음과 같이 평가했다. "모든 선동의 화살이 헝가리로 들어오게 될 수백만의 이민자들을 향하고 있다. 여기 우리 집에 들어오려는 사람들을 반대하기 위한 온갖 논리가 다 동원됐다. 한마디로 멍청한 거짓말일 뿐이다."[532]

오스트리아의 제바스티안 쿠르츠는 이미 내무부의 통합부문 국무장관이던 2011년부터 이민자 문제에 내재된 폭발력을 알아챘다. 난민이 유입되는 경로를 봉쇄하는 문제는 그의 정치 경력에 끊임없이 동력을 제공하는 영구적인 엔진 노릇을 한다. 오스트리아 연방의 총리이자 2018년 하반기 유럽연합 이사회의 의장을 맡은 그는 유럽연합의 요새화를 도모했다. 그가 '불법 이민과의 전쟁'이라고 적힌 깃발을 흔들지 않았다면 신규 난민의 숫자가 그토록 적을 수 없었을 것이다. 그에게 이쪽은 오스트리아인들이자 자신에게 표를 던질 잠재적 유권자들이고, 저쪽은 그저 우리와 아무런 상관이 없는 타인일 뿐이다. 그는 반기독교적 대립 개념을 무자비하고 기회주의적으로 실천하고 있다. 그는 과연 유럽의 요새 건설가로 역사에 기록될 것인가, 후민주주의적 유럽연합의 보방 후작●이 될 것인가? 그렇다면 여기서 질문은, 쿠르츠가 보방이라면 그에게 요새화를 명령한 루이 14세 역할은 누가 맡을 것인가? 그리고 새로운 베르사유는 어디에 세워지는가? "물론 유럽이 그 문을 완전히 잠근 것은 아니라 해도 그 출입구는 너무 좁다. 빈자와 부자 사이에 그어진 경계선은 얼마 지나지 않아 뚫려버렸다. 정부 수반들은 이미 그 경계에 무장한 국경 수비대를 세워놓았다. 그들에게 사격 명령을 내릴 자는 누구인가?" 우리는 20년 전 《세계화의 덫》에서 이렇게 질문했다.[533] 이후 20년간 아프리카에 큰 부담을 안긴 불공평한 세계화가 진행되고 정치권과 미디어가 그 흐름에 맞춰 우선순위를 설정한 탓에, 심지어 유럽의 한복판에서도 난민을 대상으로 한 사냥꾼들이 많은 지지를 얻을 수 있는 분위기가 형성됐다.

마테오 살비니도 이탈리아에서 이미 오래전에 대중선동의 효과를 잃은 것으로 여겨졌던 이민 문제에서 정치적 돌파구를 찾았다. 미래에 대한 희망이 점점 사라지고 경기침체가 계속되는 상황이었기 때문에 이민 문제가 악용될 수 있었다. 살비니는 비열한 방법을 썼다. 2018년 2월 살비니가 이끄는 동맹당의 지지자 하나가 아부르초주 마체라타에서 아프리카 출신 이민자들에게 총을 쏴 그중 여섯 명이 부상을 입었다. 범인은 몸에 이탈리아 국기를 두른 채 구속됐다.[534]

이 인종차별적 공격은 검은 피부의 다른 남성이 18세 로마 소녀를

● 제바스티안 르 프레스트르 드 보방Sébastien Le Prestre, Seigneur de Vauban을 가리킨다. 보방은 17세기 후반 프랑스 전역의 요새 300여 개를 개조, 보수한 요새 설계의 대가이다. '보방의 요새들' 중 12개가 2008년 유네스코 세계문화유산에 등재됐다.

살해한 데 대한 일종의 복수였다. 그런데도 살비니는 폭력에 맞서기는커녕 자기 트위터에 "통제되지 않은 이민"이 "혼란과 분노 그리고 사회적 붕괴"를 낳는 지경에 이르렀다고 적었다.[535]

그의 말은 명중했고, 그때부터 이민은 이 유럽연합 초기 회원국에서 다른 모든 문제를 능가하는 가장 큰 문제가 됐다. 프란치스코Francis 교황이 이민자들의 편에 서자 살비니는 그가 '범법 행위의 세계화'를 돕는다며 비난했다. 그리고 그는 유로화를 '범죄적 통화'라고 비난하며 두 번째 외부의 적으로 삼으려 한다.[536] 당연히 그에게 브뤼셀의 유럽연합 이사회는 악마들이 집전하는 곳에 불과하다. 프랑스의 르 펜 가문과 수백만의 다른 분개한 유럽인들과도 같은 평가를 공유한다.

외부의 적은 쓸모가 많을 뿐 아니라 때에 따라 금방 바뀔 수도 있다. 2018년 여름 에마뉘엘 마크롱 프랑스 대통령이 600명의 난민을 실은 구호선 '아쿠아리우스'의 입항을 거절한 것을 두고 냉소적이고 무책임하다는 비난이 일자 오성운동 소속으로 살비니의 연정 파트너인 루이지 디 마이오Luigi Di Maio 부총리는 페이스북에 이렇게 썼다. "마크롱은 이 위기 국면에서 자기 나라를 이탈리아의 제일 큰 적으로 만드는 위험을 자초했다."[537]

이미 2016년 영국의 브렉시트 운동은 '다른 쪽'을 향해 공격성을 표출하는 것이 내부의 약점을 덮는 데 도움이 된다는 것을 증명한 바 있다. 그렇게 낯선 자들을 적으로 만들면 그 효과는 마약과도 같았다. 시간이 갈수록 같은 효과를 얻기 위해서는 점점 더 많은 양이 필요한 것이 마약의 본질이다. 결국은 사람들이 그렇게 규정하기만

하면 모두가 적이 되고 만다. 격하게 끌어안기 위해서는 누군가를 밀어내야 한다. 북한의 김정일 정권이 증명한 사실이다. 전직 미국 외무장관인 매들린 올브라이트Madeleine Albright는 자신이 관찰한 바를 이렇게 전했다. "그들은 지금까지도 북한이 전 세계로부터 위협받는다는 이야기를 퍼뜨리고 있다. 그러다 보니 그들이 자화자찬을 하는 동안에도 그 나라 인민들은 소외되고 굶주리는 상황이 시스템적으로 가능해졌다."[538]

아편과도 같은 정체성 정치

우파 신민족주의자들은 또한 자국의 문화와 특정 종교를 무한정으로 치켜세운다. 이러한 정체성 정치는 외부의 적을 만드는 것과 패키지로 활용된다.

'정체성 운동'은 오랫동안 중심에서 멀리 떨어져 있었다. 하지만 2003년 프랑스에서 처음으로 이 운동이 조직되자 대륙 전역에서 이를 둘러싼 토론이 활발하게 일어났다. 오스트리아와 이탈리아, 독일뿐 아니라 스칸디나비아 국가들과 미국에서도 적극적인 활동 조직이 생겼다.[539] 그들은 완전히 변화된 사회를 주창하며 자기 집단의 공동 이념을 설파한다. 대규모 이민에 대한 반대, 이슬람에 대한 배척 그리고 유럽연합 조약이 국내법에 우선하는 것에 대한 저항 등이 그 골자이다. 지금까지 특정 정당으로부터 지원받은 적은 없다. 독일 작가 디트마 다스Dietmar Dath는 "그들은 공동체가 흔들리는 곳에서 피난처를 찾는 사람들에게 종교적, 민족적 그리고 여타의 관습으로 둘러싼 요새를 제공한다."라고 설명했다.[540]

하지만 극단적 우파 정체성 운동은 마치 1960~1970년대의 전위적 좌파들처럼 행동하며 정치적 담론을 잠식해 들어갔다. 정체성 운동가들은 이탈리아의 마르크스주의자 안토니오 그람시Antonio Gramsci와 그의 정치 담론을 끌어들였다. 그 전략은 효과가 좋았다. 주류 정치의 기존 정당이 정체성 운동의 언어를 사용하는 것을 점점 더 자주 듣게 된 것이다. 오스트리아와 프랑스에서 그리고 독일의 바이에른에서.

그리고 여기서도 빅토르 오르반이 선봉장으로 나섰다. 2018년 3월 대규모 집회에서 그는 의도적으로 젊은 유권자들을 공략했다. "사랑하는 청년들이여! 우리는 우리와 함께하는 자가 헝가리인이며 우리는 승리할 것이라고 확신 있게 말한다. 우리는 다시 한 번 그리고 계속해서 이길 것이다. 헝가리는 헝가리의 것이기 때문이다. 사람들이 모여서 함께 수천 년을 쌓은 끝에 우리가 조국이라고 부르는, 내 조국 헝가리라고 부르는 대단한 피조물이 만들어졌다. 진심으로 존경하는 헝가리의 청년들이여, 조국이 지금 여러분을 필요로 한다. 와서 우리와 함께 싸우자!"[541]

카메룬 출신 정치학자인 아킬레 므벰베Achille Mbembe는 이를 냉철하게 분석했다. "원래 정체성 정치는 여성운동에서 보듯이 해방운동에서 사용되던 수단이자 더 많은 사람을 연합하게 하는 포용의 수단이었다. 오늘날은 그것이 정반대의 수단으로, 즉 배척의 도구로 사용된다. 사회 내 잠재적 패자들이 외부에 대항하기 위해 뭉쳤고, 그 과정에서 종교와 인종 같은 정체성의 일반적인 표본이 활용됐다. 그러자 정체성 정치는 민주주의에 대한 위협이 됐다. 정체성 정치는 시간 낭비이자 민중의 아편이며 진짜 문제를 숨기기 위해 친 연막이다. 정체성 정치의 진정한 의미는 인간을 삶의 문제로부터 이탈시키는 데에 있다."542

나는 유럽의회 의원으로 일하면서 오르반 총리와 자주 마주쳤고, 그때마다 그가 의도적으로 감정을 연기할 줄 아는 계산적인 정치인이라는 인상을 받았다. 그리고 확신하건대, 반자유주의적 민주주의를 향해 가는 여정에 들어선 오르반이 중유럽으로 들어는 난민 행렬 사진이 불러일으키는 공포감에만 능통한 것은 아닐 것이다. 외국인 혐오와 이민자들의 문화적 편입 등을 둘러싸고 독일 내에서 긴장이 고조되고 있다는 언론 보도가 집중되는 상황 또한 정치적으로 쓸모가 많다는 것을 잘 알고 있다.

극단주의자들의 축제가 시작되었다

—

2018년 여름 휴가철을 달구었던 메수트 외질Mesut Özil을 둘러싼 논란은 이민자와 독일인의 공존에 대한 사람들의 관심이 얼마나 큰지를 잘 드러냈다.

그때까지만 해도 수줍음이 많은 것으로 알려졌던 이 축구스타의 조부모는 50년 전 흑해 인근 터키 농촌마을 데브렉에서 온 이주노동자로 독일 루르공업지대의 소도시 겔젠키르헨에 정착했다. 2014년 월드컵에서 독일이 우승하자 국가대표로 뛴 외질을 앙겔라 메르켈 총리가 안아준 적도 있다. 2018년 5월 13일까지만 해도 그는 성공적으로 독일에 적응한 이민자 자녀의 표상이었다. 하지만 바로 그날 그는 터키 대통령인 레젭 타입 에르도안을 만나 당시 소속돼 있던 축구 구단 아스날의 유니폼을 선물하며 함께 사진을 찍었다.

무심코 찬 공이 네트 한중간에 꽂혔다. 독일 국가대표로 귀감이 되어온 외질의 이미지가 터키 전제군주의 선거전에 확실한 도움을 준 것이 아니냐는 논란이 오랫동안 계속됐다. 러시아 월드컵이 끝난 후 외질은 페이스북을 통해 "이렇게 인종차별을 당한 기분과 모욕감이 느껴지는 한 더는 독일을 위한 국제경기를 뛰고 싶지 않다."라고 밝혔다.[543]

그로써 외질은 터키 민족주의자들은 물론 독일 민족주의자들에게도 마음대로 뛸 수 있는 꿈의 구장을 열어주었다. 그들은 똑같은 주장을 펼치면서도 무조건 자기들이 옳다고 우겼다. 터키인들은 이 사건이 독일이 그들을 제대로 받아들이지 않는다는 증거라고 주장했고, 반대로 독일 우파민족주의자들은 이민자의 오만불손함을 드러내는 동시에 아무리 그들이 열심히 적응하고자 애쓴다 할지라도 결국 모든 융합은 실패한다는 사실을 나타낸다고 목소리를 높였다.

외질은 에르도안에게도 한여름의 동화를 선물했다. 국내에서 경제적 압박과 부패에 대한 비난으로 고전을 면치 못하던 터키 통치자에게 독일을 다시금 외부의 적으로 돌릴 기회를 준 것이다. 그는 이미 2017년부터 독일을 '나치즘과 파시즘'이라고 비난했었다.[544] 이 얼마나 유용한가. 독재를 하려고 이리저리 궁리하던 차에 다른 쪽을 손가락질하며 사람들의 주의를 돌릴 수 있으니 말이다. 에르도안은 그때까지 독일 국가대표 선수로 뛰었던 독일 시민권자를 마치 잃어버린 아들인 양 추켜세웠다. "그의 행동은 민족적이고 애국적이다. 나는 그의 눈에 입을 맞춘다."[545]

이에 대안당 대표들과 새로운 독일의 민족운동을 도모하는 그들의 연합군들도 반색했다. 대안당 원내대표인 알리스 바이델은 페이스북에 "융합의 꿈은 백만장자 축구선수에게조차 이뤄지지 않았다!"라고 썼다.[546] "메수트 외질은 장황한 이별의 말로 자신이 융화에 실패한 터키 이슬람 문화권 출신의 수많은 이민자들의 전형임을 입증했다."

보스포루스 해협의 전제 군주는 대안당 지지자들에게 외국인에 대한 그들의 거부 반응이 합당하며 독일인에게 민족주의는 시민의 의무와 다름없다고 주장할 만한 근거를 제공했다. 거기에 아주 작은 단서 하나가 종교적 갈등까지 고조시켰다. 경기에 앞서 다른 선수들이 모두 국가를 합창할 동안 무슬림이라고 밝힌 외질은 중얼중얼 알라에게 기도를 했다는 것을 두고 논란이 벌어지자[547], 독일인들 사이에서는 "그런데 우리는 독실한 기독교인이 아닌가?"라는 질문이 오고갔다. 우리 기독교인들은 저 무슬림과 저열한 오스만 민족에 맞서 수백 년간 서구의 가치를 발전시켜오지 않았던가. 순수한 코카서스 인종이 이리저리 뒤섞인 유라시아 인종에 맞서서.

저마다 자기가 더 나은 사람이라고 주장했다. 명예와 자부심이 법치국가와 민주주의를 위한 공동의 투쟁을 이겼다. 독일 국가대표가 '열린 사회'의 메신저로서 지난 수년간 전 세계에 전했던 가치, 즉

'관용, 다양성 그리고 인종차별에 대한 근거 있는 반대'는 버림받고 말았다. 패배했다. 그리고 이 패배는 러시아 월드컵에서 독일이 일찌감치 탈락한 것과는 비교도 안 될 만큼 엄중한 것이었다. 하지만 그것도 도화선에 불과했다.

상황은 앞으로 어떻게 격화되었을까? 오스트리아의 쿠르츠 총리는 이미 오래전에 반反터키 카드에 승부를 걸었다. 라마단 기간에 이슬람 사원을 폐쇄하고 종교지도자인 이맘들을 추방하는 도발을 감행했다. 터키의 에르도안 대통령은 "오스트리아 총리의 행보가 전 세계에 새로운 십자군 전쟁을 일으킬까 염려된다."라고 반발했다.[548] 서로를 적대시하는 것은 둘 다에게 이로웠다. 소셜미디어에서 전투를 벌여온 '키보드 워리어들'은 그간 갈고닦은 무기를 꺼내들었다. "아돌프 히틀러 이래 독일은 그리 많이 변하지 않았다. 인종차별은 그저 동시대적으로 현대화되었을 뿐이다." 앙카라와 이스탄불, 워싱턴에 사무실을 둔 터키연구재단SETA의 디지털미디어 국장인 카람 압바디Kerem Abadi가 독일어로 쓴 트윗은 당장 영어로도 번역되어 전파됐다.[549] 그리고 전통 미디어들의 대대적인 보도로 이 트윗은 유명세를 탔다.[550]

언어상으로 극단화를 부추기는 말이 오고가다 보면 더 극단적인 행동을 일으킬 새로운 여지도 생긴다. 외질을 둘러싼 논란이 한창이던 때에 마침 독일 내무장관인 호르스트 제호퍼가 헌법수호국BfV의 연례보고서를 발표했다. 보고서에 따르면 독일 내 이슬람계의 폭력 성향이 증가한 것으로 나타났다.[551]

다행히 독일과 오스트리아가 에르도안의 나라와 국경을 맞대고 있지는 않다. 그러나 전쟁은 하찮은 동기들에 의해 시작되기 마련이다. 혹 민족주의에 선동된 독일과 터키의 청소년들이 독일 서부 공업지대의 어느 거리나 빈 외곽의 클럽에서 물리적으로 뒤엉키는 일이 벌어진다면 어떻게 될까? 어떤 가치와 다른 가치의 대결은 곧 주먹과 주먹의 대결로 이어지지 않을까? 그런 다음 뿔뿔이 흩어진 그들이 무슨 메시지를 전파할 것인가? 바로 '평화적인 공존은 불가능하다'는 것이다. 기독교 신을 믿는 자들은 알라를 배격하고, 알라를 믿는 자들은 불신자들에 맞서야 한다는 것이다.

외질이 에르도안과 사진을 찍은 날, 극단주의자들의 축제는 시작됐다.

미디어의 테러리스트 활용법

──

2017년 9월 8일, 여름이 한 발 물러난 독일 북부 하노버 상공을 긴 구름이 뒤덮고 있었다. 오전 10시 50분, 슈투트가르트에서 함부르크로 향하던 고속철도 ICE772편이 하노버 중앙역 도착 직전에 예기치 않게 멈췄다. 잠시 후 기내 스피커로 안내방송이 나왔다. "인터넷에서 이미 읽으신 줄로 압니다. 우리 기차는 우회합니다." 동시에 스마트폰으로 메시지 하나가 전송됐다. '우리 기차는 철로에 응급 상황 발생으로 20분 연착하겠습니다.'

나는 어차피 하노버에서 환승해야 했다. 그래도 기차에서 내린 뒤 역 직원에게 사유를 물어보았다. 몇 번을 되물은 후에야 나는 한참을 망설인 대답을 들을 수 있었다. "거기에서 시신이 한 구 발견되었습니다. 인명사고입니다."[552]

기차역 직원이 한참을 망설인 반면에 베를린행 ICE545편의 승무원은 상황을 속속들이 설명해주었다. 그는 20년간 근무하면서 자기가 탄 기차에서 여덟 번의 인명사고를 경험했다고 했다. 한 번은 기관사 바로 옆에 있을 때 일이 터졌다고 하면서 "그때 기차 바퀴가 덜컹대던 느낌이 지금도 머리에서 떠나지 않는다."라고 말했다.[553]

그는 묻지 않은 부분에 대해서도 자기 생각을 술술 털어놓았다. "모든 것들에서 스트레스가 늘어났잖아요. 전반적인 생활 환경들이요. 의욕이 있으면 상황이 나아져야 하는데, 점점 더 자본만 중요해지는 것 같아요. 스웨덴의 사회복지사가 내게 이런 말을 한 적이 있습니다. 독일 회사에서는 '당근과 채찍'의 원칙이 우세한 것 같다고. 그래서 사람들이 일단 '번 아웃'되면 아주 깊은 나락으로 떨어져버린다고. 그런 점에서 스웨덴보다 20년은 뒤떨어진 것 같다고 하더라고요. 교육이나 노후 보장 면에서는 스웨덴보다 우리가 훨씬 낫죠. 그런데도 독일 사람들은 점점 더 자신이 쓸모없는 사람이 된 것 같은 기분을 느껴요. 사람들은 더 이상 서로 대화하지 않고 연대감도 사라진 것 같아요."

그는 다른 승무원들처럼 '자살'이란 단어를 입에 올리지 않았다. 2017년에만 독일에서 800명 이상, 오스트리아에서는 100명 남짓의 사람들이 철로에서 목숨을 버렸다. 좌절한 사람들이다. 관용적으로 이들을 '자살자'라고 부른다. 그런데 그들에 대한 심층취재가 신문 머리기사에 오른 적이 언제던가? 2009년 하노버 인근 철로에서 기차에 몸을 던진 골키퍼 로베르트 엔케Robert Enke나, 폭스바겐 주식에 투자했다가 큰 손실을 입고 목숨을 끊은 제약회사 라티오팜Ratiopharm 의 창업자 아돌프 메클레Adolf Merckle에 관한 기사는 읽은 적이 있다.[554] 하지만 다른 사람들은?

철로자살에 대한 언론 보도는 매우 엄격하게 제한된다. 그렇지 않으면 더 많은 자살을 불러올 수 있다고 믿기 때문이다. 물론 그들은 다른 사람이 아닌 바로 자신의 목숨을 버렸다는 점에서 자살테러범들과는 다르다. 그렇다면 자동차 사고로 죽은 사람들이 신문 머리기사에 실리는 건수와 비교해보면 어떨까? 그들이 의도적이었든 그저 부주의했든 2017년 한 해에 독일에서만 3,177명이 교통사고로 생명을 잃었고, 오스트리아에서는 413명이, 스위스에서는 230명이 죽었지만 이를 구체적으로 보도하는 미디어는 없었다.

테러리스트들은 그들의 확장된 자살을 정치적으로 설명한다는 점에서 철로자살이나 교통사고와는 다른 뇌관을 하나 더 갖고 있다. 하지만 그에 대해 집중적으로 자세하게 보도하는 것 또한 고도로 정치적이다. 2017년 6월 3일 런던브리지에서 일어난 이슬람계의 공격으로 여덟 명이 죽었다. 언론인으로서 나는 이 테러 사건에 깊은 관심을 기울였고 심지어는 그 일이 나와 무관치 않다는 생각이 들었다. 그런데 당시 런던에 사는 의대생이었던 내 아들이 보내온 메시지가 나를 일깨웠다.

"테러공격에 대해 너무 흥분하는 것을 멈추어라!"(물론 너희가 그 일에 직접 관련되지 않는 한에서)

A) 이 공격의 목적은 공포에 있다. 모든 언론 보도와 관심은 모방을 부추기고 테러리스트들을 돕는다.

B) 테러공격은 자기 목숨을 위협하는 대상으로서 다른 것들보다 특별히 더 중요하지는 않다.

런던 사람들은 다음 네 가지를 더 많이 걱정해야 하고 더 많은 관심을 기울여야 한다.

1. 대기오염 : 지난 테러공격 이후 런던에서 최대 1,857명이 대기오염으로 조기에 사망했다.

2. 노숙자 : 지난 테러공격 이후 런던에서 최대 1,578명이 길거리에서 자야만 했다. 노숙은 자살률을 서른다섯 배 늘리고, 평균보다 35년 일찍 죽게 하며, 폭력 범죄의 희생이 될 위험을 열세 배나 늘린다.

3. 불평등 : 런던은 가장 부유한 10퍼센트의 가구가 2,600억 파운드를 소유한 반면, 가장 가난한 10퍼센트는 13억 파운드의 빚을 지고 사는 도시이다. 이러한 상황은 (다른 모든 사람에게도) 건강에 좋지 않다. 런던 지하철 빅토리아 라인으로 네 정거장 떨어진 어느 두 동네의 평균 수명은 11년이나 차이 난다.

4. 건강보험 : 국민건강보험의 민영화, 더 길어진 대기시간, 문 닫는 응급실과 의료인원 감축. 여기에 무엇을 더 설명해야 하나?

우리가 테러에 들이는 시간, 돈, 노력의 절반만이라도 지금까지 언급한 문제에 쓴다면 런던은 훨씬 더 안전하고 건강한 삶의 터전이 될 것이다.

몇 달 후인 2017년 11월 24일, 상세하게 설명되지 않은 '해프닝'

을 이유로 옥스퍼드서커스 지하철역에 대피 명령이 내려졌을 때, 오스트리아의 일간지 〈데어 슈탠다드〉의 기사 아래에는 다음과 같은 댓글이 달렸다.

"테러리즘이 우리를 지배한다 – 그렇게 보인다." 2016년 오스트리아에서는 120여 명이 마약으로 죽었고, 250명이 산악사고로, 450명이 교통사고로, 8,000명이 술 때문에, 1만 5,000명이 암으로, 3만 5,000명이 심혈관계 질환으로 죽었다. 하지만 우리가 걱정해야만 하는 것은 오로지 (아무도 죽지 않은) 테러이다.

나 역시 이 공격에 어떻게 반응할 것인가를 깊이 고민했었다. 무슨 뜻인가 하면, 나 역시 경계하긴 했으나 겁먹지는 않았다는 뜻이다. 하지만 그 경계마저도 부정적이었음을 나는 새로이 깨달았다.

우리의 자유와 평화롭고 아름다운 삶을 파괴하려는 자들은 우리가 거기에 주눅들 때 소기의 성과를 거둔다. 여기서 확실한 통계까지 일일이 언급하지는 않겠다."[555]

〈슈피겔 온라인〉의 칼럼니스트이자 블로거인 사샤 로보Sascha Lobo는 자기 자신을 관찰한 바를 통해 다음과 같은 결론을 내렸다. "테러 공격이 벌어졌을 때 나는 곧장 모든 소셜미디어와 메시지창을 끄고 다음 날까지 기다렸다. 우리는 그런 모든 것들로부터 우리가 생각하는 것보다 훨씬 더 많은 영향을 받는다. 공격 직후에 몰아치는 감정의 눈사태에 동참하는 것은 일종의 정서적 해소 기능을 한다. 10년 전 에밀리 프로닌Emily Pronin과 매튜 쿠글러Matthew Kugler가 발표한 '선입견과 편견'에 관한 연구결과가 있다. 결론을 쉽게 풀어 설명하자면, 사람들은 다른 모든 사람들이 외부로부터 쉽게 영향을 받더라도 자신만은 특정 영향력에 면역이 있다고 생각한다는 것이다. 이 연구는 이른바 '내성착각Introspection Illusion'이라 불리는 자기관찰의 착각과도 연관이 있다.

오랫동안 나는 재난과 테러, 혹은 세계사의 드라마를 실시간으로 따라가는 것, 끊임없이 배열하고 사건의 경과를 처음부터 되짚는 것에 아무런 문제가 없다고 느꼈다. 그리고 분명하게 그런 생각을 하지 않고서도 그런 식으로 행동하고 있었다. 나는 내게 남다른 면역이 있다는 생각으로 그렇게 했지만 사실은 감정적으로 격앙된 소셜미디어 안의 상황에 휩쓸려가도록 나 자신을 내버려둔 것이었다."556

어떤 정치적 뉘앙스를 띠는지와 무관하게 테러리스트는 서구 국가들에서 막강한 영향력을 발휘한다. 미디어 소비자들과 미디어 생산자들이 그들에게 엄청난 관심을 보이기 때문이다. 물론 한 번의 공격도 너무 많고 하나의 죽음도 너무 많다. 그리고 그 모든 것이 적절하게 보도돼야만 한다. 하지만 지금은 너무 많은 헤드라이트가 너무 오랫동안 특정 공격과 특정 죽음만을 집중적으로 비추고 있다. 그로 인해 사람들의 현실인식이 왜곡되고 불안감은 증폭된다.

갈수록 심화되는 디지털 감시

테러를 예방하라는 여론의 압박에 시달리며 정부를 운영하는 대부분의 정치인들은 대테러전을 벌이는 와중에 시민의 자유권을 침해하는 새로운 방식을 끊임없이 만들어낸다. 이에 독일 변호사인 롤프 괴스너Rolf Gössner는 "디지털 시대가 진정한 감시환경을 이끌어냈다."라고 분석한다.[557] "우리는 안보 정책에서 과도한 예방적 조치를 경험하고 있다. 그로 인해 법치국가의 가장 중요한 성과 중 하나인 무죄추정의 원칙이 공권력을 제한하는 기능을 상실하게 됐다. 누구나 잠재적 안보위협으로 돌변할 수 있으므로 의심을 살 경우 자신의 무고함과 무해함을 스스로 증명해야만 한다. 그리고 전직 독일 내무장관 한스-페터 프리드리히Hans-Peter Friedrich의 말처럼, 안보는 허구로만 존재하는 '슈퍼 기본권'이 됐다."

열정적 시민운동가인 괴스너는 다음과 같이 전망했다. "이러한 흐름은 결국 법과 통제가 사라진 공간에서 개인의 권리가 묵살되고 법적 안정성과 신뢰가 포기되는 예외적 상황을 만들고 그 예외가 영구화되는 가운데, 그 어떤 구속도 받지 않는 예방국가에 이를 것이다."

1972년에 제정돼 10년 이상 유지됐던 독일 연방공화국의 이른바 '과격파 공직 금지령'은 헌법수호국의 개인신상조회에서 탈락한 인사들을 공직에서 배제하고 단체 가입도 거부하도록 했다. 그들은 체제의 적으로 평가되었기 때문이다. 그중에서도 좌파 교사와 대학교 직원에게는 아예 취업 금지령이 내려졌다. 신상조회 규정은 폐지됐지만 오늘날까지도 헌법수호국은 일정한 의심 정황이 포착되었을 때에 한해 신임 공직자들의 주변을 조사하고 있다.

롤프 괴스너에게 물었다. 가령 공무원직에 응시한 젊은 대학졸업자가 예전에 딱 한 번 페이스북에 과격한 성향을 드러내는 댓글을 단 적이 있고, 이걸 누군가 밀고한다면 그 일로 그는 임용에서 탈락할 수도 있을지에 대해서. 그는 "가능한 상상이다. 한 사람이 디지털 공간에 남긴 평생의 흔적은 아주 은밀한 부분까지 파헤쳐지기 때문이다. 게다가 인터넷의 기억력에는 한계가 없다."라고 대답했다.

어떤 상황에 있는 누가 조사받을 만한지를 정하는 것은 입법자들, 즉 그 당시의 의회이다. 그것은 정의하기 나름이다. 역사적 경험에 따른 당연한 귀결로 독일의 기본법은 돌에 새긴 듯 영구불변이다. 하지만 오스트리아와 다른 여러 나라들에서는 헌법을 정치적으로 다르게 해석하기가 훨씬 수월하다. 일례로 오스트리아의 형법 278조가 애매하게 규정한 '범죄적 연합'은 다양한 해석을 가능케 한다.[558] 우파 성향의 판사는 상대적으로 진보적이었던 전임자와는 다른 판결을 내릴 수도 있다. 자유당 소속 내무장관 헤르베르트 키클은 오스트리아 헌법수호국에 영향을 미치려 시도하기도 했다.[559]

헝가리에서는 오르반 총리가 선거 승리 이후 "당연한 보상을, 도덕적, 정치적, 법적 보상을 요구할 것"이라고 예고한 바 있다.[560] 정적들이 온라인상에 남긴 흔적들을 선별해 책임을 묻는 작업은 그의 최우선 업무가 될 것이다.

최근의 전반적 흐름은 신민족주의자들에게 유리하게 작용한다. "경찰업무는 경찰권의 개입을 원천적으로 차단하던 장벽을 이미 오래전에 넘어섰다. 경찰은 더 이상 범죄 용의자만을 다루지 않고, 관행적으로 범죄를 추정할 수 있는 단서만을 추적하거나 구체적인 위험을 방어하기 위해 권한을 행사하지 않는다. 이제는 범죄 예방의 사전 단계에서 잠재적 혹은 위협적인 위험만 있어도 경찰이 나선다.

그리하여 잠재적 범죄자보다 훨씬 먼저 경찰이 범죄 현장에 가서 주변을 샅샅이 수색하고 예방적 구금을 가할 수도 있다. 심지어 어떤 행동 계획이 세워지기도 전에." 괴스너는 독일의 상황에 대해 이렇게 설명했다.

더불어 IT시스템과 인터넷 브라우저 보안에 구멍이 뚫리는 일도 끊임없이 발생한다. 그 구멍을 통해 경찰은 물론 정보기관과 사이버 범죄자들, 사기꾼들과 공갈 협박범들까지도 이른바 '트로이의 목마'라고 불리는 악성 스파이웨어를 침투시켜 누군가의 컴퓨터와 무선 통신으로 연결된 기기 안을 들여다볼 수 있게 됐다. 이 말은 곧 정보기관, 정보전문 기업 혹은 사설탐정까지도 하드디스크와 서버에 접근해 경쟁업체의 사업기밀부터 배우자의 외도까지 거의 모든 정보를 들춰낼 수 있다는 뜻이다.

이러한 디지털 침투와 감시 가능성은 많은 사람들로 하여금 이것을 '벗어날 수 없는 운명공동체적 상황'으로 착각하게 만든다. "왜냐하면 대중적 감시가 거의 모두에게 균일하게 적용되기 때문이다. 게다가 사람들은 자신에 대한 감시를 느끼지도 보지도 못하기 때문에 개인이 당혹감을 느끼는 경우도 거의 없다. 개인사와 전체 사회를 디지털적으로 꿰뚫어보는 일은 항상 추상적으로 작용하고 무력감과 좌절감을 촉발한다." 괴스너의 설명이다.[561]

"지속적으로 감시를 받는 사람 혹은 집단은 결코 자유롭지 않다. 감시받는 인간은 개인적인 교류나 사생활 영역에서도 감시의 영향을 받는다. 그들은 통제 가능해지고, 그들의 행동은 세세한 부분까지 계산되며, 조종당하고 지배당할 수 있게 된다. 이미 감시당하고 관찰당한다고 '느낀' 사람은 그것만으로도 태도가 달라지고 불안해지고 두려움이 커지고 행동거지를 조심하게 된다. 지레 겁먹고 자기검열을 하게 만드는 감시의 효과는 열린 사회, 자유로운 민주사회를 훼손하는 치명적 결과를 낳을 수도 있다."

테러를 가장 큰 위협으로 여기는 겁쟁이들을 각별히 보호하느라 많은 사람들이 모두 겁에 질려버리게 된 형국이다. 두려워하는 사람은 또 다른 두려움을 만든다. 전제군주적 선동가들은 이 점을 자신에게 유리한 방향으로 끌어들였고 군대의 매력 또한 커졌다.

새로이 발견된 군대의 섹시함

—

새로운 시대는 거의 모든 서구 국가들의 군대에 병력 증강을 선물했다. 새로운 시대의 선물치고는 너무 구시대적이다. 오늘날 안보는 세련된 외교와 동반자 관계, 개발원조와 같은 소프트파워보다는 나라 안팎의 군사력에 의해 규정된다. 국경을 보호하는 군대, 국내 상황에 투입된 군대는 경찰 권한과 군대 권한의 경계를 넘나든다. 핵심은 '보호'와 '안보'이다.

군사력 강화는 예고된 일이었다. 미국 내 막강한 영향력을 자랑하는 루퍼트 머독의 〈폭스뉴스〉는 이미 수십 년 전부터 미국의 전투력을 찬양해왔다. 이 주제에 관해서는 트럼프 미국 대통령이 유순한 방관자처럼 보일 정도다. 11월 11일 '참전용사의 날'이 낀 한 주 동안 〈폭스뉴스〉의 보도는 마치 군대 홍보를 위한 해설식 광고를 떠올리게 했다. 트럼프가 선출되던 2016년에는 미군에 큰 트라우마를 남긴 베트남전 패배를 정서적 승리로 재해석해 사람들을 경악하게 만들었다.[562] 전쟁의 이유나 그 경과와는 무관하게 군대의 역사적 업적을 찬미하는 것은 헝가리와 폴란드를 포함한 모든 전제군주 정권이 주위섬기는 하나의 원칙이다. 무슨 일에서건 언제든지 '전쟁 영웅'이 들먹여진다. 정신무장이 계몽의 힘을 대체한다.

하지만 세계에서 가장 힘이 센 남자의 정치적 편향성을 노골적으로 드러내는 미디어 채널이 미국 중서부의 가난한 소도시에 사는 갑남을녀에게도 환영받는 것은 다른 서구사회에서조차 매우 특이한 현상으로 여겨진다. 〈뉴욕타임스〉는 미디어회사인 폭스뉴스와 트럼프의 트위터 간의 직접적 연관성을 증명하기도 했다.[563] 그러나 머독의 뉴스에 이끌려가는 것은 트럼프만이 아니었다. 수백만 미국 유권자들도 그랬다. 1998년 '폭스뉴스'라는 이름으로 TV채널을 개국한 억만장자 미국계 호주인의 평생에 걸친 기여가 없었더라면 미국과 몇몇 다른 서구 국가들의 군사적 재무장은 상상도 하지 못할 일이다. 2001년 9월 11일 테러공격 보도를 통해 〈폭스뉴스〉는 상업적 대성공을 거두었다. 군사적 논거를 갖춘 애국주의는 방송사에 기록적 시청률과 충성도 높은 시청자들을 동시에 선사했다. 머독의 미디어적 감각과 정치적 확신이 없었더라면 그렇게 많은 미국 시민들이 오사마 빈 라덴Osama bin Laden을 향한 맹목적 복수심을 불태울 수 없었을 것이다. 머독이 없었더라면 조지 W. 부시 미국 대통령이 2003년 이라크를 침공하는 것도 그렇게 수월할 수 없었을 것이다.

시민들의 방위참여율도 높아져서 독일 연방군에도 자원 입대자가 점점 늘고 있다.[564] 공식적으로는 아직 중립국을 표방하는 오스트리아의 부패한 군대도 입대희망자가 61퍼센트 이상 늘어난 것에 기뻐하고 있다.[565] 사회민주당 소속 전직 국방장관인 한스 페터 도스코칠Hans Peter Doskozil은 군인을 '안보업무 수행자'로 정의하기도 했다.[566]

정권을 잡은 새로운 민족주의자들은 군대에 투자한다. 그것은 또한 국가경제가 다음번 위기를 맞을 때 일자리 격감을 막아주는 이상적인 완충장치가 되어줄 것이다.

전쟁 경제를 부추기는 프로파간다

—

경제적 측면에서 상황이 이렇게 진행되는 것을 되돌이킬 방도가 아예 없는 것은 아닐지도 모른다. 하지만 사람들의 마음을 사로잡기에 충분한 정치군사적 논리가 이미 세워져 있다. 바로 '전쟁 경제'이다. 앞서 말했다시피, 고립과 보호주의를 골자로 하는 경제 행태로는 장기적 경제 성장을 기대하기 어렵기 때문이다. 이민자 유입을 대폭 축소하려는 미국과 유럽의 정치적 계획도, 브렉시트 즈음하여 외국인을 추방하려는 영국 정부의 계획도 마찬가지이다. 이런 식의 '강경 조치'는 자신들이 정의한 공평의 기준에는 부합할지 모르나, 국가경제에 상징적으로 미치는 영향이 과도하며 심지어는 성장을 저해하는 요소로 작용할 때도 적지 않다. 직업 능력이 있는 이민자들은 그 자체로 노동과 소비를 통해 경제 전반을 촉진하는 힘을 갖고 있기 때문이다.

그런데도 신민족주의적인 동시에 신자유주의적인 정권이 이끄는 국가는 그저 시민들의 심기를 건드리지 않기 위해, 사회적으로 공정한 부의 분배가 어떠한 것이냐는 질문에는 대답하지 않은 채, 계속해서 새로운 국가부채만 늘려간다.

앞서 말한 인프라 확충 프로젝트 외에 고용을 창출하기 위한 동력으로 그들이 사용할 카드는 군사비 지출의 증대이다. 환경보호청과 외교부의 예산을 아껴서 미군에 들어가는 추가 비용을 일부 보전할 수 있다는 트럼프 행정부의 주장은 프로파간다에 불과하다. 실제 트럼프의 정책적 아젠다에 따라 사회보조 프로그램을 일부 축소하는 방안도 새로이 제시되었지만 그마저도 전투력 증강을 위한 예산을 충당하기에는 역부족이다.

이미 2017년에 미국은 전 세계 군사비의 62퍼센트에 가까운 6,110억 달러를 지출했고, 2018년에는 그보다 890억이 늘어난 예산이 편성됐다. (552쪽 도표 19번 '새로운 군비전쟁' 참조) 세계 주요 국가들은 이미 오래전에 새로운 무장경쟁에 돌입했고, 스톡홀름 국제평화문제연구소SIPRI의 통계에서 가장 큰 증가폭을 기록한 국가는 중국이었다.[567] 하지만 이 모든 투자가 국가경제에는 비생산적으로 작용하고, 그로 인한 재정손실은 다른 경제 행위 혹은 부채를 통해 메워야만 한다.

도널드 트럼프는 다른 나토 회원국에까지 압박을 가해 그들 나라들도 방위 예산을 적어도 GNP의 2퍼센트 수준까지 끌어올려야 했다. 그로 인해 독일에서만 매년 400억 유로 이상이 추가로 지출돼야만 하고, 빚더미에 앉은 이탈리아도 100억 유로 이상을 더 부담해야 한다.

하지만 실제 전쟁을 치르고 석유나 철강 또는 토지 등의 형태로 전리품을 얻게 된다면 이 비용 계산은 완전히 달라질 것이다.

지금껏 이 책은 역사에서 유사한 상황을 끌어와 비교하는 것을 피해왔다. 과거 세계대전이 발발하기 직전의 시대와 마찬가지로 세계 정치적 상황이 이미 극단에 다다랐으므로 그런 비교가 불필요하다고 본 것이다. 하지만 이 지점에서는 역사적 모델을 소환해 예상 시나리오를 그릴 수 있을 것 같다. 당시에도 사회를 떠받치던 아주 가녀린 기둥 중 하나가 부서지면서 이전부터 예상되었던 시스템 붕괴가 일어났고, 그로 인해 수많은 나라에서 실업률이 가파르게 증가하고 수백만 명의 사람들이 빈곤층으로 추락할 위기에 처했었다.

신민족주의 정권은 고용 창출 정책뿐 아니라 훨씬 큰 폭에서 방향을 선회해야 할지도 모른다. 하지만 전제주의 정권은 행정권과 사법권 그리고 효율적인 감시수단을 통해 시민들을 통제할 수 있다는 점에서 득을 보게 될 것이다. "어디서나 프로파간다적 연출의 효과가 더 강하게 나타난다. 곧 무슨 일이 일어날 것만 같은 이미지, 소매를 걷어붙이고 적극적으로 나서는 이미지, 경제위기를 적극적으로 극복한다는 이미지가 널리 퍼진다. 하지만 이 급격한 변화를 일으킨 것은 도로 건설에 투입되었던 노동자 집단이 아니라 역사적으로 유례를 찾아볼 수 없는 수준의 속도와 스케일로 이뤄진 군사무장이다. 군사 예산의 폭발적 증가는 경제의 폭발적 성장을 견인한다. 그러나 무엇보다 이처럼 폭발적으로 증가한 국가지출을 충당할 재원을 찾아내야만 한다. 증세는 효과가 입증된 수단이지만 인기가 없고, 그것만으로는 전체 지출을 커버하기에 충분치도 않을 것이다. 부채는 차후 경기호황을 동반한 경제 회복기에 세수가 확대되면서 해소될 것이라는 케케묵은 희망이 사람들을 현혹할지도 모른다. 군사비를 위해 진 빚은 늘어난 세수가 아니라 승리한 전쟁으로 갚아질 것이다." 프라이부르크의 역사학자 울리히 헤르베르트Ulrich Herbert는 《20세기 독일의 역사Geschichte Deutschlands im 20. Jahrhundert》라는 책에 이렇게 썼다.[568]

사람들은 "역사는 반복되지 않는다."라고 말한다. 그런데 과연 그럴까? 스탠포드대학교의 역사학자 발터 샤이델Walter Scheidel 교수는 석기시대 이래 인간사회에서 경제적 불평등을 현저하게 감소시킨 힘은 무엇인가를 오랜 기간 연구해왔다. 그것은 단 두 가지로 요약됐다. 커다란 자연재해나 전염성 유행병 그리고 전쟁.[569]

민주적 안전장치가 부족한 제도들

—

급부상하는 독재자와 전쟁유발자들에 맞선 방어전에서 민주적으로 적법한 국가 제도를 지키고, 그것에 희망을 걸고, 그 신념에 맹세해야 한다는 것은 세계 만방의 사람들이 외우는 국제적 만트라● 가 됐다. 온건보수주의자, 자유주의자, 녹색운동가와 좌파 그리고 자신을 세계주의자라고 생각하는 다른 모두는 신민족주의자가 집권

● 만트라mantra는 산크리스트어로, '참된 말' 혹은 '진리의 말'이라는 뜻으로 '진언(眞言)'이라고도 한다. 티베트 불교에서는 수행할 때 만트라를 노래처럼 부르기도 한다.

한 국가에서도 의회에서는 야당이 제 기능을 하고 행정과 사법 또한 제대로 돌아가리라 믿는다. 권력분립이 유지되고 있으니 독재는 아니라고 말이다.

하지만 현재 각 나라의 사법부는 얼마나 독립적이며, 각각의 판사는 얼마만큼의 독립성을 보장받는가? 우파 정권이 들어선 후에 공석이 된 재판관 자리를 정권과 뜻을 같이하는 판사로 채우는 데에 아무런 의도도 없다고 할 수 있을까? 수많은 언론 매체는 또한 얼마나 독립적인가? 언론 매체가 독립적이라면 그들이 자꾸만 오른편으로 돌아서는 이유는 무엇인가? 서구사회를 선도해온 미국은 현재 절호의 기회를 놓치지 않으려는 반동주의자들의 공세 아래에 놓여 있다. 유럽연합의 제도에는 민주적 안전장치가 부족하다. 유럽 재판소의 판결에는 정치적 증오심이 섞여 있을 때가 너무 많다. 폴란드는 항상 패소하고 헝가리도 마찬가지이다. 오스트리아는? 오스트리아는 엄청난 의심을 품고 있다. 스페인과 프랑스는 아예 무관심하다. 룩셈부르크와 스위스 같은 세금천국들은 다르다. 그들은 언제나 자신들의 특별한 이해관계를 변호할 것이다. 독일은, 누가 뭐래도 독일은 제도 안에 머물 것이다. 스칸디나비아 국가들과 함께.

하지만 몰이해와 증오가 막강한 기세로 전 세계에 퍼져나가고 있다. 인터넷의 광범위한 영역에서 그리고 길모퉁이 단골술집에서 사회집단별로, 혹은 출신별로 뭉친 사람들은 저마다의 기류를 형성한다. 혐오사회 그리고 피해자사회가 기승을 부린다. 관용과 이해의 얇은 외피는 팽팽하게 당겨져서 찢어지기 직전이다. 신민족주의에 취한 사람들은 외친다. 강함을 드러내고, 자부심을 느끼고, 무엇보다 역사적으로 감정을 고조하기로 유명한 '명예'를 지켜라! 너에게 내가 그것을 보여주리라, 너희에게 내가 그것을 보여주리라! 신민족주의의 만취가 절정에 다다르려면 아직 멀었다. 점점 취기가 더해갈 것이다. '우리'만의 것, 최고의 것을 향한 환호가 계속될 것이다. 달갑지 않은 이성이 장렬히 전사할 때까지.

우파는 그들만의 리그에서 나와 점점 더 힘차게 진격할 것이다. 그런데도 아직까지는 정보의 부족에서 혹은 정보수집에 대한 의욕 상실에서 비롯된 안온함이 전반적인 분위기를 지배하고 있다. 때로는 무능함이 그 안온함에 한몫을 하기도 한다. 이 상황에서도 돈을 잘 벌거나 적어도 권력을 유지하려는 사람들은 자신이 하는 바를 얻기 위해 어떤 대가든 치를 것이다.

민주주의 제도는 신뢰해도 될 만큼 강고하다고 굳게 믿어져왔다. 하지만 나는 더 이상 그렇게 믿지 않는다. 이것이 나의 큰 착각이기를 바라지만.

제 9 장

다가오는
전쟁의 소용돌이

이봐, 너희 전쟁의 주인들,

너희는 큰 총을 만들고,

죽음의 비행기를 만들고,

큰 폭탄을 만들고

벽 뒤에 너희 몸을 숨겼지,

책상 아래 너희 몸을 숨겼지.

나는 그저 너희에게 알려주고 싶어,

내가 너희 가면을 꿰뚫어 본다는 것을.

너희는 아무것도 하지 않은 게 아니라

파괴시킬 것들을 만들었어,

너희는 내 세상을 갖고 놀았어,

마치 그것이 너희의 장난감인 것처럼.

- 노벨문학상 수상이 발표된 2016년 10월 7일 공연에서
밥 딜런이 부른 마지막 노래의 가사.
노래 제목은 '전쟁의 주인Masters of War'이다.
같은 날 도널드 트럼프가
"여성의 성기를 움켜쥘 수 있다."라고 말한 영상이 공개됐다.
그러자 거의 모든 전문가들이,
심지어 트럼프 자신조차 힐러리 클린턴의 미국 대선 승리를 점쳤다.

"우리는 다시 전쟁에서 이겨야만 한다."

- 2017년 2월 27일, 취임 38일째, 도널드 트럼프 미국 대통령

GAME OVER

도널드 트럼프 대통령에게는 전쟁이 필요하고, 그가 대통령직을 유지하는 한 계속 전쟁을 일으키려 할 것이다. 오직 그것만이 모두가 주목하는 경제 정책 실패와 탄핵소추안 가결 가능성으로부터 주의를 분산시킬 수 있다. 터키의 전제군주 레젭 타입 에르도안은 쿠르드족과의 전쟁을 활용하여 좀 더 오래 관직을 유지할 게 분명하고, 그 전쟁은 시리아로 확대될 것이다. 2018년 초부터 중반 사이에 터키 통화의 대외가치는 절반 가까이 떨어졌다. 물가상승률은 15퍼센트까지 치솟았고, 터키 경제는 붕괴 위기에 몰렸다.[570] 블라디미르 푸틴은 이미 오래전부터 전쟁을 일으켜왔고, 빅토르 오르반도 나름대로 이민자와의 전쟁을 펼치고 있다.

세계화의 과정에서 거대 초국적 기업들이 국가주의의 재발동이나 전쟁의 소용돌이를 효과적으로 막아주리라는 기대는 충족될 가능성이 희박하다. 전 세계 GNP 대비 무역이 그토록 활성화되었던 시절이 1990년까지 없었던 제1차 세계대전 전 상황과 엇비슷하다. 다임러 벤츠나 지멘스 같은 기업들은 중국이나 미국에 깍듯이 머리를 조아린다. 다임러는 이란과의 핵 협상을 살려보려는 유럽연합 회원국들의 노력을 냉담하게 무시했다. 그것은 적어도 유럽적 태도라고 볼 수 없었고, 자신들이 천명한 가치와도 거리가 먼 행동이었다.

여전히 유럽연합은 평화가 다스리고 있다. 하지만 그것이 실제로 진정한 의미의 평화일까?

2018년 5월 1일을 앞둔 주말 프랑스 사람들의 입에 오르내린 신문의 머리기사는 학생봉기가 일어났던 1968년 5월 파리의 기억을 소환했다. 진보자유주의 성향의 일간지 〈리베라시옹〉은 극우 세력의 군비 확장이 얼마나 폭넓게 이뤄지고 있는지를 폭로했다.[571] 극우 세력은 자신들이 이슬람 테러공격에 대비한 자기방어를 하고 있다고 생각했다. 같은 날 임대주택이 밀집한 프랑스 전역의 대도시 외곽 지역이 점점 더 통치 불능으로 치닫고 있다는 경악스러운 기사가 여러 건 보도됐다.[572] 독일과 오스트리아에서도 극우 정체성주의자들이 모여 사는 지역에서 집단행동이 많아지고 폭력사태가 빈발한다는 보도가 잇따랐다.

인구학적으로 봤을 때, 많은 유럽 국가에서 이슬람 신앙을 가진 사람들이 늘어나고 그들이 자주적으로 정치력을 행사하게 될 것이라는 예상이 충분히 가능하다. 2018년 10월 벨기에에서는 스물여덟 개 자치구에 '이슬람' 정당이 출현했다. 2012년에 이미 두 개의 선거구에서 처음으로 그 당의 후보자가 의원으로 선출됐다. 그들은 '이슬람 국가'의 건설 그리고 버스와 기차에서 남녀 구분을 요구했다.[573]

역사학자 미하엘 볼프존은 "무슬림 정당은 많은 나라의 다양한 수준의 의회정치에서 무시할 수 없는 연정파트너가 될 것"이라고 예언했다. 그는 미셸 우엘벡Michel Houellebecq의 소설《복종Soumission》이 "가능한 시나리오를 허구적으로 옮겨 놓은 것"이라고 여겼다. 이 소설은 프랑스가 우파의 테러로 쑥대밭이 되고 무슬림 형제단 소속 대통령이 집권하는 과정을 그린다. 민주적으로 적법한 과정을 통해.[574]

무역전쟁이 위험천만한 이유

지난 2년간의 우울한 정치 경험 중에는 도널드 트럼프가 마치 자동항법장치에 의해 움직이는 것처럼 가차 없이 독단적으로 행동할 때가 많다는 깨달음도 포함돼 있다. 시종일관 그는 학습에 소질이 없음을 드러냈다. 공화당원들은 그가 제멋대로 하도록 내버려두었다. 그들에게 중요한 목표들을 도널드 트럼프가 실행에 옮겨주었기 때문이다. 세제개혁과 대법원의 인사 재편 그리고 군사 예산의 증대가 대표적이다. 보수주의 성향 싱크탱크인 미국기업연구소의 노먼 오른스타인은 "트럼프는 사실상 아무런 정치적 견해가 없다."라고 확신했다.[575] 다만 이민과 무역 문제 두 가지 면에서만은 예외이다.

이 분야에 대한 트럼프의 확신은 전 세계 경제를 위험에 빠뜨렸다. 그는 "무역전쟁은 바람직하고 이기기도 쉽다."라고 말했고, 실제로 그 말을 행동으로 옮겼다.[576] 역사적 경험이 가르치는 바는 정반대이다. 무역전쟁은 나쁘고 무역전쟁에는 패자밖에 없다. 더불어 무역의 당사자들은, 그 정확한 정의에 걸맞게, 결코 서로에게 군사적 무기를 겨누어서는 안 된다. 세계화 시대에는 관세와 여타의 무역장벽들도 군사적 무기만큼이나 위험천만한 효과를 발휘한다.

무역전쟁은 그 희생이 오랜 시간이 지난 후에야 드러난다는 점에서 치명적이다. 일단 새로운 관세는 실제로 경쟁으로부터 보호막 작용을 할 것이다. 그 반작용으로 일부 품목에서 관세가 추가로 매겨진 외국 상품의 수입이 줄어들어 일견 성공적으로 보일 수도 있다.

트럼프가 2018년 6월 1일부로 유럽연합과 캐나다에서 수입되는 철강과 알루미늄에 관세를 부과함으로써 미국의 철강생산 업체는 해외 업체보다 자국 내 경쟁력이 높아졌다. 하지만 미국의 자동차 생산업체도 그 영향을 받아 원자재 구입에 더 많은 비용을 지출해야만 했다. 상품의 생산이 국경을 넘나들며 진행되는 만큼 금세 더 많은 상품이 영향권 안에 들어갈 것이고 관세 인상은 엔진에 낀 모래처럼 원활한 무역을 방해할 것이다. 당장 유럽연합이 미국산 위스키와 청바지, 오토바이 등에 보복관세로 대응했다.[577]

다양한 분야의 기업들은 세계 시장이 새로운 관세장벽으로 에워싸일 것을 걱정한 나머지 투자를 철회하고 생산도 꺼리고 있다. 무역전쟁의 양편 당사국 모두에서 전반적인 일자리가 줄어들고 남아도는 물건은 갈등의 여파가 아직 미치지 않은 시장에서 터무니없이 싼 가격에 팔려나간다. 그렇게 점점 하강곡선을 타고 아래로 떨어진다. 그 결과는 싸움이 시작된 지 적어도 몇 달 후에야, 흔히는 1년이 한참 더 지나서야 나타난다.

2018년 여름 즈음에도 여전히 트럼프와 유럽연합 간의 협상은 초기 단계에 머물러 있었다. 아직까지 갈등 완화의 희망은 남아 있다. 전 세계에서 사업하는 미국의 기업 총수들이 미국 대통령의 노골적인 무역전쟁에 냉담한 반응을 보이고 있기 때문이다.

미국과 중국 간의 갈등은 이미 격화일로로 치달았다. 2018년 7월 미국의 수입관세는 즉각 중국의 관세부과로 이어졌다. 트럼프는 미국에 수입되는 연간 5,000억 달러의 중국 물품에 관세를 부과하겠다고 위협한다. 이로써 트럼프는 이미 1라운드에서 자책골을 넣은 셈이 됐다. 미국 행정부가 관세부과를 결정한 500억 달러어치의 중국 수입품 중 95퍼센트가 미국에서 다른 물건을 생산하는 데 사용되는 중간생산물이다. 예를 들자면, 하이테크 부품과 소위 '자본재'라 불리는 기계도 여기에 속한다.[578] 이는 무엇보다 최종생산물을 만들어내기 위해 수입이 불가피한 미국 기업들에 영향을 미친다. 트럼프가 발사한 산탄총에 부상을 입은 자가 한둘이 아니다.

반면 중국의 무역 전략은 훨씬 정밀하다. 그들은 거의 최종생산물에 대해서만 인상된 관세를 매겼다. 그중에서도 콩과 돼지고기는 중국 입장에서는 다른 납품업자로 대체할 수 있는 품목이면서도 미국에서는 트럼프 지지자들이 밀집한 지역에서 생산된 물품이다.

미국 행정부는 중국의 보복관세에 심각한 타격을 입은 농부들에게 수십억 달러의 보조금을 지급함으로써 갈등을 해소하기보다는 새로운 부담을 짊어지는 편을 택했다.[579] 하지만 시장주의를 신봉하는 미국의 보수주의자들은 이를 자유시장경제 원칙에 대한 심각한 훼손으로 평가한다. 게다가 그로써 더 늘어난 국가부채의 최대 채권자는 다름 아닌 중국이다.

통화전쟁은 무역전쟁의 형제이다

—

부채가 늘어나면 부채를 조달하는 비용도 함께 늘어난다. 이탈리아가 대표적인 사례이다. 이미 2017년 12월 결정된 미국의 신규 부채 또한 비슷한 방향으로 갈 것이다. 무엇보다 이자율을 높이고 더 많은 투자자들을 미국으로 유인한다면 이것이 미국 달러의 가치를 끌어올릴 것이다. 동시에 미국 상품의 국제 경쟁력은 감소하고 도널드 트럼프가 두 팔을 걷어붙인 미국의 경상수지 적자를 줄이는 데는 아무 도움이 되지 않을 것이다.

경제전문가가 아닌 트럼프는 이러한 상황 뒤에서 '미국에 해를 끼치는 환율 조작'의 냄새를 맡았다.[580] 통화전쟁이 머지않았음을 예고하고 있다. 날이 갈수록 새로운 보호주의를 만들어내는 무역전쟁과 나란히 그 형제와도 같은 통화전쟁이 지금까지 호황을 누려온 세계무역의 전장으로 진격하고 있다. 마치 세계경제 위기를 겪었던 1930년대가 손짓하는 듯하다.

과거에서 소환된 내전

—

오스트리아의 부총리 하인츠 크리스티안 슈트라헤는 오래전부터 '내전'을 언급해왔다. "낯선 문화권에서 온 가난한 이민자들이 거침없이 유입되어 사회 시스템에 침투함으로써 연대와 단결로 이루어진 우리의 사회적 구조가 근본적으로 흔들리고 있다." 그는 2016년

'국가 상황에 대한 담화'에서 이렇게 주장했다. "그리고 이런 상황은 중기적으로 시민전쟁을 예상하는 것이 무리가 아니도록 만들었다." 그는 재앙이 예견된 일이라며 이렇게 말했다. "우리가 우리의 문화적 자산을 오래도록 지키고자 한다면 그것을 지켜내기 위한 태세를 갖추어야만 한다."[581] 애석하게도 그가 말하는 '연대와 단결'로 이루어진 오스트리아에서 도피한 세금난민이나 대형 자산가들의 수익, 이기적인 당 지도부의 행태 등은 유권자들에게 대대적인 분노를 일으키지 못했다. 적어도 '언어상으로는' 전쟁 준비가 착착 이뤄지고 있다.

각 정치 스펙트럼에서 급진주의자에 해당하는 자들이 돌격대로 활약하며 정부기구들을 인도한다. 2017년 7월 함부르크 G20 정상회담을 둘러싼 소요에서 그 사례가 발견됐다. 좌파를 천명한 시위대가 따라 한 선례는 우파극단주의자나 축구 홀리건들이 보여주는 폭력적 행태와 다를 바가 없었다. "누군가 하나가 다른 이들로부터 공격받았다고 느끼면 모두가 공격받은 셈이 되어 폭력이 걷잡을 수 없이 격화된다." 뮌스터 소재 독일경찰대학의 범죄학 교수인 요하임 케르슈텐Joachim Kersten의 설명이다.[582] 그리고 나면 이제 시작이다. "어떤 특정 포인트를 넘어서면, 문명화된 태도라는 버클이 풀려버리면, 예의와 문명이 그어놓은 한계선이 더 이상 유효하지 않게 되면, 평소라면 그런 일을 하지 않았을 사람들까지도 동참해 심지어 약탈과 방화까지 일삼게 된다." 이는 그런 사건이 벌어진 현장에 있었거나 화면을 통해 경험한 준법시민들에게도 돌이킬 수 없는 결과를 불러온다. "도시의 한 구역 전체가 피해를 입자 그곳 사람들은 경찰과 이런저런 관련을 맺게 됐다. 그리고 그들이 개인적으로 경험한 바로는 그곳에서 일어난 광란에 경찰은 무기력할 뿐이었다. 경찰에 대한 그들의 신뢰가 영구적으로 훼손된 것이다.”

이러한 메커니즘으로 더 많은 경찰 투입과 더 단호한 조치를 요구하는 목소리에 힘이 붙는다. 충돌 상황에서 경찰의 개입은 애초에는 가담하지 않았던 사람들마저 올바름에 대한 나름의 판단으로 행동에 나서도록 만든다. 당시 〈프랑크푸르터 알게마이네 차이퉁〉의 디지털판 편집장이었던 마티아스 뮐러 폰 블루멘크론Matthias Müller von Blumencron은 이 사건을 ‘폭동’이라고 규정했다.[583] 주간지 〈슈테른Stern〉은 무려 40쪽을 할애해 시가전의 극적인 현장을 사진으로 전했다.[584]

2018년 5월 1일 파리에서는 에마뉘엘 마크롱의 노동시장 개혁에 반대하는 시위에 만여 명이 자발적으로 모였다. 그중 이른바 블랙블록Black Block이라는 시위단체에 소속된 시위자 1,200여 명은 복면을 하고 나왔다. 그들은 곤봉과 쇠꼬챙이를 경찰과 상점을 향해 휘둘렀다. 자동차 여섯 대가 불탔고, 상점 서른한 곳이 파손되었으며, 몇몇 시위자들이 맥도날드 지점을 털기도 했다. 국민전선의 마리엔 르 펜은 이를 “정부의 안이함이 야기한 극좌파 민병대의 용납할 수 없는 파리 습격”이라고 비난했다.[585] 같은 시각 그녀가 속한 정당의 당원들 사이에는 당의 이름을 ‘국민연합’으로 바꾸어야 할지를 묻는 설문조사지가 돌고 있었다. 물론 그 ‘연합’은 마크롱의 ‘전진’도 염두에 두고 있었다.[586]

르 펜을 비롯한 전제주의를 지향하는 정치인들은 신나서 박수를 쳤을지도 모른다. 거리에 폭력이 늘어날수록 질서와 감시를 부르짖는 그들의 목소리는 설득력을 얻는다. 무슬림 대 비무슬림, 비무슬림 대 무슬림, 좌파 대 우파, 좌파 대 경찰, 우파 대 경찰. 벌써 그들의 계산은 맞아떨어지고 있다.

전제주의의 유혹, 국경전쟁

누구보다 이미 오래전에 권력을 차지한 우파 전제주의 정당들은 전쟁 음모를 꾸밀 운명이었다. 헝가리 혹은 폴란드에서 이방인들을 배척한다고 해서 유권자 대다수에게 만족스러운 경제적 성공을 가져다주는 것은 아니라는 사실이 명확해질수록 '외부의 적'이 더 급박하게 필요해진다. 시간의 차이가 있을 뿐 브뤼셀의 관료주의자들에게도 희생양이 필요하기는 마찬가지이다. 이러한 맥락에서 부다페스트 정부는 소위 슬로바키아에서 억압당하는 헝가리계 소수민족을 빌미로 삼아 전쟁을 벌일 수 있으며, 이탈리아의 실패한 민족주의자들은 남티롤 지역에 오스트리아가 과잉간섭을 한다는 이유로 국경지역인 브렌너 골짜기를 무기로 가득 채울 수도 있다. 마드리드의 중앙정부 역시 카탈루냐에 대한 군사적 개입을 유리하게 활용할지 모른다.

"사람들은 아주 쉽게 국경에서 다시 전쟁을 일으킬 수 있다." 수년간 독일의 노동부장관을 지낸 노베르트 블룸Norbert Blüm은 어느 온화한 여름밤 라인 강변에서 오랫동안 품었던 속내를 드러냈다.587

통제불능으로 치닫는 사이버전쟁

—

전쟁이 코앞이라는 말은 백발백중 사람들을 불안에 빠뜨리는 프로파간다다. '정보전쟁'이라는 말은 이미 제1차 세계대전 때부터 회자되었고, 현대에 이르러서는 사이버전쟁의 전초단계로 여겨진다. 그것을 누구보다 확실한 도구로 활용한 자는 러시아의 권력자이다. 2016년 미국 대통령 선거에 대한 명백한 개입이 그 사례 중 하나이며, 2019년 5월에 치러질 유럽의회 선거를 둘러싼 뉴스가 예측 가능하게 유포되는 과정에도 그의 개입이 있을 것으로 예상된다. 이 선거전에서는 가짜뉴스가 절정에 달할 수 있다. 705개 의석을 노리고 출마한 각 회원국의 후보자들이 국가별 선거제도에 따라 선출되기 때문이다.

진보 성향 유럽의회 의원인 디타 샤란초바Dita Charanzová는 "가짜뉴스 캠페인과 프로파간다와 맞서 싸우기 위해서는 유럽연합과 국가별 관청이 전략적으로 커뮤니케이션해야 한다."라고 말한다.[588] 그녀의 결론은 이러했다. "나는 선거관리위원회들이 잘 조직되고 준비됐다고 생각하지 않는다." 그 덕분에 수많은 나라에서 인터넷을 통해 효율적이고 광범위하게 유권자를 조종하려는 계획이 가능했다. 국경없는기자회RSF의 사무총장인 크리스토프 들루아르Christophe Deloire는 "많은 유럽 국가, 특히 동유럽의 정치 지도자들이 계몽적 언론을 망가뜨렸다."라고 말한다. 헝가리의 친정부 성향 일간지인 〈마자르 이두크〉는 2018년 4월 독립적으로 활동하는 외국인 특파원에 대한 블랙리스트를 발표했다.[589] 반면 주무관청들은 '가짜뉴스'가 자신들에게 유리하게 작용하는 한 못 본 척 넘어간다.

　이미 1995년에 미국 공군대학원의 조지 스타인George Stein 교수는 "온라인 전쟁의 목표물은 인간의 자의식이다."라고 강조했다.[590] 2007년 에스토니아에서 일어난 최초의 사이버전쟁은 한 나라의 기간전산망 전체를 마비시켰다. 에스토니아가 수도 한중간에 세워졌던 소련시대 전쟁기념물을 철거하자 정부와 은행 홈페이지가 불통이 돼버렸다. 러시아 국가 지도부에 의해 설립된 청소년 단체인 나쉬Naschi가 자신들의 소행이라고 밝혔다.[591] 그 공격은 작은 나라 하나를 뒤흔들어 놓기에 충분했고 그것은 하나의 실험이었다.

　사이버전쟁은 육상, 해상, 공중, 우주에 이어 인터넷을 전쟁이 벌어질 수 있는 다섯 번째 전장으로 끌어들였다. 공격 비용은 비정상적으로 싼 반면에 방어하는 데는 무척이나 많은 비용이 소요된다. 덴마크 오르후스대학의 국제커뮤니케이션 정치학 교수이자 인터넷 규제에 관한 국제적 전문가인 볼프강 클라인뵈히터Wolfgang Kleinwächter는 "사이버전쟁은 고도로 하이브리드한 전쟁 형태로 보통은 국제법상 재래식 전쟁을 판단하는 기준점 아래에서 벌어진다."라고 분석한다.[592] "사이버공격은 죽음과 파괴보다는 혼란과 소요를 일으킨다. 하지만 복잡한 사회와 디지털 경제를 겨냥한 사이버공격은 도시 한 구역을 폭격하는 것보다 더 큰 피해를 일으킬 수 있다."

　1648년 체결된 베스트팔렌평화조약은 이른바 '이원 원칙' 위에 하나의 질서를 확립했고 그것은 20세기까지 유효했다. "전쟁도 평화도 아닌 세 번째 선택지는 없다. 국가 간 전쟁도 내전도 아닌 세 번째 선택지는 없다. 전투원도 민간인도 아닌 세 번째 선택지는 없다."

베를린훔볼트대학의 정치학 교수 헤어프리트 뮌클러Herfried Münkler는 그 원칙을 이렇게 설명했다.[593] "그런데 지금 우리가 목격한 바는 세 번째의 출현이다. 즉 사이버전쟁에서는 지금이 전시 상황인지 혹은 그래도 평화가 유지되고 있다고 봐야 하는지를 정확하게 알 수 없다. 혹은 선전포고 없이도 전투 드론만으로 전쟁을 일으킬 수도 있다."

한 번의 공격이 여러 사람에게 할당되었을 때 특히 그 음흉함이 실체를 드러낸다. 모종의 교육을 받은 사이버 전사들이 각 나라의 불특정 PC방에서 행동을 개시할 때, 누구의 지시에 따라 누가 실행했는지를 어떻게 알 수 있는가? 용의자 추적도 증거 수집도 거의 불가능하다. 선동가들에게는 이상적인 놀이터로 보인다.

국가들이 점점 더 고립되어 제각각 행동할수록 다양한 차원에서 서로 소통할 기회는 줄어들고 정치 지도자들 간의 불신은 커져가며, 인터넷상의 공격은 통제불능으로 치닫는다. 국제적 결의의 무효화나 양자 조약의 철회 또한 더더욱 전쟁을 부추기는 요소로 작용한다. 긴장은 사이버 전사들의 작업을 손쉽게 만들고 사이버 전사들은 긴장을 부추긴다. 신경전 또한 전쟁의 소용돌이에 기름을 붓는다.

디지털 병사들의 무장 경쟁

———

도널드 트럼프 미국 대통령은 매일같이 트위터상에서 폭풍우를 일으킨다. 즉흥적으로 보이지만 계산적일 때가 더 많은 그의 의견들을 모든 언론이 부지런히 퍼다 나른다. 그리고 그것이 중대사의 구조적인 흐름에 대한 견해를 바꿔 놓을 때도 적지 않다. 2017년 8월 18일 트럼프는 미국의 군사기관 중 하나인 사이버사령부를 '통합전투사령부Unified Combatant Commands'로 승격해 더 이상 논란 많은 국가안전국 NSA으로부터 지시받지 않게 하겠다고 밝혔다. 대신 대통령의 명령이 국방장관을 거쳐 곧장 사이버사령관으로 전달되는 직통라인이 개설됐다. 정권에 강한 영향력을 미치는 기술 전문가들은 한 발 더 나아가 사이버 안보를 전담할 장관직을 요구하고 있다.[594]

2018년 1월 미국 국방장관 제임스 매티스James Mattis는 새로운 '국가 안보 전략'을 발표했다. 하지만 전임자 때와 달리 그가 들고 나온 것은 요약본이었다. 비록 상세한 보고는 모두 비밀에 부쳐졌지만, 11쪽짜리 강력한 요약본만으로도 그 보고서의 결론을 명확하게 추론할 수 있다.[595] 사이버 공간상 교전에 관한 문제가 우선순위 두 번째에 있었던 것이다. 첫 번째는 핵무기 갈등이다. "우리는 사이버 방위력과 피해 복구 능력을 향상시키고 모든 스펙트럼의 군사작전에 사이버 역량을 지속적으로 통합하는 데 투자할 것이다." 전략은 확정됐다. 군산복합체가 키운 제자들은 이 전략하에 수백억 달러어치의 계약을 만들어 군산복합체에 기쁨을 안길지도 모른다. "우리는 정보 전문가, 데이터 과학자, 컴퓨터 프로그래머, 기초과학 연구원 및 엔지니어 등의 인력을 보완하여 정보를 관리할 뿐 아니라 정보를 활용할 것이다." 국방부는 또한 "소규모 기업, 스타트업, 대학 등과의 새로운 파트너십을 구축하고 외부 전문가들과 접촉을 확대하는 등 핵심 기술을 활용하기 위한 비전통적 경로를 계속 탐색해나갈 것"이라고 밝혔다. 과거엔 없던 '스타트업'이 언급된 것을 제외하면 냉전 시대에 했던 것과 비슷한 얘기로 들린다.

2018년 3월 재정적, 위계적으로 승격된 사이버사령부가 발표한 전략 문건에서는 좀 더 확실한 언어를 사용한다. '사이버 공간상 우세의 확보와 유지'라는 제목 아래 다음과 같은 원칙이 제시된다. "지속적인 참여는 우리 적들에게 전술적 마찰과 전략적 비용을 부과하여 방어하는 데 자원을 쓰게 만들고 공격을 감소시킬 것이다."[596] 다른 말로 하자면, 미국 병력이 사이버공격을 하는 것이 최상의 방어란 뜻이다.

여기에 중국, 러시아, 이스라엘이 가담하면서 무장경쟁은 최고조에 달했고 군비 축소의 움직임이 그 어디에서도 눈에 띄지 않는다.[597] 2019년까지 프랑스 정부는 10억 유로를 새로 창설할 사이버 군대에 투자할 계획이다. 그러면 3,200명의 디지털 병사들이 '위대한 국가Grande Nation'를 위해 복무하게 된다. 몇 년 전에만 해도 그 숫자는 100명에 불과했다.[598] 2018년 5월 호주를 방문한 에마뉘엘 마크롱 대통령은 '사이버 공간'에 대한 미래지향적 협약 하나를 체결했다. 프랑스와 호주는 "군사 및 민간 네트워크에 대한 위협에 맞서기 위해 설계된 사이버 안보 협력"에 합의했다.[599] 이는 거의 아무런 주목을 받지 못했다. 하지만 마크롱이 말콤 턴불Malcom Turnbull 호주 총리의 배우자를 '맛있는delicious 부인'이라고 표현하자, 전 세계 언론이 지그문트 프로이트Sigmund Freud가 말한 억압적 무의식에서 비롯된 실언으로 볼 수도 있는 그의 표현에 각별한 관심을 가졌다.

가장 위험한 불씨, 미중전쟁

—

무역전쟁, 통화전쟁, 내전, 국경전쟁 그리고 사이버전쟁까지. 지금 언급한 이 모두는 새롭고 광범위하며 격렬한 전쟁의 전조로 여겨진다. 세계 전반이 전쟁을 벌이기에 알맞은 상황에 이르렀다. 이동 가능한 핵무기, 드론군대, 최초의 로봇전사가 기념할 만한 성과처럼 제시된다. 컴퓨터게임을 하듯 버튼을 눌러 사람을 죽이고, 그 과정에서 초강대국의 여권 소지자가 희생될 필요는 없다. 그렇게 악당과 테러리스트가 그리고 남들이 죽는다.

그렇다. 선과 악은 다시금 호황을 누리고 첨예한 대립이 환호를 받는다. 비자유주의 정권일수록 세계관이 단순하다. 오늘날 수많은 권력자들의 어리석음이 소용돌이를 더 강하게 만든다. 그들은 수백만 명의 사람들이 지닌 확실함에 대한 욕구를 충족시켜준다. 우리와 그들. '우리'의 조국에 산다는 것. '남들'의 죽음. 전쟁을 향한 동경이 부추겨지고 영웅들이 돌아온다. 꼭 무슬림 사원에서 아이들이 역사상 전투를 암송할 때가 아니더라도 사방에서 전쟁의 냄새가 풍긴다.

지금 당장 구조적 무게중심이 이동하고 있다. 중동에서 미국 정부는 다시금 사우디아라비아 편을 들 때가 잦아졌고, 이스라엘과 함께 이란을 배격한다. 미국 편에서 이란과의 핵협정을 파기한 것은 한낱 주전론자들의 책동 이상이었다. 트럼프 미국 대통령은 제재를 다시 발동하고 그 나라에 민중봉기가 일어나길 기다린다. 예상 가능한 시나리오는 다음과 같다. 궁지에 몰린 이란의 권력자는 다시금 추가 우라늄을 농축하고 국제원자력기구IAEA의 통제를 거부할 것이다. 미국 대통령 직속 정보기관 중앙정보국CIA과 이스라엘의 강경론자들은 예방적 군사조치를 독촉할 것이고 동시에 이라크 주둔 미군 병력의 강화를 요구할 것이다.

러시아의 전제군주는 시리아에 개입하는 한편, 주변 지역인 크림반도와 우크라이나 동부에서 자신들의 영토적 이해관계를 실현하고 있다. 하지만 무엇보다 중국이 영향권을 넓혀가고 있다. 중국을 막을 수 없다면 중국이 지배하는 세계를 받아들여야만 한다. (제2장 '세계를 하나의 중국으로 만들겠다는 야망' 참조) 21세기 초입부터 군사적 슈퍼파워를 지닌 이 세 나라가 격돌 중이다.

그리고 과거 역사에서 흔히 확인되는 바처럼, 큰 전투는 엉뚱한 시점과 엉뚱한 장소에서 시작된다. 1914년 6월 28일 사라예보에서 오스트리아–헝가리 제국의 황태자 프란츠 페르디난트Franz Ferdinand 대공이 암살당했을 때처럼. 황태자의 암살은 제1차 세계대전으로 이어졌고, 호주의 역사학자 크리스토퍼 클라크Christopher Clarke의 집요한 묘사처럼 수많은 가담자들은 마치 눈 뜨고 꿈을 꾸는 '몽유병자처럼' 갈지자로 전쟁의 길을 걸어갔다.[600]

러시아와 나토를 끌어들인다고 해서 꼭 출발신호가 발트해 연안이나 폴란드 국경에서 울릴 필요는 없다. 시작점은 그 어느 곳보다도 노르웨이 동북부, 더 정확하게는 '바도'라는 소도시가 될 가능성이 높다. 2020년 그곳에 고도로 개발된 최신식 레이더 기지인 글로버스3호Globus Ⅲ가 세워질 예정이다. 미국이 1,000만 달러를 들인 이 프로젝트의 표면상 임무는 우주쓰레기 감시다.

하지만 그 기지의 가시권에 콜라반도가 들어 있다. 크렘린의 주인이 최신식 잠수함에 핵탄두를 실어 보내는 러시아의 해군기지가 세워진 곳이다. 블라디미르 푸틴 대통령은 자기 나라를 지구 온난화의 수혜자로 보고 북극에 대한 경제적, 군사적 지배권 확보를 국가적 최우선순위 과제로 삼았다. 새로운 유전과 가스전뿐 아니라 사계절 운항이 가능한 루트 개척도 그의 관심사 중 하나이다. 러시아의 독법에 따르면, 글로버스 3호는 러시아를 꼼짝 못하게 하려고 만든 미국의 미사일방어 시스템의 일환이다. 오슬로 주재 러시아 대사인 테이무라스 라미시빌리Teymuraz Ramishvili는 "노르웨이는 이 기지 설치로 말미암아 나토의 외부기지가 되며 러시아와 러시아 군사력과 대치하는 최전선이 된다는 점을 분명히 알아야만 한다."라고 이미 경고를 날렸다.[601] "이로써 더 이상 평화로운 북극은 없을 것이다."

　가장 큰 위험의 불씨를 품은 것은 단연 중국과 미국 간의 경쟁이다. 중국 지도자인 시진핑 입장에서야 '더 나은 협상'을 향한 도널드 트럼프의 집착이 성가시겠지만, 그렇다고 미국과 노골적으로 대치하여 승리를 거두기에는 아직 전투력이 약하다. 그 점은 미국 군부와 행정부의 매파들도 잘 알고 있다. 미국의 노련한 외교관 필립 고든Philip Gordon은 트럼프 임기 초반 미국 잡지 〈포린 어페어Foreign Affairs〉에 조만간 어떻게, 정확히 어떤 빌미로 전쟁이 일어날 수 있는가를 자세히 묘사한 바 있다. 그의 시나리오에 따르면, 싸움은 관세로 시작해 환율 문제로 격화된 다음 남중국해 인근에서 미국의 비무장 수색정과 중국의 트롤어선이 알 수 없는 이유로 충돌하자 중국 인민군의 프리깃함에서 발포를 시작함으로써 걷잡을 수 없는 상황에 빠져들 것이다.[602] 그리고 그 일이 현실에 펼쳐지고 있다. 2018년 여름,

세계는 관세를 둘러싼 무역분쟁을 경험했고 갈등은 환율 문제로 격화되는 중이다.

적어도 대재앙에 관한 세 번째 시나리오, 즉 러시아와 중국의 핵전쟁은 비현실적으로 보인다. 당분간은.

광범위한 위기와 집단끼리의 충돌이 쌓이면서 세계를 일촉즉발로 몰아갈 악마의 칵테일이 제조됐다. "우리는 인간적 외교술이 이 세계에서 실패한 것 같은 기분을 느낀다." 유엔 인도주의 업무국장인 파노스 모우지스Panos Moumtzis는 2018년 봄 싸늘한 결론을 내렸다.[603]

미국의 학술지 〈원자과학자회보Bulletin of the Atomic Scientists〉는 1945년부터 '운명의 날 시계doomsday clock'를 발표해왔다. 이 시계는 인류가 직면한 핵전쟁의 위험도를 보여준다. 발표될 시간을 결정하는 위원회에는 열두 명이 넘는 노벨상 수상자가 참여한다. 지금까지 시계가 핵전쟁 발발을 의미하는 자정 12시의 2분 전을 가리킨 것은 딱 한 번이었다. 냉전을 벌이던 미국과 소련이 수소폭탄을 실험한 1953년이다. 2018년 그 시계는 다시 조정되어 자정 12시 2분 전을 가리키고 있다.[604] 전 세계가 '게임 오버'되기까지 불과 120초 남았다.

제 10 장

자유주의가 사라진
이후의 삶

—

"누군가 목숨까지도 바칠 수 있는 무언가를 발견하지 못했다면,

그는 아직 삶의 준비가 되어 있지 않은 것이다."

- 미국의 시민운동가이자 목사, 마틴 루터 킹 주니어Martin Luther King Jr.

GAME OVER

지금까지 살펴본 대로, 그야말로 게임은 끝이 났다. 의사표현의 보편적 자유와 민주주의, 함께 살아가는 전체의 가치를 존중하는 다양성, 균형 잡힌 부의 분배를 합리적으로 추구하는 나라는 이제 한줌도 되지 않는다. 북극의 빙하들처럼 녹아버렸다. 노르웨이, 덴마크, 스웨덴, 포르투갈, 호주, 독일 정도가 남은 빙하의 조각들이다. 스위스? 석연치는 않지만 일단은 그렇다고 치자. 네덜란드와 프랑스도 어느 정도는 포함시키는 것이 가능할 것이고, 그 외에 한두 나라가 더 있을 것이다. 오스트리아는 헝가리와 역사상 가장 끈끈한 관계를 맺어가는 중이다. 이 두 나라를 일컫는 약어는 이제 '제국이자 왕국 K.u.K'이 아니라 '쿠르츠와 오르반K.u.O'이 됐다. •

• Kaiserlich und Königlich. 1867년 오스트리아 제국의 황제와 헝가리의 헝가리인 귀족들 사이의 대타협으로 세워졌던 오스트리아-헝가리 제국의 별칭을 인용한 것이다.

그리고 이제는? 대부분의 서유럽인들은 '저항하는 삶'에 대해 그저 소문으로만 듣고 있을 뿐이다. 그리스, 스페인, 포르투갈에서는 마지막 독재가 이미 1970년대에 끝났다. 1989년까지 인구 전체가 개인의 자유를 보호하기 위해 저항해야만 했던 동유럽인들은 그나마 희미하게라도 기억하고 있을지 모르겠다.

2020년대 세계에는 전혀 새로운 양상이 펼쳐질 것이다. 권력의 작동 방식은 훨씬 정밀할 것이고, 통제는 부지불식간에 일어나면서도 한결 효율적으로 작동할 것이다. 철의 장막이 붕괴하면서 검열은 끝이 났다. 하지만 "요즘 사람들은 기자들에게 무언가를 말하는 일을 그때보다 훨씬 더 두려워한다."라고 〈슈피겔 온라인〉의 헝가리 특파원 케노 페르세크Keno Versek는 전한다.[605]

자유주의가 사라진 감시 국가에서는 간섭이 수시로 이루어진다. 그들은 의식적으로든 무의식적으로든 중국 모델을 따라가고 있다. 무늬만 토론일 뿐 전혀 민주적이지 않은 대화가 일상화되고, 사회구조에 대한 비판은 입을 열기도 전에 저지당한다. 정치적 신념 때문에 감옥에 갇힌 사람들의 숫자는 알려지지 않는다. 인권단체인 엠네스티Amnesty는 대부분의 나라에서 반정부단체로 배척당하고 있으며, 그들과 협력하는 사람들에게는 달갑지 않은 방문자가 들이닥친다. 중국이나 터키, 러시아에서는 '사회화합'이나 '복지'를 명분으로 하는 정부 부서에서 이런 일을 담당하고 있다. 그나마 전제주의가 덜한 국가라면 대부분 국토안보부의 업무일 것이다.

통치제도에 대한 근본적 문제의식이 없는 많은 시민들은 그럭저럭 잘 살아갈 수 있다. 그럭저럭 하늘을 가릴 수 있는 지붕 아래에서

풍부한 영양분을 공급받고 적절한 의료 혜택을 받고 경제적으로 감당할 수 있는 한 그리고 '티티테인먼트'에서 즐거움을 얻는 한, 사회적으로도 정치적으로도 안정이 찾아온다. 모두를 위한 질서와 안전이 보장되었기 때문이다. 중국과 여타 성장 지향적인 개발도상국들이 증명하는 바이다.

하지만 그런 나라들에 상대적으로 넓게 포진한 중산층 사람들은 민족주의 바람에 휩쓸려 전제주의 지도자를 뽑아놓고는 경제적으로나 정치적으로나 뼈아픈 경험을 하고 있다. 그들은 이제 곧 거짓 구원자이며 억압적인 독재자들에 기만당했음을 깨닫게 될 것이다. 그렇다면 그 이후에는 어떤 일이 벌어질까?

만약 중산층이 사라졌거나 적어도 비자유주의적인 민주주의자로 변했다면, 어디서 누구에 의해 저항이 일어날 것인가? 사회적 관심이 많은 고학력 시민들과 지성인들, 언론계 종사자들이 기대하는 것만큼 보편적 의사표현의 자유가 수백만 유권자들을 동원하는 데 큰 효용이 있지도 않다. 오히려 국가의 전횡에 대한 개인적이고 구체적인 경험이 저항을 추동하게 될 것이다. 디지털 민주주의에서 벌어지는 관료들의 횡포는 구조적인 면에서 수백 년 전 군주들의 행태와 다르지 않다. 역사를 통해 매우 일반적으로 경험한 바에 따르면 부패와 족벌주의는 '열린 사회'보다 비민주주의 체제하에서 더 번성하는 법이다. 하늘을 찌르는 불평등은 그 과정에 촉매제가 된다.

구체적 상황에 따른 저항의 모델은 세 가지로 구분된다. 그리고 각각은 세 명의 인물, 즉 제럴드 포드Gerald Ford, 누르시아의 성 베네딕토St. Benedictus de Nursia, 디트리히 본회퍼Dietrich Bonhoeffer를 통해 형상화될 수 있다.

제럴드 포드는 도청과 은폐의혹에 둘러싸여 더 이상 탄핵을 면치 못하게 된 리처드 닉슨Richard Nixon 후임으로 미국 대통령이 됐다. 닉슨의 부통령이었던 이 내성적이고 소극적인 정치인이 1974년 대통령직에 오르자 국가 제도의 정상적 기능에 대한 신뢰는 더 이상 흔들리지 않게 됐다. 이 모델이 현재 미합중국에 적용될 여지는 없다. 도널드 트럼프의 부통령인 마이크 펜스는 공화당 우파 진영으로부터 돈독한 지지를 받고 있어서 트럼프 없이도 트럼프주의를 거뜬히 실행해낼 수 있다. 대부분의 나라에서 이런 식으로 예전의 정상적 민주주의로 돌아가려는 시도를 하려면 국민투표를 해야 한다. 가령 오스트리아에서는 이런 전환이 성공을 거둘 여지가 남아 있어서 우파 정당인 자유당의 집권을 역사 속으로 돌려보낼 수 있을지도 모른다.

성 베네딕토는 중세 초기 로마의 부유한 대지주 아들로 태어났으나 부정하고 방탕하다고 여긴 자기 지위를 버리고 몬테카시노수도원Monte Cassino Abbey을 세웠다. 로마가 몰락하는 동안, 그와 그를 따르는 수사들은 유럽 전역에 수도원을 설립했다. 이런 식의 회귀는 지역 민주주의가 살아 있는 인구밀집 지역에서 성공을 거둘 수 있다. 가령 프랑스에서 극우가 권력을 잡아도 각 도시에 집중해 자치민주주의를 살릴 수 있다. 오스트리아에서는 이런 회귀의 여지가 대학도시에 남아 있으며, 유럽 전체를 두고 볼 때는 스칸디나비아 국가들과 네덜란드, 스위스, 독일에서 가능성이 있다.

세 번째 길은 브레슬라우 출신 루터파 신학자 디트리히 본회퍼를 따르는 것이다. 나치가 독일의 권력을 잡던 날 저녁 그는 가족들에게 "이것은 전쟁을 뜻한다."라고 말했다.[606] 본회퍼는 나치 제국을 공개적으로 비판하고 동지들과 지하조직을 결성하여 저항했다. 그것만으로는 충분치 않아 1933년에는 교회를 향해 "불의라는 바퀴에 깔린 희생자에게 붕대만 감아줄 것"이 아니라 "바퀴 자체를 멈춰야 한다."라고 호소했다.[607] 이 성직자는 자신의 국제적 인맥을 '저항의 밀사'로 활용했고 '현실에 적합한 행동'의 중요성을 강조했다.[608]

민주주의적 원칙이 약화될 때, 정권비판자들이 핍박을 받을 때, 정권과 가까운 사람들이 정부 용역을 독식하고 입법부와 사법부, 언론이 강자에게 고개 숙일 때, 그때가 바로 시민들의 비폭력 저항이 시작될 적기라고 할 수 있다. 비단 필리핀과 베네수엘라 혹은 터키가 아니더라도 가두시위와 도로점령, 공공질서와 법질서의 평화적 파괴가 일상이 될 것이다.

폴란드가 새로운 '연대' 운동을, 헝가리가 1956년의 새로운 저항을 바라는 역사의 비극적 전환점이 도래했다.

저항은 어떻게 조직될 것인가

—

하지만 다른 많은 나라에도 저항의 삶이 익숙해질 시기가 무르익었다. 1970년대 군부독재를 피해 칠레와 브라질에서 유럽으로 온 이민자의 자녀들은 자기 가정사에서 영감을 얻을 수도 있다.

저항은 조직되고자 할 것이다. 저항의 가장 중요한 원칙은 신뢰할만하다고 입증된 사람만을 신뢰하는 것이다. 도청이 가능한 통신수단은 피하고, 스마트폰이나 이메일을 통한 메시지 교환 또한 해킹을 당할 수 있으므로 절대 금물이다. 아날로그 전화기가 유용하다. (제 11장 '디지털 권력에 맞서는 자기방어' 참조) 페이스북의 경박함에 의해 사라졌던 세대 간 정보교류가 되살아나 윗세대의 경험이 분별 있는 젊은이들에게 전수될 것이다.

정치적, 문화적으로 균등하게 결성되었던 소련공산주의 시대의 반정부주의자들과 반체제 인사들이 다시금 롤모델로 활용된다. 독일계 프랑스인 역사학자이자 출판가인 닐스 민크마르Nils Minkmar는 그들의 성격을 다음과 같이 설명한다. "그들은 수염을 덥수룩하게 기르고 투박한 스웨터를 입고 입에는 줄담배를 물고 있다. 그들은 부자도 권력자도 아닌 그럭저럭 사진발이 잘 받는 인물들이다. 그들의 유머는 대부분 썰렁하게 끝이 난다. 그들의 책과 작품이 언제나 대단한 호응을 받는 것도 아닌데 어떤 이유에서인지 모두가 그들을 알아본다. 그들은 영웅이다."[609] 미국의 베테랑 정치인 버니 샌더스나 영국 노동당 당수 제러미 코빈Jeremy Corbyn이 반체제적 젊은 활동가들 사이에서 큰 인기를 얻은 것은 샌더스와 코빈의 괴짜 같은 면모가 그를 지지하는 집단 전체의 성향과 비슷하기 때문이기도 하다.

"바츨라프 하벨Václav Havel, 알렉산드로 솔제니친Alexander Solschenizyn, 아담 미치니크Adam Michnik, 브로니슬라브 게레메크Bronisław Geremek, 레프 코펠레프Lew Kopelew 혹은 밀란 쿤데라Milan Kundera와 같은 작가들은 냉전시대조차 '문화적 번영기'로 만들었다. 그들은 그것을 끝내는 것을 도왔다. 그들은 활동가 혹은 문학가 이상이었다. 그들은 그들을 그리 환영하지 않던 시대에 문화와 조국의 명예를 지켰다." 민크마르의 평가다.

이제 남은 질문은 하나이다. 과연 누가 새로운 반체제 인사들이 반민주주의에서 자유국가로 나아갈 수 있도록 길을 터줄 것인가, 누가 그들의 작품을 읽고 누가 그들의 출현을 조직적으로 후원할 것인가? 그들의 기회는 인터넷에 있다. 하지만 그 플랫폼에서마저 그들을 감시하는 나라가 점점 늘어나고 있다.

먼저 쏘는 자가 먼저 막는다

—

민주주의가 훼손되고 폄훼당하며 사실상 폐기되는 상황까지 벌어지자, 자국정부에 맞서 개인적으로 무장한 저항 세력의 문제가 다시금 대중적 주목을 받고 있다. 정치 권력자를 향한 무기 사용은 특별히 극단적인 상황에 한해 도덕적, 법적으로 정당화될 수 있다. 그렇다 하더라도 지금까지의 수많은 해방운동 전사들에 대한 보고서는 그들이 무력을 사용하는 방식에 대해 회의를 느끼게 만든다.

헤닝 멜버Henning Melber 역시 그런 회의를 느꼈다. 열일곱 살이던 1967년 그는 독일인 부모와 함께 당시는 서남아프리카로 불리던 독일 식민지, 나미비아로 이주했다. 1974년 멜버는 남아프리카 점령 세력에 무력으로 저항하는 서남아프리카인민기구SWAPO의 첫 백인 회원이 되었고, 그 즉시 자기 고향이었던 나라를 버려야만 했다. 사람들은 그가 자기 집단을, 즉 백인 이주자들을 배신했다고 욕했다. 하지만 더 정의로운 사회를 만들기 위한 합법적 수단으로 폭력을 정당화한 프랑스 철학자 장 폴 샤르트르Jean-Paul Sartre에 영향을 받은 그는 '불의에 대한 근본적 문제의식'으로 인민기구 편에 머물렀다.[610] 하지만 멜버는 1990년 나미비아가 자치를 시작한 이후 해방된 나미비아인들이 새로운 권력을 다루는 방식에 오히려 더 실망하고 말았다. 멜버는 이렇게 말한다. "프랑스혁명으로 거슬러 올라가볼 수 있다. 봉건지배에 맞선 부르주아지bourgeoisie 운동●으로 훨씬 더 많은 사람을 훨씬 더 효율적으로 처형할 수 있는 단두대가 등장했다. 시민의 자유란 그런 것이었다. 그때부터 우리는 폭력이 이끌어낸 사회적 대전환은 대부분 피해자를 가해자로 만드는 변화에 불과하다는 것을 자연스럽게 깨달을 수 있었다."[611]

남아프리카공화국의 프리토리아에서 대학교수가 된 멜버는 작가 크리스타 볼프의 말을 인용해 다음과 같이 말했다. "그녀는 '전쟁은 사람들을 만든다.'라고 썼는데 그것이 바로 무력 사용의 문제이다. 무력 저항은 낡은 시스템을 재생산할 씨앗을 품고 있다. 성공하려는 의도를 가진 자는 압제자들에 의해 실행되었던 것과 동일한 형식, 즉 인간을 경멸하고 훼손하며 인권을 무시하는 방식을 차용해야만 하기 때문이다. 그렇지 않고서 그러한 저항은 성공할 수 없다. 저항하는 사람은 압제자와 같은 언어를 사용하게 된다. 그리고 그것은 재킷을 입었다 벗는 것처럼 성공을 거둔 다음 그 기능을 벗을 수 있는

● 부르주아지는 본래 중세부터 거주하던 프랑스 '시민'을 가리켰다. 이들은 시민의 기본적 인권을 두고 투쟁을 벌였으며, 그에 따라 시민사회가 발전하고 근대사회가 형성되었다. 근대 민주주의 혁명이 성공을 거둔 후에 이들은 자본가계급을 형성하게 되었으며, 그리하여 오늘날에는 자본가계급을 부르주아지라 부르게 됐다.

게 아니다. 그 재킷은 인간성과 가치관, 기준을 형성하는 데 필수불가결한 요소가 된다. 독립의 시점에 스위치를 끄지 말고 이렇게 말해야 한다. 이제 우리 모두 민주주의자라고, 이제 우리 모두 인권을 보호하고, 이제 우리 모두 나란히 걸으며 평화와 기쁨을 실천하고 팬케이크를 나눠 먹자고."

이러한 깨달음은 30년 전쟁을 통해서도 확인할 수 있다. 2018년에도 400년 전 시작된 그 전쟁에 주목하는 이유이다. "전쟁에 나간 사람은 죽을 수도 있었다. 사람들은 그것이 도덕적으로 금지되기는커녕 오히려 장려된다는 것을 알았다. 그리고 다른 모두도 그 장려된 바를 행했다. 그리고 그것을 다른 모두가 한다면 그것은 더 이상 도덕적으로 비난받을 일이 아닌 것으로 간주됐다." 베를린의 역사학자 외르크 바버로브스키Jörg Baberowski의 해석이다.[612] "한 사람이, 대부분의 경우 지도자가 사이코패스인 걸로 충분했다. 그가 잔인함에 동참할 다른 이들을 불러 모으면 됐다. 그런 경우 인류보다는 동료의 가치가 더 높게 매겨진다. 거기에 동참한 사람들은 동료를 배신하지 않으려 한다. 그 일은 어떤 집단적 기제에 의해 실행된 것으로, 특별히 그 사람들이 사악하여 일어난 일은 아니다. 죽이는 것은 그들의 생각이 아니었다."

다시 멜버의 말을 빌리자면, 그것은 "거대한 도덕적 딜레마로 남았다. 나는 오늘날 불의한 시스템에 폭력적으로 저항하겠다는 결정이 그 저항을 실행하는 사람을 어떻게 망가뜨리는지를 알아볼 수 있다. 하지만 과연 대항적 개념으로 폭력을 사용하지 않고 자치권을 쟁취할 다른 기회가 있을지에 관해서는 판단을 아끼고자 한다."

2020년대에는 민주주의가 확고하게 자리 잡은 것으로 여겨지는 국가들에서도 이러한 딜레마가 확연하게 드러날 것이다. 이 책의 독자들, 특히 젊은 독자들은 더 많은 곳에서 이 딜레마와 직면하게 될 것이다. 아니면 완전히 다른 상황이 벌어질지도 모른다.

제 11 장

유일한 출구는
믿을 만한 분배이다

꿈과 환상이라고 불리는 것들.
하지만 무슨 꿈? 이것은 우리의 삶이다.
무슨 환상? 이것은 현실적이기만 하다.

GAME OVER

다시 전쟁이 일어나야만 사람들이 이성을 회복하게 될까? 스탠 포드대학의 역사학자 발터 샤이델은 그의 책《불평등의 역사 *The Great Leveler*》에서 거대한 사회적 불평등은 오직 대재앙과 전염병, 혁명 혹은 전쟁에 의해서만 감소될 수 있다는 결론에 이르렀다.[613]

과연 오늘날의 글로벌 혁명이 평화롭게 이뤄질 수는 없을까? 지난 수십 년간 우리는 '하던 대로' 하다 보니 '게임 끝'에 이르렀다. '자유로운 게임'은 여전히 그것의 성공이 기약돼 있다는 전제하에, 많은 시민들이 재빨리 정신 차리고 저항을 시작할 때만 가능하다. 정의와 자유, 박애, (기회의) 평등과 개방성을 위해 싸울 가치는 충분하다. 무엇보다 현 상황의 심각성은 수백만 서구인이 그중 많은 것을 잃어버리는 길을 가면서도 그 사실을 인식조차 하지 못한다는 데 있다.

서구사회를 다양한 유혹에서 구해내고자 한다면 우리는 지금 뿌리를 되짚어야 한다. 오직 '믿을 만한 분배', 즉 사회적·디지털적·경제적·정치적인 분배가 이루어져 구성원의 신뢰를 회복하는 것만이 출구가 될 수 있다. 그것이 경제적 양극화 증가와 타자에 대한 무조건적인 거부보다 훨씬 우리를 자유롭게 만들어줄 것이다.

이 일에는 근본적이고 급진적 변화만이, 오직 급진성만이 필요하다. 정치적 중립에서 벗어나야 한다. 지금 시민사회에 요구되는 것은 재각성이다. '미투me too 운동'의 세계적 성공이 자극제가 될 수 있다. 기독교 계열 정당을 지지하던 시민들과 사민당에 몸담았던 동지들이 뜻을 세워 제대로 목소리를 내기만 해도 많은 것들이 달라진다. 자유주의 정당, 녹색당, 좌파당을 지지하던 유권자들과 함께 그들은 '열린 사회'에서 애국심을 (합헌적으로) 실천하고, 다양한 형식의 분배를 통해 한때 신민족주의자들에게 쏠렸던 많은 시민들을 다시금 자유민주주의적 기본 질서 안으로 데려올 수 있을 것이다. 그 거창한 이름이 아깝지 않은 '생태사회적 시장경제'의 틀 안으로.

부자들이여, 토론의 장으로 나오라

—

우리는 이미 많은 경험을 통해 사람들의 태도를, 또한 개인의 행동을 바꾸기가 얼마나 어려운지 잘 알고 있다. 그럼에도 지금은 변화가 필요하다. 심화된 사회적 양극화로 인해 지금의 상황은 가히 절망적이다. 극소수 특권층들이 그 밖의 사람들과 (더 이상) 접촉하지 않으려 한다면 간극은 갈수록 더 깊어질 것이다. 우리는 우리 모두가 인간이라는 사실을 다시금 인식해야 한다. 유엔에서 재정한 세계인권

선언 제1장에서 규정한 대로 모든 사람은 "태어날 때부터 자유롭고, 존엄하며, 평등하다."[614] 이 규정을 존중하려는 사람이 업신여겨지거나 '공상적 박애주의자'라고 폄훼당해서는 안 된다. 가톨릭사회복지사업단 카리타스Caritas의 오스트리아 지부 대표를 맡았던 프란츠 퀴베를Franz Küberl은 난민 편에 섰다는 이유로 종종 욕을 먹었다. 하지만 개인적으로 그런 비난을 하던 사람들도 다음 한마디로 무장해제되곤 했다. "그들이라고 생명이 가벼운 것은 아닙니다."[615]

그 말을 듣고 나면 열린 토론이 가능해질 때가 적지 않았다. 비난을 앞세우지 않게 되고 선입견이 갈수록 옅어지며 가짜뉴스가 바로잡아질 수 있었다. 상류층이 부자들만의 게토ghetto●에서 모여 살기 시작했고, 부자가 아닌 사람들은 또한 그들끼리 남겨졌다. 수년간 국제환경보호단체인 그린피스Greenpeace 해외지부에서 활동하다가 고향인 독일의 작은 마을 로트안데어로트로 돌아온 게르트 라이폴트Gerd Leipold는 "지역 엘리트들이 자발적으로 축출됐다."라는 촌평을 남기기도 했다.[616] 과거에는 회사 사장이나 인근 대기업 간부들이 당연한 듯이 마을 교회 성가대나 조기축구회에서 동네 사람들과 어울렸지만, 지금 그런 사람들은 비슷한 부류들끼리만 어울린다.

그렇게 울타리가 단단히 세워졌다. 이러한 상황은 정상적이지 않다. 지금과는 정반대가 돼야 한다. 고대 그리스 도시국가의 열린 광장이었던 아고라agora가, 열린 토론의 장이 부활해야 한다. 학교에서, 마을 광장에서 혹은 도시의 공원에서. 부유층이더라도 열린 사회와

● 예전에 유대인들이 모여 살도록 법으로 규정해 놓은 거주 지역을 일컫는다.

관용 사회에 대한 믿음이 있다면 지금 당장 자발적으로 게토에서 걸어 나와 다른 사람들과 함께 토론해야 한다.

다른 한편으로는, 그리 부유하지 않은 사람들도 대화의 세계로 들어와야 한다. 원한다면 누구와도 이야기를 나눌 수 있어야 한다. '우파'가 '좌파'와, '부자'가 '빈자'와, 노동조합이 신자유주의자와, 청년이 노인과, 여성이 남성과, 소셜미디어나 TV를 통해 대화 나눌 수 있어야 하고, 인터넷 토론에도 참여해야 한다. 그리고 대화 중 언제라도 질문할 수 있어야 한다. 구체적인 조언을 원한다면《우파와 대화하기*Mit Rechten reden*》라는 책을 추천한다. 이 책은 좌파와 대화하는 법에 대해서도 다루고 있다.[617] 학계의 엘리트들, 고학력 시민들 그리고 모든 종류의 언론 종사자들 또한 예외는 아니다. 다만, 소수에 불과하지만 극단주의자들과의 대화는 무의미하다.

극소수의 부자들에게는 특별한 책임이 지워진다. 그들은 그들만의 주거지역, 회원제 클럽, 호화로운 휴양지로 둘러싸인 평행 사회를 떠나 토론의 장으로 돌아와야 한다. 그들은 스스로를 드러내고 자신의 의견을 설명해야 한다. 계속 꼬리를 감추어서는 안 된다. 우리는 부자들의 얼굴을 보고 그들과 대화하기를 원한다.

사회적 연대를 회복하려는 노력들

인간에게 중요한 형질들은 생후 5년 안에 결정된다. 이는 행동경제학자 에른스트 페르를 비롯한 여러 연구자들이 이미 입증한 것이다. 그렇다면 열린 사회에서 성장한 젊은 사람들이 독재자를 향한 동경에 사로잡히거나 전제적 해법을 옹호하는 현상은 어째서 생겨났을까? 기존의 민주주의와 사회적 연대는 어쩌다가 그 강력한 힘을 잃어버렸을까? 이렇게 되기까지 부모와 학교, 주변 환경과 언론은 서로 다른 방식으로 저마다 조금씩 기여했다. 또한 '정서 교육'이라 부를 만한 무언가가 결여된 환경도 한몫했다.

더 넓은 의미에서 보자면, 서로 다른 경제계층 간에 구체적인 사회적 결속이 결여된 것도 한 원인이다. 그 점에 있어서는 해외연수를 떠나려는 젊은이들에게 재정적 지원을 하거나, 혹은 세상이 좀 더 나아지는 데 도움을 줄 만한 기발한 아이디어가 현실화될 수 있도록 투자하는 등의 방식이 도움이 될 수 있다. 단 익명으로 후원하는 게 아니라 개인적으로 관계 맺어야 한다.

물론 온정주의로 흘러서는 안 된다. 그보다는 경제적으로 더 나은 환경의 개인 혹은 가족이 이웃 혹은 같은 직장의 동료와 공감할 수 있는 관계를 맺는 행위가 돼야 한다. 이러한 사회적 결연은 세제 혜택을 통해서도 장려할 수 있다. 다만 개인의 활동은 국가와 이익단체의 역할을 보완할 수 있으나 대체할 수는 없다.

디지털적 권력에 맞서는 자기방어

하랄트 슈만은 베를린 놀렌도르프 광장 주변에 거주하며 그 근처에서 일한다. 그는 서로 다른 국적의 동료 일곱 명과 함께 탐사보도

팀인 '인베스티게이트 유럽Investigate Europe'을 꾸렸고, 그들은 정기적으로 슈만의 집에서 만난다. 그의 집은 독일 경제가 도약하던 1870년대 지어진 평범한 건물로 제2차 세계대전 이후 보수공사를 한 외벽에는 건축 당시의 장식물은 물론 전쟁의 흔적도 사라졌다.

처음에 슈만은 통신네트워크의 외부 침투 가능성과 작업 도구로서의 결함에 대해 그의 동료들이 거의 알지 못한다는 사실에 깜짝 놀랐다. 그래도 그들은 금세 바뀌었다. 컴퓨터에는 보안프로그램을 깔고 이메일 계정에는 암호를 걸었으며 페이스북 자회사인 왓츠앱 대신 암호화된 메신저앱인 시그널Signal로 갈아탔다. 노트북 운영체계도 리눅스로 바꾸었다. 노련한 작가이자 언론인인 그는 "그럼에도 사생활 염탐꾼 노릇을 하는 정보기관이 들어올 수 있겠지만, 아마 그들이 원하는 대로 잘 되지는 않을 것이므로 이를 바득바득 갈게 될 것"이라고 말했다.[618]

이처럼 얼마 전까지 탐사보도 기자들에게도 신세계였던 것이 지금은 모든 인터넷 사용자들에게 당연한 일이 됐다. 2008년에 스마폰이 출시된 지 10년이 넘었고, 내부고발자 에드워드 스노든Edward Snowden의 폭로●로부터 5년이 지난 지금, 모두가 스스로 정보를 보호하지 않으면 어떤 위험에 노출되는지를 확실하게 알게 됐다.

가능하면 신용카드 회사나 인터넷 브라우저에 삶의 궤적을 적게

● 에드워드 스노든은 미국 중앙정보국과 국가안보국에서 일했던 컴퓨터 기술자이다. 그는 2013년에 <가디언>을 통해 미국 내 통화감찰 기록과 감시 프로그램 등 국가안보국의 다양한 기밀문서를 공개했다. 스노든은 자신의 폭로가 대중의 이름으로 자행되고 대중의 반대편에 있는 일을 대중에게 알리기 위한 노력의 일환이라고 말한 것으로 전해진다.

남길수록 더 좋다. 과대망상증에 걸린 자들이 아니라 오히려 책임감 있고 미래지향적인 태도를 가진 사람들이 이런 고민을 한다. 2018년 8월 공개된 대형은행과 고객정보를 공유하려 한 페이스북의 시도는 다시금 경각심을 불러일으킬 것이다.[619] 신민족주의자들이 지배하는 국가에서 반대편 민주주의자들을 처단할 목적으로 새로운 감시법안을 제정한다고 가정할 때, 어떤 페이스북 게시물과 어떤 온라인 계좌이체가, 혹은 어떤 휴대전화 메시지가 몇 년 후에 직업적 혹은 사적 피해로 돌아올지를 지금 시점에서 누가 알 수 있으랴?

기본설정 그대로 암호를 걸지 않은 이메일은 마치 엽서처럼 다른 사람이 읽기 쉽고, 글자 하나하나가 독이 될 수 있다. 흔적을 남기지 않는 일은 존재하지 않는다.

전화통화는 대중적 감시로 파악하기가 훨씬 어렵다. 대화는 문서보다 감별하는 데 품이 많이 들기 때문이다. 또 현금 계산이 허용되는 한 지폐와 동전으로도 프라이버시를 지킬 수 있다. 정보관리는 시민의 보편적 의무이다. 디지털상의 자기방어도 거기에 포함된다.

디지털 세상에서의 인권

—

소셜미디어와 디지털의 성장이 야기한 예기치 않은 부작용은 자유로운 의견 교환이나 저항할 수 있는 권리를 제약하지 않고서도 확실히 줄여갈 수 있다. 적어도 개인사에 무차별적으로 접근하는 페이스북을 보완할 협동적 서비스가 나타나야만 한다. 노동운동과 농촌 신용협동조합의 시대였던 19세기처럼 서비스 제공자가 조합원을 조직할 수 있을 것이다. 국가차원의 플랫폼은 개인정보를 철저하게 보호하고, 그 정보의 사용을 통제할 수 있을 때에만 의미가 있다.

의회가 나서서 개인정보 사용의 투명성을 높일 수도 있다. 인터넷을 사용하는 누구나 무슨 정보가 누구에 의해 어떻게 저장되고 누구와 공유되는지(혹은 공유돼야만 하는지)를 쉽게 이해할 수 있어야 한다. '받든지 말든지' 식의 시스템에서 벗어나 선택의 여지도 제공해야 한다. 적어도 개인 게시물에 관해서는 삭제할 권리도 전반적으로 행사될 수 있어야 한다. 새로 제정된 개인정보보호 규정으로 유럽연합은 첫발을 내딛게 됐다. 규정에 따르면 개인정보는 무조건 제한된 기간 동안만, 제한된 목적으로만 회사에 의해 활용될 수 있다. 글을 게시할 때에는 그 메시지의 '만료일자'를 정하는 것이 가능하다.

소셜미디어에서는 뉴스 게시물에 대한 신뢰 순위를 도입할 수도 있을 것이다. 하지만 그 기준에 대한 투명성이 먼저 확보돼야 한다. 누가, 어떤 근거에서 그런 평가를 내려도 되는 걸까? 일단 내부적으로 시범 운영을 해본 다음 공개적으로 노출되는 텍스트의 가공을 허락한 위키피디아Wikipedia의 평가 시스템이 지향점을 제시할 수도 있다. 또한 믿을 만하고 종합적인 정보은행을 탑재한 인공지능이 순위를 매기는 데 기여할 수도 있다.

1948년 유엔 세계인권선언이 파리에서 발표되었을 때, 사람들은 디지털 세상에서의 삶이나 인권에 대해서는 미처 예상하지 못했다. 그래서 2016년 독일어권 지성인 스물일곱 명이 모여 '유럽연합 디지털 기본권 헌장'을 발표했다.[620] 그들의 관심사는 특히 미국과 중국 스타일의 감시 시스템이 증가하는 추세와 맞물려 정치적 토론의 중심이 됐다. 디지털 인권은 국가적, 개인적 전횡에 직면한 시민들의 자유와 안전에 직결돼 있다.

노동자에게 축복이 될 증강현실

정보수집과 활용에 대한 통제가 디지털시대의 최우선과제가 되는 동안 증강현실은 이 시대의 양가적 면모를 드러내는 본보기가 됐다. 컴퓨터 기술이 지원되는 스마트 글라스smart glasses● 로는 개인 맞춤형 정보를 제공받을 수 있다. 여기서 인공지능은 유용한 도우미다. 가령 어떤 기계가 고장 나서 수리받아야 할 때 그 기계가 직접 담당 직원을 찾아낸 다음 수리하기 위해 필요한 정보를 스스로 제공하는 식이다.

이에 독일인공지능연구센터DFKI 학술소장인 크리스토프 이겔Christoph Igel은 "내가 그럼에도 알아야만 하는 것은 무엇인지 그리고 나는 그 지식을 그저 '외부에' 저장할 수는 없는지에 대한 고민이 생긴다."라고 말했다. "오늘날에는 '모든 것을 머리로 이해한다.'라는 관용구가 더 이상 적합하지 않다."라고 말한다.[621]

인공지능은 굉장한 것들을 가능하게 만들어준다. 학습과 이해가

● 투시 기능과 컴퓨터를 탑재한 안경 형태의 차세대 모바일 기기. 2012년 구글에서 '구글 글라스'를 선보이면서 처음 등장했다. 현재 통화 기능은 물론이고 위치추적 기술 등 스마트폰에 들어가 있는 기술들 대부분이 안경 형태의 이 디바이스에서 실현 가능 하다.

쉽지 않은 사람들도 미래에는 일자리를 얻을 수 있다. 심지어 그 일에 필요한 스펙이 없어도 디지털 학습 도우미만 있으면 된다. 한편에서는 자동화와 로봇기술의 발전으로 수많은 일자리가 사라지겠지만, 다른 한편에서는 학습안경이 많은 노동자들의 실직을 막아줄 수 있을 것이다. 예전에는 출세로 가는 문이 법학 전공자에게만 열려 있었다면 이제 그 문의 열쇠는 로봇공학과 컴퓨터공학 전공자들의 손에 쥐어졌다.

빈 출신으로 세계 곳곳에서 IT 기업을 운영하는 기업가인 하네스 바르다흐Hannes Bardach는 다음과 같이 주장한다. "아이들은 4세부터 프로그램을 배우고 8세부터는 컴퓨터를 조종할 줄 알아야 한다. 그렇게 해야 사고를 정확하게 배울 수 있기 때문이다. 인터넷을 서핑하거나 컴퓨터 게임을 하라는 말이 아니다. 그런 것으로는 아이들을 '디지털 원주민digital natives'으로 만들 수 없다."[622] 울름대학교에서 학생들을 가르치는 만프레드 슈피처Manfread Spitzer 같은 심리학자들은 4세는 너무 이르다고 판단하지만, 아무튼 바르다흐의 촉구를 통해 로봇공학이 조만간 일상에 얼마만큼 큰 의미로 받아들여질지를 가늠해볼 수는 있다.

상상력을 자극하고 창의력을 증진하는 데에 블록쌓기 같은 평범한 놀이만큼 도움이 되는 것도 없다. 물론 긴 글을 읽고 이해하는 독서 또한 마찬가지다. 사람이 책을 읽고 그 의미를 파악할 수 없다면 이리저리 얽히고설킨 현 세계의 복잡성을 어떻게 이해할 수 있겠는가?

경제적 분배, 답은 노동조합

—

인간이 본래 선하고 이성적인 존재라면 노동조합이 굳이 필요하지 않을 것이다. 그렇지 않기 때문에, 기업의 이윤 분배를 논하는 협상 테이블에는 협상력 있는 노동자 대표가 중요하고 필요하다. 런던 금융계의 큰손 제임스 몬티어나 세계 최대 자산운용사인 블랙록이 이러한 견해를 지지하는 상황이 공교롭기도 하다.

몬티어는 전 세계의 경제적·정치적 최근 흐름을 분석한 결과 다음과 같이 결론을 내렸다. "지난 40년간 노동조합은 자신들의 편협한 이익을 쟁취하기 위해 사보타주를 일삼는 파괴적인 악마로 그려져왔다. 하지만 이제라도 노동조합은 소득분배가 공정하게 이뤄지도록 하는 데에 근본적인 역할을 할 수 있다. 더불어 노동자가 그들이 생산한 것을 소비하게 함으로써 국가경제가 균형을 유지하도록 기여할 수 있다."[623]

미국과 독일에서 그런 경우가 얼마나 드문지는 이 책 542쪽의 도표 7번 '보답 없는 생산성'에서 확인할 수 있다. 경제적으로는 자유주의를 표방하는 잡지인 〈이코노미스트〉조차 새로운 노동조합의 역할에 기대를 건다.

"수요가 많은 기술을 보유하고 있거나 대체되기 어려운 전문성을 지닌 노동자라면 상황이 조금 나을 것이다. 소매업처럼 저임금 업종에서 일하는 시간제 노동자들은 회사와의 협상에서 특히 취약하다. 이는 피고용자들의 이익을 대변하고 기준을 정하고자 하는 노동조합의 부활을 촉진할 수 있다."[624]

미국에서는 지난 한 세기 동안 갈등과 분쟁을 겪으면서 노동자의 대표체가 점점 약화되었다. 그러던 중에 공화당의 고객정치client politics●가 크게 성공함으로써 노동조합은 아예 존폐의 기로에 몰렸다. 그러니 더더욱 유럽은 정반대로 가야 한다. 구대륙의 노조운동 또한 계속 쇄신돼야 한다. 언제나 그랬지만 지금은 노동조합이 그 어느 때보다 더 중요하다.

재정적으로 감당할 수 있는 주거

—

음식과 적절한 의료복지와 마찬가지로, 경제적으로 감당할 수 있는 주거지를 바라는 것은 인간의 기본 욕구다. 지난 십여 년간 사회적 임대주택의 사유화 흐름을 결산해 보면 결코 약속했던 성과를 내지 못했다. 2017년 6월 작은 불씨도 쉽게 번지는 외장 단열재 때문에 최소 일흔한 명이 고통 속에 질식하거나 불에 타 죽은, 세계에서 가장 부유한 동네 중 한 곳인 런던 그렌펠타워 화재 사건은 단순한 경고 그 이상임에 분명하다.

유권자의 대다수가 재정적으로 감당할 수 있는 주택을 보급하는 데 성공하지 못하는 자들은 표를 잃을 것이다. 관련해서 수많은 나라에서 사회민주주의자들은 갖가지 방책을 내놓을 수 있을 것이다.

● 다수의 일반 이익을 담보로 소수자의 이익을 도모하는 행위를 가리킨다. 정부에서 관여하는 각종 수입 규제, 직업 면허, 사업 인가를 둘러싸고 편익이 소수에게 집중되고 나머지가 그 비용을 부담해야 하는 상황이 발생하면 그것이 바로 고객정치이다.

거의 효과를 보지 못한 '월세 제동책'●은 유권자 봉기를 막기에 충분치 않다.

이 점에서 베를린 프리드리히샤인-크로이츠베르크 지역의 녹색당 의원인 플로리안 슈미트Florian Schmidt는 미래지향적인 정책 방향을 보여준다. 그는 선매권을 통해 20년 안에 현 주택의 절반을 시영 주택회사와 조합의 관리 아래 두고 투기와 사치스러운 리모델링, 민간 매각 등으로부터 임차인을 보호하는 정책을 추진 중이다. 2015년 이래 그의 지역구에서 이미 1,000여 채의 주택이 매입되었고, 매주 그 숫자를 늘려가고 있다.[625] 추가적으로 비단 베를린만이 아니라 독일 전역의 부유층 주거지에도 다시금 사회적 임대주택이 지어져야만 한다.

또한 가파르게 재산이 증식할 경우 새롭게 세금을 부과하는 제도를 도입한다면 투기꾼을 제지하는 데 도움이 될 수 있다. 투기꾼들은 정보가 많지 않은 집이나 토지 주인들이 시세 이하로 부동산을 팔도록 설득하면서 뒤로는 이미 대기 중인 매입자에게 훨씬 더 많은 돈을 받아낸다.

● 독일의 임대료에 대한 정책 중 하나로 월세 계약 시 주변 임대료를 감안하여 협상해야 한다는 규정. 신규 계약은 월세 상한선을 주변 임대료의 10퍼센트 미만으로 하고 재계약도 월세를 10퍼센트 이상 올릴 수 없도록 했다. 2015년 의회에서 통과되었으나 임차인의 정보 부족 등으로 효과가 미미하다는 비판이 일자, 2019년 규정에 예외되는 계약을 할 경우 예외 사유에 대한 고지 의무를 임대인에게 지우는 개정법이 통과됐다.

조건 없는 기본소득을 둘러싼 토론

—

정보가 지배하는 경제로 대전환이 일어나면서 그로 인한 문제점들이 농축되는 가운데, 다른 한편에서는 조건 없는 기본소득을 둘러싼 토론이 속도를 내고 있다. 기본소득은 양날의 검을 닮았다.

이상주의자들은 노동의 자유에 관한 꿈을 거론하며 찬성론을 펼친다. 2017년 명망 높은 레흐철학세미나는 그해 모든 강연을 '게으를 수 있는 용기 – 노동과 그의 운명'이라는 주제로 진행했다. 세미나에서는 이른바 '의무 로봇'이 노동을 하고 마침내 인간은 기술적 보조 수단을 투입해 얻은 결실을 누리기만 하는 세상이 그려졌다.[626] 멋지다. 하지만 당연히 거기에는 생산수단의 소유와 무엇보다 생산을 통해 얻은 이윤의 분배에 대한 질문이 이어졌다.

2016년 기본소득에 대한 국민투표를 관철시키고 찬성 23퍼센트라는 놀라운 성과를 얻어낸 스위스의 기업가 다니엘 해니Daniel Häni는 뛰어난 화술을 무기로 여론전을 이끌었다.[627] "우리는 노동 후 여유가 아니라 노동의 자유를 원한다. 조건 없는 기본소득은 기술의 진보에 대한 인도주의적 화답이다."[628] 재원을 마련할 길은 다양하게 제시됐다. 실직자 지원금과 기초생활 보조금 혹은 장기실업 수당과 다른 사회보조금 등 지금까지 단념되어 온 수많은 사회보장책들이 그 고민을 풀 실마리를 제공할 수도 있다.

딱히 인도주의적 이유가 아니라 실용적 차원에서도, 로봇 시대에 자본주의 시스템을 유지하고자 하는 측도 찬성론에 힘을 싣는다. 그 중에서도 노동시장의 지각변동이 불가피하리라는 것을 알고 그로 인해 지향점을 잃은 더 많은 사람들이 정치적으로 신민족주의에 쏠릴 것을 우려하는 대기업 회장들이 대표적인 찬성론자이다. 자유시장과 신자유주의가 위기에 처한 가운데, 조건 없는 기본소득은 서서히 세계화의 패자가 된 사람들에게 퇴직금 기능을 할 수도 있다.

하지만 노조는 물론 취리히의 행동경제학자 에른스트 페르도 이에 회의적이다. "조건 없는 기본소득으로 사는 사람들이 늘어나면 사회적으로도 정치적으로도 안정된 상태를 이끌어내기 어렵다. 사회에 조금 기여하면서 많은 이득을 얻어가는 사람들을 다수가 관용하지 않을 것이다. 기본소득은 근본적으로 우리의 정상적인 기본 원칙과 양립될 수 없다."[629]

2017년 세상을 떠난 영국의 경제학자 앤서니 앳킨슨Anthony Atkinson은 그의 책《불평등을 넘어 Inequality》에서 페르와는 다른 접근법을 선보였다.[630] 그는 사회적 협약이 위험에 직면했기 때문에 300유로의 기본소득이 필요하다고 주장했다. 하지만 사회사업에 참여하는 조건 아래 지급돼야 하며, 성년이 되면 국가가 일정액을 '미니 유산'으로 지원하는 방안도 추가로 보충돼야 한다고 주장했다. 앳킨슨에 따르면, 이 정책은 평등한 기회와 세수를 증가시키고 목적이 분명한 연구를 지원하는 것 외에도 그저 시장을 재분배하는 것을 넘어 시장에 자극을 줄 수 있다는 점에서 중요하다.

핀란드에서 실직자 2,000명에게 2년간 아무 조건 없이 매달 580유로를 지급했던 실험은 아쉽게도 2018년 말에 기한 만료로 끝이 났다.[631] 조건 없는 기본소득에 대한 더 많은 그리고 더 광범위한 시도가 이루어져야만 한다.

유연성의 안정 그리고 임금비율

—

개인적 안정과 사회적 안정 모두 경제적 생계 보장을 통해 향상될 수 있다. 노동유연성으로 인한 비자발적 이직, 노동시간 단축 등은 안정을 위협하는 요인이다. 결국 기업 입장이 아니라 노동자 입장에서 노동유연성이 안정되어야 한다. 이를 위해 공공 영역에서 사회안전망을 확충하려는 노력이 필요하다. 그뿐 아니라, 사적 영역에서도 범기업적 펀드 같은 새로운 재정 지원 제도가 마련돼야 한다.

하지만 독일과 오스트리아의 모든 노동시장 관련 정책 논의의 중심에는 공공 인프라에 대한 투자 강화와 임금 인상 문제가 자리 잡고 있다. 독일을 비롯한 몇몇 국가들에서 지나치게 높고 불균형한 경상수지 흑자가 어떤 유해한 작용을 하는지에 관해서는 이미 앞서 몇 차례에 걸쳐 상세하게 설명한 바 있다. 2018년 8월 초 IMF 수석 이코노미스트인 모리스 옵스펠드는 다시금 다음과 같이 경고했다. "세계적 불균형이 확고해지고 불평등한 무역 환경이 심화되면 보호주의적 분위기가 힘을 얻게 된다."[632] 처방은 이러했다. "현재의 긴장된 노동시장에서 임금 상승을 결정한다면 그만큼 국내 수요가 강화될 것이다."

1970년대 초 대다수 산업화 국가의 임금 비율, 즉 노동자 임금이 국가경제에서 차지하는 비율은 75퍼센트 남짓이었으나 현재 65퍼센트 수준까지 떨어졌다. 그만큼 국가경제에 불로소득이 차지하는 비율이 높아진 것이다. 이것은 다시 역전돼야만 한다. 사회적, 경제적, 정치적 이유에서.

맹목적 자유무역 대신 공정한 무역

—

지난 십 년간 민주적이며 공정한 자유무역을 요구하는 선량한 세계화의 비판자들을 구석으로 제쳐놓은 것이 현재 뼈아픈 결과로 돌아오고 있다. 국제금융관세연대ATTAC와 같은 비정부단체들의 목소리는 진지하게 받아들여지지 않았고, 근심 많은 경제학자들의 경고는 바람에 날려 사라졌다. (제3장 '자유무역의 함정과 경제대국의 충돌' 참조)

무역이 전반적 복지를 향상시키고 참여국들을 더 부유하게 만든 것은 사실이지만, 특정 분야의 몇몇 부서와 많은 일자리는 오히려 무역으로 인해 타격을 받았다. 냉전 종식 이래 초세계화의 시대에 그나마 타격을 받지 않은 것은 부유한 국가의 최상위소득자들과 수출에 강한 산업 분야에서 일하는 노동자들이다.

무역으로 소비자들은 전 세계 저렴한 상품을 만날 수 있게 됐다. 하지만 그것이 "미국 노동시장에 미친 부정적 영향은 오랜 기간 너무 쉽게 과소평가됐다."라고 취리히대학 교수인 스위스 경제학자 데이비드 도른David Dorn은 힘주어 말했다.[633] 그는 MIT의 동료들과 함께 2016년 초 발표한 연구결과로 큰 주목을 받았다. 중국에서 들여온 수입품이 미국의 다양한 영역에 얼마나 큰 충격을 주었는지에 관한 연구였다.[634] "많은 경제학자와 정치인들은 그것이 특수한 경우에만 해당되는 문제라 생각한다. 하지만 우리는 그 문제가 훨씬 더 심각하다고 본다." 그런 오판을 도널드 트럼프 선거전략팀이 포착했다. 힐러리 클린턴 편에 선 경제학자들과 정치전략가들의 맹목적 태도는 경제적 곤경에 빠진 미국의 중서부에서 뉴욕의 부동산회사 사장이 승리를 거둘 수 있도록 길을 터주었다.

하지만 관세 부가와 무역전쟁은 처음부터 잘못된 답이다. 그것은 모든 참여자들을 더 가난하게 만든다. 적어도 무역의 피해자들이 과도기에 입을 피해를 덜어주어야 한다. 주택담보대출을 감면해주고 재교육과 이사에 들어가는 비용을 지원하는 것이다. 무역 전반에서 얻은 이윤은 그 모든 비용을 충당하기에 충분할 것이다.

경제학 연구를 통해 거듭 입증되는 바이지만, 그중에서도 하버드 대학 교수인 대니 로드릭에 따르면, 선진국 국민들은 개방된 세계 시장에서 경쟁할 준비가 상대적으로 더 잘돼 있었다.[635] 공화당 편에 선 미국의 우파 이론가들은 이를 크게 오해했다. 선진국 국민들은 긴급한 상황을 대비해 사회안전망이 보장돼 있기에 더 용감할 수 있었다.

새로운 무역협정은 그 무역에 영향받는 모든 선수들을 고려해야만 한다. 세계 무대에 선 선수들의 필요만을 일방적으로 채워서는 안 된다. 이는 또한 범대서양무역투자동반자협정TTIP이 지금까지 실패해온 과정이나, 도널드 트럼프가 현재 연출 중인 비극적인 경제 드라마에서 얻은 교훈이다. 당연히 현 경제의 생태학적 측면도 항상 고려돼야 하지만, 분량 때문에 이 책에서는 거의 다루지 못했다. 이와 관련해서는 이미 많은 출판물이 나와 있다.

카르텔 뛰어넘기와 또 다른 세금

청사진은 이미 112년 전에 나왔다. 1906년 당시 미국 대통령이던 시어도어 루스벨트Theodore Roosevelt는 독점을 이유로 스탠더드오일 Standard Oil에 소송을 걸었다. 1911년 미국 연방대법원은 마침내 이 석유재벌의 해체를 명령했다. 아마존과 페이스북, 구글을 상대로도 비슷한 조치가 취해져야만 한다.

다른 꿈들도 현실이 돼야 한다. 사안을 완전히 이해하지 못한 사람과 기관을 대신해 그 꿈을 이루고자 하는 사람들이 나오고 있다. 인공지능 업계의 활황에 투자해 큰 수익을 올린 인물이 미국 대기업에 대한 엄중한 세금을 요구한다.[636] 유럽에서는 아직 성장을 저해하고 경쟁력을 떨어뜨린다며 비방당하는 로봇세를 빌 게이츠가 원한다.[637] 〈이코노미스트〉는 부자들을 아프게 할 상속세의 중요성을 머리기사에서 다루었다.[638] 이런 것들이 현실화돼야 '믿을 만한 분배'가 이뤄질 것이다.

진짜 부자들의 재사회화와 융화

—

진짜 부자는 누구인가? 그 평가는 저마다 처한 사회 환경에 따라 현격하게 다르다. 이 책에서는 전체 자산이 1,000만 달러 혹은 880만 유로를 넘는 사람들에 초점을 맞추고자 한다. 한 가구 혹은 한 가정의 자산이 아니라 한 개인의 자산을 기준으로. 스위스 은행인 크레디트스위스가 〈글로벌 부 보고서 Global Wealth Databook〉에서 계산한 바에 따르면 전 세계 170만 명이 1,000만 달러가 넘는 순자산을 보유하고 있으며 그중 유럽에 사는 사람이 33만 8,000명이었다. 이 숫자는 지난 20년간 다섯 배로 늘었다.[639] 2017년 전 세계 자산증가분의 82퍼센트를 가장 부유한 1퍼센트가 가져갔고,[640] 최고부호 억만장자 여덟 명이 인류 절반이 가진 자산만큼을 가졌다.[641]

독일에만 억만장자 123명이 있으며,[642] 순자산이 1,000만 달러가 넘는 사람은 7만 2,000명, 백만장자는 196만 명이었다. 오스트리아에는 억만장자가 최소 여덟 명, 순자산 1,000만 달러가 넘는 사람은 8,800명, 백만장자는 최소 25만 명이 있다.[643] 억만장자 중 다수 그리고 그렇게까지는 아니더라도 부자들은 그들 자산 중 적어도 일부를 영국 캐이먼제도나 사이프러스, 스위스, 싱가포르 등의 세금천국에 숨겨놓았다. (545쪽 도표11 '세금천국의 세계' 참조)

교묘한 술수와 전 세계에 촘촘하게 얽혀 있는 그림자회사들 때문에 미처 거둬들이지 못한 세금이 매해 1,550억 유로에 이른다. 파나마 페이퍼스가 폭로되면서 세금회피를 돕는 변호사와 신탁회사의 비용이 올라갔다. 그러나 그보다 더한 스캔들은 이 모두가 합법이라는 사실일지도 모른다.

이 모든 것이 너무 지나치다고, 분개한 사람들은 생각한다. 그런데도 바로 그 자리에는 돈을 관리하는 데 필요한 그 어떤 기반시설도 존재하지 않는다. "본사를 독일, 영국, 일본 그리고 미국 영토에 둔 은행과 기업들은 컴퓨터 네트워킹을 통해 돈을 도피시키는 작업을 물리적으로 실현했다." 우리는 이미 20년 전 상황을 간파했다.[644] "그러므로 세금당국과 경찰은 간단하게 도피 경로를 차단할 수 있을 것이다." 전직 독일 총리 헬무트 슈미트Helmut Schmidt도 10년 전에 구체적인 해법을 내놓았다. "법적으로 세금천국에 등록된 기업이나 개인에 대한 예금과 대출을 처벌로 금지할 수 있다."[645] 하지만 미국은 물론 유럽연합에서도 은행의 로비스트들이 여태껏 이를 저지하고 있다. 다만 지정학적 이해관계가 뒤따를 때는 갑자기 많은 것이 가능해지기도 한다. 가령 2018년 8월 7일 도널드 트럼프 미국 대통령은 이란 지도자의 해외자금과 해외거래를 봉쇄하기 위한 대책을 예고했다.

정치적 의지만 있다면 진짜 부자들에 대한 비자발급 시 의무요건을 추가할 수도 있다. 그들이 유럽 내 휴양지로 도피하려 할 경우 최근 소득세 납부 내역과 여타 납세 내역에 대한 증빙을 요구하는 것이다. 소득과 납세 내역을 투명하게 공개하도록 한 스웨덴 모델을 기본으로 삼을 수 있다. 이 요건을 맞추지 못하는 자는 즉각 추방될수 있다.

사회적 결속력을 다시금 키우기 위해서는 무조건 진짜 부자들이 재사회화되고 융화돼야 한다.

세금 난민들이 그들의 자산을 갖고 다시금 고향으로 돌아오고 그나라에서 정상적인 세금을 납부한다면 그것으로 중동과 아프리카 전쟁지역에서 온 전쟁 난민과 추방자를 위한 모든 비용을 거뜬히 채울수 있을 것이다. 저개발국 원조를 위한 자금도 충분할 것이다.

이민은 재정조달에 관한 문제이다
—

이민은 재정조달에 관한 질문이자 행정에 관한 질문이다. 이 두 질문이 모두 해결되지 않자 거창한 도덕적 질문이 그 앞자리를 차지하게 됐다. 하지만 조난당한 난민들을 어떻게 구조할지, 혹은 구조할지 말지에 대해 질문해서는 안 된다. 물어야 할 것은, 왜 그렇게 많은 사람들이 예인선에 목숨을 맡기게 되었는가 하는 것이다.

근본적 태도 변화가 이루어지지 않으면, 유럽의 민주주의와 과거 제국주의 국가들은 (그리고 남미를 앞마당처럼 다스렸던 미국도) 중동과 아시아 그리고 아프리카에서 저지른 역사적 실패의 대가로 '열린 사회'의 존속 위기에 처할 것이다. 신민족주의 정부가 나서서 유럽을 요새로 만든다 한들 더 이상 그곳에서 많은 사람들이 편안한 삶을 누릴 수는 없을 것이다. 새로운 쇼비니즘 국가를 세운 힘 있는 우파민족주의 엘리트들은 거기에 관심이 없다. 그들은 권력을 유지하려는 목적 아래 계속해서 타인에 대한 증오심을 국외로든 국내로든 부추길 것이다.

이처럼 외부 국경을 보호하는 것과 이민의 근본 원인을 해결하는 것은 샴쌍둥이처럼 하나로 연결되어 있다. 하지만 아프리카에 대한 큰 그림은 어디에 있는가? 유럽과 미국, 중국의 수출업자들에게 일방적으로 유리하지 않으면서 그와 동시에 상품을 세계 시장 혹은 적어도 유럽연합이나 미국에 내놓으려는 아프리카의 농부와 소기업에게 불리하지 않은, 공정하고 새로운 무역협정은 어디에 있는가?

항상 풍요를 누려온 서구가 대다수의 아프리카 사람들과 중동의 수백만 명을 존중하지 않는다면 그들은 스스로 발길을 돌려 다른 곳으로 떠날 것이다. 이슬람은 그들에게 사회적 보호막과 품위 있는 삶을 약속한다. 겉으로는 부드러워 보이는 중국도 마찬가지이다.

유럽연합 국경 너머에서 지속적이고 관대한 개발투자를 하지 않고 일방적으로 피난 경로만을 차단한다면 더 많은 사람들이, 더 대대적으로 유럽과 미국이 쌓은 성안으로 들어가기 위해 애쓸 것이다. 그래서 많은 돈이 필요하게 될 것이다. 그리고 마침내 통일 후 동독 재건을 위해 거뒀던 추가 세금, 즉 '연대세(혹은 '통일세')'가 아프리카를 위해서도 필요하다고, 단 이번에는 일정 수준 이상의 소득뿐 아니라 모든 소득에 세금을 붙여야 하게 생겼다고 유권자들에게 설명해야 할 것이다. 세금천국의 오아시스를 말려서 그 돈을 충당할 수도 있다. 그렇게 흘러들어올 세수로 아프리카 진짜 사막에 물을 댈 수 있다. 그러면 된다. 그리고 당연히 새로운 이민법도 필요하다. 그것도 시급히. 그렇지 않으면 점점 죽는 사람들이 늘어날 것이다. 비단 지중해상에서만이 아니라 각 나라에서 시위 도중에, 심지어는 급조된 유럽의 요새 안에서도 많은 사람이 죽어나갈 것이다. 그러면 그들을 돕기 위한 비용이 많이 지출될 수밖에 없다.

정치적 분배, 새로운 시민참여 방식

—

베를린에 사는 일란 지베르트Ilan Siebert는 활동가의 전형을 보여준다. 그는 젊고 예의바른 동시에 당당하다. 지베르트는 시민운동 '시작하라Es geht los'에 몸담고 있다. 이 운동을 통해 그와 그의 동료들은 "시민들이 다시금 연방정치에 한자리를 얻을 수 있도록 추첨으로 구성된 토론포럼을" 추진한다.[646] "목표는 추첨으로 일단 100명을 뽑아 연방수준의 시민위원회를 조직하고 실행하는 것이다." 2019년에 첫 위원회가 발족한다.

"우리는 국민투표와 청원권 이상의 시민참여를 구상한다. 추첨으로 구성된 시민위원회는 그것을 가능하게 만든다. 고대 때부터 입증되어온 이 방식은 사회 각계각층의 시민들이 구체적인 결정에 함께 참여할 수 있도록 해준다. 독일 내 누구나 시민위원으로 등록할 수 있고 그중 참여자를 추첨으로 뽑는다. 시민위원에게는 각종 정보지가 제공되고 전문가 강연과 현대화된 토론에 참석할 기회가 주어진다. 추첨으로 위원회를 구성하면 권력에 대한 이해관계가 아무런 영향을 미치지 못하므로 내용 중심의 의사결정을 할 수 있게 된다."

아일랜드는 최근 비슷한 실험을 한 본보기다. 가톨릭 색채가 짙은 나라에서 시민위원회의 조력으로 동성결혼이 합법화됐다. 오스트리아 포어아를베르크주의 시민위원회는 심지어 법으로 제도화되기까지 했다.

추첨으로 구성된 시민위원회는 정당과 의회의 정치적 마비를 극복할 수 있도록 도와주며, 끝도 없이 회의하고, 당원들의 환심을 사는 데 봉사할 마음이 없거나 그럴 시간을 낼 형편이 안 되는 사람들의 목소리도 청취할 수 있게 한다. 동시에 시민위원회를 통해 수렴된 정치적 의견은 모든 계층의 진짜 의견이 반영되었음을 보장할 수 있다.

독일 기본법 혹은 다른 민주국가의 헌법을 개정하면 도입 단계 혹은 시험 단계를 거쳐 이 새로운 위원회를 법제화할 수 있을 것이다. 주의회 혹은 국회, 독일이라면 연방의회의 보조기관으로. 오스트리아에서 이 위원회는 이름값을 하지 못하므로 폐지돼야 한다. 법치국가에서 추첨으로 선발된 배심원들이 범죄자에 대한 판결에 영향을 미치는데, 투명한 절차를 통해 무작위로 선발된 시민들이 정치적 문제를 함께 결정하지 못할 이유가 무엇인가?

더불어 공영 언론에 시민의 참여를 보장한다면 이러한 민주화 절차가 더 보완될 것이다.

그리고 그렇게 된다면 혹시 기존 민주주의에 주어진 추가 시간 동안 '새로운 게임'을 펼쳐볼 수도 있을 것이다. 현재 유럽대륙 전역에서는 거의 매주 새로운 시민운동이 시작되고 있다. 바이에른에서는 경찰법에 저항하는 운동이, 빈에서는 노동 환경 악화에 맞서려는 시위가, 자라 바겐크네히트를 중심으로는 좌파 결집 움직임이, 유럽연합 전역에서는 연합을 지지하는 '펄스오브유럽Pulse of Europe' 운동이 일어나고 있다.

용감한 유럽 민주주의의 대담한 시도

——

아주 단단한 껍질이 깨져야만 한다. 2000년 니스에서 열린 유럽연합 15개국 정상회담에서 결국 관철되지 못했던 바가 개념적으로는 여전히 옳다. 유럽이 미국과 중국, 러시아와 나란히 서기 위해서는 정치적으로 더 단결해야만 한다. 그 점에서 독일과 오스트리아 그리고 북유럽 국가 시민들은 자신들의 이기심을 극복하고, 내수시장의 호황이 끝난 후에도 경제적·사회적 연합체가 여전히 필요하다는 사실을 받아들여야 한다. 민주주의는 생태사회주의적 시장경제의 틀

안에서만 번성할 수 있다.

은퇴 연령이나 세금 제도와 같은 사회적 시스템도 일정한 폭 안에서 동화돼야 한다. 세금 정책은 계획경제나 관료주의적 개입 없이 경제 발전을 민주적으로 관리할 수 있는 열쇠이다. 더불어 법인세 인하와 자산가 납세자를 유인하기 위한 유럽 내 경쟁은 중단돼야만 한다. 시장과 국가의 역할 분담은 국경을 초월한 금융자본주의의 관점에서 새로이 규정돼야만 한다.

시민들에게 용납되기 위해서 유럽연합은 끝없이 민주화되고 투명해져야 한다. 유럽의회의 의석은 현재 705석에서 450석으로 감축돼야 하며, 적어도 입법 문제에서는 주도권을 갖도록 권한이 확대돼야 한다. 의원 수가 줄어들더라도 여전히 의원이 넘치도록 많을 것이며, 유럽의회가 입법기관으로 그 진가를 발휘할 때 유권자들이 그들 하나하나를 더 또렷하게 볼 수 있을 것이다.

지방자치 의회부터 상위 의회까지 모든 수준의 대의기관 대표에게는 기본임금에 개인별 성과급 그리고 공익상금으로 구성된 3단계 임금 체계가 도입돼야 한다. 기본임금은 해당 지역구의 세후임금 평균으로 정해진다. 성과급은 제안, 질의, 회의, 시민과의 대화 등에 참여한 횟수 등 의회 활동 및 다른 정치 활동을 평가해 그에 맞춰 지급된다. 공익상금은 일정 요건을 충족시키면 지급되는 보너스 개념이다. 예컨대, 지역에서는 도로와 학교 등 공공시설의 보수공사가 성공적으로 완료되었을 때, 전국적으로는 OECD 국가별 학생평가프로그램 결과가 개선되었거나 실업률이 감소했을 때, 유럽연합 차원에서는 환율이 안정되거나 기후변화 목표가 달성되었을 때 그리고 양성

평등에 진전이 있을 때 의원들은 공익상금을 받는다. 무슨무슨 유럽연합센터 같은 불필요한 관료적 기구를 통폐합하는 것은 매년 수십억 예산을 절약하는 길일 뿐 아니라 '정신을 차렸다'는 분명한 신호를 보내는 방도이기도 하다.

유럽연합은 연합 차원에서 꼭 규제해야 하는 것들만 규제해야 한다. 그 외 많은 영역에서는 도시, 주, 민족국가가 독립적으로 역할을 담당해야 한다. 20년 전부터 내가 강조하고 촉구해온 '유럽 전역에서 연대하는 지역공동체'는 유권자들을 열광시킬 수 있다.

정치적 엘리트들이여, 그저 갈등 피하기에 급급할 게 아니라 우리가 현재 어떤 위험에 처해있는지를 유권자들에게 알리고 그것을 해결하기 위해 대범한 시도를 해야 한다.

중국이 그린 그림을 다른 관점에서 보기

—

제2차 세계대전 이후 한동안 맹목적 반공주의가 과대평가되었던 반면, 현재 중화인민공화국의 권력자들 앞에서 아첨을 떨거나 혹은 그들을 못 본 체 넘어가는 정치 행태는 과소평가되고 있다. 그곳의 지배자들이 어떤 정책을 추구하는지 파악하지 않는 자는 중국이 주도하는 감시자본주의 안에서 소멸할 것이다. 중국 시장에서 기록적 이윤을 거둬들이는 서구 기업들과 중국 상품을 유럽연합으로 수입해서 배를 불리는 큰손들이 기준이 되어 젊은 세대들의 앞날이 외면당해서는 안 된다.

그러므로 중국을 대하는 태도가 다시금 점검돼야만 한다. 경제적으로 타격을 입더라도 인권의 보편성을 위해 중재해야 하고 그 과정에서 정보보호 문제도 제기해야 한다. 유럽연합과 WTO가 중국을 시장경제 국가로 인정해서는 안 된다. 유럽연합 회원국 정부가 거부권을 행사할 여지 없이 중국 투자자들에 의해 주요 기업들이 매각 혹은 매수되는 것은 중단돼야 한다. 그로 인해 해외 기업들이 중국 내 주요 분야에 접근할 수 없게 되더라도. 현재 중국 자동차산업에서 회사의 개인 소유가 가능해진 사실은 중국의 정책 변화를 예고하기보다는, 오히려 중국의 전략상 그 분야가 더 이상 크게 중요하지 않다는 사실을 입증한다. 그들은 이미 오래전부터 인공지능으로 대표되는 첨단산업 분야로 진군해왔다. 그리고 이 미래 분야에서 해외 기업들은 그저 참여자로, 유럽 혹은 미국의 노하우를 전수할 수는 있으나 결정권을 갖지는 못한다.

독일의 엄청난 수출 성과 역시 문제 많은 의존성을 낳았다. 경제주간지 〈비르츠샤프트보케 *Wirtschaftswoche*〉에 따르면 아우크스부르크의 로봇회사 쿠카를 인수하려다가 그런 시도가 다국적 기업의 중국 내 사업에 영향을 미치게 되리라는 암시를 받고서는 흠칫 놀라 물러선 지멘스의 사례가 상징적이다.[647] 하지만 그때 중국 기업이 아니라 지멘스가 쿠카를 인수했었더라면 해당 분야에 대한 유럽 전체의 이해관계에 중대한 의미를 지녔을 것이다.

다임러는 당혹스러울 정도로, 노골적으로 그러나 체계적으로 중국 독재자의 비위를 맞추려 애쓴다. 비단 홍보부 직원 하나가 인스타그램에 달라이 라마의 명언을 별 의도 없이 인용한 것에 대해 디터 체체 회장이 머리를 조아린 사례만이 전부가 아니다. 다임러가 전 세계 영업이익의 절반을 중국에서 거두게 된다면 그 여파가 독일 전체의 근간에까지 미칠 것이다. 독일을 대표하는 대기업 하나가 더 이상 민주주의의 기본 가치를 무조건적이고 포괄적으로 옹호할 수 없게 되기 때문이다. 중국 내에서는 아예 인권을 진지하게 논할 엄두도 내지 않는다.

중국이 그린 그림에 맞춰갈수록 투명성과 개방성과 같은, 스스로 주창해온 가치들과는 멀어져간다. 심지어 다임러는 진델핑겐에 세워질 고도로 자동화된 신설 공장 '팩토리 56'에서 얼마나 많은 노동자들이 일하게 될지에 관한 문의에 침묵으로 일관하는 중이다.[648] 사람 없는 미래형 공장이 얼마나 많은 사람들의 밥줄을 위협할지조차 알려지지 않은 것이다. 이는 중국 기업의 커뮤니케이션 방식과 크게 다르지 않다.

다임러의 어떤 임원도 이제는 경제 발전 전반을 두고 별 악의 없이 무심코 논평할 수 없다.[649] 무언가 말하게 될지 모른다는, 중국 혹은 새로운 중국의 대형 투자자들의 심기를 어떤 식으로든 건드리게 될지 모른다는 걱정이 확연하게 드러난다. 이는 독일 대중이 유의미한 정보를 습득할 수 있는 경로에 지장을 준다.

이런 갈등을 최소한 줄이기라도 하려면 독일 내 모든 노동자들의 임금과 소득 인상을 통해 내수를 강화하는 것이 중요하다. 유럽의 대기업이든 오스트리아의 중소기업이든 기업이 독일과 유럽연합 내 노동자들의 복지보다 중국의 권력자들의 심기와 그곳 매상에 더 많은 관심을 쏟는 마당에 점점 더 많은 유권자들이 정치적 극단으로 쏠리는 것도 놀랄 일은 아니다.

러시아의 인터넷 여론 조작으로 전 세계가 떠들썩한 사이에 그 일을 도운 중국의 동료들은 슬며시 꼬리를 감추었다.

중국 공산당 중앙위원회의 직할기관인 '통일선전부'는 5,000만 해외 중국인들을 감시하고 그중에서도 특히 학생과 기업인들을 예의주시한다. 어느새 1,000개가 넘어선 해외의 '공자학당' 혹은 '공자 아카데미'는 특히 교사·교수진에 대한 통제와 영향력을 확대하는 기능을 맡고 있다.[650] 심지어 중국만이 아니라 세계적으로 저명한 대학에서 발간되는 학술서적들도 그들의 손아귀에 있다.

한번이라도 자유로운 생각과 토론을 제한당하거나 심지어 금지되어본 자는 지금도 미래에도 자유롭지 못하다. 자유로운 게임은 설 자리를 잃었다. 다만 그래도 아직은 '새로운 게임'의 가능성이 남아 있다.

제 12 장

새로운 게임을 위한
20가지 아이디어

GAME OVER

우리는 변화의 중심에 서 있다

—

지금 우리가 거대한 변화의 '앞'이 아니라 '중심'에 서 있다는 사실을 이해해야만 한다. 세상은 이미 급진적으로 변해왔다. 위기의 분화구 여러 개가 서로 맞물려 시스템 붕괴를 초래할 것이다. 극단적 불평등, 어디서나 감지되는 불안, 엘리트들의 반란, 무역분쟁, 금융시장, 곧 다가올 경기후퇴, 기후변화, 인구변화, 이민, 로봇기술, 디지털화, 미국과 러시아, 중국에 이르는 전제적 권력자들의 전쟁 욕망 그리고 이 모든 것이 개개인에 대한 치밀한 감시와 연결된다. 지금 정신을 똑바로 차리지 않은 자와는 더 이상 아무것도 함께 만들어갈 수 없다.

자신만의 울타리에서 벗어나 대화하자

—

누구나 원한다면 다른 누구와도 이야기할 수 있다. 극단주의자와의 대화는 무의미하지만 그들은 소수에 불과하다. '우파'와 '좌파'가, '부자'와 '빈자'가, 노조와 신자유주의자가, 청년과 노인이, 여성과 남성이 함께 모이는 자리를 정기적으로 마련하자. 소셜미디어상에서도 좋고, TV 토론회도 좋다.

교육으로 사회적 균형을 추구하자

—

역사상 극단적인 사회불평등과 불안은 전쟁과 자연재해, 전염병 그리고 교육을 통해서만 현저하게 감소됐다. 그러니 직업연수와 재교육을 그저 취업이나 승진의 기회를 개선하는 방책으로만이 아니라 전반적인 교육 수준을 높여 사회적 균형을 추구하는 길로 받아들여야 한다.

미래를 이성적으로 껴안자

—

산업화가 그러했듯이 현재 진행 중인 기술혁명 또한 양가적이다. 개방성을 추구하고 비판적 의식을 갖는 것은 결코 지금의 혁명을 거스르는 행위가 아니다. 정보를 통제하고 로봇기술과 디지털화, 인공지능이 창출해낸 부가가치를 잘 분배하는 것이 무엇보다 중요하다. 스마트 글라스와 같은 기술은 많은 사람들이 노동시장에 더 남아 있도록 도울 것이다.

정서 교육과 미디어 활용 교육이 필요하다
—

호기심을 북돋우고 복잡성을 꿰뚫어보는 것이 학습 목표의 핵심이 돼야만 한다. 정서 교육과 미디어 활용 교육은 온라인상에 범람하는 증오에 휩쓸리지 않도록 붙들어주는 닻 역할을 할 것이다. 브뤼셀 혹은 아우슈비츠로 수학여행을 가는 등 역사적 맥락을 이해하는 활동이 교육과정에 당연히 포함돼야 한다. 이를 위해서는 높은 보수를 받는 다른 교사들이 필요하다. 옛날 아이들은 메르클린Märklin 기차모형이나 메타보Metabo 공구상자를, 좀 더 지나서는 카레라Carrera 경주용 자동차 모형을 갖고 놀았다. 이제는 사용자가 프로그래밍할 수 있는 소형 로봇이 각 가정마다 한자리씩 차지할 것이며, 특히 아이들을 위해서는 재미있는 학습도구로 활용될 것이다. 하지만 그렇다 하더라도 블록쌓기는 중요했고 여전히 중요하다.

디지털 인권도 보호돼야 한다
—

페이스북 스캔들이 터졌음에도 누가 어디서 자신에 대한 어떤 정보를 저장하고 있는지를 아는 시민들은 여전히 극소수이다. 정보 삭제권이 보편적으로 실현돼야 하며 그를 위한 법적 기반도 좀 더 광범위하게 마련돼야 한다. 소셜미디어에 글을 게시할 때는 그 메시지의 '만료 일자'를 정할 수 있어야 한다. 지금은 모든 사람이 강제적으로 요구하는 대로 너무 많은 개인정보를 제출(해야)하기만 한다. 인터넷은 절대 잊는 법이 없다. 암호가 걸려 있지 않은 이메일은 엽서와 다름없고 글자 하나하나가 독이 될 수 있다. 가짜 뉴스를 가리기 위해 정보성 게시글에는 신뢰도를 평가하는 제도를 도입할 수도 있다. 정보관리는 모든 시민의 의무이며 디지털 인권이 향하는 목적지는 자유일 것이다.

감시를 감시하자

—

정보 활용을 통제할 수 있어야 하며 이의를 제기할 수도 있어야 한다. 감시자들의 투명성을 포괄적으로 보장해야만 한다(시민이 투명해지는 게 아니라 국가와 구글이 투명해져야 한다). 사이버전쟁에서 방어하기 위해서라도 글로벌한 무장운동이 필요하다. 초국가적 정보문어발들의 소수 독점은 깨져야 한다. 페이스북과 같은 플랫폼은 공공 서비스의 일환이므로 상업적 목적을 우선해서는 안 된다. 개인과 공공, 국가의 정보는 엄격하게 분리돼야 한다. 정보 도둑들과 훔친 정보를 유통시키는 장물아비들에게는 확실한 처벌이 따라야 한다.

신자유주의를 극복하자

—

신자유주의라는 정치·경제적 흐름은 다수에게는 작은 파이를, 극소수에게는 매우 큰 파이를 가져다 안겨주었다. 이것은 더 이상 지속 가능하지 않다. 증가한 자산은 공정하게 분배돼야 한다. 심지어 전직 월스트리트 펀드매니저도 같은 의견을 냈다. 정치는 뒤에서 절룩대며 쫓아왔다. 이제는 정치가 행동할 때이며 사회적 시장경제로 돌아갈 길을 찾아야 한다.

복지국가를 이해하자

—

사회적으로 보장된 사람은 안정감을 느끼고 변화와 새로움에 한결 개방돼 있다. 그러기 위해 창의력을 좀먹을 정도로 많은 세금을 부과할 필요는 없다. 지출 과정에서 완벽한 투명성을 담보하면 된다. 임금 수준이 다시 오를 수 있고 올라야만 한다. 노동자들이 이해관계를 강하게 주장하지 않는데 주주들이 알아서 이윤을 공정하게 분배하지는 않는다. 신자유주의 이데올로기는 기한이 만료됐다. 가장 중요한 문제는 재정적으로 감당할 수 있는 주거공간이다.

노동을 새롭게 생각하자

—

현재 진행 중인 디지털 변혁은 사회 내 노동의 입지를 급격하게 변화시킬 것이라는 점을 이해할 때만이 거대한 정치적 분열에서 벗어날 수 있다. 게으름을 피울 용기가 사회적으로 생산적일 수 있으며, 연대적 노동이 무조건적 기본소득보다 훨씬 큰 의미를 지닌다. 개인적 그리고 사회적 안정은 '유연성의 안정'을 통해 확보될 수 있다. 즉 시간적·공간적으로 노동 유연성을 요구받는 상황에서 가장 기본적이고 인간적인 삶의 안정이 흔들리지 않도록 해야 한다. 세금은 언제나 역사적 흐름과 맞물린다. 이제 '기계세'를 부과할 시기가 무르익었다.

자유무역에 공정성을 연결시키자

—

무역협정은 모든 관계자를 고려해야 하며 글로벌 플레이어들에게만 일방적으로 유리하게 활용돼서는 안 된다. 무역의 피해자들에게는 최소한 과도기 동안만이라도 손실을 보전해줘야 한다. 그래야 그들이 살길을 찾으려 새로운 관세를 만드는 것을 막을 수 있다. 어떤 사회이든 사람들이 안정된 삶을 영위할수록 열린 마음을 가질 수 있다.

금융시장의 고삐를 끝까지 놓지 말자

—

사회적 차원에서 실물경제와 금융경제에 대한 몰이해는 지나치게 비생산적이다. 은행업과 금융업은 서비스를 제공하는 하인이어야지 결코 주인 노릇을 해서는 안 된다. 금산분리 시스템이 이를 보장해 줄 수 있다. 금융시장 붕괴는 불가피하다. 다음번 붕괴의 책임이 또 납세자들에게 전가될 경우 정치 시스템마저 붕괴하게 될 것이다. 은행업자를 알면서도 그에게 이런 진실을 이야기하지 않는 사람 또한 그 책임에서 자유로울 수 없다.

세금천국의 오아시스를 말려버리자

—

권력자들이라고 해서 역외재단과 페이퍼컴퍼니처럼 세금 회피가 가능하도록 만들어진 제도를 완전히 불법으로 만들어버릴 만큼 힘이 세지는 못하다. 공직에 출마한 모든 시민은 이 목표를 관철시키고 납세 내역을 투명하게 공개하는 스웨덴식 모델을 지향하겠다는 서약을 해야만 한다. (미국에서처럼) 그 어떤 새로운 세금도 반대한다고 약속하는 대신, 모든 후보자는 공정한 사회적 분배를 향한 지지를 선언해야 한다.

사회 계층 간 경계를 넘어야 한다

—

진짜 부자들, 즉 개인 기준 순자산이 1,000만 달러 이상인 사람들에게는 비자 발급을 의무화하자. 전 세계 170만 명, 독일에 7만 2,000명, 오스트리아에 8,800명이 그 대상이다.[651] 비자 발급을 위해서는 최근 소득세 납부 내역과 기타 해당 납세 내역이 증빙돼야 한다. 무엇보다 자산가가 유럽 내 휴양지로 도피하고자 한다면 반드시 비자를 새로 발급받아야 한다. 소득과 납세를 투명하게 공개하는 스웨덴식 모델의 변형이다. 도시 내 고급 주거단지에 임대주택을 짓자. 개인적 후원을 통해 재정지원을 할 수도 있다.

사회 계층 간 경계를 넘어 서로 대화하자. 공개토론에 참여하자. 진짜 부자들은 다른 계층과 결코 마주칠 일 없는 평행사회에서 나와 재사회화되고 융화돼야 한다. 우리는 부자들의 얼굴을 보면서 대화하길 원한다.

민족주의적 쇼비니즘을 간파하자

—

쉽게 이해할 수 있고 익숙한 환경('고향')에서의 생산적인 삶, 지역에서 생산되는 물건을 소비하고 '보완성 원칙subsidiary principle'●을 인정하는 태도는 경제적 번영과 마찬가지로 정서적·정치적 안정을 촉

● 중앙정부는 지방정부가 수행하기 어려운 업무를 보완한다는 원칙을 말한다.

진할 수 있다. 반면에 민족주의적 쇼비니즘은 배타성을 낳고 마침내 전쟁으로 이어진다.

누구에게나 고향은 필요하다

——

누구에게나 내 집은 필요하다. 그것을 자기 안에서 찾을 수도, 익숙한 환경에서 찾을 수도 있지만 세상 이곳저곳을 떠돌아다니는 가운데서 찾아낼 수도 있다. 고향의 가치는 사회적으로 인정하기 나름이라는 것을 우리는 받아들여야만 한다. 타인의 고향을 서로 폄하하는 것은 비생산적이다. 고향에 대한 감정에 젖는 것이 시민의식과 법 혹은 인권을 침해하지 않는 한, 누구에게나 고향을 가질 권리는 있다.

난민을 유발하는 불평등 문제를 해결하자

——

빈곤과 전쟁을 피해 기존의 산업화 국가들로 유입된 난민들이 이토록 위협적으로 여겨지는 이유는 그 나라에 살고 있는 사회 계층 중 너무 많은 사람들이 경제적·사회적으로 엄청난 압박에 시달리고 있기 때문이다. 스스로 직업적 전망과 감당할 수 있는 주거환경, 적절한 교육과 사회적 인정을 얻기 위해 고군분투해야만 하는 사람들은 다른 사람과 나누는 것을 훨씬 더 힘들어한다. 그가 자기 나라에서 외국인처럼 살아가는 엘리트 계층에 속해 있을 때는 특히 더 그러하다.

정당의 소수독점을 깨자

—

정당에 특별한 의미를 부여한 독일 기본법은 수정돼야만 한다. 정치적 중심은 그 다루는 주제가 급진적이어야 한다. 정당은 미래에 대한 근본적 질문을 던져야 한다. 추첨으로 구성된 시민위원회가 의무적으로 도입돼야 한다. 처음에는 자문기관으로 시작해 나중에는 입법에 참여하는 기관으로 격상될 수 있다. 국민의 대표를 따로 선출하되 그들의 임금은 3단계(기본소득과 개인별 성과급, 그리고 특별 공익상금)로 차등 지급돼야 한다.

유럽연합이 더 강해져야 한다

—

유럽의 통합이 없다면 구대륙 주민들은 점점 더 궁지에 몰릴 것이다. 세계의 한 축으로 살아남기 위해서는 유럽연합이 더 강해져야 한다. 시민에게 받아들여지기 위해서는 유럽연합이 끝없이, 끝없이, 끝없이 민주화되고 투명해져야 한다. 연합을 깨려는 정부가 너무 많고, 지키려는 정부는 너무 적다. 그러니 유럽연합은 핵심영역에 집중해야 한다. 유럽의 유럽화는 가능하다. 통합 안에서 진정한 다양성을 추구할 수 있다. 유럽은 또한 마음으로 느껴지는 고향이 돼야 한다. 2019년 5월 말 유럽의회 선거를 계기로 '새 게임'을 시작해볼 수도 있을 것이다.

중국에 정면으로 대항하자

—

중국의 감시자본주의가 전 세계를 집어삼키는 것을 정치적·경제적으로 막아내야 한다. 이를 위해 경제적으로 피해를 입더라도 보편적 인권과 정보보호권을 옹호해야 한다. 중국이 시장자본주의 국가로 인정받아서는 안 된다. 미국 정부에 대한 실망감 때문에 유럽 국가와 기업들이 멍청이처럼 중국 권력자들의 손에 놀아나선 안 된다.

그래도 아직 늦지 않았다. 모든 것을 바로잡을 수 있다. 그러니 여러분들이여, 정치하라!

나는 도른비른공립학교에서 휴대용 계산기 대신 계산자slide rule로 졸업시험을 치러야 했던 마지막 학년도의 학생이었다. 때는 1976년 이었다. 이미 오래전에 휴대용 계산기가 출시되었지만 어느 날 건전지가 떨어질지 누가 알겠냐는 말을 들으며 수학시험을 치렀다.

내 할아버지는 제2차 세계대전 이후 점점 눈이 보이지 않을 때까지 시대를 앞서간 분이었다. 포어아를베르그주 최초의 기계공학 박사였던 그는 프라하에서 나고 자란 아내와 현대 기술을 사랑하셨다. 할아버지는 가정마다 전기레인지를 보급하는 일에 푹 빠지셨다. 그리고 독일로 진출한 오스트리아 출신 총통에도 열광하셨다.

초등학생 때 나는 '자유의 적을 위한 자유는 없다'는 주제로 전국 토론대회에 참가한 적이 있다. 장학금을 받아 샌프란시스코 인근 베이에리어에서 살던 시절에는 워터게이트 사건으로 리처드 닉슨 대통령이 수사받는 것을 흥분 속에 지켜보았다. 법학과 정치학을 전공하던 학생 시절에는 독일 언론인인 귄터 발라프Günter Wallraff를 롤모델로 삼아 당시 오스트리아 최대 섬유공장이었던 헤메를레F. M. Hämmerle에서 조수로 일하기도 했다. 그 공장은 산업의 구조적 변화의 물결 속에서 살아남지 못했다. 그 경험을 바탕으로 쓴 《야간작업조Nachtschicht》

는 1979년 금속 활판으로 인쇄됐다.

1983년 우리는 《쓴 알약*Bitteren Pillen*》이라는 제목을 단 1,000쪽짜리 두꺼운 원고를 디스켓에 담아 독일 쾰른에 있던 출판사 키펜호이어 앤비취Kiepenheuer&Witsch에 보냈다. 거기서 다시 한 번 원고 전체를 타자로 쳐서 입력했다. 그리고 교정교열에 비용이 너무 많이 든다는 이유로 거의 출판되지 못할 뻔했다. 〈슈피겔〉의 최연소 편집장이던 시절에 나는 몇 년간 손글씨로 기사를 썼다. 비서가 원고를 받아 당시 최신식이던 기사 편집 시스템에 입력했다. 〈슈피겔〉은 전 세계에 퍼져 있는 특파원들에게 팩시밀리를 설치해준 덕분에 경쟁에서 비교 우위를 누릴 수 있었다. 팩시밀리 초기 모델은 오늘날 중국에서 전기차를 사는 것만큼이나 비쌌다.

할아버지는 1990년 98세를 일기로 세상을 떠나셨다. 재정적으로 궁핍함을 모르시던 삶이었다. 처음으로 나는 할아버지가 작성한 여러 권짜리 족보를 손에 쥐었다. 그걸 보자 어렸을 때 할아버지가 타자기에 종이를 끼우거나 사진을 붙여보도록 해주셨던 것이 떠올랐다. 할아버지 자신에 대한 기록은 1945년 5월부터 시작됐다. 마침내 전쟁이 끝나고 할아버지가 얼마간 감옥살이를 하던 때였다. 마지막 기록은 프랑스에서 학생혁명●이 한창이던 1968년 5월이었다. 서

● 프랑스 '68혁명'. 파리 교외에 있는 낭테르대학에서 남학생과 여학생의 기숙사가 구분되고 여학생 기숙사 방문이 까다로운 규정으로 제한된 것에 반발 하는 학생들의 불만이 터져나왔는데, 이 작은 사건이 단초가 되어 비약적으로 증폭된 학생혁명이다. 대중문화의 수혜로 자유분방해진 학생들이 사회문화적 변화를 따 라가지 못하는 기존 질서에 반발한 것으로서, 이를 통해 남녀 평등 등 사회 변혁에 상당한 진전을 이루었다고 평가된다.

류용지 일곱 장을 빽빽하게 채운 내용을 한 문장으로 정리하자면 이러했다. "아돌프 히틀러는 언제나 평화만을 원했고 아무도 그를 이해하지 못했을 뿐이다."

2016년 독일에서는 올해의 단어로 '포스트팍티쉬postfaktisch'● 가 선정됐다. 아마 내가 노인이 되면 복지로봇의 간호를 받게 될 것이다. '게임 오버' 이후에도 '다음 게임'이 있기를 소망한다. 평화롭고 자유롭게.

● 한국어로 풀면 '탈사실적인'의 의미이다. 객관적 사실보다는 주관적 감성에 호소하는 것이 여론 형성에 더 큰 영향력을 미치는 상황, 이성보다는 감성에 치우친 정치적 결정이 횡행하는 상황이 반영된 단어로 볼 수 있다.

감사의 말

이 책을 쓸 수 있도록 용기를 준 모두에게 감사한다. 특히 시간을
내어 인터뷰해주고 소중한 조언을 해준 분들에게 감사한다.

로라 알파로Laura Alfaro, 한스 허버트 폰 아르님Hans Herbert von Arnim,
레즈체크 발체로비츠Leszek Balcerowitz, 카를로 바스타진Carlo Bastasin, 게
르하르트 바움Gerhart Baum, 카를 빌트Carl Bildt, 노베르트 블룸Norbert
Blüm, 존 커티스John Curtis, 리카르도 디에츠-호흐라이트너Ricardo Díez-
Hochleitner, 다비드 도른David Dorn, 마리오 드라기Mario Draghi, 가일 에
드몬슨Gail Edmondson, 브리타 에게테마이어Britta Egetemeier, 요르그 아이
겐도르프Jörg Eigendorf, 에른스트 페르Ernst Fehr, 하이너 플라스벡Heiner
Flassbeck, 에밀리오 갈리-추가로Emilio Galli-Zugaro, 아르노 가이거Arno
Geiger, 마르틴 고예르Martin Gojer, 앨 고어Al Gore, 해리 폭스Harry Fox, 저스
틴 폭스Justin Fox, 이고르 거쉬친스키와 마리나 거쉬친스키Igor und Marina
Goshchinsky, 롤프 괴스너Rolf Gössner, 조르지오 그라이Giorgio Grai, 슈테판
구브져Stefan Gubser, 울리케 귀로트Ulrike Guérot, 피터 한트케Peter Handke,
에카르트 폰 히르쉬하우젠Eckart von Hirschhausen, 하이모 호흐Heimo Hoch,
호어스트 홈멜Horst Hummel, 장 클로드 융커Jean-Claude Juncker, 해럴드 클

감사의 말 497

로저Harald Kloser, 크리스토프 쾨니히Christoph König, 더크 쿰머Dirk Kummer, 하이케 쿰머Heike Kummer, 에릭 쿠어츠Erik Kurtz, 파이트 라우에Veit Laue, 브루노 라이폴트Bruno Leipold, 게르트 라이폴트Gerd Leipold, 마이클 무어 Michael Moore, 엘렌 노이만Ellen Neumann, 그로버 노르퀴스트Grover Norquist, 케빈 오르크Kevin O'Rourke, 아니타 오르트너Anita Ortner, 피터 필츠Peter Pilz, 도미니크 플란츠Dominique Pflanz, 피터 프랑게Peter Prange, 파울 레너Paul Renner, 대니 로드릭Dani Rodrik, 커트 로이스톤Curt Royston, 슈테판 쟈그마이스터Stefan Sagmeister, 디터 자우어Dieter Sauer, 한스-헤닝 샤르쟈흐Hans-Henning Scharsach, 비르기트 슈미츠Birgit Schmitz, 마티아스 슈네처 Matthias Schnetzer, 막스 슈렘스Max Schrems, 프란츠 슈흐Franz Schuh, 하랄트 슈만Harald Schumann, 게르하르트 슈바르츠Gerhard Schwarz, 안야 쉬프린 Anya Schiffrin, 일란 지베르트Ilan Siebert, 앨리슨 스메일Alison Smale, 조지프 스티글리츠Joseph Stiglitz, 장 클로드 트리셰Jean-Claude Trichet, 말콤 턴불Malcolm Turnbull, 베르너 포그트Werner Vogt, 바바라 발라프Barbara Wallraff, 귄터 발라프Günter Wallraff, 폴커 바이스Volker Weiß, 디터 빌트Dieter Wild, 미하엘 볼프존Michael Wolffsohn, 가브리엘 추크만Gabriel Zucman에게, 그리고 이름이 거명되길 원치 않았지만 내게 정보를 준 많은 이들에게 감사한다.

내 아들 마뉴엘Manuel은 자료를 찾아주었고 무엇보다 그래픽을 만들어주었으며 소중한 조언을 아끼지 않았다. 토비아스 슈바이처 Tobias Schweitzer도 유용한 정보 출처를 제공해 주었고, 특히 경제학 전문지식을 동원해 경제 관련 내용을 검토해주었다. 로봇공학과 디지털화 관련 부분은 감사하게도 로베르트 휼스만Robert Hülsmann이 '감시'해 주었다. 특별히 애정을 담아 이 책의 편집자이자 출판인인 볼프강 페르흘Wolfgang Ferchl에게 감사를 보낸다. 그는 나에게 많은 것을 바랐으나 그만큼 나를 많이 격려해준 이도 없었다.

한스 피터 마르틴

office@hpmartin.net

www.hpmartin.net

제1장 침몰하는 세계와 민주주의의 몰락

1 http://www.pricoacapital.com, abgerufen am 2. 1. 2018

2 https://www.gmo.com/north-america/about/mission-statement, abgerufen am 2. 1. 2018

3 James Montier, Philip Pilkington, *The Deep Causes of Secular Stagnation and the Rise of Populism,* März 2017, S.22

4 https://www.theguardian.com/business/2017/oct/26/worlds-witnessing-a-new-gilded-age-as-billionaires-wealth-swells-to-6tn

5 https://www.forbes.com/billionaires/list/49/#version:realtime, Stand am 14. 8. 2018

6 Evan Osnos, **Survival of the Richest,** *The New Yorker,* 30. 1. 2017

7 https://www.theguardian.com/world/2017/jun/29/new-zealand-gave-peter-thiel-citizenship-after-spending-just-12-days-there

8 Gespräche am 3. 11. 2011 in Los Angeles, am 8. 11. 2017 in New York, am 5. 11. 2017 in Montauk

9 Name geändert, Gespräche 2018 in Lech am Arlberg

10 http://www.diw.de/documents/publikationen/73/diw_01.c.575768.de/dp1717.pdf, abgerufen am 23. 1. 2018

11 https://www.trend.at/wirtschaft/100-reichste-oesterreicher-ranking-8211300, Ausgabe 26/2017

12 https://www.forbes.com/billionaires/list/#version:realtime_search:mateschitz, zuletzt abgerufen am 19. 5. 2018

13 https://www.pwc.de/de/pressemitteilungen/2017/studie-vermoegen-von-milliardaeren-steigt-weltweit-um-17-prozent.html

14 https://www.bloomberg.com/news/articles/2017-08-07/buffett-nears-a-milestone-he-doesn-t-want-100-billion-in-cash

15 Hans-Jürgen Jakobs, *Wem gehört die Welt? Die Machtverhältnisse im globalen Kapitalismus,* Verlag Knaus, München 2017

16 https://www.nytimes.com/interactive/2018/01/16/business/dealbook/document-BlackRock-s-Laurence-Fink-Urges-C-E-O-s-to-Focus.html

17 https://www.vox.com/policy-and-politics/2017/7/25/15998002/capitalism-socialism-peter-thiel-wall-street-eric-weinstein

18 Carl Frey, Michael Osborne, *The Future of Employment: How Susceptible are Jobs to Computerisation,* Oxford 2013

19 https://www.ing-diba.de/pdf/ueber-uns/presse/publikationen/ing-diba-economic-analysis-die-roboter-kommen.pdf, abgerufen am 30. 1. 2018

20 Frey, Osborne(2013), Zentrum für Europäische Wirtschaftsforschung, Mannheim 2015

21 Katharina Dengler, Britta Matthes, **Folgen der Digitalisierung für die Arbeitswelt. Substituierbarkeitspotenziale von Berufen in Deutschland. IAB – Forschungsbericht** 11/2015. Nürnberg: IAB. http://doku.iab.de/forschungsbericht/2015/fb1115.pdf

22 *The Economist,* **GrAIt expectations,** Special Report AI in Business, Volume 426, Number 9085, 31. 3. 2018, p.12

23 http://jamanetwork.com/journals/jama/article-abstract/2513561, 26. 4. 2016

24 https://www.health.org.uk/news/inadequate-support-now-puts-health-young-people-risk-future, 18. 6. 2018

25 Friedrich Engels, *Die Lage der arbeitenden Klasse in England,* Marx-Engels-Gesamtausgabe, Band 2, Dietz Verlag, Berlin 1972, S.225 ff.

26 https://pollofpolls.eu/SE, abgerufen am 19. 7. 2018

27 http://www.mehrheitswahl.at/material/Demokratiebefund2017.pdf, Seite 9, abgerufen am 4. 12. 2017

28 http://www.nationalratswahl.at/ergebnisse.html, abgerufen am 4. 12. 2017

29 http://www.uswahl.lpb-bw.de/wahlverhalten_grafik.html, abgerufen am 8. 3. 2018

30 https://forum-midem.de/cms/data/fm/download/MIDEM-Bericht_2018-2_Ungarn.pdf, abgerufen am 29. 6. 2018

31 https://www.bundestag.de/dokumente/textarchiv/2010/29826227_kw20_de_stabilisierungsmechanismus/201760, abgerufen am 18. 3. 2018

32 Gespräch am 3. 11. 2017 in New York

33 Gespräch am 29. 1. 2018 in Lech am Arlberg

34 Roberto Stefan Foa, Yascha Mounk, **The Danger of Deconsolidation,** *Journal of Democracy,* Johns Hopkins University Press, Vol. 27, Number 3, July 2016, p.13

35 Roberto Stefan Foa, Yascha Mounk, **The Danger of Deconsolidation,** *Journal of Democ-*

racy, Johns Hopkins University Press, Vol. 27, Number 3, July 2016, p.15

36 Kishore Mahbubani, *Can Asians Think,* Marshall Cavendish Editions, Singapore 2009, p.7

37 Kishore Mahbubani, *Can Asians Think,* Marshall Cavendish Editions, Singapore 2009, p.76

38 http://www.worldbank.org/en/news/speech/2017/12/07/from-local-to-global-china-role-global-poverty-reduction-future-of-development.

39 Name geändert, Gespräch am 11. 5. 2018 in Tübingen

40 http://www.spiegel.de/kultur/gesellschaft/krise-des-systems-demokratie-ist-nicht-kapitalismus-a-1128581.html, 7. 1. 2017

41 Siehe das Einstiegskapitel im Buch, *Die Globalisierungsfalle,* von Hans-Peter Martin und Harald Schuman, Rowohlt Verlag, Reinbek bei Hamburg, 1996

42 https://milescorak.files.wordpress.com/2012/01/speech-2012_01_12_final_web-1.pdf, abgerufen am 18. 5. 2018

43 https://www.history.com/this-day-in-history/eisenhower-gives-famous-domino-theory-speech, abgerufen am 3. 6. 2018

44 http://www.nrhz.de/flyer/beitrag.php?id=1660, abgerufen am 25. 1. 2018

제2장 이미 시작된 세계 사회의 위기와 균열

45 https://derstandard.at/2000061056022/Andrea-Breth-Es-existiert-eine-komische-Angst-in-der-Welt, 10. 7. 2017

46 http://harvardpolitics.com/world/automation/, 2. 10. 2016

47 https://www.cisco.com/c/de_de/solutions/lan-wan-network-systems/network-need/preview.html, abgerufen am 8. 1. 2018, http://www.faz.net/aktuell/wirtschaft/diginomics/industrie-4-0-ist-wenige-jahre-alt-15378506.html, 8. 1. 2018

48 https://de.statista.com/statistik/daten/studie/805920/umfrage/anzahl-der-internetnutzer-weltweit/, abgerufen am 18. 5. 2018

49 http://www.orf.at/#/stories/2435226/, 23. 4. 2018

50 Chris Skinner, *Digital Human,* Vortrag am 18. 5. 2018 in Interlaken

51 https://www.seagate.com/de/de/our-story/data-age-2025/, abgerufen am 18. 5. 2018

52 http://www.faz.net/aktuell/wirtschaft/kuenstliche-intelligenz/eurai-praesident-lakemeyer-warnt-deutschland-muss-mehr-tun-in-der-kuenstlichen-intelligenz-15568950.html, 2. 5. 2018

53 https://derstandard.at/1259282147270/Mobilkom-gibt-Bewegungsdaten-fuer-Geo-Marketing-frei, 17. 12. 2009

54 https://www.teltarif.de/nutzerdaten-widersprechen-telekom-vodafone-o2/news/65712. html

55 https://meta.tagesschau.de/id/132921/medienbericht-post-verkauft-daten-an-parteien, 1. 4. 2018

56 http://www.faz.net/aktuell/wirtschaft/unternehmen/die-post-hat-kundendaten-fuer-bundestagswahlkampf-an-cdu-und-fdp-verkauft-15521823.html, 1. 4. 2018

57 https://motherboard.vice.com/en_us/article/gykgv9/securus-phone-tracking-company-hacked, 16. 5. 2018

58 https://www.boerse.de/gewichtung/Dax-Aktien/DE0008469008, abgerufen am 19. 5. 2018

59 *The Economist,* **Taming the titans,** Volume 426, Number 9075, 20. 1. 2018, p.11

60 https://www.theguardian.com/business/2017/oct/26/worlds-witnessing-a-new-gilded-age-as-billionaires-wealth-swells-to-6tn

61 Simon de Galbert, *A Year of Sanctions against Russia-Now What?, Center for Strategic and International Studies,* Roman & Littlefield, Washington D. C. 2015, p.26

62 https://home.treasury.gov/news/press-releases/sm0338, 6. 4. 2018

63 https://www.zeit.de/digital/datenschutz/2013-10/swift-abkommen-usa-aussetzung, 23. 10. 2013

64 http://www.spiegel.de/politik/ausland/russland-sanktionen-der-usa-oleg-deripaska-gibt-privatjets-zurueck-a-1207190.html, 11. 5. 2018

65 https://www.economist.com/business/2018/05/05/zap-american-officials-can-destroy-foreign-firms-like-gremlins-on-a-screen

66 https://www.tagesschau.de/wirtschaft/urteil-digitale-ueberwachung-101.html, 27. 7. 2017

67 http://www.fahrzeugerfassung.at/micades.html, abgerufen am 21. 5. 2018

68 *The Economist,* **AI-spy, Artificial Intelligence in the Workplace,** A Special Report, Volume 426, Number 9085, 31. 3. 2018

69 http://www.cogitocorp.com, abgerufen am 16. 5. 2018

70 https://winthefuture.com/what, abgerufen am 21. 1. 2018

71 http://www.faz.net/aktuell/feuilleton/debatten/so-wollen-tech-entrepreneure-die-politik-beeinflussen-15115168.html, 22. 7. 2017

72 https://www.recode.net/2017/7/3/15904484/pincus-hoffman-linkedin-zynga-clinton-win-the-future-democrats-dnc-trump

73 https://www.washingtonpost.com/news/the-switch/wp/2018/01/23/google-outspent-every-other-company-on-federal-lobbying-in-2017/

74 https://causa.tagesspiegel.de/politik/krise-der-demokratie/der-populismus-ist-nicht-das-hauptproblem-der-demokratie.html, 11. 10. 2017

75 https://www.propublica.org/article/calculating-the-work-behind-our-work?utm_campaign=sprout&utm_medium=social&utm_source=twitter&utm_content=1514583202, 29. 12. 2017

76 https://www.axios.com/sean-parker-unloads-on-facebook-god-only-knows-what-its-doing-to-our-childrens-brains-1513306792-f855e7b4-4e99-4d60-8d51-2775559c2671.html, 9. 11. 2017

77 https://www.theguardian.com/technology/2018/jan/19/tim-cook-i-dont-want-my-nephew-on-a-social-network

78 Name geändert, Gespräch am 24. 1. 2018 in Lech am Arlberg

79 Auskunft an der Liftkartenverkaufsstelle Rüfikopf am 11. 3. 2018 in Lech am Arlberg

80 Gespräch am 19. 7. 2017 in Tübingen

81 Gespräch am 28. 7. 2018 in Neusiedl am See

82 Name geändert, Gespräch am 6. 1. 2018 in Lech am Arlberg

83 러시아 혁명가 블라디미르 일리치 레닌Wladimir Iljitsch Lenin이 한 말로 알려졌으나 증명되지는 않았다.

84 http://www.fr.de/politik/polizeiaufgabengesetz-in-bayern-es-gibt-keine-rechtfertigung-fuer-die-angst-a-1505494, 15. 5. 2018

85 http://www.fr.de/politik/polizeiaufgabengesetz-in-bayern-es-gibt-keine-rechtfertigung-fuer-die-angst-a-1505494, 15. 5. 2018

86 https://www.tagesschau.de/inland/polizeiaufgabengesetz-101.html, 15.5.2018 und http://orf.at/stories/2434070/2434083/, 17. 4. 2018

87 Im Wahlkampf diskutierte Themen, http://www.sora.at/fileadmin/downloads/wahlen/2017_NRW_Grafiken-Wahltagsbefragung.pdf, abgerufen am 26. 2. 2018

88 Im Wahlkampf diskutierte Themen, http://www.sora.at/fileadmin/downloads/wahlen/2017_NRW_Grafiken-Wahltagsbefragung.pdf, abgerufen am 26. 2. 2018

89 https://www.heise.de/newsticker/meldung/Ueberwachungspaket-Oesterreichisches-Parlament-stimmt-fuer-Bundestrojaner-Aus-fuer-anonyme-4029046.html, 21. 4. 2018

90 *Der Spiegel,* **Schön billig,** Heft 15/2008, 7. 4. 2018

91 https://www.theverge.com/2018/2/27/17054740/palantir-predictive-policing-tool-new-orleans-nopd

92 Sendung SWR 2, 7. 6. 2018

93 https://www.x-sonar.de, abgerufen am 31. 7. 2018

94 http://www.streamingmedia.com/PressRelease/Sky-to-Launch-Live-Whos-Who-innovation-for-Royal-Wedding_47055.aspx, 2. 5. 2018

95 https://www.nytimes.com/2018/05/22/technology/amazon-facial-recognition.html

96 https://www.merics.org/sites/default/files/2017-12/171212_China_Monitor_43_Social_Credit_System_Implementation.pdf, 17. 12. 2017, p.12

97 https://www.merics.org/sites/default/files/2017-12/171212_China_Monitor_43_Social_Credit_System_Implementation.pdf, 17. 12. 2017, p.14

98 https://www.heise.de/newsticker/meldung/China-schafft-digitales-Punktesystem-fuer-den-besseren-Menschen-3983746.html?seite=all, 1. 3. 2018

99 http://www.faz.net/aktuell/feuilleton/debatten/chinas-sozialkreditsystem-die-totale-kontrolle-15575861.html?printPagedArticle=true#pageIndex_0, 11. 5. 2018

100 https://www.huffingtonpost.com/2010/01/11/facebooks-zuckerberg-the_n_417969.html. Das im Artikel verlinkte Video ist nicht mehr verfügbar.

101 Karen Harris, Austin Kimson, Andrew Schwedel, *Labor 2030: The Collision of Demographics, Automation and Inequality,* Bain&Company, Boston 2018, p. 43

102 https://www.nytimes.com/2017/09/18/us/politics/senate-pentagon-spending-bill.html

103 https://www.planet-wissen.de/technik/computer_und_roboter/roboter_mechanische_helfer/pwieroboterimoperationssaal100.html, abgerufen am 14. 3. 2018

104 https://futurezone.at/science/nanoroboter-der-helfer-schwarm-in-der-blutbahn/284.707.783, 18. 9. 2017

105 https://woebot.io, abgerufen am 11. 3. 2018

106 Stiftung Münch (Hrsg.), Barbara Klein. *Robotik in der Gesundheitswirtschaft,* Verlag medhochzwei, Heidelberg 2018

107 http://www.daserste.de/information/wissen-kultur/w-wie-wissen/roboter-124.html, 27. 2. 2016

108 https://www.japantimes.co.jp/news/2017/03/15/business/strange-hotel-run-by-robots-opens-near-tokyo-more-to-come/#.Wqj6KLaX_OQ

109 http://conferences.au.dk/robo-philosophy-2018-at-the-university-of-vienna/keynotes/hiroshi-ishiguro/, abgerufen am 16. 2. 2018. Interview im ORF Ö1 Mittagsjournal, 16. 2. 2018

110 http://www.kommune21.de/meldung_26466_Mit+Robotern+gegen+die+Bürokratie.html, abgerufen am 8. 3. 2018

111 Neil Gershenfeld at TED2006, **Unleash your creativity in a Fab Lab,** https://www.ted.com/talks/neil_gershenfeld_on_fab_labs

112 http://theweek.com/articles/746105/americas-department-stores-are-deep-deep-trouble, 3.1.2018

113 https://www.wiwo.de/unternehmen/handel/toysrus-pleite-sie-werden-alle-bereuen-was-hier-passiert/21073624.html, 15. 3. 2018

114 http://ooe.orf.at/news/stories/2854263/, 11. 7. 2017

115 https://www.theguardian.com/money/2017/nov/25/cobot-machine-coming-job-robots-amazon-ocado

116 http://www.faz.net/aktuell/wirtschaft/unternehmen/allianz-steigert-operativen-gewinn-trotz-niedrigzinsen-14882040.html, 17. 2. 2017

117 http://versicherungswirtschaft-heute.de/schlaglicht/allianz-sortiert-aus/, 26. 6. 2017

118 http://www.faz.net/aktuell/wirtschaft/unternehmen/allianz-opfert-der-digitalisierung-700-vollzeitstellen-15073993.html, 23. 6. 2017

119 http://www.sueddeutsche.de/wirtschaft/versicherung-allianz-will-stellen-in-drei-jahren-abbauen-1.3555845, 22. 7. 2017

120 https://www.ft.com/content/e7844048-c3e5-11e7-a1d2-6786f39ef675, 8. 11. 2017

121 http://www.faz.net/aktuell/beruf-chance/beruf/beruf-mit-wenig-zukunft-der-bankkaufmann-hat-ausgedient-15265168.html, 2. 11. 2017

122 https://www.imh.at/fileadmin/user_upload/Media/Pressespiegel/Pressespiegel_2017/2017-02-03_versicherungsjournal.at_Angst-vor-Jobverlust-Digitalisierung-laesst-die-meisten-kalt.pdf, 단, 설문대상자가 63명에 불과한 소규모 표본.

123 https://techcrunch.com/2018/01/12/ibm-may-be-prepping-for-massive-changes-at-global-technology-services-group/

124 https://www.theguardian.com/business/2017/oct/16/automation-jobs-uk-robots

125 https://joblift.de/Presse/Arbeitsmarkt-4.0_Künstliche-Intelligenz-zu-59-Prozent-Jobfresser_zu-3-Prozent-Jobmotor, 16. 8. 2016

126 https://www.youtube.com/watch?v=fRj34o4hN4I, abgerufen am 17. 3. 2018

127 https://paleofuture.gizmodo.com/atlas-the-robot-can-enlist-in-the-us-military-anytime-h-1761330935, 29. 2. 2016

128 *Frankfurter Allgemeinen Zeitung,* **Wie Freiburger Forscher die Neurowissenschaft revolutionieren könnten,** 22. 11. 2017

129 https://t3n.de/news/ki-schlaegt-anwaelte-analyse-963741/, 26. 2. 2018

130 https://www.ft.com/content/9943bee8-7a25-11e4-8958-00144feabdc0, 2. 12. 2014

131 https://www.dropbox.com/s/g4ijcaqq6ivq19d/2017%20Open%20Letter%20to%20the%20United%20Nations%20Convention%20on%20Certain%20Conventional%20Weapons.pdf?dl=0, abgerufen am 17. 3. 2018

132 https://www.technologyreview.com/the-download/609791/china-has-a-new-three-year-plan-to-rule-ai/, 15.12.2017, und: https://www.politico.eu/article/attack-killer-robots-autonomous-weapons-drones/, 14. 2. 2018

133 http://www.faz.net/aktuell/wirtschaft/diginomics/mercedes-baut-eine-fabrik-fuer-robotaxis-15459522.html, 20. 2. 2018

134 https://t3n.de/news/mercedes-fabrik-autonome-taxis-956968/, 21. 2. 2018

135 http://www.faz.net/aktuell/politik/inland/baden-wuerttemberg-im-westen-tesla-im-osten-die-chinesen-15122094.html, 25. 7. 2017

136 http://www.faz.net/aktuell/wirtschaft/diginomics/bosch-gruendet-geschaeftsbereich-fuer-vernetztes-fahren-15460497.html, 21. 2. 2018

137 Matthew O'Toole, David B. Lindell, Gordon Wetzstein, **Confocal non-line-of-sight imaging based on the light-cone transform,** *Nature,* published online, https://www.nature.com/articles/nature25489, 5. 3. 2018

138 https://www.3d-grenzenlos.de/magazin/3d-objekte/elektroauto-enjoy-3d-drucker-27306863/, 28. 9. 2017

139 http://www.faz.net/aktuell/technik-motor/motor/studentenprojekt-elektrofahrzeug-ego-life-15298636.html, 22. 11. 2017

140 https://www.3d-grenzenlos.de/magazin/3d-objekte/elektroauto-enjoy-3d-drucker-27306863/, 28. 9. 2017

141 http://taxipedia.info/zahlen-und-fakten/, abgerufen am 1. 3. 2018

142 http://www.bain.de/en/press/press-archive/zukunft_der_automobilindustrie.aspx, 11. 9. 2017

143 https://www.tagesschau.de/wirtschaft/china-daimler-101.html

144 http://www.faz.net/aktuell/wirtschaft/unternehmen/daimler-chef-zetsche-bittet-china-um-verzeihung-15439108.html, 8. 2. 2018

145 *Der Spiegel,* **Griff nach dem Stern,** Heft 10/2018, S. 69

146 http://www.faz.net/aktuell/wirtschaft/kommentar-kein-schutz-fuer-daimler-vor-geely-15469138.html, 27. 2. 2018

147 *Der Spiegel,* **Griff nach dem Stern,** Heft 10/2018, S. 69

148 Gespräch am 20. 5. 2018 in Tübingen

149 https://www.sinus-institut.de/veroeffentlichungen/meldungen/detail/news/rente-2040-sind-sie-altersstratege-oder-abenteurerin/news-a/show/news-c/NewsItem/, abgerufen am 22. 5. 2018

150 http://www.faz.net/aktuell/finanzen/meine-finanzen/vorsorgen-fuer-das-alter/wie-gefaehrdet-sind-deutsche-betriebsrenten-15574094.html?premium, 5. 5. 2018

151 http://www.spiegel.de/wirtschaft/soziales/arbeit-im-alter-zahl-erwerbstaetiger-senioren-hat-sich-verdoppelt-a-1157307.html, 12. 7. 2017

152 http://www.spiegel.de/wirtschaft/soziales/altersarmut-nimmt-in-deutschland- drastisch-zu-a-1153561.html, 26. 6. 2017

153 https://www.gdv.de/de/themen/news/ab-60-jaehrige-sind-erstmals-groesste-waehler-gruppe-8226, 20. 3. 2017

154 https://www.diesubstanz.at/content/generation-60plus-ist-wahlentscheidend, 28. 6. 2017

155 https://www.welt.de/politik/deutschland/article161942218/Rentnerrepublik-Deutschland-Alte-entscheiden-die-Wahlen.html, 9. 2. 2017

156 http://www.spiegel.de/politik/deutschland/spd-laut-spon-wahltrend-nur-noch-bei-ue65-waehlern-ueber-20-prozent-a-1194418.html, 20. 2. 2018

157 2015년 기준 G20 국가 중 노인부양비가 가장 높은 곳은 일본으로 47%였다. 2위는 38%인 이탈리아, 3위는 25%인 독일이다. 중국은 14%였지만 한국과 마찬가지로(당시는 아직 20%) 급상승하는 경향을 보였다. https://service.destatis.de/G20/. 오스트리아와 관련된 수치는 다음을 참조. https://de.statista.com/statistik/daten/studie/688214/umfrage/jugend-und-altersquotient-in-oesterreich/. beides abgerufen am 27. 5. 2018

158 http://www.orf.at/#/stories/2430301/, 15. 3. 2108

159 Ein autorisiertes Zitat in der *Bildzeitung*, 10. 4. 2008, das viele Diskussionen auslöste, siehe u. a. http://www.faz.net/aktuell/wirtschaft/wirtschaftspolitik/generationengerechtigkeit-herzog-provoziert-debatte-ueber-rentner-demokratie-1541230.html, 11. 4. 2008

160 Hans-Peter Martin, Harald Schumann, **Der geschundene Planet, Der Spiegel,** Heft 29/1989

161 https://www.theguardian.com/environment/2017/apr/29/epa-trump-website-climate-change-peoples-climate-march

162 Philip Blom, *Die Welt aus den Angeln,* Hanser Verlag, München 2017, http://orf.at/stories/2379703/2379702/ 20. 2. 2017

163 *ORF Ö1 Mittagsjournal,* 16. 3. 2018

164 Marshall Burke, W. Matthew Davis, Noah S. Diffenbaugh, **Large potential reduction in economic damages under UN mitigation targets, Nature,** Volume 557, 24. 5. 2018, p. 549 ff.

165 http://www.worldbank.org/en/news/press-release/2018/03/19/climate-change-could-force-over-140-million-to-migrate-within-countries-by-2050-world-bank-report

166 Stephen Smith, La ruée vers l'Europe. *La ruée vers l'Europe. La jeune Afrique en route*

vers le Vieux Continent, Grasset, Paris 2018

167 http://www.unhcr.org/statistics/unhcrstats/5b27be547/unhcr-global-trends-2017. html, abgerufen am 19. 7. 2018

168 https://de.statista.com/statistik/daten/studie/197867/umfrage/abgelehnte-asylantraege-in-deutschland/, abgerufen am 21. 7. 2018

169 https://www.bpb.de/politik/grundfragen/deutsche-verhaeltnisse-eine-sozialkunde/138012/geschichte-der-zuwanderung-nach-deutschland-nach-1950?p=all, 31. 5. 2012

170 http://www.forschungsnetzwerk.at/downloadpub/Muenz_Manuskript_MigrationEuropaWeltRMnz1.pdf, 15. 5. 2007

171 https://www.bpb.de/politik/grundfragen/deutsche-verhaeltnisse-eine-sozialkunde/138012/geschichte-der-zuwanderung-nach-deutschland-nach-1950?p=all, 31. 5. 2012

172 https://www.heise.de/tp/features/Deutschland-ueberrollt-ueberfremdet-ueberfordert-3895709.html?seite=all, 27. 11. 2017

173 https://de.statista.com/statistik/daten/studie/197867/umfrage/abgelehnte-asylantraege-in-deutschland/, abgerufen am 21. 7. 2018

174 https://de.statista.com/statistik/daten/studie/293189/umfrage/asylantraege-in-oesterreich/, abgerufen am 21. 7. 2018

175 https://www.tagesschau.de/inland/einwohnerzahl-deutschland-107.html, 16. 1. 2018

176 https://de.statista.com/statistik/daten/studie/293102/umfrage/auslaenderanteil-in-oesterreich/, abgerufen am 21. 7. 2018

177 https://www.zeit.de/wissen/2018-05/geoengineering-china-klimawandel-wetter-oekosysteme-klimasysteme

178 Philip Levy, **Was Letting China into the WTO a Mistake?,** *Foreign Affairs Magazine,* https://www.foreignaffairs.com/articles/china/2018-04-02/was-letting-china-wto-mistake

179 Xi Jinping's report at 19th CPC National Congress, http://www.chinadaily.com.cn/china/19thcpcnationalcongress/2017-11/04/content_34115212.htm

180 **Planet China,** *Prospect Magazine,* London, June 2018, p. 27

181 John Hurley, Scott Morris, Gailyn Portelance, **Examining the Debt Implications of the Belt and Road Initiative from a Policy Perspective,** Center for Global Development, Washington DC, 2018

182 http://www.handelsblatt.com/politik/international/handelspolitik-streit-ueber-neue-seidenstrasse-europa-sendet-warnsignal-an-china/21179098.html, 16. 4.

2018

183 http://ceec-china-latvia.org/summit, abgerufen am 28. 5. 2018

184 Thorsten Benner, Jan Gaspers, Mareike Ohlberg, Lucrezia Poggetti, Kristin Shi-Kupfer, **Authoritarian Advance,** Global Public Policy Institute und Merics, Berlin, Februar 2018

185 https://power.lowyinstitute.org, abgerufen am 28. 5. 2018

186 http://www.krone.at/1686174, 6. 4. 2018

187 Gespräch am 26. 4. 2018 in München

188 https://www.wiwo.de/unternehmen/industrie/china-china-first-statt-dem-angekuen-digten-freien-handel/19305778-3.html, https://www.wiwo.de/unternehmen/indus-trie/china-warum-die-goldenen-jahre-fuer-deutsche-firmen-vorbei-sind/19305778.html, 31. 1. 2017

189 http://www.chinadaily.com.cn/china/19thcpcnationalcongress/2017-11/04/con-tent_34115212.htm

190 http://ritholtz.com/2018/03/china-overtaken-u-s-terms-innovation/?utm_source=dlvr.it, 18. 3. 2018

191 https://www.nytimes.com/2017/12/14/opinion/net-neutrality-china-internet.html

192 Gespräch am 6. 11. 2012 in Los Angeles

193 **Planet China,** *Prospect Magazine,* London, June 2018, p.26

194 https://foreignpolicy.com/2018/04/18/the-chinese-communist-party-is-set-ting-up-cells-at-universities-across-america-china-students-beijing-surveillance/, 18. 4. 2018

195 **Planet China,** *Prospect Magazine,* London, June 2018, p.27

196 http://www.chinadaily.com.cn/newsrepublic/2017-09/15/content_32054592.htm

197 https://www.tagesschau.de/ausland/volkskongress-china-125.html, 20. 3. 2018

198 https://www.huffingtonpost.de/entry/china-prasident-xi-jinping-rede-parteitag-bluti-ger-kampf_de_5ab10c75e4b0e862383b9096, 20. 3. 2018

제3장 경제적 세계화로 우리가 잃어버린 것들

199 Gespräche u. a. mit David Dorn, Ernst Fehr, Grover Norquist und Dani Rodrik beim Forum des UBS International Center of Economics in Society am 13. 11. 2017 in Zürich

200 1998년 9월 뉴욕 해당 은행 거래소에서 직접 관찰한 것이다.

201 https://www.bis.org/publ/qtrpdf/r_qt1712.pdf, abgerufen am 4. 12. 2017

202 https://www.nzz.ch/wirtschaft/die-zentralbanken-straffen-ihre-politik-und-keiner-nimmt-es-zur-kenntnis-ld.1335285, 3. 12. 2017

203 2004~2014년에 내가 직접 유럽의회 경제통화위원회 위원으로 일하면서 수없이 많이 한 경험이다. (이 책의 제4장 '배후에서 권력을 휘두르는 로비스트들' 참조.)

204 http://www.faz.net/aktuell/finanzen/aktien/zehn-jahre-danach-welche-lehren-aus-der-finanzkrise-gezogen-werden-koennen-15118002.html?printPagedArticle=true#pageIndex_0. 26. 7. 2017

205 http://www.spiegel.de/wirtschaft/zehn-jahre-finanzkrise-der-naechste-kollaps-kommt-bestimmt-a-1164392.html. 25. 8. 2017

206 https://www.heise.de/forum/Telepolis/Kommentare/Kurssturz-in-China/Die-Realwirtschaft-ist-nur-noch-ein-Anhaengsel-der-Finanzwirtschaft/posting-25527548/show/. 7. 1. 2016

207 *Blätter für deutsche und internationale Politik,* Ausgaben 1 – 4. Verlag Pahl-Rugenstein Nachf., Bonn 2009. S. 9

208 Gespräch am 21. 3. 2011 in Brüssel

209 https://www.economist.com/news/business/21732575-festive-memo-one-americas-leading-chief-executives-his-lieutenants-santa-clause. 14. 12. 2017

210 http://www.spiegel.de/wirtschaft/soziales/iwf-warnt-vor-zunehmenden-konjunkturrisiken-a-1203420.html. 17. 4. 2018

211 http://www.spiegel.de/wirtschaft/soziales/bitcoin-warum-die-kryptowaehrung-vorbote-eines-grossen-crashs-sein-koennte-a-1182549.html. 10. 12. 2017

212 https://makronom.de/in-deutschland-platzt-gerade-eine-auftragsblase-26116. 23. 4. 2018

213 https://makroskop.eu/2018/05/die-deutsche-und-europaeische-konjunktur-im-fruehling-des-jahres-2018-1/. 9. 5. 2018

214 http://www.manager-magazin.de/finanzen/boerse/boerse-naechster-kursrutsch-schon-in-sicht-a-1202719.html. 13. 4. 2018

215 제러미 그랜섬Jeremy Grantham의 투자운용사 GMO가 대표적이다. https://www.gmo.com/docs/default-source/research-and-commentary/strategies/asset-allocation/viewpoints——bracing-yourself-for-a-possible-near-term-melt-up.pdf?sfvrsn=4. 3. 1. 2018

216 http://www.faz.net/aktuell/finanzen/aktien/zehn-jahre-danach-welche-lehren-aus-der-finanzkrise-gezogen-werden-koennen-15118002.html?printPagedArticle=true#pageIndex_0. 26. 7. 2018

217 http://www.faz.net/aktuell/wirtschaft/die-last-der-schulden-wie-lange-geht-das-gut-15499245.html?premium. 19. 3. 2018

218 http://www.faz.net/aktuell/wirtschaft/wirtschaftspolitik/niedrigzinsen-bank-der-zentralbanken-fordert-geldpolitische-wende-15076568.html. 25. 6. 2017

219 http://www.faz.net/aktuell/finanzen/finanzmarkt/oekonomen-befuerchten-neuen-bo-ersencrash-braut-sich-da-etwas-zusammen-15475254.html?premium, 4. 3. 2018

220 http://www.fondsprofessionell.at/news/maerkte/headline/glaeubigerliste-bei-wem-die-usa-in-der-kreide-stehen-124857/, 18. 5. 2016

221 http://www.faz.net/aktuell/wirtschaft/die-last-der-schulden-wie-lange-geht-das-gut-15499245.html?premium, 19. 3. 2018

222 https://www.nytimes.com/reuters/2018/05/08/us/politics/08reuters-usa-house-ry-an-banking.html, https://www.nytimes.com/2018/03/06/opinion/democrats-trump-dodd-frank.html

223 https://www.economist.com/news/business-and-finance/21741377-corporate-debt-could-be-culprit-where-will-next-crisis-occur, 3. 5. 2018

224 http://www.faz.net/aktuell/finanzen/aktien/zehn-jahre-danach-welche-lehren-aus-der-finanzkrise-gezogen-werden-koennen-15118002.html?printPagedArti-cle=true#pageIndex_0, 26. 7. 2017

225 https://www.cnbc.com/2018/05/05/warren-buffett-says-bitcoin-is-probably-rat-poi-son-squared.html

226 https://www.forbes.com/sites/zackfriedman/2017/02/21/student-loan-debt-statis-tics-2017/#54af1dd85dab

227 https://www.bloomberg.com/news/articles/2018-02-02/never-mind-defaults-debt-backed-by-subprime-auto-loans-is-hot

228 https://deutsche-wirtschafts-nachrichten.de/2018/03/05/schattenbanken-sind-welt-weit-auf-dem-vormarsch/

229 http://www.faz.net/aktuell/finanzen/finanzmarkt/finanzkrise-in-china-anbang-un-ter-zwangsverwaltung-15463738.html, 23. 2. 2018

230 http://www.faz.net/aktuell/finanzen/finanzmarkt/in-china-mehren-sich-anzeichen-fuer-eine-wirtschaftskrise-15670710.html?premium, 2. 7. 2018

231 Philipp Heimberger, **Ungleichheit in den USA: Ökonomische und gesellschaftliche Aus-wirkungen,** Vortrag in der AK Wien, Wien, 22. 11. 2017

232 Gespräch am 18. 6. 2018 in Frankfurt

233 http://www.knightfrank.co.uk/blog/2017/09/19/knight-frank-luxury-investment-in-dex-q2-2017-launches

234 https://www.theguardian.com/business/2018/jun/01/italy-is-a-slow-motion-train-wreck-but-would-it-quit-the-euro

235 https://www.tagesschau.de/ausland/oettinger-italien-wirbel-101.html, 29. 5. 2018

236 **Politische Unsicherheit spielt keine Rolle,** *FAZ,* Nr. 69, 22. 3. 2017, S. 23

237 https://www.epochtimes.de/politik/europa/le-pen-will-referendum-ueber-franzoesischen-eu-austritt-einen-frexit-a2039678.html, 3. 2. 2017

238 https://www.bloomberg.com/news/articles/2017-02-23/le-pen-aides-met-ubs-blackrock-barclays-to-explain-euro-exit

239 https://www.sueddeutsche.de/wirtschaft/frankreich-vor-der-wahl-frankreichs-banken-fuerchten-sich-vor-dem-frexit-1.3451999, 6. 4. 2017

240 https://www.bloomberg.com/view/articles/2017-02-27/the-priced-in-risk-of-marine-le-pen-s-victory

241 Ken Fischer, **Ungleichheit ist gut – für alle,** *Focus Money,* Nr. 31, 2015

242 https://www.forbes.com/billionaires/list/#version:realtime_search:ken%20Fisher, abgerufen am 18. 2. 2018

243 Gespräch im Januar 2018 im Hotel Mohnenfluh in Lech

244 Timothy A. Kohler, et. al, **Greater post-Neolithic wealth disparities in Eurasia than in North America and Mesoamerica,** *Nature,* Vol. 551, p. 622. https://www.nature.com/articles/nature24646.epdf?referrer_access_token=8 x 9sTfcmY-6WWz5abgYl-1NRgN0jAjWel9jnR3ZoTv0NANVSjP5l5jGuyv8_uP91Kb5p5_jp0K-saI8M-7rpqZjjal8CCTIADdRGPIBWd83BtPfcMRNH7LxTv1ruxgO1xQASuiIKEDip-PfTicvgG2Tc1e0M-MmfGCy4LQEvlm2EGeR9tq-iMie56IsD3d0EVLpI9mFBfM-WZ0R2Dc-3sYpCVQ%3D%3D&tracking_referrer=science.orf.at

245 Timothy A. Kohler, et. al, **Greater post-Neolithic wealth disparities in Eurasia than in North America and Mesoamerica,** *Nature,* Vol. 551, p. 620

246 https://archive.org/stream/1990-2015_Gini-Koeffizient_Deutschland_Makroskop-eu/170113_Gini-Koeffizient_Makroskop-eu, abgerufen am 21. 2. 2018, Daten von OECD und Eurostat

247 세계은행 연구개발국, 2018년 정부 통계청 및 세계은행 지방과에서 얻은 기본 가구조사 자료를 바탕으로 함, 2018.

248 http://publications.credit-suisse.com/tasks/render/file/index.cfm?-fileid=FB790DB0-C175-0E07-787A2B8639253D5A, abgerufen am 21. 2. 2018

249 Evelyne Huber, Jingjing Huo, John D. Stephens, **Power, Policy and Top income shares,** *Socio-Economic Review,* Oxford University Press, 28. 8. 2017, siehe https://academic.oup.com/ser/article/doi/10.1093/ser/mwx027/4096441/Power-policy-and-top-income-shares

250 아모스 트버스키Amos Tversky와 대니얼 카너먼Daniel Kahnemann 같은 심리학자들의 연구이다. 카너먼은 2002년 노벨경제학상을 수상했다.

251 SPON, Dezember 2017

252 https://diepresse.com/home/science/4872709/Wie-das-Geld-die-Gier-und-den-Geiz-zeugt, 24. 11. 2015

253 http://www.spiegel.de/panorama/gesellschaft/bertelsmann-gesellschaftlicher-zusam-menhalt-in-deutschland-ist-gross-a-1182343.html, 11. 12. 2017

254 1995년 9월 27일부터 10월 1일까지 진행된 이 모임에 참석이 허용된 언론인은 세 명이었는데 그중 한 명이 한스 페터 마르틴이다. 그 구체적인 내용은 《세계화의 덫》에서 볼 수 있다.

255 Karen Harris, Austin Kimson, Andrew Schwedel, *Labor 2030: The Collision of Demographics, Automation and Inequality*, Bain&Company, Boston, 2018, p. 6

256 Gespräch in Tübingen am 28. 2. 2018

257 http://www.sueddeutsche.de/wirtschaft/betriebsraete-querschlaeger-vom-rechten-rand-1.3910949, 19. 3. 2018

258 http://www.spiegel.de/wirtschaft/soziales/was-an-hartz-iv-wirklich-abgeschafft-gehoert-a-1202763.html, 16. 4. 2018

259 http://www.spiegel.de/wirtschaft/soziales/arbeitsmarkt-zahl-der-leiharbeiter-steigt-a-1195335.html, 25. 2. 2018

260 http://www.spiegel.de/wirtschaft/soziales/hartz-iv-zahl-einheimischer-kinder-in-grundsicherung-sinkt-a-1202355.html, 12. 4. 2018

261 https://derstandard.at/2000076584081/Vier-von-fuenf-neuen-Jobs-2017-von-Auslaendern-besetzt, 21. 3. 2018

262 https://www.nzz.ch/wirtschaft/wirtschaftspolitik/weshalb-reduzierte-arbeitspensen-so-beliebt-sind-1.18541444, 13. 5. 2015

263 http://ec.europa.eu/eurostat/statistics-explained/index.php/Employment_statistics/de, abgerufen am 15. 4. 2018

264 *Financial Times*, Eurozone's 'poor quality' jobs highlights scale of Brussels gig economy challenge, https://www.ft.com/content/f6b8a156-c87a-3d48-bde6-d77da951ea5d, 26. 4. 2017

265 EY, Ernst & Young, **Beschäftigungsentwicklung in Österreich und der Eurozone 2007-2017**, Wien 2017, http://www.ey.com/Publication/vwLUAssets/EY-Analyse_Beschäftigung_in_der_Eurozone_Dezember_2017/$FILE/EY-Analyse%20Beschaeftigung%20in%20Oesterreich%20und%20der%20Eurozone%202017.pdf

266 세계 각국의 언론인들이 모여 결성한 인베스트게이트 유럽은 유럽 내에서 일어난 바람직하지 못한 흐름에 대한 광범위한 분석을 시도했다. 《세계화의 덫》의 공저자인 하랄트 슈만이 그 일원이다. 독일에서는 그 결과가 2017년 9월 베를린 지역 일간지인 〈타게스슈피겔Tagesspiegel〉에 실렸다. https://www.tagesspiegel.de/weltspiegel/sonntag/arbe-

itsmarkt-europas-neue-reservearmee/20301470-all.html

267 *The New York Times,* 11. 12. 2016

268 아이가 없는 커플의 경우 중산층은 다음과 같이 구분된다: 1,580~2,110유로는 중하위, 2,110~3,960유로는 좁은 의미의 중산층, 3,960~6,590유로는 중상위 상중위. 이 구분은 2017년 3월 6일 주간지 〈슈테른Stern〉에 발표된 기사 '열심히 일하는 중산층Die hart arbeitende Mitte'에 포함된 2014년 독일경제연구소의 중산층 소득 발표에 근거했다.

269 https://www.statistik.at/web_de/statistiken/index.html, abgerufen am 24. 5. 2018

270 Angaben des Statistischen Bundesamtes, u. a. im Statistischen Jahrbuch 2017, https://www.destatis.de/DE/Publikationen/StatistischesJahrbuch/Wohnen.pdf?__blob=publicationFile, abgerufen am 29. 5. 2018

271 https://diepresse.com/home/wirtschaft/verbraucher/5379648/Wohnkosten-und-Einkommen-klaffen-immer-weiter-auseinander, 28. 2. 2018

272 http://www.faz.net/aktuell/wirtschaft/unternehmen/mehr-flexibilitaet-bei-finanzierung-siemens-will-eigene-bank-gruenden-1997278.html, 28. 6. 2010

273 https://makroskop.eu/2018/04/ein-neuer-ludwig-erhard/?success=1, 5. 4. 2018

274 http://www.faz.net/aktuell/wirtschaft/leistungsbilanzueberschuss-was-ist-das-und-wie-entsteht-er-14928243.html, 17. 3. 2017

275 *Der Spiegel,* Heft 14/2018

276 https://de.statista.com/statistik/daten/studie/232562/umfrage/verteilung-der-weltweiten-waehrungsreserven/, abgerufen am 12. 4. 2018

277 https://www.bloomberg.com/view/articles/2018-04-10/u-s-budget-deficits-aren-t-the-disasters-the-experts-predict

278 https://www.bloomberg.com/view/articles/2018-02-08/the-deficit-spending-boom-won-t-last-forever

279 http://german.china.org.cn/txt/2018-02/18/content_50559259.htm

280 https://makroskop.eu/2018/04/freihandelstheorie-vollends-statische-welt/,13.4. 2018

281 http://www.attac.de/startseite/detailsicht/news/global-gerecht-ist-die-alternative-zu-freihandel-protektionismus-und-nationalismus/, 2. 12. 2016

282 http://www.faz.net/aktuell/finanzen/finanzmarkt/fondsmanager-warnt-vor-sinkenden-aktienkursen-15531526.html?premium, 10. 4. 2018

283 https://debates.economist.com/debate/global-trade-system-broken?state=closing, abgerufen am 14.5.2018

284 http://www.faz.net/aktuell/wirtschaft/die-last-der-schulden-wie-lange-geht-das-gut-15499245.html?premium, 19. 3. 2018

285 Verschiedene Gespräche mit italienischen und deutschen Volkswirten und Bankern in

Rom und Frankfurt

286 Thomas O. Wiedmann, Heinz Schandl, Manfred Lenzen, Daniel Moran, Sangwon Suh, James West, and Keiichiro Kanemoto, **The material footprint of nations, Proceedings of the National Academy of Sciences of the United States of America, *PNAS*,** 19. 5. 2015, pp.6271~6276

287 https://givingpledge.org, abgerufen am 6. 4. 2108

288 http://www.dw.com/de/großbritannien-bald-steueroase/a-19375907, 4. 7. 2016

289 https://www.theguardian.com/world/2018/mar/18/oligarchs-russia-elite-london-british-culture

290 https://www.tagesspiegel.de/politik/paradise-papers-und-grossbritannien-ein-koenigreich-der-verschleierung/20552936.html, 8. 11. 2017

291 https://www.nytimes.com/2017/05/23/business/economy/trump-budget-tax-cuts-economic-growth.html

292 https://www.gatesnotes.com/Books/Enlightenment-Now, 26. 1. 2018

293 Interview mit Steven Pinker, Alles wird besser, und er kann's beweisen, *Der Spiegel,* Nr.8, 17. 2. 2018, S.58

294 http://www.un.org/Depts/german/wirtsozentw/socsum/socsum9.htm#top, abgerufen am 29. 3. 2018

295 http://healthydocuments.org/nutrition/healthydocuments-doc32.pdf, abgerufen am 3. 4. 2018

296 Millenniumsentwicklungsziele, Bericht 2015, Vereinte Nationen, New York, S. 4, https://www.bmz.de/de/mediathek/publikationen/reihen/infobroschueren_flyer/infobroschueren/Materialie267_Millenniums_Entwicklungsziele_Bericht_2015.pdf

297 Vortrag am 13. 11. 2017 beim UBS-Forum for Economic Dialogue in Zurich

298 Steven Pinker, ***Enlightenment Now : The Case for Reason, Science, Humanism and Progress,*** Viking, 2018, p.88

299 https://data.worldbank.org/income-level/low-income, abgerufen am 3. 4. 2018

300 Vereinte Nationen, **Resolution der Generalversammlung,** Tagesordnungspunkte 15 und 16, verabschiedet am 25. 9. 2015, http://www.un.org/depts/german/gv-70/band1/ar70001.pdf

301 Hans Rosling, ***Factfulness,*** Ullstein Verlag, Berlin 2018, http://www.faz.net/aktuell/wirtschaft/die-welt-wird-immer-besser-32-gute-nachrichten-15524076.html, 12. 4. 2018

302 Steven Pinker, ***Enlightenment Now, The Case for Reason, Science, Humanism and Progress,*** Viking, 2018, p. 72

303 Hans Rosling, *Factfulness,* Ullstein Verlag, Berlin 2018, Hungergrafik abgebildet unter, http://www.faz.net/aktuell/wirtschaft/die-welt-wird-immer-besser-32-gute-nachrichten-15524076.html, 12. 4. 2018

304 Jason Hickel, **The true extent of global poverty and hunger: Questioning the good news narrative of the Millennium Development Goals,** *Third World Quarterly,* Volume 37, Issue 5, 2016, p. 749 ff.

305 World Food Programme, http://de.wfp.org/hunger/hunger-statistik, abgerufen am 3. 4. 2018

306 Interview mit Christiane Grefe, Erfolge sind auf kosmetische Mathematik zurückzuführen, *Die Zeit,* 3. 6. 2015, http://www.zeit.de/wirtschaft/2015-06/thomas-pogge-armut-bekaempfung-nachhaltige-entwicklung

307 Steven Pinker, **Enlightenment Now, The Case for Reason, Science, Humanism and Progress,** Viking, 2018, p.111 f.

308 https://www.credit-suisse.com/corporate/de/articles/news-and-expertise/global-wealth-report-2017-201711.html, abgerufen am 1. 3. 2018

309 http://www.forbesindia.com/article/rotman/if-you-want-to-be-rich-youd-better-be-born-in-or-emigrate-to-a-rich-country-economist-branko-milanovic/49703/1, 19.3.2018, Original in: http://www.rotman.utoronto.ca/Connect/Rotman-MAG/Back-Issues/2017/Back-Issues—2017/Fall2017-Inequality/Fall2017-EditorsLetter, p. 98

310 http://www.forbesindia.com/article/rotman/if-you-want-to-be-rich-youd-better-be-born-in-or-emigrate-to-a-rich-country-economist-branko-milanovic/49703/1, 19.3.2018, Original in: http://www.rotman.utoronto.ca/Connect/Rotman-MAG/Back-Issues/2017/Back-Issues—2017/Fall2017-Inequality/Fall2017-EditorsLetter, p. 98

311 https://www.economist.com/blogs/graphicdetail/2018/01/daily-chart-21, 31. 1. 2018

312 https://www.gatesnotes.com/Books/Enlightenment-Now, 26. 1. 2018

313 https://www.nytimes.com/books/best-sellers/hardcover-nonfiction/?action=click&contentCollection=Books&referrer=https%3A%2F%2Fwww.google.de%2F&region=Body&module=CompleteListLink&version=Nonfiction&pgtype=Reference, abgerufen am 3. 4. 2018

제4장 서구사회는 어떻게 민주주의를 거부했는가

314 http://www.bundespraesident.de/SharedDocs/Reden/DE/Frank-Walter-Steinmeier/Reden/2017/11/171120-Statement-Regierungsbildung.html

315 Roberto Stefan Foa, Yascha Mounk, **The Signs of Deconsolidation,** *Journal of Democracy,* Johns Hopkins University Press, Vol. 28, Number 1, January 2017, pp. 5~16

316 Roberto Stefan Foa, Yascha Mounk, **The Danger of Deconsolidation,** *Journal of Democracy,* Johns Hopkins University Press, Vol. 27, Number 3, July 2016, p. 11

317 https://yougov.de/news/2017/05/08/studie-nur-jeder-zweite-junge-europaer-steht-voll-/

318 https://www.srf.ch/news/international/das-vertrauen-in-die-demokratie-schwindet, 26. 7. 2015

319 *Fragile Mitte – Feindselige Zustände,* Herausgegeben für die Friedrich-Ebert-Stiftung von Franz Melzer, Dietz Verlag 2014, S.90

320 **Was die Bundesbürger für 2016 erwarten – Rückkehr der 'German Angst',** Stiftung für Zukunftsfragen, Forschung aktuell, Newsletter 265, 36. Jhg, 16. 12. 2015, S. 4

321 https://www.economist.com/news/americas/21732532-first-they-must-get-elected-and-old-guard-make-hard-how-young-brazilians-hope, 14. 12. 2017

322 https://www.pressenza.com/de/2017/12/wahl-2018-brasilien-scheideweg-extrem-links-oder-rechts/

323 Ausführliche Belege zu diesem Unterkapitel finden sich in dem Buch, *Die Europafalle,* Piper Vellag, Munchen 2009

324 Dietmar Ecker, Republik Kugelmugel, in: Hans-Peter Martin (Hg.), *Wollen täten's schon dürfen: Wie Politik in Österreich gemacht wird,* Deuticke Verlag, Wien 2003, S.38

325 Hans Herbert von Arnim, *Volksparteien ohne Volk : Das Versagen der Politik,* C. Bertelsmann Verlag, München 2009

326 Gespräch am 26. 4. 2018 in München

327 Ein Gesprächspartner im Südwesten Deutschlands am 24. 4. 2018, 비슷한 단어를 선택하는 다른 이들과 마찬가지로 이름을 밝히는 것을 원하지 않음.

328 Gegenüber dem Autor während des Wahlkampfes zum Europäischen Parlament im Mai 1999

329 *Wollen täten's schon dürfen : Wie Politik in Österreich gemacht wird,* Deuticke Verlag, Wien 2003

330 https://www.gesetze-im-internet.de/gg/art_5.html, abgerufen am 30. 5. 2018

331 Hanns-Joachim Friedrichs, **Irgendwann ist eben Ende,** *Der Spiegel,* Nr.13, 27. 3. 1995, S.113

332 *Columbia Journalism Review,* https://www.cjr.org/analysis/fake-news-study.php, 24. 10. 2017

333 https://derstandard.at/2000079885874/Ex-ZDF-Chefredakteur-Brender-zu-OR-

FRundfunk-in-den-Griff-kriegen

334 https://derstandard.at/2000079059311/Erwin-Proell-war-ein-starkes-Redaktionsmit-glied, 3. 5. 2018

335 관련해서 많은 보도가 있었으며 특히 〈슈피겔〉 온라인판이 중점적으로 보도했다. http://www.spiegel.de/politik/ausland/eu-abgeordneter-martin-veroeffentlicht-lobby-einladungen-a-892465.html, 4. 4. 2013

336 자세한 정보는 www.hpmartin.net 참조. 나는 10유로 이상의 선물 혹은 금전으로 환산될 수 있는 서비스를 받은 적이 단 한 번도 없다.

337 Hans-Peter Martin, Die Hintermänner der Macht, *Die Europafalle*, Piper Verlag, München 2009, S. 67 ff.

338 ebenda, S. 74

339 Christopher Lasch, *The Revolt of the Elites*, New York, London, 1994, p.28

340 Siehe das Kapitel, **Der Verrat der Eliten : Weltmodell Brasilien,** im Buch *Die Globalisierungsfalle* von Hans-Peter Martin und Harald Schumann, Rowohlt Verlag, Reinbek bei Hamburg 1996, S.235 ff.

341 https://jamanetwork.com/journals/jama/article-abstract/2513561, 26. 4. 2018

342 http://tubecreature.com/#/livesontheline/current/same/V/940GZZLUGPK/TFTF/11.61666666666666/-0.0531/51.5816/, abgerufen am 9. 6. 2018

343 **Socio-Economic Segregation in European Capital Cities,** https://www.tudelft.nl/en/2015/otb/increasing-segregation-in-european-cities-due-to-income-inequality/, abgerufen am 9. 6. 2018

344 OECD Forum on Tackling Inequality, Paris, 2. 5. 2011, unter http://www.oecd.org/social/soc/47723414.pdf

345 Kishore Mahbubani, **Has the West Lost It? A Provocation,** Allen Lane, Penguin Group, London – New York, 2018

346 Matthew Stewart, **The Birth of a New Aristocracy,** *The Atlantic,* June 2018

347 https://www.nbcnews.com/meet-the-press/meet-press-may-27-2018-n877866

348 Gespräche u. a. im Sommer 1988 in Hamburg

349 Gespräch am 16. 10. 2017 in Wien

350 David Brooks, *Bobos in Paradise: The New Upper Class and How They Got There,* Simon & Schuster, New York 2001

351 https://www.nytimes.com/2018/05/30/us/politics/obama-reaction-trump-election-benjamin-rhodes.html?hp&action=click&pgtype=Homepage&clickSource=story-heading&module=photo-spot-region&region=top-news&WT.nav=top-news

352 Im September 1902 in Paris, siehe http://rainer-maria-rilke.de/06b012herbsttag.html, abgerufen am 10. 6. 2018

353 2017년 여름 내가 여행한 곳은 바덴뷔르템베르크의 호르브, 칼브, 쾨니히스브론, 바이에른의 이즈니, 북오스트리아의 올스도르프와 로인바흐 그리고 남오스트리아의 하인펠트 등이다.

354 https://derstandard.at/2000081085441/WKO-Studie-Jeder-zweite-Online-Einkauf-geht-ans-Ausland?ref=rec, 6. 6. 2018

355 https://www.economist.com/news/christmas-specials/21732704-nationalism-not-fading-away-it-not-clear-where-it-heading-whither, 19. 12. 2017

356 http://www.telegraph.co.uk/news/2016/10/05/theresa-mays-conference-speech-in-full/

357 David Goodhard, *The Road to Somewhere, The Populist Revolt and the Future of Politics,* Hurst & Company, London 2017

358 Hannah Arendt, *Elemente und Ursprünge totaler Herrschaft. Antisemitismus, Imperialismus, totale Herrschaft,* Piper Verlag, München/Zürich 1986, 12. Auflage 2008, S.704 ff.

359 Der reichweitenstarke Radiosender Antenne Vorarlberg auf 101,1 MHz, z. B. am 8. 6. 2018, 14:58.

360 http://www.deutschlandfunk.de/asylpolitik-unionsstreit-eskaliert.720.de.html?dram:article_id=420425, 14. 6. 2018

361 Franz Walter, http://www.demokratie-goettingen.de/blog/bastarde-der-demokratisierung, 23. 4. 2014, abgerufen am 26. 11. 2017

362 Gespräch am 18. 11. 2016 in Osnabrück

363 Oliver Marchart, *Der demokratische Horizont : Politik und Ethik radikaler Demokratie,* Suhrkamp Verlag, Berlin 2018

364 Franz Walter, http://www.demokratie-goettingen.de/blog/bastarde-der-demokratisierung, 23. 4. 2014, abgerufen am 26. 11. 2017

365 https://www.bild.de/bild-plus/politik/inland/angela-merkel/csu-landrat-fordert-dass-merkel-fehler-eingesteht-55997318.bild.html, 14. 6. 2018

366 http://www.faz.net/aktuell/politik/inland/seehofer-und-kurz-eine-achse-der-willigen-gegen-merkel-15637682.html, 13. 6. 2018

367 Gespräch am 14. 11. 2017 in Zürich

368 http://www.faz.net/aktuell/wirtschaft/f-a-z-oekonomenranking-der-bedaechtige-herr-fuest-15179145/f-a-z-oekonomenranking-2017-die-tabellen-15173039.html, 1. 9. 2017

369 Gespräch am 21. 9. 2017 am Rüfikopf in Lech am Arlberg

제5장 새로운 독일은 어디로 갈 것인가

370 Name geändert. Gespräch am 17. 10. 2017 mittags in Tübingen

371 Name geändert

372 Cem Özdemir, *Ich bin Inländer, aufgezeichnet von Hans Engels,* dtv, München 1997, aktualisierte Neuausgabe 1999

373 자연과학은 이미 오래전부터 '독일 유전자'는 존재하지 않는다고 말한다. 글로벌 연구팀이 남성 두 명의 유전자를 비교한 적이 있다. 한 명은 혈통이 섞이는 일 없이 오직 북독일 조상들 사이에서 태어났고, 다른 한 명은 오직 바이에른 조상들 사이에서만 태어났다. 만약 '독일 유전자'가 존재한다면 그 두 사람 간에 공통 유전형질이 발견돼야 한다. 하지만 실험 결과는 지역 특유의 유전자는 존재하나 독일 전체를 전형화할 유전형질은 없다는 사실을 증명했다. 관련 실험은 2008년 11월 6일 〈네이처〉 456호에 실린 '유럽에서의 유전자는 지리학을 반영한다Genes mirror geography In Europe'라는 글에서 확인할 수 있다.

374 E-Mail vom 23. Juni 2017

375 Name geändert. Gespräch am 28. 10. 2017 in Tübingen

376 https://www.wahlrecht.de/umfragen/, INSA, 26. 2. 2018, INSA 16. 7. 2018

377 Gespräche am 11. und 13. 4. 2018 in Lech

378 https://www.sueddeutsche.de/news/politik/parteien—-irschenberg-soeder-beschwoert-stil-und-respekt-wir-sind-die-mitte-dpa.urn-newsml-dpa-com-20090101-180721-99-243170

379 http://www.spiegel.de/politik/deutschland/demokratieforscher-matthias-micus-warum-die-afd-so-erfolgreich-ist-a-1174299.html, 24. 10. 2017

380 https://www.youtube.com/watch?v=48Z4H2pRw4w, abgerufen am 2. 2. 2018

381 https://www.hna.de/politik/gauland-weidel-und-co-studie-zur-afd-in-kommunalparlamenten-9588591.html, 6. 2. 2018

382 https://aidabund.de, abgerufen am 8. 2. 2018

383 http://www.ava-bund.de, abgerufen am 8. 2. 2018

384 Gespräch am 14. 2. 2017 in der Buchhandlung Gastl in Tübingen

385 Gespräch am 6. 12. 2017 in München

386 Dieter Sauer, **Rechtspopulismus und Gewerkschaften,** Vortrag auf der Betriebs-und Personalrätekonferenz, 15. 9. 2017 im DGB-Haus in München

387 https://www.youtube.com/watch?v=A4mcsX1KRq4, Minute 33, abgerufen am 11. 2. 2018

388 https://www.stuttgarter-nachrichten.de/inhalt.afd-und-die-rechte-gewerkschaft-wenn–dein–blauer–arm–es–will.5c804198–4df2–4388–8b2e–e91c8e8c1d7 f.html. 1. 12. 2017

389 https://www.stuttgarter-nachrichten.de/inhalt.afd-und-die-rechte-gewerkschaft-wenn–dein–blauer–arm–es–will.5c804198–4df2–4388–8b2e–e91c8e8c1d7 f.html. 1. 12. 2017

390 **Was macht der blaue Schirm denn da?,** *Die Zeit,* Nr.2. 2018. S.4

391 https://www.youtube.com/watch?v=A4mcsX1KRq4. Minute 35, abgerufen am 11. 2. 2018

392 Broschüre Zentrum, Mut zur Opposition, Werk Untertürkheim, Stuttgart, Februar 2018

393 http://www.faz.net/aktuell/wirtschaft/unternehmen/daimler-personalvorstand-warnt-rechte-betriebsraete-15475700.html. 2. 3. 2018

394 https://www.facebook.com/zentrumauto/, abgerufen am 6. 3. 2018 um 14:21

395 https://www.stuttgarter-zeitung.de/inhalt.rechte-liste-bei-betriebsratswahlen-daimler-wehrt-sich-gegen-rechte-umtriebe.3ef6ce8a–194d–4c55–a977–ab61537e0c9d.html. 22. 2. 2018

396 http://www.faz.net/aktuell/wirtschaft/unternehmen/daimler-personalvorstand-warnt-rechte-betriebsraete-15475700.html. 2. 3. 2018

397 https://www.automobilwoche.de/article/20180317/BCONLINE/180319916/exklusiv–bis–daimler-erhoeht-pkw-produktion-auf-drei-millionen-einheiten. 17. 3. 2018

398 http://www.tagesspiegel.de/themen/agenda/betriebsratswahlen-im-fruehjahr-rechte-kandidaten-streben-in-die-betriebsraete/20849470.html. 16. 1. 2018

399 *Der Spiegel,* **Aufstand der Ängstlichen,** Ausgabe 51/2015

400 http://www.faz.net/aktuell/finanzen/finanzmarkt/dax-jetzt-fallen-auch-in-deutschland-die-aktienkurse-15434865.html. 6. 2. 2018

401 http://plus.faz.net/evr-editions/2017-06-23/45835/362014.html. EZB bekräftigt rechtzeitige Zinswende

402 Presseauftritt in Berlin, Video und AFP=Meldung, wiedergegeben auf: http://www.epochtimes.de/politik/deutschland/gauland-sieht-in-koalitionsvereinbarung-schwere-niederlage-der-cdu-a2342325.html. 7. 2. 2018

403 http://www.faz.net/aktuell/finanzen/meine-finanzen/mieten-und-wohnen/warum-chinas-mittelschicht-auf-den-deutschen-wohnungsmarkt-draengt-15427717.html. 1. 2. 2018

404 http://www.spiegel.de/wirtschaft/immobilienboom-was-passiert-wenn-die-blase-platzt-a-1191302.html. 4. 2. 2018

405 http://www.taz.de/!5517101/, 30. 6. 2018

406 https://live.augsburger-allgemeine.de/Event/AfD-Parteitag_und_Proteste_in_Augsburg?Page=0

407 z. B. am Wahlabend am 24. 9. 2017 in Berlin, https://www.n-tv.de/mediathek/videos/politik/Wir-sind-ein-gaeriger-Haufen-article20050639.html, abgerufen am 9. 2. 2018

408 Alexander Wendt, http://www.achgut.com/artikel/boris_palmer_springen_sie, 28. 2. 2018

409 https://twitter.com/sebastiankurz/media?lang=de, 27. 2. 2018

410 하랄트 슈미트와 함께 쓴 이 책 표지에는 당시까진 건재했던 세계무역센터 쌍둥이 빌딩 그림을 넣을까 했었지만 아쉽게 그러지 못했다. 하랄트 슈미트는 당시 오스카 라퐁텐과 손을 잡고자 했고, 우리는 함께 반(反)다보스 포럼을 기획했다. 하지만 나는 정계로 들어갔고 거기에 시간을 쏟느라 그 일에 전념하지 못했다.

제6장 유럽의 엔드게임과 무너진 연합의 꿈

411 http://archiv.rhein-zeitung.de/on/98/11/25/topnews/sunlafo.html, abgerufen am 1. 3. 2018

412 *Der Spiegel*, **Schröders zweite Chance,** Heft 11/1999

413 Hans-Peter Martin, **Das EU-Finanzmarktdesaster,** *Die Europafalle,* Piper Verlag, München 2009, S. 176 ff.

414 Berechnungen der DZ-Bank, *Frankfurter Allgemeine Zeitung*

415 나에게는 미하엘 고르바초프와 인터뷰할 기회가 여러 번 허락됐다. 그중에서도 가장 길었던 인터뷰는 1995년 9월 28일 샌프란시스코에서 했다.

416 나는 당시 '유럽연합-슬로바키아 의회 연합 위원회 위원장' 자격으로 초대됐다.

417 Hans-Peter Martin, **Die vorschnelle EU-Erweiterung,** *Die Europafalle,* Piper Verlag, München 2009, S.181 ff.

418 https://www.oevp.at/Download/EVP-Grundsatzprogramm.pdf, abgerufen am 16. 7. 2018

419 정적들은 그를 열두 차례나 고발했고, 네 차례나 의원의 면책특권을 무효화했다. 모든 고발 건이 검찰에 송치됐지만 한 번도 기소된 적은 없고 법원으로부터 그 어떤 판결도 받은 적이 없다.

420 Ulrike Guérot, *Warum Europa eine Republik werden muss! : Eine politische Utopie,* Dietz Verlag, Bonn 2016

421 Gespräch am 12. 11. 2017 in Berlin

422 https://act.wemove.eu/campaigns/transnationale-listen, abgerufen am 15. 2. 2018

423 http://www.spiegel.de/politik/ausland/viktor-orban-reagiert-auf-martin-schulz-ungarn-verdient-mehr-respekt-a-1186666.html, 8. 1. 2018

424 http://www.kas.de/wf/doc/kas_26065-1442-1-30.pdf?180618113618, 16. 6. 2018

425 424와 동일

426 https://kurier.at/politik/ausland/fuer-orban-waeren-vereinigte-staaten-von-europa-ein-alptraum/400033762, 10. 5. 2018

427 http://www.spiegel.de/lebenundlernen/uni/george-soros-central-european-university-soll-in-ungarn-bleiben-a-1215148.html

428 https://www.thedailybeast.com/inside-bannons-plan-to-hijack-europe-for-the-far-right?ref=home, 20. 7. 2018

429 Roman Herzog, Lüder Gerken, **Europa entmachtet uns und unsere Vertreter**, *Die Welt*, 13. 1. 2007

430 *Die Zeit*, http://www.zeit.de/wissen/geschichte/2010-03/gorbatschow-sowjetunion, 11. 3. 2010

431 https://www.issep.fr, abgerufen am 22. 6. 2018

432 https://www.theguardian.com/us-news/video/2018/feb/22/france-is-no-longer-free-marion-marechal-le-pen-tells-conservative-summit-video

433 https://www.srf.ch/news/international/die-lega-und-der-kreml-was-russland-und-europas-rechte-verbindet, 4. 4. 2018

434 https://kurier.at/politik/inland/argwohn-wegen-fpoe-beziehung-zu-putin-partei/302.509.481, 18. 12. 2017

435 http://www.faz.net/aktuell/politik/inland/afd-verteidigt-putin-auf-ihrem-russland-kongress-15149657.html, 13. 8. 2017

436 http://www.sueddeutsche.de/politik/russland-und-der-front-national-analyse-le-pens-draht-nach-moskau-1.3387671

437 http://www.faz.net/aktuell/politik/ausland/nach-der-wahl-in-russland-schroeder-putin-weiter-lupenreiner-demokrat-11675278.html, 7. 3. 2012

438 *Der Spiegel*, Heft 29. 14. 7. 2018, S. 31

제7장 트럼프 이후에도 지속될 트럼프주의

439 https://www.news.com.au/world/north-america/the-littleknown-history-of-make-america-great-again/news-story/fb8a09b40aa59defd39ef0bcdeaeb281, 2. 12. 2017

440 https://www.rollingstone.com/politics/news/donald-trump-is-americas-stupidest-person-has-never-heard-of-google-20150325, 25. 3. 2015

441 https://www.nytimes.com/2018/06/28/us/politics/trump-anthony-kennedy-retirement.html

442 http://thehill.com/blogs/floor-action/senate/397754-senate-gop-breaks-record-on-confirming-trump-picks-for-key-court, 18. 7. 2018

443 http://www.faz.net/aktuell/wirtschaft/der-china-schock-traf-amerika-am-staerksten-15678151/schwieriges-verhaeltnis-donald-15678154.html, 6. 7. 2018

444 주석 634 참고

445 Gespräch mit einem Kollegen von der *New York Times* am 10. 11. 2016 in New York

446 Samuel H. Preston, Yana C. Vierboom, and Andrew Stokes, **The role of obesity in exceptionally slow US mortality improvement, Proceedings of the National Academy of Sciences of the United States of America, PNAS** 30. 1. 2018, pp.957~961

447 https://www.zeit.de/wissen/gesundheit/2018-04/opioid-krise-usa-donald-trump-strategie, 2. 5. 2018

448 https://www.cdc.gov/media/releases/2018/p0607-suicide-prevention.html, 7. 6. 2018

449 https://www.tagesschau.de/ausland/us-waffenrecht-101.html, 3. 10. 2017

450 http://www.spiegel.de/panorama/justiz/florida-massaker-an-highschool-toedlicher-angriff-am-valentinstag-a-1193583.html, 15. 2. 2018

451 https://www.theguardian.com/commentisfree/2015/dec/09/stop-acting-like-guns-are-more-important-than-our-children-gun-control

452 https://www.nytimes.com/2018/06/05/us/kids-bulletproof-shield-school.html

453 https://www.bostonglobe.com/metro/2018/06/07/jarring-nursery-rhyme-somerville-school-teaches-kindergartners-about-lockdowns/tVSkONmr4QeQfZU5HgBbnI/story.html

454 Kriminologie SS 2014, https://www.mpicc.de/files/pdf2/alb_krim_1_teil_8_ss141.pdf, abgerufen am 22. 7. 2018

455 https://www.facebook.com/ATTNVideo/videos/1744852582486362/?hc_ref=AR-R5L51ItcGLXQG6fTOCPbWlGaGjQdKaB31i8G5dgcjr03oyzVL7i5LbSAvlMK-mOvHI, abgerufen am 22. 8. 2017

456 Gespräch am 14. 11. 2017 in Zürich

457 http://time.com/4564142/hillary-clinton-gender/ 9. 11. 2016

458 Name geändert, Gespräch am 9. 11. 2018 in New York

459 Name geändert, Gespräch am 9. 11. 2018 in New York

460 In der School of International and Public Affairs SIPA, Gespräche am 10. 11. 2016 in New York

461 https://www.wsj.com/articles/donald-trumps-approval-rating-inches-high-

er-buoyed-by-republican-support-1532293201, 22. 7. 2018

462 https://www.economist.com/graphic-detail/2018/04/16/republicans-are-less-divided-on-cultural-issues-than-democrats-are

463 Vortrag am 13. 11. 2017 in Zürich

464 https://home.nra.org, abgerufen am 31. 7. 2018

465 https://www.theguardian.com/commentisfree/2010/sep/10/tea-party-tax-spending

466 https://www.nytimes.com/2018/06/19/climate/koch-brothers-public-transit.html

467 https://fivethirtyeight.com/features/registered-voters-who-stayed-home-probably-cost-clinton-the-election/, 5. 1. 2017

468 https://www.vox.com/policy-and-politics/2018/3/15/17113176/new-york-times-opinion-page-conservatism

469 https://www.nytimes.com/reuters/2018/07/31/us/politics/31reuters-usa-trump-koch-brothers.html

470 https://www.supremecourt.gov/opinions/17pdf/16-1466_2b3j.pdf, 27. 6. 2018

471 Gespräch am 13. 11. 2017 in Zürich

472 Michael D'Antonio, Peter Eisner, *The Shadow President: The Truth about Mike Pence*, Macmillan USA, New York 2018

473 https://www.nytimes.com/2018/07/28/opinion/sunday/mike-pence-holy-terror.html?action=click&pgtype=Homepage&clickSource=story-heading&module=opinion-c-col-left-region&region=opinion-c-col-left-region&WT.nav=opinion-c-col-left-region

474 Vertrauliches Gespräch Mitte Juni 2018 in Deutschland

475 https://www.nytimes.com/2018/07/18/opinion/trump-putin-summit-republicans.html?action=click&pgtype=Homepage&clickSource=story-heading&module=opinion-c-col-left-region&region=opinion-c-col-left-region&WT.nav=opinion-c-col-left-region

476 *Der Spiegel,* 8. 7. 2013

제8장 권력을 잡은 우파민족주의자들

477 https://www.unzensuriert.at/content/0024943-Norbert-Nemeth-zum-Atterseekreis-Unser-Ziel-ist-ein-freiheitliches-Alpbach-zu, 15. 9. 2017

478 https://www.welt.de/politik/deutschland/article172140460/CSU-Landesgruppen-chef-Dobrindt-wettert-gegen-linke-Meinungsvorherrschaft.html, 4. 1. 2018

479 Niccolò Machiavelli, *Il Principe*, Ausgabe des Anaconda Verlags, Köln 2016, S.44

480 ebenda, S. 62

481 https://www.nytimes.com/2018/04/12/opinion/paul-ryan-fascism.html

482 http://www.faz.net/aktuell/feuilleton/in-italien-waechst-die-fremdenfeindlich-keit-15439093.html, 9. 2. 2018

483 In der Sendung Maybrit Illner, ZDF, 14. 6. 2018

484 https://www.bild.de/politik/inland/angela-merkel/wie-soll-sie-das-noch-schaff-en-56050984.bild.html, 19. 6. 2018

485 http://www.faz.net/aktuell/politik/inland/sigmar-gabriel-warnt-union-vor-fol-gen-des-koalitionsbruchs-15659749.html, 26. 6. 2018

486 Etwa in der Sendung bei Sandra Maischberger, ARD, 17. 1. 2018

487 Johannes Huber, https://www.diesubstanz.at/content/kurz-setzt-alles-auf-eine-karte, 8. 5. 2017

488 http://www.vol.at/hc-strache-im-livetalk-ab-10-uhr/5196774, 21. 3. 2017

489 Duell Kurz-Strache, Puls vier, 8. 10. 2018, 20:15.

490 Aussage in der Wiener Hofburg, 15. 10. 2018

491 https://www.bmi.gv.at/412/Nationalratswahlen/Nationalratswahl_2017/start.aspx, abgerufen am 27. 6. 2018

492 http://www.spiegel.de/politik/deutschland/richard-grenell-richtet-mittagessen-fuer-sebastian-kurz-in-berlin-aus-a-1211129.html, 4. 6. 2018

493 http://www.orf.at/#/stories/2444156/, 22. 6. 2018

494 Hans-Henning Scharsach, *Stille Machtergreifung: Hofer, Strache und die Burschenschaften*, Kremayr & Scheriau, Wien 2017

495 *Der Standard,* 19. 1. 2018, S. 1

496 https://www.lemonde.fr/politique/article/2018/01/13/a-l-elysee-ma-cron-et-kurz-minimisent-leurs-differences_5241159_823448.html

497 https://www.news.at/a/nationalratswahl-wahlkampf-facebook-ana-lyse-zweite-welle-8257075, 9. 8. 2017

498 NNN http://www.spiegel.de/politik/ausland/oesterreich-heinz-christian-strache-rela-tiviert-aussagen-ueber-fluechtlinge-a-1186405.html, 5. 1. 2018

499 NNN http://orf.at/stories/2422345/2422347/, 14. 1. 2018

500 http://www.spiegel.de/politik/deutschland/postfaktische-demokratie-macht-und-miss verstaendnis-a-1214804.html, 25. 6. 2018

501 Interview mit Hannah Arendt aus dem Jahr 1974, zitiert in der *New York Times,* Thomas B. Edsall, *The Self-Destruction of American Democracy,* 30. 11. 2017

502 https://www.economist.com/europe/2018/06/23/how-matteo-salvini-is-dominat-ing-italian-politics

503 https://diepresse.com/home/politik/wienwahl/588143/Umstrittene–Slogans_Wahl-plakate–die–fuer–Aufregung–sorgten, 23. 8. 2010

504 https://diepresse.com/home/innenpolitik/5454242/Kickl_Kein–Auftrag–zum–Aufrae-umen–im–BVT?from=rss, 27. 6. 2018

505 https://kurier.at/chronik/oesterreich/bvt–untersuchungsausschuss–die–brisante–la-dungsliste/400061195, 4. 7. 2018

506 https://derstandard.at/2000074711415/Kuenftig–neun–der–14–Verfassungsrich-ter–auf–OeVP–oder–FPOe–Ticket, 21. 2. 2018

507 http://www.sueddeutsche.de/politik/polen–pis–partei–uebernimmt–die–volle–kon-trolle–ueber–polens–justiz–1.4038579, 4. 7. 2018

508 http://orf.at/stories/2445341/, 2. 7. 2018

509 http://www.orf.at/stories/2444439/, 25. 6. 2018

510 Paul Lendvai, Orbáns Ungarn, Kremayr & Scheriau, Wien 2016

511 http://www.taz.de/!5515237/, 23. 6. 2018

512 http://www.faz.net/aktuell/feuilleton/wie–matteo–salvini–roberto–savia-no–im–stich–laesst–15654017.html, 23. 6. 2018

513 http://www.orf.at/#/stories/2440042/, 25. 5. 2018

514 http://www.spiegel.de/politik/deutschland/pressefreiheit–verteidigung–der–journalis-tischen–sklavenarbeit–a–1205940.html, 3. 5. 2018

515 https://www.nytimes.com/2018/06/16/world/europe/poland–kaczynski–smolensk.html?hp&action=click&pgtype=Homepage&clickSource=story–heading&mod-ule=first–column–region&region=top–news&WT.nav=top–news

516 Interview in der Sendung ORF–Report, 26. 6. 2018

517 https://derstandard.at/2000079891087/Regierungsrundfunk, 17. 5. 2018

518 https://www.thetimes.co.uk/article/pastor–became–extremists–marketing–master-mind–nxls0lwhb, 26. 11. 2016

519 https://www.theguardian.com/politics/2017/mar/20/jim–dowson–back–scottish–inde-pendence–patriotic–news–agency–far–right

520 https://www.theguardian.com/commentisfree/2016/nov/18/robopolitics–social–me-dia–traditional–media–dead–brexit–trump

521 https://www.nytimes.com/2017/11/27/opinion/senate–tax–bill–scam.html

522 http://thehill.com/policy/finance/365446–analyses–cost–of–gop–tax–plan–could–ex-ceed–2–trillion–if–made–permanent, 18. 12. 2017

523 http://thehill.com/homenews/house/359110–gop–lawmaker–donors–are–pushing–me-to–get–tax–reform–done, 7. 11. 2017

524 https://www.handelsblatt.com/unternehmen/management/aktienrueckkaeufe-die-us-steuerreform-wirkt-aber-nicht-wie-von-trump-erhofft/20966548.html?ticket=ST-3910634-4DUfgFzKVmCckBhTZilX-ap3, 16. 2. 2018

525 http://www.sueddeutsche.de/politik/ungarns-premier-orbn-seine-ganze-politik-ist-auf-luegen-aufgebaut-1.3933083, 6. 4. 2018

526 https://derstandard.at/2000078987760/EU-Budget-und-Rechtsstaatlichkeit-Kampf-um-die-EU-Seele, 2. 5. 2018

527 http://www.faz.net/aktuell/feuilleton/debatten/matteo-salvini-spielt-mit-symbolen-der-gewalt-15652245.html?premium, 22. 6. 2018

528 https://www.diesubstanz.at/content/schwarz-blaue-notstandsgesetzgebung, 5. 7. 2018

529 https://www.whitehouse.gov/briefings-statements/building-stronger-america-president-donald-j-trumps-american-infrastructure-initiative/, 12. 2. 2018

530 *Der Spiegel,* Nr. 26, 22. 6. 2018

531 https://visegradpost.com/de/2018/03/19/feierliche-rede-von-viktor-orban-anlaess-lich-des-170-jahrestags-der-ungarischen-revolution-von-1848-vollstaendige-version/

532 http://www.sueddeutsche.de/politik/ungarns-premier-orbn-seine-ganze-politik-ist-auf-luegen-aufgebaut-1.3933083, 6. 4. 2018

533 Hans-Peter Martin, Harald Schumann, *Die Globalisierungsfalle, Der Angriff auf Demokratie und Wohlstand,* Rowohlt Verlag, Reinbek bei Hamburg 1996, S.60 f.

534 http://www.faz.net/aktuell/feuilleton/in-italien-waechst-die-fremdenfeindlich-keit-15439093.html?premium, 9. 2. 2018

535 http://www.spiegel.de/politik/ausland/italien-rechtspopulistische-lega-profiti-ert-von-neuwahlen-a-1210111.html, 29.5.2018, http://www.sueddeutsche.de/politik/italien-matteo-salvini-roma-zaehlen-1.4022134, 19. 6. 2018

536 http://www.spiegel.de/politik/ausland/italien-rechtspopulistische-lega-profiti-ert-von-neuwahlen-a-1210111.html, 29.5.2018, http://www.sueddeutsche.de/politik/italien-matteo-salvini-roma-zaehlen-1.4022134, 19. 6. 2018

537 https://www.bild.de/politik/ausland/fluechtlingskrise/conte-gegen-macron-im-fluech-tlingsstreit-56122266.bild.html, 26. 6. 2018

538 *Der Spiegel,* Nr. 28, 6. 7. 2018, S.80

539 https://www.economist.com/news/europe/21739668-having-learned-identity-poli-tics-left-right-wingers-are-shaping, 28. 3. 2018

540 http://plus.faz.net/faz-plus/feuilleton/2017-03-21/risse-in-der-kathedrale/331809.html/?popup=user.lf-ns

541 https://visegradpost.com/de/2018/03/19/feierliche-rede-von-viktor-orban-anlaess-

lich–des–170–jahrestags–der–ungarischen–revolution–von–1848–vollstaendige–version/

542 https://www.augsburger–allgemeine.de/kultur/Achille–Mbembe–Identitaetspolitik–ist–Opium–fuer–das–Volk–id51077901.html, 10. 5. 2018

543 https://www.facebook.com/mesutoezil/photos/a. 552832191462024. 1073741825. 552825254796051/ 2192097214202172/ ?type=3&theater, abgerufen am 23. 7. 2018

544 https://www.huffingtonpost.de/2017/09/06/erdogan–faschismus–nazismus_n_17919606.html

545 https://www.welt.de/sport/article179879768/Erdoğan–telefoniert–mit–Oezil–Ich–kuesse–seine–Augen.html, 24. 7. 2018

546 https://www.facebook.com/aliceweidel/photos/a. 1063313067013261. 1073741828. 1061322973878937/2067594819918409/ ?type=3&theater, abgerufen am 25. 7. 2018

547 https://www.tz.de/sport/fussball/fussball–wm–ere25907/darum–singt–mesut–oezil–deutsche–nationalhymne–nicht–mit–zr–9968151.html, abgerufen am 29. 7. 2018

548 https://www.tagesschau.de/ausland/erdogan–moschee–101.html, 10. 6. 2018

549 http://www.setav.org/en/contact/, abgerufen am 26. 7. 2018

550 https://www.bild.de/politik/inland/recep–tayyip–erdogan/verschaerft–kampf–um–die–deutsch–tuerken–56429174.bild.html, 25. 7. 2018

551 http://www.faz.net/aktuell/politik/inland/verfassungsschutzbericht–mehr–extremisten–in–deutschland–15705734.html, 24. 7. 2018

552 Frau S. Becker am 8. 9. 2017 am Gleis 8 in Hannover

553 Gespräch im ICE 545 zwischen Hannover und Berlin–Spandau, 8. 9. 2017

554 http://www.spiegel.de/wirtschaft/finanzkrise–milliardaer–merckle–begeht–selbstmord–a–599774.html, 6. 1. 2009

555 http://derstandard.at/2000068464578/Londons–U–Bahn–Station–Oxford–Circus–evakuiert, 24. 11. 2017

556 http://www.spiegel.de/netzwelt/web/terroranschlaege–in–sozialen–medien–sascha–lobo–ueber–seine–strategie–a–1164185.html, 23. 8. 2017

557 Gespräch am 13. 7. 2018 in Konstanz

558 https://derstandard.at/2000082759960/Ein–Paragraf–als–Ausdruck–der–Hilflosigkeit, 3. 7. 2018

559 https://kurier.at/chronik/oesterreich/bvt–untersuchungsausschuss–die–brisante–ladungsliste/400061195, 4. 7. 2018

560 https://visegradpost.com/de/2018/03/19/feierliche–rede–von–viktor–orban–anlaess–

lich–des–170–jahrestags–der–ungarischen–revolution–von–1848–vollstaendige–version/

561 Rolf Gössner, **Staatliche Überwachung,** *Journal für politische Bildung,* Heft 2, 2015, Wochenschau Verlag, Frankfurt am Main

562 Etwa in den Sendungen am Morgen des 10. 11. 2018 in New York

563 https://www.nytimes.com/2017/03/25/business/media/fox-news.html

564 https://rp-online.de/politik/deutschland/nach-rekruten-werbung-bewerber-boom-bei-der-bundeswehr_aid-17873381, 25. 8. 2017

565 http://oesterreich.orf.at/stories/2813503/, 8. 12. 2016

566 http://burgenland.orf.at/news/stories/2814122/, 12. 12. 2016

567 https://orange.handelsblatt.com/artikel/40044, 19. 2. 2018

568 Ulrich Herbert, **Geschichte Deutschlands im 20. Jahrhundert,** Verlag C. H. Beck, München 2014, S. 341.

569 *The Great Leveler,* https://press.princeton.edu/titles/10921.html

제9장 다가오는 전쟁의 소용돌이

570 http://www.spiegel.de/wirtschaft/soziales/tuerkei-lira-auf-rekordtief-wenn-die-waehrungskrise-zur-wirtschaftskrise-wird-a-1222044.html, 7. 8. 2018

571 *Libération,* 28. und 29. 4. 2018, pp.1~5

572 z. B. im L'Est Républicain, 27. 4. 2018, p.10

573 https://www.tagesspiegel.de/politik/gemeinderatswahlen-partei-islam-will-islamischen-staat-in-belgien/21148552.html, 6. 4. 2018

574 Gespräch am 26. 4. 2018 in München

575 https://www.nytimes.com/2018/07/18/opinion/trump-putin-summit-republicans.html?action=click&pgtype=Homepage&clickSource=story-heading&module=opinion-c-col-left-region&region=opinion-c-col-left-region&WT.nav=opinion-c-col-left-region

576 https://www.cnbc.com/2018/03/02/trump-trade-wars-are-good-and-easy-to-win.html

577 https://www.dw.com/de/europas-gegenschlag-strafzölle-usa-eu-harley-davidson-erdnussbutter-malmström-autoteile-jeans-a-44343850, 22. 6. 2018

578 https://piie.com/blogs/trade-investment-policy-watch/chinas-retaliation-trumps-tariffs, 22. 6. 2018

579 https://www.dw.com/de/milliarden-hilfen-für-us-farmer/a-44812927, 24. 7. 2018

580 https://www.cnbc.com/video/2018/07/20/trump-accuses-china-eu-of-currency-manipulation.html

581 Meldung der Austria Presse Agentur, https://diepresse.com/home/politik/innenpolitik/5107257/Strache_Mittelfristig-ist-Buergerkrieg-nicht-unwahrscheinlich, 24. 10. 2016

582 http://www.spiegel.de/video/g20-gipfel-in-hamburg-kriminologe-kritisiert-polizeieinsatz-video-1781487.html, 10. 7. 2017

583 http://www.faz.net/aktuell/g-20-gipfel/chaos-beim-g-20-gipfel-die-suenden-von-hamburg-15097227.html, 8. 7. 2017

584 *Stern,* Die angekündigte Katastrophe, Stern-Reporter berichten auf 40 Seiten, Nr. 29, 12. 7. 2017

585 https://www.huffingtonpost.fr/2018/05/01/manifestation-du-1er-mai-2018-melenchon-et-le-pen-daccord-pour-pointer-des-milices-mais-pas-du-meme-camp_a_23424587/

586 https://www.francetvinfo.fr/politique/front-national/congres-du-fn-quel-nouveau-nom-pour-le-parti-voici-ce-qu-il-faut-savoir-sur-le-changement-voulu-par-marine-le-pen_2651346.html, 11. 3. 2018

587 Gespräch am 30. 7. 2016 in Unkel

588 https://www.politico.eu/article/fake-news-eu-parliament-election-commission-gathers-national-election-officials-as-ballot-fears-rise/, 25. 4. 2018

589 https://www.reporter-ohne-grenzen.de/pressemitteilungen/meldung/deutsche-korrespondenten-auf-schwarzer-liste/, 25. 4. 2018

590 George Stein, **Information Warfare,** *Airpower Journal,* Spring 1995, http://www.iwar.org.uk/iwar/resources/airchronicles/stein.htm

591 https://www.heise.de/security/meldung/Russische-Jugendorganisation-will-Cyber-Attacken-auf-Estland-veruebt-haben-205871.html, 11. 3. 2009

592 **Wolfgang Kleinwächter, Ein Wettrüsten, das nur Verlierer kennt,** *Frankfurter Allgemeine Zeitung,* 15. 2. 2018, http://www.faz.net/aktuell/feuilleton/debatten/die-digitalen-probleme-erinnern-an-die-siebziger-15448961.html?premium

593 Es ist ein Schnitter, der heißt Tod ⋯ Der Dreißigjährige Krieg und die Räume der Gewalt, **Gestaltung: Martin Haidinger,** im Gespräch mit Herfried Münkler, Sendung des ORF Ö1, 18. 4. 2018, 21:00

594 z. B. Ted Schlein, **The United States needs a Department of Cybersecurity,** https://techcrunch.com/2018/04/16/the-united-states-needs-a-department-of-cybersecurity

595 https://www.brookings.edu/blog/order-from-chaos/2018/01/21/how-to-read-the-2018-national-defense-strategy/

596 Command Vision for US Cyber Command, **Achieve and Maintain Cyberspace Supe-**

riority, 28. 3. 2018

597 https://www.weforum.org/agenda/2016/05/who-are-the-cyberwar-superpowers/,1.4. 2015

598 https://www.reuters.com/article/us-france-cyber/under-threat-france-grooms-army-hackers-for-cyber-warfare-idUSKBN1771B2, 5. 4. 2017

599 https://www.sbs.com.au/news/australia-france-sign-agreements-on-military-cooperation-cyberwar, abgerufen am 6. 5. 2018

600 Christopher Clarke, *The Sleepwalkers : How Europe went to War in 1914*, Allen Lane, Penguin Group, London – New York, 2012

601 *The New York Times,* On a tiny Norwegian Island, America keeps an Eye on Russia, 13. 6. 2017, https://www.nytimes.com/2017/06/13/world/europe/arctic-norway-russia-radar.html

602 Philip Gordon, **A Vision of Trump at War,** Manuskript. 22. 3. 2017, *Foreign Affairs,* New York, Issue May/June 2017

603 Panos Moumtzis, **UN-Koordinator für humanitäre Angelegenheiten,** *ORF Ö1 Mittagsjournal,* 9. 2. 2018

604 https://thebulletin.org/sites/default/files/2018　%20Doomsday%20Clock%20Statement.pdf, abgerufen am 1. 5. 2018

제10장 자유주의가 사라진 이후의 삶

605 http://www.spiegel.de/politik/deutschland/pressefreiheit-verteidigung-der-journalistischen-sklavenarbeit-a-1205940.html, 3. 5. 2018

606 Eberhard Bethge, *Dietrich Bonhoeffer, Eine Biographie,* Gütersloher Verlagshaus, Güersloh 1993, S.307.

607 Zitat und Anregungen bei David Brooks, **How Should One Resist the Trump Administration,** *The New York Times,* 14. 2. 2017, p. A27

608 https://www.planetwissen.de/geschichte/nationalsozialismus/dietrich_bonhoeffer_getarnter_kurier_des_widerstands/index.html, 10. 8. 2016

609 Nils Minkmar, Helden der Dissidenz, *Der Spiegel,* Heft 11/2017, S. 115

610 **Gerechtigkeit als Prinzip des Handelns,** Andreas Obrecht im Gespräch mit Henning Melber, Sendung des ORF Ö1, 2. 2. 2018, 16:15. Andreas Obrecht verweist in diesem Zusammenhang auf das Vorwort von Jean-Paul Sartre in Frantz Fanons Buch *Die Verdammten dieser Erde.* Siehe auch Jean-Paul Sartre, *Kritik der dialektischen Vernunft,* Rowohlt, Reinbek 1967, S. 602 ff.

611 **Gerechtigkeit als Prinzip des Handelns,** Andreas Obrecht im Gespräch mit Henning

Melber, Sendung des ORF Ö1, 2. 2. 2018, 16:15.

612 Es ist ein Schnitter, der heißt Tod ⋯ Der Dreißigjährige Krieg und die Räume der Gewalt, Gestaltung: Martin Haidinger, im Gespräch mit Jörg Baberowski, Sendung des ORF Ö1, 18. 4. 2018, 21:00

제11장 유일한 출구는 믿을 만한 분배이다

613 Walter Scheidel, *The Great Leveler, Violence and the History of Inequality from the Stone Age to the Twenty-First Century, The Princeton Economic History of the Western World*, Volume 74, 2017

614 http://www.un.org/depts/german/menschenrechte/aemr.pdf, abgerufen am 6. 8. 2018

615 Gespräch am 21. 9. 2017 in Lech am Arlberg

616 Gespräch am 5. 8. 2018 in Lech am Arlberg

617 Per Leo, Maximilian Steinbeis, Daniel-Pascal Zorn, *Mit Rechten reden,* Klett-Cotta, Stuttgart 2017

618 Gespräch am 16. 7. 2017 in Berlin

619 https://www.wsj.com/articles/facebook-to-banks-give-us-your-data-well-give-you-our-users-1533564049, 6. 8. 2018

620 https://www.srf.ch/kultur/netzwelt/die-deklaration-der-digitalen-menschenrechte, 1. 12. 2016

621 https://www.udldigital.de/interview-mit-christoph-igel-ueber-digitale-bildung/16. 11. 2016

622 *Der Standard,* https://derstandard.at/2000070468412/Industrie-4-0-kann-auch-auf-dem-Traktor-sein, 16. 12. 2017

623 James Montier, Philip Pilkington, **The Deep Causes of Secular Stagnation and the Rise of Populism,** March 2017, p.19

624 *The Economist,* AI-spy, Artificial Intelligence in the Workplace, A Special Report, 31. 3. 2018

625 ARD-Sendung Hart aber fair, https://www.ardmediathek.de/tv/Hart-aber-fair/Mieten-zu-hoch-Bauen-zu-teuer-wenn-Wo/Das-Erste/Video

626 https://www.philosophicum.com/archiv/2017/philosophicum.html, abgerufen am 6. 8. 2018

627 https://www.grundeinkommen.ch, abgerufen am 6. 8. 2018

628 Gespräch am 21. 9. 2017 in Lech am Arlberg

629 https://derstandard.at/2000063502101/Wir-gehen-nicht-ins-Bett-um-Kinder-zu-machen, 2. 9. 2017

630 Anthony B. Atkinson, *Inequality: What can be done?*, Harvard College, USA, 2015

631 https://www.theguardian.com/world/2018/apr/23/finland-to-end-basic-income-trial-after-two-years

632 Gastbeitrag in der Tagezeitung *Die Welt*, https://www.welt.de/wirtschaft/plus1806 20838/IWF-Auch-Deutschland-schadet-dem-globalen-Freihandel.html, 6. 8. 2018

633 Gespräch und Vortrag am 13. 11. 2017 in Zürich

634 David H. Autor, David Dorn, Gordon H. Hanson, **The China Shock: Learning from Labor Market Adjustment to Large Changes in Trade,** NBER Working Paper No. 21906, Annual Review of Economics, vol 8(1), National Bureau of Economic Research, USA, January 2016

635 Vortrag am 13. 11. 2017 in Zürich

636 https://www.nytimes.com/2017/06/24/opinion/sunday/artificial-intelligence-economic-inequality.html

637 http://www.todayonline.com/commentary/robot-tax-boon-or-bane-future-work, 27. 2. 2017

638 https://www.economist.com/news/leaders/21731626-case-taxing-inherited-assets-strong-hated-tax-fair-one, 23. 11. 2017

639 http://publications.credit-suisse.com/tasks/render/file/index.cfm?-fileid=FB790DB0-C175-0E07-787A2B8639253D5A, abgerufen am 13. 8. 2018

640 https://www.oxfam.de/ueber-uns/aktuelles/2018-01-22-82-prozent-weltweiten-vermoegenswachstums-geht-reichste-prozent

641 https://www.theguardian.com/business/2017/oct/26/worlds-witnessing-a-new-gilded-age-as-billionaires-wealth-swells-to-6tn

642 https://www.forbes.com/billionaires/list/3/#version:static_country:Germany, abgerufen am 9. 8. 2018

643 http://publications.credit-suisse.com/tasks/render/file/index.cfm?fileid=12D-FFD63-07D1-EC63-A3D5F67356880EF3, abgerufen am 9. 8. 2018

644 Hans-Peter Martin, Harald Schumann, Die Off-shore-Anarchie, *Die Globalisierungsfalle,* Rowohlt Verlag, Reinbek bei Hamburg 1996, S.95

645 *Die Zeit,* Nr.4 / 2009

646 https://www.esgehtlos.org, abgerufen am 4. 8. 2018

647 https://www.wiwo.de/unternehmen/industrie/china-china-first-statt-dem-angekuendigten-freien-handel/19305778-3.html, https://www.wiwo.de/unternehmen/industrie/china-warum-die-goldenen-jahre-fuer-deutsche-firmen-vorbei-sind/19305778. html, 31. 1. 2017

648 메르세데스자동차 국제 비즈니스 커뮤니케이션 담당자인 슈테파니 크룩스베르거Stefanie
Krugsberger가 2018년 8월 3일 이메일로 서면 답변을 해왔다. 나의 질문은 간단했다. "세
계에서 가장 현대화된 자동차 생산에" 얼마나 많은 사람이 투입될 것이며, 기존 생산방
식으로 일하던 사람들이 메르세데스 대표인 마르쿠스 쉐퍼가 말한 "자동차 생산을 새롭
게 발명하는 일"에서 어떻게 쓰임을 받을 것인가. 답변은 이러했다. "우리가 현 시점에
서 '팩토리 56'에 대해 제공할 수 있는 모든 정보는 우리의 '글로벌 미디어 사이트'에서
확인하실 수 있습니다." 해당 사이트에서는 그 공장이 "대략 축구장 30배 크기"이고 "
파리 에펠탑만큼 많은" 철재구조물이 들어간다는 것 외에 질문에 대한 그 어떤 답변도
찾을 수 없었다. 다임러 본사에 다시 한 번 질문서를 보내자 슈테파니 크룩스베르거가
신속하게 답변을 보내왔다. "경쟁사에 유출될 수 있는 관계로 인력 계획에 관한 정보를
제공할 수 없습니다." 과거 경험에 비춰 보자면, 기업들은 일자리 창출에 관한 정보가
있으면, 정치인들은 후원금을 거둘 건수가 있으면 미친듯이 언론사로 뛰어오곤 했다.

649 2018년 8월 3일 다임러 본사가 내게 보낸 이메일에는 '맥락에 녹여서' 사용할 수는 있
으나 구체적으로 인용해서는 안 된다고 적혀 있었다. 다임러와 관련된 내용을 직접 인
용하는 것은 익명일지라도 불허한다고 했다. 이는 내가 수십 년간 기자 생활을 하면서
도 민주주의 사회에서는 전혀 경험해 보지 못한 일이었다. 답변을 할 때 이미 인용의 출
처를 밝히는 것을 기자의 책임으로 넘기는 것이고 그것은 헌법이 보장한 언론의 자유
에 포함되는 것이다.

650 **Planet China,** *Prospect Magazine,* London, June 2018, p.26

제12장 새로운 게임을 위한 20가지 아이디어

651 http://publications.credit-suisse.com/tasks/render/file/index.cfm?fileid＝12D-
FFD63-07D1-EC63-A3D5F67356880EF3, abgerufen am 9. 8. 2018

1. 강한 지도자를 향한 새로운 동경

민주주의 체제에 사는 것이 '필수적'이라고 응답한 비율 (출생연도별)

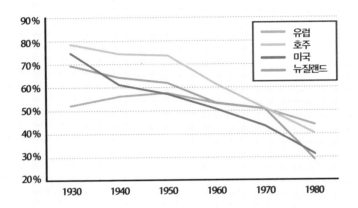

민주주의가 '나쁜' 혹은 '매우 나쁜' 시스템이라고 응답한 비율 (연령별)

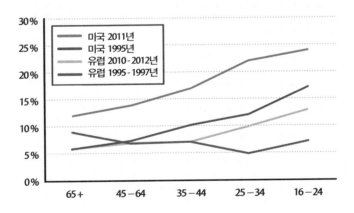

※ 주석: 2017년 연말 오스트리아에서 발표된 한 설문조사에서 응답자의 26퍼센트가 "의회와 선거에 신경 쓰지 않는 강한 지도자가 나와야만 한다."는 것에 동의한다고 대답했다.

※ 출처: – 포아&뭉크, 〈해체의 위험〉, 저널오브데모크라시, 2016
       – 포아&뭉크, 〈해체의 징후〉, 저널오브데모크라시, 2017
       – 세계가치관조사 데이터베이스
       – SORA, 2018

2. 감당하기 어려운 불평등

1980~2016년 전 세계 소득계층별 소득증가 추이

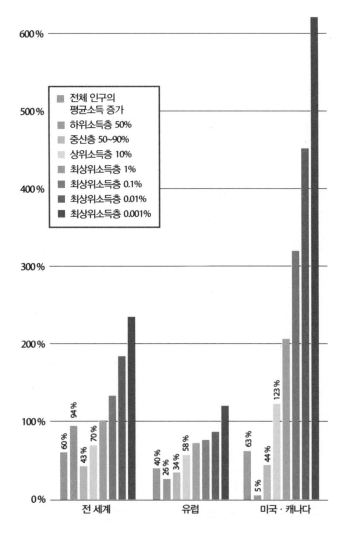

범례:
- 전체 인구의 평균소득 증가
- 하위소득층 50%
- 중산층 50~90%
- 상위소득층 10%
- 최상위소득층 1%
- 최상위소득층 0.1%
- 최상위소득층 0.01%
- 최상위소득층 0.001%

전 세계: 60%, 94%, 43%, 70%
유럽: 40%, 26%, 34%, 58%
미국·캐나다: 63%, 5%, 44%, 123%

※ 주석: 모든 수치에는 물가상승률이 반영되지 않았다. 100%는 소득이 두 배가 되었음을, 600%는 일곱 배가 되었음을 뜻한다. 유럽의 지표에는 1980년 이후 동서 유럽 간의 발전 차이가 반영되었다.

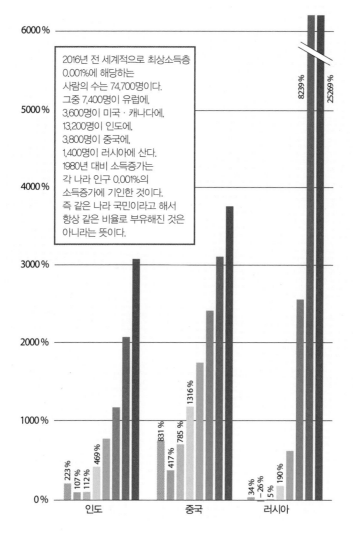

6000%

2016년 전 세계적으로 최상소득층
0.001%에 해당하는
사람의 수는 74,700명이다.
그중 7,400명이 유럽에,
3,600명이 미국·캐나다에,
13,200명이 인도에,
3,800명이 중국에,
1,400명이 러시아에 산다.
1980년 대비 소득증가는
각 나라 인구 0.001%의
소득증가에 기인한 것이다.
즉 같은 나라 국민이라고 해서
항상 같은 비율로 부유해진 것은
아니라는 뜻이다.

5000%

4000%

3000%

2000%

1000%

0%

인도   중국   러시아

8239%
25269%

223%
107%
112%
469%

831%
417%
785%
1316%

34%
-26%
5%
190%

※ 주석: 모든 수치에는 물가상승률이 반영되지 않았다. 1,000%는 소득이 11배가 되었음
을, 25,000%는 소득이 250배가 되었음을 뜻한다.

※ 출처: 〈세계 불평등 보고서 2018〉

*그래픽-MKM

3. 진정한 승자

1980~2016년 전 세계 소득증가 추이

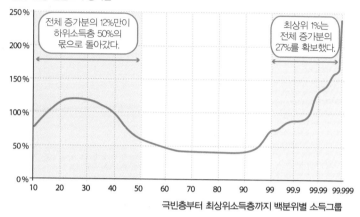

성인 1인당 실질소득 증가율

전체 증가분의 12%만이 하위소득층 50%의 몫으로 돌아갔다.

최상위 1%는 전체 증가분의 27%를 확보했다.

극빈층부터 최상위소득층까지 백분위별 소득그룹

※ 주석: 전 세계 최상위층은 가로축 오른편에 세분하여 표시됐다. 유럽에서 빈곤층에 속한다 해도 세계 기준에서는 상위소득층 50%에 해당됐다. 1980년에는 총 22억 500만 명이 세계 인구의 50%였으나 2016년에는 32억 5,000만 명이 됐다.

※ 출처: 〈세계 불평등 보고서 2018〉

4. 소득계층의 구분

	독신	자녀 둘이 있는 부부
소득상위층	독*: 4,400€ 이상 오**: 4,870€ 이상	독: 9,230€ 이상 오: 10,230€ 이상
소득중상위층	독: 2,640€~4,400€ 오: 2,920€~4,870€	독: 5,540€~9,230€ 오: 6,140€~10,230€
엄격한 의미의 중산층	독: 1,410€~2,640€ 오: 1,560€~2,920€	독: 2,950€~5,540€ 오: 3,275€~6,140€
소득중하위층	독: 1,050€~1,410€ 오: 1,170€~1,560€	독: 2,220€~2,950€ 오: 2,455€~3,275€
빈곤층	독: 1,050€ 이하 오: 1,170€ 이하	독: 2,220€ 이하 오: 2,455€ 이하

*독일, **오스트리아

※ 주석: 가구당 세후 월급 기준

※ 출처: -〈세계 불평등 보고서 2018〉

　　　　-쾰른독일경제연구소IW, 2017, 〈유럽연합 소득 및 생활조건에 관한 통계 2016〉

5. 엄청나게 비싼 약값

1인당 약제비 지출 (미국 달러 환산)

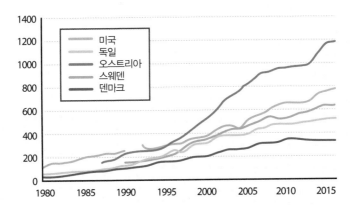

※ 출처: 약제비 지출, OECD Data, 2016(www.data.oecd.org)　*그래픽－MKM

6. 감당할 수 없는 주거

소득에서 월세 지출이 차지하는 비율 (2015년 기준)

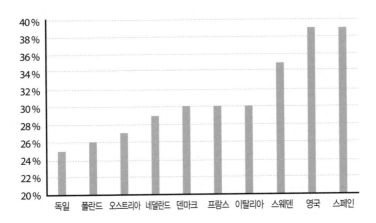

※ 주석: 2015년 유럽연합통계국EUROSTAT이 설립된 이래 대부분의 유럽연합 국가에서 월
세가 현저하게 상승했다. 독일연방통계청에 따르면 독일 평균은 36%에 육박했으며, 전
체 가구 17%가 매월 가처분소득의 40% 이상을 월세에 지출하는 것으로 나타났다. 오스
트리아에서 집계된 숫자도 거의 같다.
※ 출처: 유럽연합통계국의 데이터　*그래픽－MKM

7. 보답 없는 생산성

시급과 순생산 (미국, 1948년부터 집계)

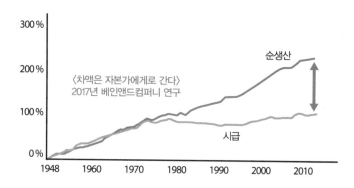

※ 출처: 베인앤드컴퍼니, 〈2030 노동보고서〉, 보스턴, 2018

실질임금과 노동생산성 (독일, 1991년 4/4분기부터 집계)

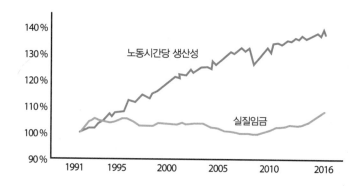

※ 주석: 5년 단위로 미국 국내총생산에서 노동을 통한 경제적 이득이 차지한 평균 비율. 이
비율에 농업 분야는 포함되지 않았다. 평균 시급은 사경제 근로자들에게서 취합했으며,
순생산은 공경제까지를 포함한 혼합경제에서 취합됐다. 순생산은 노동시간당 상품과 서
비스의 생산 증가분에서 감가상각비를 뺀 숫자이다.
※ 출처: 미국 – 노동통계국, 경제정책연구소, 베인매크로트렌드그룹 분석자료(2017)
　　　독일 – 헤이버애널리틱스, 2016년 11월 16일자 〈파이낸셜 타임스〉 '독일 임금 상
　　　승이 시급히 필요한 이유'에서 발췌

8. 수익이 떨어지는 인간노동

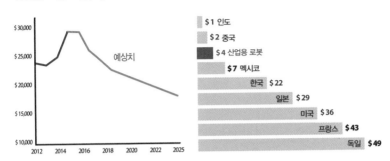

산업용 로봇 1대당 평균 판매가격

예상치

가공산업에서 시간당 인간 vs.
로봇 평균 인건비 비교 (2013년)

$1 인도
$2 중국
$4 산업용 로봇
$7 멕시코
한국 $22
일본 $29
미국 $36
프랑스 $43
독일 $49

※ 주석: 로봇 1대에 소요되는 시간당 비용은 6,300시간 노동이 보장된 백스터Baxter의 협동
로봇을 기준으로 달러로 환산한 것이다. 중국과 인도의 인건비에 대한 자료는 각각 2012
년과 2011년 기준이다.

※ 출처: 베인앤드컴퍼니, 〈2030 노동보고서〉, 보스턴, 2018

9. 폐허가 된 신흥도시

자동화로 위협받는 런던 히스로공항 인근과 프랑프푸르트공항의 일자리

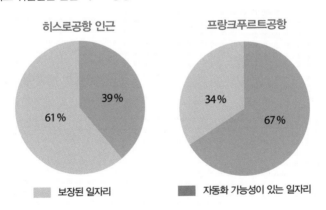

히스로공항 인근

39%
61%

프랑크푸르트공항

34%
67%

보장된 일자리   자동화 가능성이 있는 일자리

※ 주석: 집계 시점 기준 프랑크푸르트공항에서 일하는 사람의 숫자는 80,966명이다.

※ 출처: – 바클레이은행 에퀴티리서치, 컨퍼런스보드, 로봇웍스, 리싱크로보틱스, 베인매
크로트렌드그룹 연구(2017)
– 미래의 옹호자, 〈영국 선거구에 미치는 인공지능의 영향〉, 2017
– C. B. 프레이 외, 〈고용의 미래 : 일자리는 자동화에 얼마나 민감한가〉, 2013
– 프라포트, 프랑크푸르트공항 종사자 집계, 2015

10. 점잖은 납세자와 약삭빠른 기업

기업의 세금 부담은 감소하고, 시민의 부담은 증가한다

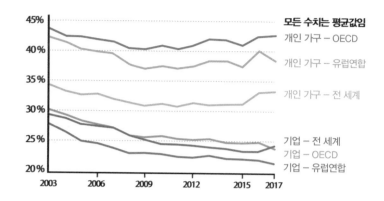

기업은 실제 세율상으로도 갈수록 세금을 적게 낸다

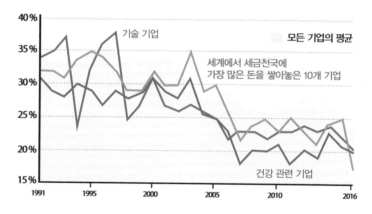

※ 주석: 모든 수치에는 물가상승률이 반영되지 않았다. 상단 그래픽 세율에 공제 혹은 면세 가능성은 반영되지 않았다. 하단 그래픽에서는 실제 유효한 세율이 반영되었다.

※ 출처: 2018년 3월 11일 〈파이낸셜 타임스〉 기사 '다국적 기업이 10년 전보다 세금을 덜 낸다'에서 발췌

11. 세금천국의 세계

세금천국에 쌓인 자산 현황

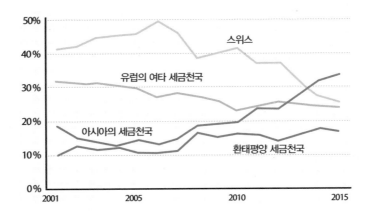

※ 주석: '유럽의 여타 세금천국'에는 사이프러스, 건지, 저지, 맨섬, 룩셈부르크, 영국이 있다. '아시사의 세금천국'에는 홍콩, 싱가포르, 마카오, 말레이시아, 바레인, 바하마, 버뮤다 그리고 네덜란드령인 앤틸리스 제도가 있다. '환태평양 세금천국'에는 캐이먼제도의 섬과 미국, 파나마가 있다.
※ 출처: 가브리엘 추크만, 〈누가 세금천국에 부를 축적하는가? 거시적 증거와 세계적 불평등에 갖는 함의〉, 2017.

12. 빚더미

세계 국내총생산 대비 부채 비율

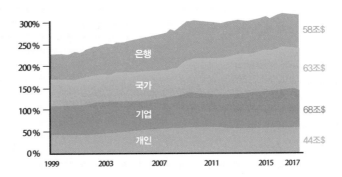

※ 주석: 부채에 채권은 고려되지 않았다. 가령 기업은 은행에서 대출은 얻지만 동시에 고객에게는 받아야 할 미수금이 있을 수 있다.
※ 출처: – 국제금융협회(IIF) – 〈프랑크푸르터알게마이네차이퉁〉
*그래픽 – 브로크너, 2018

13. 세금 난민과 진짜 난민에 들어가는 비용

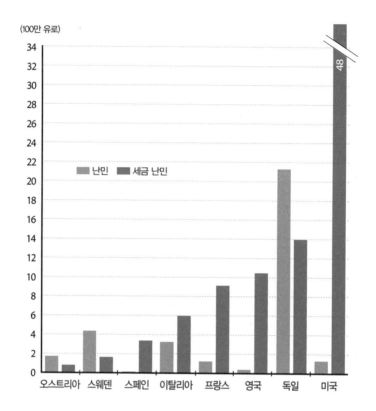

※ 출처: - 난민에 대한 자료: 오스트리아 - 오스트리아 의회, 〈난민 이주에 따른 예산 부담-
　　　질의응답 및 단기연구〉, 2017. https://www.parlament.gv.at/ZUSD/BUDGET
　　　/2017/BD_-_Anfragebeantwortung_zu_den_Budgetbelastungen_durch_die_
　　　Fluechtlingsmigration.pdf
　　　스웨덴·스페인·프랑스·영국 - 셰카르 아이야 외, 〈유럽의 난민 파동: 경제적 과
　　　제〉, 2016
　　　이탈리아 - 안전하고 질서 정연하고 정상적인 이주를 위한 유엔이주협약(글로벌
　　　콤팩트), 2017년 제네바회의
　　　독일 - 2017년 1월 27일자 〈폴리티코〉 '2016년 독일은 난민 위기로 200억 유로
　　　이상의 비용을 치렀다'
　　　미국 - 미국 주의회협의회(NCSL), 〈미국 난민 이주 프로그램: 정책 입안자를
　　　위한 입문서〉, 2017
　　　- 난민에 들어가는 비용은 국가별로 2015년부터 2017년 사이 최고치를 반영했다.
　　　- 개발원조에 대한 자료: 정부개발원조, OECD Data, 2017
　　　- 세금난민에 대한 자료: 토르슬료브&바이어&추크만, 〈잃어버린 국가의 이윤〉, 2018.
*그래픽 - MKM

14. 빈곤 퇴치의 허구성

국제연합기구(UNO)와 스티븐 핑커를 위시한 낙관론자들은 빈곤 퇴치의 성공을 자축한다. 그러나 그들의 근거는 빈곤의 기준을 일부 빈곤 국가에만 적용될 수 있는 일당 1.90달러 이하로 둔 데서 비롯한다.

이 기준에 따르면 1981년 이래 빈곤층이 11억 명가량 줄었다. 중국이 가장 큰 기여를 했다. 중국에서만 8억 5,300명이 빈곤에서 벗어났다.

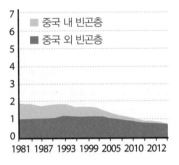

그러나 세계 인구의 40퍼센트가 빈곤의 기준이 일당 3.20달러 이하인 나라에 살고 있다. 그러므로 아직도 20억 명의 사람들이 빈곤하다. 중국 밖에서는 빈곤한 사람들의 수가 오히려 늘어났다.

브라질, 말레이시아, 중국과 같은 개발도상국들은 스스로 빈곤의 기준을 일당 5.50달러 이하로 조정했다. 이 계산에 따르면 여전히 세계 인구의 절반이 빈곤하게 살고 있다.

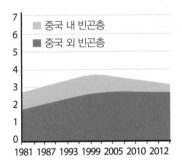

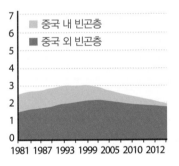

※ 출처: – 아워월드인데이터(ourworlddata.org), 로저&오르티츠-오스피나, 2017
　　　　 – 2002년 부르고뉴와 모리슨이 발표한 자료 및 2016년 세계은행 자료
　　　　 – 세계은행 포브칼넷(PovcalNet), 2018
*그래픽 – MKM

15. 아프리카 속 중국

2010~2012년 아프리카 대륙에 대한 중국의 투자 제안

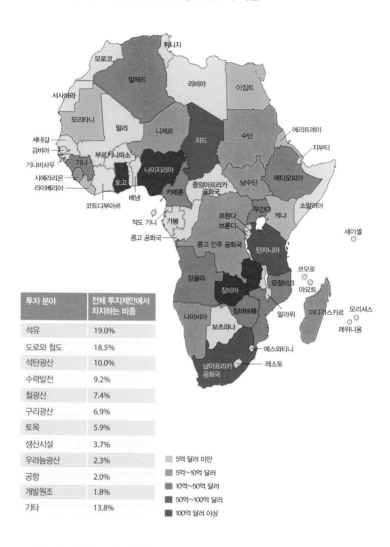

투자 분야	전체 투자제안에서 차지하는 비중
석유	19.0%
도로와 철도	18.5%
석탄광산	10.0%
수력발전	9.2%
철광산	7.4%
구리광산	6.9%
토목	5.9%
생산시설	3.7%
우라늄광산	2.3%
공항	2.0%
개발원조	1.8%
기타	13.8%

5억 달러 미만
5억~10억 달러
10억~50억 달러
50억~100억 달러
100억 달러 이상

※ 출처: 〈차이나 비즈니스 리뷰〉
*그래픽 - mapchart.net 참고하여 MKM.

16. 아프리카의 성장

인구 증가 예상치

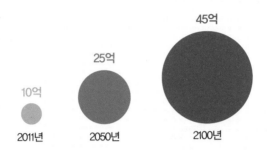

도시 성장 예상치

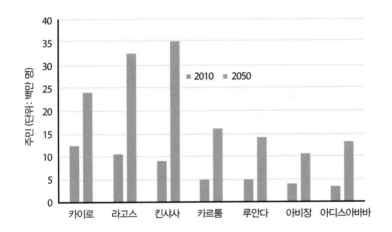

※ 출처: – 다니엘 후른베그&케빈 포프, 〈21세기 세계 최대 도시들에 대한 인구 예측〉, 국제
　　　　환경개발연구소(IIED), 런던, 2016
　　　 – 〈세계 인구 전망〉, UN, 2017
*그래픽 – MKM

17. 통제받는 시민

공개적으로 접근 가능한 정보를 통해 시민 개개인의 이동경로를 정확하게 파악할 수 있다. 런던에서 수집된 다음 정보는 한 시민이 대여 자전거를 6개월간 이용한 내역을 보여준다. 주거지, 직장 그리고 선호하는 장소가 고스란히 드러난다. 누구나 그 대상이 될 수 있다.

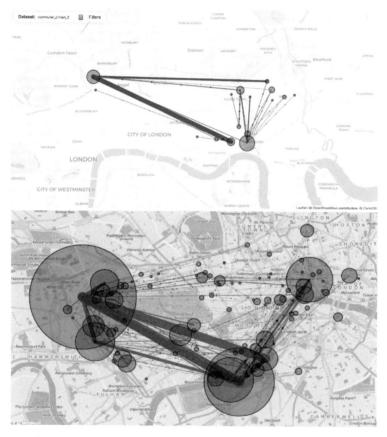

※ 출처: – 제임스 시들, 〈나는 지난 여름 네가 있었던 곳을 알고 있다 : 런던의 공공 자전거
　　　　 이용 내역은 모두에게 당신이 어디 있었는지를 알려준다〉, 2014
　　　 – https://vartree.blogspot.com/2014/04/i-know-where-you-were-last-summer.html

18. 완벽하게 감시받는 집

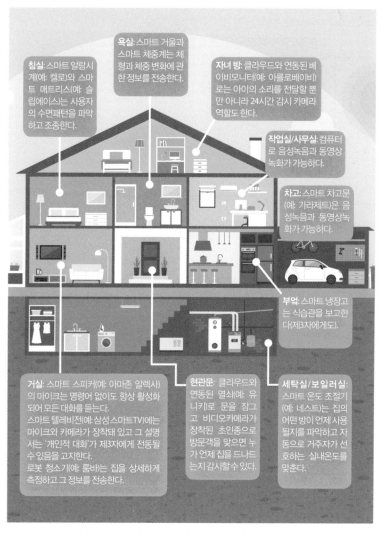

침실: 스마트 알람시계(예: 켈로)와 스마트 매트리스(예: 슬립에이스)는 사용자의 수면패턴을 파악하고 조종한다.

욕실: 스마트 거울과 스마트 체중계는 체형과 체중 변화에 관한 정보를 전송한다.

자녀 방: 클라우드와 연동된 베이비모니터(예: 아를로베이비)로는 아이의 소리를 전달할 뿐만 아니라 24시간 감시 카메라 역할도 한다.

작업실/사무실: 컴퓨터로 음성녹음과 동영상 녹화가 가능하다.

차고: 스마트 차고문(예: 가라제트)은 음성녹음과 동영상녹화가 가능하다.

부엌: 스마트 냉장고는 식습관을 보고한다(제3자에게도).

거실: 스마트 스피커(예: 아마존 알렉사)의 마이크는 명령어 없이도 항상 활성화되어 모든 대화를 듣는다. 스마트 텔레비전(예: 삼성 스마트TV)에는 마이크와 카메라가 장착돼 있고 그 설명서는 '개인적 대화'가 제3자에게 전송될 수 있음을 고지한다. 로봇 청소기(예: 룸바)는 집을 상세하게 측정하고 그 정보를 전송한다.

현관문: 클라우드와 연동된 열쇠(예: 유니키)로 문을 잠그고 비디오카메라가 장착된 초인종으로 방문객을 맞으면 누가 언제 집을 드나드는지 감시할 수 있다.

세탁실/보일러실: 스마트 온도 조절기(예: 네스트)는 집의 어떤 방이 언제 사용될지를 파악하고 자동으로 거주자가 선호하는 실내온도를 맞춘다.

※ 출처: 그림 – 셔터스톡에서 제공하는 스카이픽스스튜디오와 엘레나비에스엘의 포트폴리오 활용

*텍스트-MKM

19. 새로운 군비경쟁

1950~2017년 무기 거래의 흐름

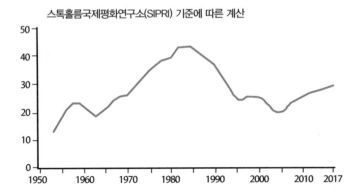

스톡홀름국제평화연구소(SIPRI) 기준에 따른 계산

2008~2017년 군비 지출의 변화

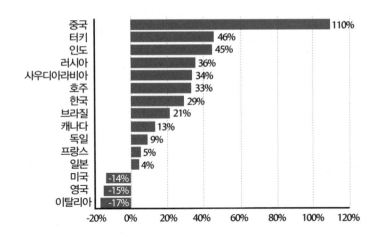

※ 주석: 미국에서는 버락 오바마 집권 기간인 2009~2017년에 전반적인 군비 지출이 감소했다. 도널드 트럼프 대통령이 집권한 2018년 미국 의회는 7,000억 달러 규모의 군사 예산을 확정했다.

※ 출처: 〈세계 군사비 지출에 대한 트렌드〉, 2017, SIPRI 2018년 연감

*그래픽-MKM